Sofia Sinaga and Basuki

Cambridge IGCSE®

Bahasa Indonesia

Coursebook

CAMBRIDGE
UNIVERSITY PRESS

CAMBRIDGE
UNIVERSITY PRESS

University Printing House, Cambridge CB2 8BS, United Kingdom

One Liberty Plaza, 20th Floor, New York, NY 10006, USA

477 Williamstown Road, Port Melbourne, VIC 3207, Australia

4843/24, 2nd Floor, Ansari Road, Daryaganj, Delhi – 110002, India

79 Anson Road, #06–04/06, Singapore 079906

Cambridge University Press is part of the University of Cambridge

It furthers the University's mission by disseminating knowledge in the pursuit of education, learning and research at the highest international levels of excellence

www.cambridge.org
Information on this title: www.cambridge.org/9781316600054

First published 2016
20 19 18 17 16 15 14 13 12 11 10 9 8 7 6 5 4 3

Printed in Malaysia by Vivar Printing

A catalogue record for this publication is available from the British Library

ISBN 978-1316-60005-4 Paperback

® IGCSE is the registered trademark of Cambridge International Examinations
Every effort has been made to reach copyright holders of material in this book previously published elsewhere. The publisher would be pleased to hear from anyone whose rights they have unwittingly infringed.

All exam-style questions and sample answers have been written by the authors. Cambridge University Press has no responsibility for the persistence or accuracy of URLs for external or third-party internet websites referred to in this publication, and does not guarantee that any content on such websites is, or will remain, accurate or appropriate. Information regarding process, travel timetables and other factual information given in this work is correct at the time of first printing but Cambridge University Press does not guarantee the accuracy of such information thereafter.

Contents

Bab 1
Waktu Senggang: Liburan, Hobi, Musik

Membaca (Liburan)

Tujuan pembelajaran

Kegiatan membaca pada unit ini difokuskan untuk:

- melakukan kegiatan sumbang saran atas topik tertentu
- menyeleksi informasi-informasi penting lewat teknik *scanning* dan *skimming*
- memilih dan mengorganisir bahan untuk menjawab pertanyaan-pertanyaan bacaan
- memahami makna kata, sinonim dan idiom
- membedakan fakta dan opini
- menulis ringkasan
- menemukan ide utama
- mengenal efek yang ditimbulkan dari pemakaian suatu kata
- memilih teks yang lebih informatif dan menarik

Liburan

1.1 Anda akan membaca sebuah berita tentang keindahan sebuah objek wisata laut. Sebelum membaca, secara berkelompok, Anda diminta melakukan sumbang saran *(brainstorming)* dan mencatat hasil sumbang saran kelompok Anda atas topik **"wisata laut"**.

1.2 Masing-masing kelompok secara bergiliran diberikan kesempatan membacakan hasil sumbang sarannya. Ide yang sama yang sudah disebutkan kelompok lain harap ditandai sehingga tidak perlu dibaca ulang. Anda boleh bertanya arti kata atau frasa tertentu yang belum Anda pahami yang disebutkan oleh kelompok lain.

1.3 Berbekal kata, frasa, atau kalimat yang berhasil didaftar selama sumbang saran, bacalah berita berjudul *Melancong ke Raja Ampat Papua Jangan Modal Nekat* yang sudah dipersingkat dengan teknik *skimming*.

TIP BELAJAR - SUMBANG SARAN

Sumbang saran ialah sebuah teknik menggali dan mendaftar ide sebanyak-banyaknya atas suatu topik atau masalah tertentu. Dalam teknik ini yang dipentingkan adalah partisipasi setiap anggota tim dalam mengeksplorasi ide hingga tuntas tanpa malu, canggung, atau takut dikritik. Sumbang saran dianggap berhasil jika masing-masing anggota merasa bebas dan terlibat secara aktif dalam menyampaikan gagasan, saran atau solusinya. Alice Oshima dan Ann Hogue (1997:68) memberikan empat langkah yang bisa diikuti dalam melakukan sumbang saran:

1. Tulis topik atau masalah yang diangkat
2. Daftar semua ide atau gagasan yang muncul berkait dengan topik atau masalah tersebut.
3. Gunakan kata-kata, frasa, atau kalimat untuk mengungkapkannya. Jangan risau soal urutan ide, tata bahasa, atau ejaan.
4. Tulis apa saja yang ada di pikiran Anda hingga semua ide tersampaikan. Karena ini hanya sumbang saran, Anda tidak perlu khawatir kalau ada beberapa ide yang terulang.

Melancong ke Raja Ampat Jangan Modal Nekat

Oleh Agnes Swetta Pandia

Raja Ampat di Provinsi Papua Barat, ibarat sorga kecil yang jatuh di bumi. Lautnya yang jernih dengan ribuan ikan di terumbu karang dapat dengan mudah dinikmati dari atas kapal, menjadi impian banyak orang untuk bisa pesiar di salah satu provinsi terujung di ujung Timur Indonesia.

Turis yang datang ke Raja Ampat pun bukan sembarangan. Sebab, mereka harus mau merogoh kocek tak kurang dari Rp 20 juta per orang. Seperti dikemukakan Ade Setiabudi, pengelola Hotel Waisai Beach, biaya piknik ke daerah ini lebih mahal dibandingkan ke tempat lain termasuk di Eropa.

Menapaki keindahan di Bumi Cenderawasih itu memang tidak hanya menyelam atau berenang meski keindahan dan pesona Raja Ampat didominasi hamparan terumbu karang dan biota bawah laut, pantai berpasir putih, gugusan pulau-pulau kecil yang cantik, dan hutan yang masih perawan.

Jika ingin menikmati suasana pedesaan di Raja Ampat, bisa menginap atau sekadar mampir di Desa Sawing Rai di Pulau Sawing Rai, sekitar dua jam perjalanan dari Waisai. Pengunjung biasanya bisa memberi makan ikan berupa adonan sagu sehingga berbagai jenis ikan akan menyerbu. Selanjutnya pengunjung bisa melihat lebih dekat burung cenderawasih dengan mendaki Bukit Manjai, Sawing Rai, selama 30 menit.

Puluhan burung cenderawasih merah, belah rotan, kecil, dan besar akan tampak hinggap di pohon setinggi 2 meter. Namun, untuk bisa melihat burung cenderawasih, ada waktu tertentu terutama pada cuaca cerah.

Bukan Wisata Massal

Wisata Raja Ampat tak pelak memang menjadi incaran banyak orang dari berbagai belahan dunia. Meskipun ongkosnya mahal, agaknya tidak menjadi alasan bagi turis untuk datang.

Keindahan wilayah juga karena hiasan hutan bakau yang lestari. Seperti dikemukakan Kepala Dinas Pariwisata Raja Ampat Yusdi Lamatenggo, daya tarik wisata Raja Ampat terletak pada kekayaan bahari. Oleh karena itu, sebagai taman nasional, Raja Ampat tidak bisa dikembangkan sebagai pariwisata massal. Tujuannya, jelas yaitu agar kawasan itu tetap terjaga kelestarian alamnya sebagai taman nasional.

Untuk mempertahankan kelestariannya, upaya yang dilakukan adalah pembatasan bagi aktivitas penyelaman di Raja Ampat. Alasannya, suhu badan yang dikeluarkan para penyelam dikhawatirkan bisa merusak terumbu karang.

Jadi, kata Yusdi, kegiatan menyelam bareng sekian puluh orang dalam waktu bersamaan, tidak mungkin diizinkan. Bahkan, kegiatan fotografi di bawah laut pun dilarang secara besar-besaran karena sinar lampu kamera bisa merusak terumbu karang.

Hal serupa juga diungkap Wakil Menteri Pariwisata dan Ekonomi Kreatif Sapta Nirwandar. Menurut dia, pariwisata Raja Ampat diharapkan memang tidak menjadi wisata massal dan murah sehingga orang berbondong-bondong datang. "Turis yang ke Raja Ampat harus berkualitas dan berpendidikan. Artinya, paham bagaimana bersikap meski sedang melancong agar terumbu karang tidak rusak," katanya.

Memang turis yang hendak ke Raja Ampat, umumnya memiliki jiwa petualang serta gemar menyelam dan renang. Apalagi kapal cepat yang mengangkut turis dari satu pulau ke pulau lain, seperti dari Waisai – Wayag, nakhoda umumnya tidak menjalani pendidikan secara formal. Kapal pun umumnya belum dilengkapi penerangan, kompas, atau sarana lain untuk komunikasi dengan rekan sesama pengemudi kapal atau untuk menentukan arah yang dituju dan posisi kapal. Rata-rata kapal hanya ada drum berisi BBM dan semua penumpang belum mengenakan pelampung.

Contohnya, saat Kompas menempuh rute Waisai-Wayag. Saat berangkat, cuaca sangat bagus, dan laut nyaris tak bergolak. Namun, saat perjalanan pulang ke Waisai, hampir satu jam kapal berpenumpang 8 orang sempat tertahan di tengah laut karena nakhoda kehilangan arah.

Sarana pelabuhan untuk standar kapal, juga minim. Ini banyak membuat nakhoda nyaris putus asa

karena posisi tak bisa cepat merapat dan kapal hanya berputar-putar di tengah laut Samudra Pasifik. Kapal akhirnya lolos ke Waisai, setelah mendapat pertolongan dari kapal lain yang juga kemalaman dari Wayag.

Untuk melancong ke Raja Ampat, waktu paling ideal adalah September-Mei meskipun cuaca panas. Adapun Juni-Agustus, terjadi angin kencang sehingga ketinggian ombak bisa mencapai 4 meter.

Arus kunjungan wisatawan yang datang ke Raja Ampat hingga kini tercatat masih didominasi turis mancanegara. Rombongan turis asing menggunakan kapal pesiar, umumnya betah tinggal di kawasan wisata laut dan hutan itu. Jadi, jika ingin piknik ke Raja Ampat, tak cukup berkantong tebal, tetapi memiliki jiwa petualang. Paling utamanya, jangan meninggalkan sampah di kawasan surga kecil di bumi itu agar keelokannya tetap abadi.

1.4 Tanpa melihat teks, jawablah pertanyaan-pertanyaan umum berikut ini. Bandingkan jawaban Anda dengan partner Anda.

- **a** Objek pemandangan apakah yang dianggap paling menakjubkan yang ada di Raja Ampat?
- **b** Bagaimana biaya wisata Raja Ampat dibandingkan dengan biaya wisata ke tempat lain?
- **c** Apakah sarana transportasi utama yang dipakai untuk menikmati berbagai keindahan objek wisata Raja Ampat?
- **d** Sarana dan prasarana apakah yang masih menjadi kelemahan di Raja Ampat?
- **e** Turis dari manakah yang mendominasi wisata ke Raja Ampat?

1.5 Ada lima belas kata yang digarisbawahi dari bacaan di atas. Coba terka makna kata-kata tersebut dengan memperhatikan konteks (kata-kata lain yang mengitarinya). Gunakan kamus untuk mengecek terkaan Anda dan tulis sinonim lima belas kata tersebut di dalam catatan daftar kosakata Anda.

1.6 Diskusikan idiom-idiom berikut dan coba pahami artinya dengan partner Anda.

- surga kecil
- Bumi Cenderawasih
- merogoh kocek
- hutan perawan

- taman nasional
- kekayaan bahari
- berkantong tebal
- pariwisata massal
- jiwa petualang
- kapal cepat

1.7 Jawablah pertanyaan-pertanyaan berikut sesuai dengan informasi yang diberikan di dalam teks.

- **a** Mengapa Raja Ampat di Provinsi Papua Barat disebut ibarat surga kecil yang jatuh di bumi?
- **b** Di mana turis bisa menikmati suasana pedesaan di Raja Ampat?
- **c** Ke manakah turis harus pergi jika hendak melihat burung cenderawasih?
- **d** Kapankah waktu yang tepat untuk melihat burung cenderawasih?
- **e** Mengapa turis yang datang ke Raja Ampat harus *berkualitas* dan berpendidikan?
- **f** Apakah kita bisa melihat burung cenderawasih setiap saat? Mengapa?
- **g** Mengapa Raja Ampat tidak dikembangkan sebagai pariwisata massal?
- **h** Apakah upaya yang dilakukan pemerintah untuk mempertahankan kelestarian objek wisata Raja Ampat?
- **i** Mengapa kegiatan menyelam yang dilakukan sekian puluh orang dalam waktu yang bersamaan tidak diizinkan?
- **j** Kapan waktu yang paling tepat melancong ke Raja Ampat? Mengapa?

1.8 Bacalah sekali lagi dengan teliti berita *Melancong ke Raja Ampat Papua Jangan Modal Nekat*, kemudian temukan **lima kalimat yang termasuk fakta dan tiga kalimat yang termasuk opini.**

> **TIP BELAJAR – IDIOM**
>
> Idiom adalah ungkapan bahasa yang artinya tidak bisa dijabarkan dari jumlah arti tiap-tiap unsurnya (J.S. Badudu, 1994:29). Karena hubungan antarkata (frasa) bersifat tetap, maka pemaknaan sebuah idiom harus dilakukan secara serentak. Idiom keras kepala (tidak mau menurut nasihat orang) misalnya, tidak bisa diartikan kata per kata dengan mengecek di kamus bahasa Inggris, 'keras' (hard), lalu 'kepala' (head). Jika cara yang ditempuh demikian, jelas kita akan tersesat. Demikian juga dengan idiom cinta monyet (hubungan kasih antara laki-laki dan perempuan ketika masih kanak-kanak dan biasanya mudah berubah), karena dua kata ini sudah senyawa (sudah menjadi satu) maka tidak bisa diganti dengan kata lain 'kera' atau 'gorila', menjadi 'cinta kera' atau 'cinta gorila'. Kita tidak bisa menanyakan mengapa 'monyet' dan bukan 'kera' atau 'gorila' atau bahkan 'kucing'.

1.9 Resensi buku (*book review*) pada dasarnya merupakan deskripsi dan evaluasi atas sebuah karya buku. Karena itu, sebuah karya resensi paling sedikit mestilah memuat dua unsur: pertama, deskripsi atau informasi; dan kedua, evaluasi, yakni paparan yang menyangkut kelebihan (*positif*) dan kekurangan (*negatif*) sebuah karya. Bacalah resensi buku yang berjudul *"Menikmati Indonesia yang Benar-benar Luar Biasa!"* dengan teknik *scanning*.

- Apakah di dalam resensi ini Anda menemukan paparan yang menyangkut deskripsi atau informasi isi buku *Travel Writer Diaries 1.0 -- Catatan Perjalanan Unik, Seru, dan Luar Biasa tentang Indonesia* karya Teguh Sudarisman? Jika menemukan, informasi apa sajakah yang ditampilkan?
- Apakah di dalam resensi ini Anda menemukan paparan yang menyangkut kelebihan dan kekurangan dari buku yang diresensi? Jika menemukan, kelebihan dan kekurangan apa sajakah yang diungkap?

Menikmati Indonesia yang Benar-benar Luar Biasa!

Jika masih bingung menentukan destinasi liburan atau mengaku bosan dengan tujuan wisata yang itu-itu saja, dijamin setelah membaca buku *Travel Writer Diaries 1.0* karya Teguh Sudarisman, Anda akan mengalami pencerahan. Anda akan mendapatkan referensi destinasi wisata Indonesia yang melimpah. Ada Pulau Moyo, pulau di Kabupaten Sumbawa yang pernah dikunjungi Lady Diana, Bill Gates dan Mick Jager. Ada danau yang sering berubah warna, Danau Linow di Kabupaten Tomohon, Sulawesi Utara; lumba-lumba air tawar atau yang lebih dikenal dengan nama ikan pesut di Muara Pahu, Kabupaten Kutai Barat; biorock terbesar di dunia di Bali Utara; hingga liputan tentang ibu-ibu yang memasak ikan mangut di pinggir Kota Semarang, semua tersaji di dalam buku ini. Karena itu, sangat tepat jika Teguh memberi subjudul untuk bukunya: *Catatan Perjalanan Unik, Seru, dan Luar Biasa tentang Indonesia*. Indonesia memang benar-benar luar biasa!

Teguh sendiri aslinya seorang insinyur Teknik Kimia jebolan Universitas Diponegoro, Semarang. Jika ia mampu menghadirkan catatan perjalanan yang memukau—kecermatan dalam memilih objek wisata, narasi yang mengalir lancar jauh dari kesan bertele-tele namun ajek dalam mematuhi tertib tata bahasa--semua tidak terlepas dari pengalamannya yang panjang di jagad jurnalistik. Sejak lulus kuliah (1993), Teguh tercatat pernah bergabung dengan beberapa media, antara lain: Majalah Warta Konsumen, Tabloid Ibu dan Anak, Majalah Pesona, Majalah Garuda. Tahun 2007, Teguh pindah ke Majalah Jalan-Jalan. Di majalah inilah, ia belajar fotografi secara autodidak, mulai dari memakai kamera saku, prosumer, hingga DSLR (hlm. 266). Jadi Teguh sendiri baru memulai karier sebagai travel writer pada usia 39 tahun.

Teguh yang kenyang dengan asam garam dunia media, memberinya nilai tambah, khususnya saat melihat objek. Di mata Teguh, destinasi wisata yang terkesan biasa, berhasil dieksplorasi menjadi objek yang eksotis, memiliki daya tarik khas, elok, istimewa dan luar biasa. Selain itu, kefasihan Teguh dalam melakukan reportase lapangan dan wawancara, tidak saja membuat tulisan-tulisannya makin kaya wawasan, tapi juga mampu memantik rasa penasaran. Siapa yang tidak tertarik membaca judul, semisal: Master Gong Terakhir (hlm. 56), Batik Unik di Little Nederland (hlm. 133), Ratu Boko: Dari Subuh hingga Senja (hlm. 158), dan Salak Para Dewa (hlm. 229)? Tapi, memang inilah kelihaian Teguh. Ia mampu memprovokasi pembaca untuk secara sukarela segera meninggalkan rutinitas atau minimal merencanakan perjalanan di kesempatan liburan terdekat.

Travel Writer Pekerjaan Terbaik

Teguh meyakini, menjadi travel writer merupakan salah satu best jobs in the world (salah satu pekerjaan terbaik di dunia). Anda boleh setuju boleh tidak. Tapi Teguh telah membuktikannya sendiri. Betapa tidak? Pekerjaannya berkeliling melihat yang indah-indah dan mewah dalam artian tidak banyak orang yang berkesempatan mengalaminya. Teguh pernah melihat sekelompok burung belibis yang bernyanyi bersahutan di Danau Linow. Merasakan pengalaman menembus hutan, menyeberangi Sungai Sei Batang Serangan dan Sungai Sebuluh di Tangkahan, Sumatera Utara, sambil mendengarkan kicauan burung dan suara gemericik air dari atas punggung gajah bak seorang Tarzan. Lalu, jalan-jalannya gratis, makan tidak bayar, dan masih ada bonus lain: dapat honor! Ayo, siapa yang tidak ngiler?

Jika kita tertarik menjadi travel writer, Teguh tidak pelit. Di bagian akhir, ia membagikan tip-tip bagaimana menjadi travel writer secara gamblang. Pertama, kita disarankan untuk mulai traveling. Perjalanan wisata bisa dengan cara ikut grup trip atau sendiri. Saat melakukan trip inilah, kita bisa mulai memotret, membuat catatan dan menuliskannya. Trip tidak perlu jauh-jauh. Sebab, kata Teguh, di kota sendiri atau di kota tetangga, tak jarang banyak objek unik yang bisa ditulis dan dijepret. Kedua, kirimkan artikel dan foto-foto hasil traveling ke majalah travel, wanita, lifestyle (gaya hidup), atau koran. Sekarang ini, hampir semua majalah wanita dan lifestyle memiliki rubrik travel. Ketiga, maksimalkan hasil liputan traveling dengan mengenali gaya penulisan setiap media. Keempat, berusahalah meningkatkan posisi dari penulis freelance menjadi kontributor tetap. Kelima, pindah kerjalah ke majalah travel. Majalah travel adalah sarana paling mudah kalau ingin traveling ke mana saja dengan gratis atau setidaknya dibiayai kantor. Keenam, manfaatkan korespodensi agar memperoleh materi tulisan lebih banyak. Ketujuh, punya media sendiri.

Jujur saja, sulit rasanya mencari kekurangan buku ini. Kritik kecil, mungkin bisa ditujukan pada foto-foto di buku ini yang masih dicetak hitam-putih. Mengapa tidak berani menampilkan foto-foto berwarna? Jika kita mengerti dunia penerbitan, jawabnya sederhana: foto-foto hitam putih dipilih, saya yakin, itu murni atas pertimbangan biaya. Mungkin di sinilah Teguh atau pihak percetakan perlu didorong untuk berani mencari sponsor, baik dari pihak swasta maupun pemerintah. Siapa tahu, di buku berikutnya, kita tidak hanya dimanjakan dengan narasi Teguh yang memukau, tapi juga foto-foto objek wisata Indonesia yang sesuai warna aslinya. Akhirnya, selamat menjadi travel writer, selamat menikmati Indonesia yang memang benar-benar luar biasa.

1.10 Catatlah kata-kata asing yang dipakai oleh peresensi, kemudian carilah sinonim atau padanannya dalam bahasa Indonesia.

1.11 Garis bawahi 5 kata atau frasa yang belum Anda pahami artinya. Carilah arti kata atau frasa tersebut dengan menggunakan kamus.

TIP BELAJAR – TEKNIK *SCANNING* DAN *SKIMMING*

Kapan teknik scanning dan skimming kita pakai, semua sangat bergantung pada tujuan. Teknik scanning kita manfaatkan jika kita hendak mencari informasi spesifik tertentu. Kita tentu tidak asing dengan teknik ini, misalnya saat kita mencari arti kata di kamus, kata-kata tertentu di teks, nama pengarang di daftar pustaka, rubrik tertentu di majalah, topik bahasan di daftar isi sebuah buku, nama seseorang di nomor telepon, acara siaran favorit di televisi, bahkan saat membaca makanan kesukaan di daftar menu yang ada di restoran, dll. Intinya, ada tiga kegiatan yang kita lakukan dalam teknik scanning, yakni:

1   Menetapkan informasi spesifik yang kita cari atau butuhkan.
2   Fokuslah pada kata-kata atau informasi yang Anda cari. Kata-kata atau informasi yang tidak berkait dengan tujuan, abaikan.
3   Gerakkan mata kita dengan cepat ke seluruh teks dan jangan membaca kata per kata.

Pada saat yang lain, Anda mendapat tugas dari guru untuk presentasi tentang sejarah Indonesia modern. Jelas di sini Anda membutuhkan informasi-informasi yang akurat dalam jumlah yang memadai. Anda lalu mengumpulkan sumber-sumber bacaan dan katakanlah Anda menemukan sepuluh buku yang berkait dengan topik. Karena waktu terbatas, maka membaca kata per kata mungkin menjadi sesuatu yang sulit dilakukan. Dalam situasi seperti ini, teknik skimming, teknik yang lazim digunakan ketika membaca teks nonfiksi (faktual), bisa dimanfaatkan. Secara sederhana, teknik skimming diawali dengan langkah-langkah berikut:

1   Tetapkan tujuan dari aktivitas baca Anda. Misal, untuk mendapatkan informasi sebanyak dan seakurat mungkin tentang sejarah Indonesia modern.
2   Dengan bantuan teknik scanning, lihat daftar isi, pilih bab atau sub-bab yang akan Anda baca.
3   Setelah bab ditetapkan, bacalah paragraf pertama atau beberapa paragraf awal dari bab tersebut secara mendetail **sampai Anda menemukan gagasan utama**. Gagasan utama ini biasanya ditempatkan dalam sebuah kalimat topik. Seperti kita tahu, sebuah kalimat topik kehadirannya ditopang oleh kalimat-kalimat lain yang memiliki hubungan erat dan mendukung ide utama. Jika kalimat topik ada di bagian awal yang kemudian diikuti dengan kalimat-kalimat lain yang menjadi penjelas, ini disebut jenis paragraf deduktif. Sementara, jika kalimat topik ada di bagian akhir, disebut dengan paragraf induktif.
4   Di paragraf-paragraf berikutnya, sama seperti yang Anda lakukan di paragraf awal, Anda cukup konsentrasi membaca kalimat topik.

Seperti struktur bacaan pada umumnya, di bagian akhir sebuah teks biasanya terdapat ringkasan atau kesimpulan. Jika sudah sampai pada bagian ringkasan atau kesimpulan, teknik skimming bisa ditinggalkan dan Anda mulai membaca secara detail.

1.12 Buatlah ringkasan terhadap resensi di atas sepanjang antara 130-180 kata. Fokuskan ringkasan Anda pada:

- Alasan travel writer disebut sebagai pekerjaan terbaik di dunia
- Siapa Teguh Sudarisman
- Catatan perjalanan apa saja yang dihadirkan dalam bukunya
- Langkah-langkah menjadi travel writer

1.13 Bacalah berita "Gunung Bromo, Lukisan Alam terindah di Jawa Timur". Kemudian temukan ide utama berkait dengan pertanyaan: Siapa? Apa? Kapan? Di mana? Mengapa? Bagaimana?

Gunung Bromo, Lukisan Alam Terindah di Jatim

KOMPAS.com - Menikmati pagi di Bromo menjadi impian bagi sebagian orang. Suasana yang hening, dingin, pemandangan yang dahsyat plus tradisi lokal yang terpelihara menjadi daya tarik Bromo yang abadi. Jawa Timur memang beruntung memilikinya. Bromo terletak sekitar 85 km dari Surabaya. Daerah ini bisa dijangkau dari Probolinggo atau Malang. Jalur normal biasanya dari Probolinggo. Adapun dari Malang, kita harus melewati lautan pasir dengan pilihan dan jumlah kendaraan yang terbatas.

Di Bromo, orang biasa menyaksikan terbitnya matahari di sela Gunung Bromo jika dilihat dari lereng Gunung Pananjakan. Gunung Bromo menjadi menarik karena statusnya sebagai gunung berapi yang masih aktif dan memiliki ketinggian 2.392 meter di atas permukaan laut.

Gunung Bromo merupakan salah satu destinasi terbaik di Indonesia karena alam yang sangat indah dan keunikan budayanya. Di Bromo sudah banyak tersedia akomodasi yang memadai. Jika berkunjung pada bulan Kesada (bulan dalam kepercayaan masyarakat Bromo), kita bisa menyaksikan ritual Kesada, berupa upacara melarung hasil bumi ke kawah Gunung Bromo yang bergolak.

Bagi penduduk Bromo, yaitu suku Tengger, Gunung Brahma (Bromo) dipercaya sebagai gunung suci. Setahun sekali masyarakat Tengger mengadakan

upacara Yadnya Kasada atau Kasodo. Upacara ini bertempat di sebuah pura yang berada di bawah kaki Gunung Bromo utara dan upacara dilanjutkan ke puncak Gunung Bromo. Upacara diadakan pada tengah malam hingga dini hari, setiap bulan purnama.

Transportasi

Transportasi menuju Bromo dari Surabaya bisa dikatakan sangat mudah. Di Surabaya tersedia banyak transportasi, baik bus atau mobil sewaan. Pejalan mandiri sangat disarankan menyewa mobil dari Surabaya. Sewa mobil dengan mudah didapatkan di

Bandara Surabaya. Jika ingin menuju Bromo dengan transportasi umum, dari Bandara Juanda, kita bisa naik taksi menuju Terminal Purabaya/Bungurasih Surabaya.

Untuk menuju Surabaya, naik pesawat terbang adalah pilihan terbaik karena menghemat waktu. Bahkan, kita bisa menghemat biaya jika mendapatkan tiket promo. Menyewa mobil dari Surabaya menuju Bromo sangat disarankan. Selain menghemat waktu, perjalanan pun menjadi simpel karena angkutan umum dari Surabaya menuju Bromo agak sulit.

Selama di Bromo

Untuk menaiki Bukit Pananjakan, kita sebaiknya menggunakan jeep. Jika tidak menggunakan jeep, mobil bisa-bisa amblas di medan berpasir. Jeep memang bisa melewati medan berpasir dan tikungan selama perjalanan ke Bromo. Untuk itu mintalah tolong kepada pihak hotel untuk mencarikan jeep karena mereka biasanya sudah bekerja sama dengan penyewaan jeep. Satu hal yang perlu diingat, saat upacara Kasada (yang diselenggarakan setiap bulan Agustus atau September), kita harus memesan mobil jauh-jauh hari.

Ingat!

Cuaca Bromo sangat dingin, bahkan bisa sangat dingin saat subuh. Padahal kita berangkat ke Pananjakan Bromo untuk melihat matahari terbit pada waktu subuh. Jadi, jangan lupa untuk membawa beberapa peralatan wajib seperti jaket tebal, sweter, sarung tangan, kaos kaki, penutup kepala, sepatu (jangan mengenakan sendal), celana panjang (bukan celana pendek).

Objek Wisata

Bromo adalah tempat wisata yang sangat ideal bagi warga kota yang ingin melepas penat karena semua objek wisatanya bisa dikunjungi dalam waktu satu hingga dua hari saja. Berikut ini adalah beberapa objek wisata yang bisa kita kunjungi.

Menikmati Sunrise di Pananjakan

Menyaksikan matahari terbit adalah momen terbaik menikmati alam Bromo. Agar bisa menikmatinya, kita harus berangkat naik jeep dari penginapan pukul 03.00 menuju Penanjakan. Mobil bisa kita sewa di penginapan. Atau, jika ingin menikmati pemandangan secara alami dan menyehatkan, kita bisa berjalan melewati jalan setapak menuju Penanjakan. Namun, untuk perjalanan seperti ini, kita sebaiknya menyewa pemandu yang sudah terbiasa menghadapi medan di Bromo.

Di bukit Pananjakan kita bisa melihat Gunung Bromo dari atas, juga Gunung Batok dan Gunung Semeru. Saat matahari terbit, kabut masih menyelimuti bagian bawah Gunung Bromo sehingga panoramanya indah dan terasa penuh mistik.

Lautan Pasir

Setelah menikmati *sunrise*, kita menuruni bukit menyaksikan lautan pasir yang sangat indah, seluas 15 km^2 di kaki Gunung Bromo. Di lokasi ini ada tempat yang dinamai Pasir Berbisik karena di sanalah syuting film 'Pasir Berbisik' diadakan. Di sini juga terdapat kuil Hindu yang konon tidak hancur saat Bromo meletus.

Kaldera Bromo

Agar bisa menikmati kaldera atau kawah Gunung Bromo, kita harus berjalan dari pura sejauh dua hingga tiga kilometer. Namun, jangan takut. Di sini kita bisa menyewa kuda dari penduduk Tengger dengan biaya Rp 50.000 – Rp 70.000. Namun, begitu tiba di tempat tujuan, kita masih harus menaiki sekitar 300 anak tangga untuk sampai di bibir kawah. **(Barry Kusuma)**

1.14 Diskusikan arti kata-kata berikut dengan partner Anda. Buatlah sebuah kalimat untuk masing-masing kata yang sudah Anda cari artinya.

- tradisi lokal
- melarung
- akomodasi
- bulan purnama
- tiket promo
- medan berpasir
- penat
- pemandu
- panorama
- anak tangga
- destinasi
- bergolak
- upacara
- pejalan mandiri
- amblas
- subuh
- jalan setapak
- kaldera
- mistik
- bibir kawah

1.15 Kata-kata atau frasa-frasa manakah di dalam berita di atas yang paling tepat menggambarkan:

a Bromo di pagi hari (paragraf 1)
b Transportasi selama di Bromo (paragraf 7)
c Sunrise di Pananjakan (paragraf 10)

1.16 Jelaskan efek yang ditimbulkan melalui penggunaan kata-kata atau frasa tersebut.

1.17 Di atas Anda sudah mencoba menemukan ide utama berkait dengan pertanyaan: Apa, Siapa, Kapan, Di mana, Bagaimana dan Mengapa. Berdasarkan ide utama yang Anda temukan, buatlah ringkasan ciri-ciri atau karakteristik Gunung Bromo dalam satu paragraf.

1.18 Menurut Anda manakah teks yang lebih informatif dan menarik: *Melancong ke Raja Ampat Papua Jangan Modal Nekat* atau *Gunung Bromo, Lukisan Alam Terindah di Jawa Timur*? Berikan alasan Anda.

Menulis (Hobi)

Tujuan pembelajaran

Kegiatan membaca pada unit ini difokuskan untuk:

- melatih keterampilan berdiskusi
- menjawab pertanyaan bacaan
- menulis deskripsi
- menulis ringkasan
- menulis poster

- menulis resensi
- menulis wawancara
- menulis dialog
- menulis paragraf
- menulis pengumuman

2.1 Bersama dengan kelompok Anda, diskusikan hal-hal yang berhubungan dengan hobi Anda!

a Menurut Anda apakah yang dimaksud dengan hobi?

b Apa yang menjadi hobi Anda?

c Apa yang sudah Anda lakukan untuk mengembangkan hobi Anda?

d Pernahkah Anda mengikuti kejuaraan atau pertandingan yang sesuai dengan hobi Anda?

e Jika belum pernah, apakah Anda ingin mencoba untuk ikut kejuaraan sesuai hobi Anda?

f Bagaimana Anda membagi waktu antara hobi dan belajar?

g Adakah dukungan orang tua Anda dalam menjalankan hobi Anda tersebut?

2.2. Bacalah wawancara singkat tokoh di bawah ini. Wawancara ini membicarakan seorang tokoh muda yang sudah menjadi pengusaha dari hobi menggambar sejak kecil.

TIP BELAJAR - DESKRIPSI

Tulisan deskripsi adalah tulisan yang menggambarkan atau melukiskan sesuatu sehingga seakan-akan pembaca **melihat, mendengar, merasakan, mengalami** sendiri pengalaman penulisnya. Tulisan deskripsi yang baik akan merangsang secara optimal kelima indra kita, yang meliputi: indra pencium (apa yang kita tangkap lewat penciuman kita), pendengar (apa yang kita dengar), penglihat (apa yang kita lihat), peraba (seperti apakah respons kulit kita ketika menyentuh sesuatu), dan perasa (apa yang kita rasakan ketika mengecap sesuatu).

Untuk mengembangkan tulisan deskripsi yang baik, Anda bisa melatih hal-hal berikut:

- bayangkan diri Anda sebagai sebuah "kamera video"
- deskripsikan lokasi demi lokasi, dimulai dari bagian dalam ke bagian luar
- hindari untuk menulis cerita
- pilihlah beberapa simile dan metafora yang jelas
- deskripsi harus menarik dan berkait dengan judul

Wahyu Aditya, Animasi Tanpa Batas

Oleh Sita Dewi

Pernah diragukan oleh banyak orang saat merintis sekolah animasi, ternyata, ini bukan hambatan bagi Wahyu Aditya. Kini, HelloMotion Academy, sekolah yang didirikannya enam tahun lalu itu, sudah mencetak lebih dari 800 animator Indonesia.

Kenapa Anda tertarik dengan animasi?

Awalnya, sejak SD di Malang, Jawa Timur, saya suka menggambar, membuat karakter, lalu ketagihan dan ikut lomba. Saya juga bikin cerpen, bikin komik *Doracemot, plesetan* dari Doraemon. Waktu SMP, saya juga sering ikut kompetisi. Pertama kali ikut lomba, saya langsung juara I, dari situ jadi ketagihan.

Saat itu saya juga pernah bikin komik khusus untuk perempuan yang saya taksir, tapi ditolak. Komiknya saya minta balik. Sayang, kan, sudah capek-capek bikinnya. Sekarang dia pasti menyesal karena pernah menolak saya. Ha ha ha.

Di SMA, saya mulai terjun ke desain. Desain pertama saya dihargai Rp 20 ribu. Lumayanlah.

Orangtua setuju?

Ya, sempat bingung juga sih. Orangtua, kan, dokter. Pasti ingin anaknya jadi dokter juga. Tapi karena dari awal saya memang takut darah, mereka menyerah.

Yang penting, kan, enggak *ngerepotin* orangtua dan tetap bisa berprestasi.

Apa alasan Anda memilih mendirikan sekolah animasi?

Sebenarnya sudah terinspirasi sejak masih sekolah animasi di Sydney. Waktu itu sebenarnya punya cita-cita ingin bikin film animasi layar lebar. Tapi, saya lalu berpikir, pasti susah mencari orang-orang yang sesuai dengan keinginan. Jadi, saya pikir seharusnya bikin sekolah dengan kurikulum yang saya buat dan sesuai dengan yang saya mau.

Dari sana, saya mulai mencicil membuat kurikulum berdasarkan pengalaman yang saya dapat saat bekerja di Trans TV sebagai *creative designer* dan *animator*. Dengan menciptakan sekolah, orang yang bisa membuat animasi akan semakin banyak, dan suatu saat animasi pasti akan makin terdengar. Daripada cuma saya yang bikin, nanti yang terdengar cuma nama saya saja.

Modalnya dari mana?

Tadinya, saya mau pinjam modal ke orangtua karena saya *enggak* punya uang dan *enggak* berani ambil risiko. Mereka juga ingin melatih saya supaya *enggak* terus bergantung, jadi tetap meminjam ke bank atas nama orangtua, tapi saya yang mencicil. Itu pun sebenarnya masih kurang karena uang itu habis untuk beli peralatan dan gedung. Saya masih butuh biaya untuk promosi. Akhirnya, saya memanfaatkan promosi lewat dunia maya. Sekali waktu saya ikut pameran pendidikan, alhamdulillah ada yang daftar, langsung untuk tiga kelas. Padahal, waktu itu gedungnya masih dibangun. Tapi, saya *cuek* saja. Rezeki, kok, ditolak? Jadi, saya langsung *nyemplung* saja.

Kenapa akhirnya memutuskan mendirikan sekolah di Jakarta?

Soalnya, empat tahun sebelumnya saya kerja di Jakarta. Kalau di Malang, terlalu *gambling*, karena saya belum tahu jaringannya dan secara statistik, animasi memang hidupnya di kota-kota metropolitan. Dan berdasarkan data statistik juga, perputaran uang di industri animasi itu pusatnya ya di Jakarta.

Berencana untuk mendirikan sekolah ini di kota-kota lainnya?

Insya Allah, kalau memang sanggup. Kalau pakai sistem *franchise* seperti yang banyak teman-teman lakukan, mungkin enggak semudah seperti *franchise* nasi goreng atau *hamburger* . Jadi, mungkin awalnya akan saya kelola sendiri dulu untuk beberapa cabang.

HelloMotion Academy saat ini sudah punya berapa kelas?

Sekarang jalan lima kelas, setiap kelas ada sembilan orang, paling sedikit enam orang, sengaja supaya lebih mudah menangkap pelajaran, apalagi kelasnya juga kecil. Usianya 18 tahun ke atas, tapi kalau kelas pagi sampai sore ada yang untuk usia Sekolah Dasar, biasanya untuk usia 10 tahun ke atas.

Bedanya?

Bedanya ada di pendekatan materinya. Animasi, kan, ada yang sederhana, ada yang kompleks. Rata-rata animasi yang kami ajarkan itu multidisiplin, jadi kalau untuk usia SD, saya *ajarin* sedikit-sedikit, tidak terlalu dipusingkan dengan banyak teknik.

Program untuk usia SD baru dibuka tahun lalu. Selama ini hanya untuk program liburan, jadi ada kerja sama dengan pihak ketiga. Nah, sekarang kami coba bikin versi tetapnya. Jadi, bisa belajar tanpa perlu menunggu program liburan.

Banyak permintaan?

Iya sih, tapi kami inginnya tetap sesuai dengan visi HelloMotion. Animasi, kan, sebuah karya seni yang bisa dipelajari oleh siapapun, jadi bukan sebuah ilmu yang hanya dikuasai oleh kaum profesional. Cita-citanya, sih, kalau sekarang banyak dokter suka seni lukis atau seni suara, suatu saat nanti akan ada dokter yang suka seni animasi.

Animasi itu seni yang menurut saya sangat lengkap. Ada suara dan gerakan, imajinasi juga tidak terbatas. Kalau film pendek mungkin terbatas pada cuaca atau aktornya. Nah, di animasi, kita bebas melakukan apa saja, *enggak* ada kompromi. Makanya, saya punya cita-cita untuk menyenikan animasi kepada masyarakat Indonesia.

Itukah alasan Anda untuk lebih suka disebut sebagai aktivis animasi?

Ya, karena seorang aktivis enggak hanya membuat, tapi juga melakukan sesuatu. Ya bikin sekolah, ya festival *(Adit yang lulusan KvB Institute of Technology, Sydney, ini juga memprakarsai HelloFest, festival animasi yang diadakan secara tahunan).*

Kabarnya, Anda membuka kelas khusus untuk anak penderita autis, ya?

Awalnya, sih, serba tidak sengaja, karena yang mendaftar ibunya, jadi kami enggak tahu anaknya seperti apa. Waktu datang, kok kayaknya anaknya agak beda? Tapi kemudian, si ibu menjelaskan kondisi anaknya yang mengidap autis. Tapi, kami justru tertantang. Setelah itu, ada beberapa ibu yang bilang, ternyata dengan mengikuti kursus animasi, ada *progress* yang positif untuk anaknya. Kami lantas bekerja sama dengan Rumah Autis. Kami yang mengirim guru ke sana dan melatih guru-guru. Setelah itu, kami mengirimkan satu mentor untuk mendampingi karena kami belum paham kebiasaan anak autis. Sedangkan semua fasilitas seperti komputer disponsori oleh sebuah bank BUMN. Ketika baru berjalan satu bulan, dievaluasi. Ternyata mereka *enggak* kalah berbakatnya dengan anak-anak bukan autis.

Lalu, bagaimana dengan karier untuk lulusan HelloMotion?

Untuk karier, *alhamdulillah* sudah banyak yang beralih profesi dan menemukan jati diri mereka. Banyak yang awalnya bekerja di bank, lalu menemukan lentera jiwanya di animasi. Ada anak SMA ikut kursus *editing* di sini, dia langsung terlibat proyek film besar seperti *Berbagi Suami*.

Sekarang kami juga sering ditelpon oleh perusahaan-perusahaan yang minta lulusan kami untuk direferensikan. Padahal, saya *enggak* terlalu serius untuk menyalurkan mereka dalam berkarier, tapi secara *imej* mungkin sangat membantu. Kemarin saya tanya ke murid, dia mau ke mana selulus dari sini, dia bilang, sebenarnya dengan belajar di HelloMotion, secara *imej* sudah sangat membantu. Dengan menyebut sekolah di HelloMotion saja, biasanya lebih mudah mendapatkan pekerjaan. Jadi, murid senang karena sudah mendapat pengakuan lebih dulu.

Menurut Anda apa yang membentuk *imej* HelloMotion jadi sedemikian bagus?

Berawal dari cinta. Bekerja dengan cinta biasanya pencapaian akan datang sendiri. Yang penting diawali dengan cinta, kerja dengan tepat dan keras, konsisten, dan jangan patah semangat.

Apa yang menurut Anda paling menarik dari animasi?

Animasi itu enggak ada batasnya. Batasnya cuma langit. Batasnya ada di kreativitas, dengan tantangan yang tak ada habisnya. Animator yang baik akan selalu mengeksplorasi sesuatu yang baru, tidak hanya berkutat pada hal komersial.

Target selanjutnya?

Macam-macam. Saya masih punya mimpi untuk memajukan *clothing* brand saya. Untuk HelloFest, inginnya bisa menjadi komunitas film yang lebih hidup. Mudah-mudahan juga bisa punya gedung sendiri dengan pusat informasi terbaik dan bisa mencetak orang-orang brilian. Film layar lebar juga cita-cita saya.

Satu lagi, cita-cita besar saya, HelloPark, taman impian yang menyenangkan, yang dibuat berdasarkan karya-karya yang dibuat HelloMotion. Semoga!

Tabloid NOVA

2.3 Jawablah pertanyaan di bawah ini berdasarkan bacaan di atas. Gunakan kata-kata Anda sendiri.

  a Apakah yang membuat Wahyu Aditya tertarik dengan animasi?

  b Apakah yang menjadi tujuan Wahyu Aditya mendirikan Hellomotion Academy?

  c Mengapa Wahyu Aditya berpendapat bahwa animasi itu seni?

  d Apakah maksud pernyataan Wahyu Aditya mengenai animasi itu tidak ada batasnya, batasnya cuma langit?

  e Pesan apakah yang Anda dapatkan melalui kisah hidup Wahyu Aditya?

2.4 Bersama dengan teman kelompok Anda, lakukan tugas berikut ini:

  a Daftar sebanyak-banyaknya kata sifat yang dapat digunakan untuk mendeskripsikan Wahyu Aditya.

  b Dengan menggunakan kata-kata Anda sendiri, deskripsikanlah Wahyu Aditya dengan menggunakan sedikitnya lima kata sifat yang sudah Anda daftarkan sebelumnya dalam sebuah paragraf.

  c Berikan satu judul baru untuk paragraf yang Anda tuliskan dan jelaskan mengapa Anda memilih judul tersebut.

TIP BELAJAR - KATA SIFAT

Kata sifat atau kata keadaan atau adjektiva adalah kata yang dipakai untuk mengungkapkan sifat atau keadaan orang, benda, atau binatang dan mempunyai ciri sebagai berikut:

- Kata sifat dapat diberi keterangan pembanding seperti *lebih, kurang,* dan *paling*
- Kata sifat dapat diberi keterangan penguat seperti *sangat, amat, benar, sekali,* dan *terlalu*
- Kata sifat dapat diingkari dengan kata ingkar *tidak*
- Kata sifat dapat diulang dengan awalan *se-* dan akhiran *–nya*

(Tata Bahasa Baku Bahasa Indonesia, 1998:209).

TIP BELAJAR - BIOGRAFI

Biografi berasal dari bahasa Yunani *bios* yang berarti hidup, dan *graphien* yang berarti tulis. Secara sederhana, biografi dapat diartikan sebagai tulisan tentang kisah hidup seseorang yang ditulis oleh orang lain. Tentu saja, kisah hidup yang diangkat lazimnya adalah riwayat hidup atau perjalanan karier dari seorang tokoh terkenal. Jenis tulisan ini biasanya menyajikan rincian-rincian faktual secara kronologis atau historis, yang mencerminkan kejadian-kejadian dalam kehidupan seseorang secara berurutan (bdk. KBBI, Edisi Keempat, 2011:197; Jann Schill, 1996:43).

2.5 Bacalah tip di bawah ini lalu tulislah ringkasan berdasarkan informasi yang diberikan.

Tip Memulai Bisnis dari Sebuah Hobi

Jika Wahyu Aditya berhasil mendirikan sekolah animasi Hellomotion dari hobinya menggambar, maka Anda juga bisa mengembangkan sebuah bisnis dari hobi Anda. Tentu saja saat ini mungkin Anda belum berpikir bahwa hobi Anda dapat dijadikan sebuah bisnis di masa depan. Artikel di bawah ini akan membantu Anda untuk mulai memikirkan kemungkinan hobi Anda dapat dijadikan bisnis di masa depan.

Meskipun tidak mudah, memulai sebuah bisnis dari hobi bukanlah hal yang tidak mungkin dilakukan. Berikut adalah langkah-langkah yang dapat dilakukan untuk mengembangkan sebuah hobi menjadi sebuah bisnis yang berhasil.

1. Mengenali hobi Anda

Anda mungkin memiliki banyak kegiatan yang Anda suka mengerjakannya. Sebagai remaja tentu ada banyak kegiatan yang Anda ikuti baik dalam lingkungan sekolah maupun di luar lingkungan sekolah. Anda harus mengenali dengan baik satu dari kegiatan yang paling suka Anda lakukan. Kegiatan tersebut haruslah menjadi sebuah kegiatan yang menyenangkan untuk dilakukan dan Anda bersedia memberikan waktu lebih untuk melakukan hobi Anda ini dibanding kegiatan Anda yang lain, di luar kegiatan belajar tentunya.

2. Menekuni hobi

Setelah anda mengenali dengan baik hobi Anda, langkah selanjutnya adalah menekuni hobi Anda dengan serius. Anda harus sungguh-sungguh mengembangkan diri dalam hobi tersebut. Tentu tidak gampang bagi remaja untuk menekuni dengan serius hobinya karena banyaknya tantangan seperti rasa bosan, kesibukan sekolah, dan kegiatan lainnya yang memang menjadi rutinitas Anda sehari-hari. Ketekunan dalam mengembangkan hobi ini sangat diperlukan supaya Anda benar-benar memiliki keahlian yang dapat Anda kembangkan menjadi sebuah bisnis di kemudian hari.

3. Melihat peluang bisnis

Setelah Anda sungguh-sungguh menekuni hobi Anda, kini saatnya Anda mulai melihat peluang bisnis dari hobi Anda. Hal pertama yang harus Anda perhatikan adalah melihat pangsa pasar yang membutuhkan sesuatu dari hobi Anda tersebut. Anda dapat melakukan *survey* dan mengamati pasar yang dapat Anda tuju sesuai dengan hobi Anda. Tentu bukan hal yang mudah untuk dapat menemukan peluang pasar yang tepat untuk hobi Anda, namun jika Anda tekun Anda akan melihat peluang sekecil apa pun untuk menjadi pasar bisnis hobi Anda.

4. Mengenali kelebihan dan kelemahan hobi Anda

Setiap kegiatan pasti ada kelebihan dan kelemahannya, demikian juga dengan hobi Anda. Anda harus mampu menemukan kelebihan dan kekurangan hobi Anda jika akan dikembangkan menjadi sebuah bisnis. Untuk lebih memudahkan, Anda dapat membuat daftar kelebihan-kelebihan hobi Anda jika dijadikan sebuah bisnis, misalnya karena masih sangat sedikit orang yang berkecimpung dalam hobi tersebut sehingga peluangnya sangat besar untuk dijadikan sebuah bisnis, sementara itu kelemahannya adalah meyakinkan komsumen atau pasar yang akan Anda tuju karena kurangnya informasi mengenai bisnis sesuai hobi Anda.

5. Menjadi anggota komunitas

Memiliki komunitas adalah salah satu cara untuk menemukan jaringan atau pangsa pasar yang lebih luas. Dengan menjadi anggota sebuah komunitas, Anda akan mendapatkan banyak informasi yang berhubungan dengan pengembangan hobi Anda. Anda juga dapat bertukar pengalaman dengan anggota komunitas mengenai hobi Anda dan bahkan peluang bisnis dari hobi Anda dapat dirintis bersama-sama. Mencari tahu komunitas-komunitas yang berhubungan dengan hobi Anda adalah langkah berikutnya untuk mempersiapkan peluang bisnis Anda di kemudian hari. Dari sini Anda bisa mulai menggali ilmu dan mencari pengalaman untuk mengembangkan bisnis Anda. Daftarkan komunitas yang dapat Anda ikuti sesuai hobi Anda. Jika belum ada, mungkin Anda bisa mengawalinya dengan membangun komunitas.

6. Berkomitmen

Komitmen adalah salah satu unsur penting dalam memulai bisnis. Tanpa komitmen yang kuat Anda akan cepat putus asa terutama saat Anda mengalami persoalan-persoalan sehubungan dengan rencana bisnis Anda. Untuk menjaga komitmen Anda tetap kuat, buatlah sebuah moto yang dapat Anda jadikan penyemangat dan pengingat yang akan membuat Anda tetap semangat menjalankan hobi dan bisnis Anda.

2.6 Dalam sebuah kelompok yang terdiri dari tiga sampai lima orang, diskusikan apa yang menjadi hobi salah satu anggota kelompok Anda saat ini yang dapat dipilih untuk dikembangkan menjadi sebuah peluang bisnis. Lalu berdasarkan artikel *Tips Memulai Bisnis dari Hobi*, pikirkanlah setidaknya lima langkah yang harus dilakukan untuk menjadikan hobi tersebut menjadi peluang bisnis seperti pada tabel di bawah ini. Setiap kali akan mengisi langkah-langkah dalam tabel tersebut, jadikan artikel di atas sebagai rujukan tindakan yang akan Anda lakukan.

Langkah Memulai bisnis dari hobi _____ _____ (Isi jenis hobi sesuai pilihan kelompokmu).

Langkah Memulai bisnis dari hobi	Hal Yang akan dilakukan
Langkah 1: Mengenali hobi Anda	• Mendaftar kegiatan yang dilakukan selama seminggu. (Buat daftar kegiatan Anda). • Mendata kegiatan yang paling banyak dilakukan di luar waktu belajar. (Daftarkan kegiatan-kegiatan yang paling banyak menyita waktu di luar kegiatan belajar tentunya). • Mendata satu kegiatan yang paling banyak dilakukan dan paling Anda senangi dan Anda bersedia memberikan waktu lebih untuk kegiatan ini. (Pilih satu kegiatan yang paling Anda suka). Jenis kegiatan inilah yang akan Anda tuliskan sebagai hobi pada judul tabel ini.
Langkah 2	
Langkah 3	
Langkah 4	
Langkah 5	
Langkah 6	

2.7 Sampaikan hasil tabel yang sudah diisi oleh masing-masing kelompok di depan kelas. Setiap kelompok tentu punya pilihan hobi yang berbeda yang dapat dipertimbangkan untuk dikembangkan menjadi sebuah peluang bisnis. Guru Anda akan memberikan penilaian atas tiap tabel yang dihasilkan oleh kelompok.

2.8 Masih dengan kelompok yang sama saat mengerjakan kegiatan 2.6, Anda dimiminta untuk membuat sebuah poster tentang hobi. Poster Anda harus memperhatikan hal-hal berikut:

a Tujuan poster untuk mempromosikan hobi yang sudah Anda pilih.

b Jelaskan kelebihan dan keuntungan memiliki hobi tersebut.

c Berikan informasi-informasi dan fakta-fakta seputar hobi pilihan kelompok Anda.

d Lakukan riset tentang hobi tersebut di luar jam pelajaran, Anda hanya akan menggunakan jam pelajaran untuk menyusun poster setelah informasi yang Anda butuhkan tersedia.

e Setiap kelompok mendapatkan waktu selama tiga sampai lima menit untuk menjelaskan hasil kerja kelompoknya di depan kelas.

TIP BELAJAR - DISKUSI

Diskusi adalah pertemuan ilmiah untuk bertukar pikiran mengenai suatu masalah. Kata ilmiah di sini dapat diartikan sebagai berdasarkan ilmu pengetahuan; memenuhi syarat (kaidah) ilmu pengetahuan.

Saat kita mengatakan orang sedang mendiskusikan sesuatu (atau sedang berdiskusi), kita mengartikan bahwa mereka sedang berbicara tentang sesuatu. Mereka bisa **setuju** atau **tidak setuju** satu sama lain.

Jika kita mengatakan bahwa orang **tidak setuju** dengan yang lain (atau memiliki ketidaksetujuan), kita mengartikan bahwa masing-masing dari mereka berpikir bahwa yang lain itu salah. (KBBI, Edisi Keempat, 2011:334, 524; Anita Harnadek, *Critical Thinking Book One*, 1998:5-6).

2.9 Pilihlah di antara judul-judul tulisan di bawah ini yang merupakan judul yang mencerminkan jenis tulisan deskripsi. Berikan alasan untuk jawaban Anda!

a Restoran Terbaik di Kotaku

b Guruku, Sahabatku

c Perlukah Siswa Memakai Seragam Sekolah?

d Parade 17-an di Sekolahku

e Konser Pertamaku

f Istana Indah di Tepi Danau

g Makanan Cepat Saji: Mengenyangkan atau Membahayakan

h R.A. Kartini Pejuang Pendidikan untuk Perempuan

2.10 Buatlah sebuah tulisan deskripsi sepanjang 350-500 kata dengan memilih salah satu dari topik berikut:

a Aku dan hobiku yang unik

b Seseorang yang Anda kagumi (boleh yang sudah meninggal atau yang masih hidup) yang memiliki hobi yang menurut Anda unik.

c Deskripsikan diri Anda jika suatu saat Anda menjadi seorang pengusaha yang sukses melalui hobi Anda.

Tulisan yang Anda kerjakan akan diserahkan kepada guru dan akan dinilai berdasarkan kriteria penilaian yang digunakan yaitu nilai sampai 10 poin tersedia untuk gaya dan akurasi, dan sampai dengan 15 poin untuk isi dan struktur.

TIP BELAJAR - LANGKAH MENULIS DESKRIPSI

Untuk menghasilkan tulisan deskripsi yang bagus, maka langkah-langkah berikut bisa dilakukan:

- lakukan pengamatan terhadap subjek yang hendak dideskripsikan
  Sebuah tulisan deskripsi umumnya memang berangkat dari pengamatan. Seorang pengarang sebelum mendeskripsikan sesuatu, ia terjun langsung, melihat subjek atau objek, menelitinya, mengenali ciri-cirinya, bahkan mengalaminya, baru kemudian menuangkannya dalam bentuk tulisan deskripsi.
- pilih kata-kata kerja/kata sifat yang secara tepat menggambarkan subjek yang Anda deskripsikan
- kata-kata kerja yang Anda pakai lebih kuat bila memakai kata-kata kerja aktif
- bacalah banyak karya sastra
- pelajari ekspresi-ekspresi yang bisa digunakan
- buatlah kalimat yang bisa menarik pembaca
- hindari pemakaian kata-kata informal
- hindari deskripsi yang berlebihan atau yang "datar" dan membosankan

2.11 Bacalah cuplikan novel Laskar Pelangi karya Andrea Hirata di bawah ini dan temukan kata-kata kunci yang digunakan pengarang untuk mendeskripsikan tokoh bernama Lintang, pelajar yang haus ilmu dengan semangat belajar mengagumkan.

..... Dapat dikatakan tak jarang Lintang <u>mempertaruhkan nyawa</u> demi menempuh pendidikan, namun tak sehari pun ia pernah bolos. Delapan puluh kilometer pulang pergi ditempuhnya dengan sepeda setiap hari. <u>Tak pernah mengeluh</u>. Jika kegiatan sekolah berlangsung sampai sore, ia akan tiba malam hari di rumahnya. Sering aku merasa ngeri membayangkan perjalanannya.

Kesulitan itu belum termasuk jalan yang tergenang air, ban sepeda yang bocor, dan musim hujan berkepanjangan dengan petir yang menyambar-nyambar. Suatu hari rantai sepedanya putus dan tak bisa disambung lagi karena sudah terlalu pendek sebab terlalu sering putus, tapi ia tak menyerah. Dituntunnya sepeda itu puluhan kilometer, dan sampai di sekolah kami sudah bersiap-siap akan pulang. Saat itu adalah pelajaran seni suara dan dia begitu bahagia karena masih sempat menyanyikan lagu *Padamu Negeri* di depan kelas. Kami termenung mendengarkan ia bernyanyi dengan sepenuh jiwa, tak tampak kelelahan di matanya yang berbinar jenaka. Setelah itu ia pulang dengan menuntun sepedanya lagi sejauh empat puluh kilometer.

Pada musim hujan lebat yang bisa mengubah jalan menjadi sungai, menggenangi daratan dengan air setinggi dada, membuat guruh dan halilintar membabat pohon kelapa hingga tumbang bergelimpangan terbelah dua, pada musim panas yang begitu terik hingga alam memuai ingin meledak, pada musim badai yang membuat hasil laut nihil hingga berbulan-bulan semua orang tak punya uang seperser pun, pada musim buaya berkembang biak sehingga mereka menjadi semakin ganas, pada musim angin barat puting beliung, pada musim demam, pada musim sampar sehari pun Lintang tak pernah bolos.

Dulu ayahnya pernah mengira putranya itu akan takluk pada minggu-minggu pertama sekolah dan prasangka itu terbukti keliru. Hari demi hari semangat Lintang bukan semakin pudar tapi malah meroket karena ia sangat mencintai sekolah, mencintai teman-temannya, menyukai persahabatan kami yang mengasyikkan, dan mulai kecanduan pada daya tarik rahasia-rahasia ilmu. Jika tiba di rumah ia tak langsung beristirahat melainkan segera bergabung dengan anak-anak seusia

di kampungnya untuk bekerja sebagai kuli kopra. Itulah penghasilan sampingan keluarganya dan juga sebagai kompensasi terbebasnya dia dari pekerjaan di laut serta ganjaran yang ia dapat dari "kemewahan" bersekolah.

Ayahnya, yang seperti orang *Bushman* itu, sekarang menganggap keputusan menyekolahkan Lintang adalah keputusan yang tepat, paling tidak ia senang melihat semangat anaknya yang menggelegak. Ia berharap suatu waktu di masa depan nanti Lintang mampu menyekolahkan lima orang adik-adiknya yang lahir setahun sekali sehingga berderet-deret rapat seperti pagar, dan lebih dari itu ia berharap Lintang dapat mengeluarkan mereka dari lingkaran kemiskinan yang telah lama mengikat mereka hingga sulit bernapas.

Maka ia sekuat tenaga mendukung pendidikan Lintang dengan cara-caranya sendiri, sejauh kemampuannya. Ketika kelas satu dulu pernah Lintang menanyakan kepada ayahnya sebuah persoalan pekerjaan rumah kali-kalian sederhana dalam mata pelajaran berhitung.

"Kemarilah Ayahanda ... berapa empat kali empat?"

Ayahanda yang buta huruf hilir mudik. Memandang jauh ke laut luas melalui jendela, lalu ketika Lintang lengah ia diam-diam menyelinap keluar melalui pintu belakang. Ia meloncat dari rumah panggungnya dan tanpa diketahui Lintang ia berlari sekencang-kencangnya menerabas ilalang. Laki-laki cemara angin itu berlari pontang-panting sederas pelanduk untuk minta bantuan orang-orang di kantor desa. Lalu secepat kilat pula ia menyelinap ke dalam rumah dan tiba-tiba sudah berada di depan Lintang.

"Em ... emm ... empat belas ... bujangku ... tak diragukan lagi empat belas ... tak lebih tak kurang ...," jawab beliau sembari tersengal-sengal kehabisan napas tapi juga tersenyum lebar riang gembira. Lintang menatap mata ayahnya dalam-dalam, rasa ngilu menyelinap dalam hatinya yang masih belia, rasa ngilu yang mengikrarkan nazar *aku harus jadi manusia pintar*, karena Lintang tahu jawaban itu bukan datang dari ayahnya.

Ayahnya bahkan telah salah mengutip jawaban pegawai kantor desa. Enam belas, itulah seharusnya jawabannya, tapi yang diingat ayahnya selalu hanya angka empat belas, yaitu jumlah nyawa yang ditanggungnya setiap hari.

Setelah itu Lintang tak pernah lagi minta bantuan ayahnya. Mereka tak pernah membahas kejadian itu. Ayahnya diam-diam maklum dan mendukung Lintang dengan cara lain, yakni memberikan padanya sebuah sepeda laki bermerk Rally Robinson, *made in England*. Sepeda laki adalah sebutan orang Melayu untuk sepada yang biasa dipakai kaum lelaki. Berbeda dengan sepeda bini, sepeda laki lebih tinggi, ukurannya panjang, sadelnya lebar, keriningannya lebih maskulin, dan di bagian tengahnya terdapat batang besi besar yang tersambung antara sadel dan setang. Sepeda ini adalah harta warisan keluarga turun-temurun dan benda satu-satunya yang paling berharga di rumah mereka. Lintang menaiki sepeda itu dengan terseok-seok. Kakinya yang pendek menyebabkan ia tidak bisa duduk di sadel, melainkan di atas batang sepeda, dengan ujung-ujung jari kaki menjangkau-jangkau pedal. Ia akan beringsut-ingsut dan terlonjak-lonjak hebat di atas batangan besi itu sambil mengggigit bibirnya, mengumpulkan tenaga. Demikian perjuangannya mengayuh sepeda pulang dan pergi ke sekolah, delapan puluh kilometer setiap hari.

(Laskar Pelangi, Andrea Hirata, 2008)

2.12 Daftarlah kata sifat, kata kerja, atau frasa yang digunakan pengarang untuk mendeskripsikan tokoh Lintang lalu tuliskan pendapat Anda atas efek yang ditimbulkan atas penggunaan kata-kata tersebut kepada pembaca.

Contoh:

a Frasa **_mempertaruhkan nyawa_** untuk mendeskripsikan kesungguhan Lintang bersekolah. Frasa ini membuat pembaca mampu membayangkan kesungguhan Lintang yang bahkan berani mempertaruhkan nyawanya demi bisa bersekolah

b Frasa **_tidak pernah mengeluh_**. Frasa ini.…. (lanjutkan)

2.13 Bersama guru dan teman sekelas Anda, tontonlah film Laskar Pelangi yang terinspirasi berdasarkan novel Laskar Pelangi karya Andrea Hirata. Kemudian tulislah sebuah resensi atas film yang Anda tonton. Perhatikan hal-hal yang harus Anda tuliskan dalam resensi Anda.

TIP BELAJAR - RESENSI

Resensi adalah suatu tulisan atau ulasan yang berisi deskripsi dan evaluasi atas sebuah hasil karya (film/buku/drama,dan lain-lain). Sebuah karya resensi yang baik, paling sedikit mestilah memuat dua unsur: pertama, deskripsi atau informasi; dan kedua, evaluasi, yaitu paparan yang menyangkut kelebihan (positif) dan kekurangan (negatif) sebuah karya. Memang, ada resensi yang melulu informatif. Hal ini sah-sah saja. Namun, resensi yang ideal adalah resensi yang memuat segi informasi/deskripsi atas suatu karya disertai evaluasinya.

2.14 Perhatikan ilustrasi gambar berdasarkan film Laskar Pelangi di bawah ini. Tulislah sebuah deskripsi sepanjang 130-150 kata berdasarkan ilustrasi di bawah ini.

2.15 Tulislah sebuah wawancara antara Anda dan tokoh Lintang berdasarkan cuplikan novel Laskar Pelangi di atas atau berdasarkan pemahaman Anda tentang tokoh Lintang setelah Anda menonton film Laskar Pelangi. Hal yang harus Anda perhatikan adalah:

- Anda dapat bertindak sebagai seorang wartawan dari sebuah tabloid/majalah remaja yang ingin menampilkan tokoh Lintang sebagai tokoh utama dalam penerbitan tabloid/majalah Anda saat itu.
- Gunakan kata-kata yang jelas dalam pertanyaan-pertanyaan Anda.
- Pertanyan-pertanyaan Anda diupayakan dapat dijawab oleh Lintang dan merupakan pertanyaan-pertanyaan yang realistik sesuai usia tokoh yang Anda wawancarai.
- Cara menjawab tokoh Lintang harus Anda sesuaikan dengan karakter tokoh Lintang.

TIP BELAJAR - MENYUSUN DRAF PERTANYAAN

Apa saja yang perlu diperhatikan agar seseorang pewawancara bisa menyusun draf pertanyaan dengan baik?

1. Susun pertanyaan berdasarkan tingkat kepentingan.
2. Sertakan hal-hal yang ingin diketahui khalayak.
3. Pertanyaan harus fokus.
4. Hindari pertanyaan yang dobel atau triple dalam sekali kesempatan bertanya.
5. Jangan ajukan pertanyaan pelengkap dokumentasi di bagian awal.
6. Pahami fungsi draf.
7. Pertanyaan di draf sebaiknya dilebihi.

2.16 Bacalah artikel di bawah ini yang mengulas mengenai hobi Presiden Soekarno, presiden pertama Indonesia. Setelah selesai membaca, bersama partner Anda diskusikan arti kata-kata yang digarisbawahi dalam tulisan ini.

" Bangsa yang besar adalah bangsa yang menghargai pahlawannya", Kutipan ini adalah salah satu kutipan yang sangat terkenal dari Presiden Soekarno. Presiden pertama Indonesia yang juga dikenal dengan julukan orator ulung ini sangat terkenal dengan pidato-pidatonya yang sangat persuasif dan membuat banyak kepala negara dan pemimpin dunia kagum akan presiden pertama kita.

Sebagai seorang presiden pertama Indonesia, dunia politik yang penuh perjuangan adalah hal yang kita pelajari dari kehidupan Presiden Soekarno melalui buku sejarah dan buku pelajaran lainnya yang kita pelajari di bangku sekolah. Hal ini karena terbatasnya informasi mengenai kehidupan pribadi beliau. Salah satu hal yang jarang dibicarakan dari sosok yang sangat melegenda ini adalah hobi beliau. Siapa sangka bahwa beliau memiliki hobi menonton film dan bermain musik?

Hobi menonton film dan bermain musik ini dilakukan oleh presiden Soekarno di tengah kesibukannya yang sangat padat sebagai pejuang kemerdekaan yang gigih yang akhirnya mengantar bangsa Indonesia pada kemerdekannya. Hobi menonton film ini bahkan diekspresikan melalui kecintaannya pada berbagai jenis film dan bahkan beliau memiliki bintang film idola yang sangat terkenal di dunia pada masa itu yaitu Marilyn Monroe. Marilyn Monroe adalah bintang film Amerika yang sangat terkenal pada tahun 1960 an. Selain hobi menonton film, beliau juga hobi memainkan alat musik. Beliau bahkan memainkan gitarnya dalam sebuah band.

Menarik bukan? Tenyata proklamator kita memiliki hobi yang mungkin sama dengan hobi Anda.

2.17 Setelah membaca tulisan tersebut, tulislah sebuah dialog singkat antara Anda dan presiden Soekarno mengenai hobi beliau saat itu. Kali ini dialog bersifat informal. Bayangkan Anda dan beliau berada dalam sebuah suasana informal dan berkesempatan berbincang-bincang mengenai hobi beliau. Anda juga dapat membicarakan hobi Anda pada beliau sehingga dialog Anda lebih interaktif.

2.18 Lakukan riset di luar jam pelajaran mengenai salah satu dari topik di bawah ini:

- Hobi unik presiden Indonesia (selain Soekarno).
- Hobi terunik di dunia.
- Hobi unik tokoh-tokoh dunia.
- Hobi unik tokoh-tokoh Indonesia.

Setelah melakukan riset, tulislah hasil riset Anda dalam sebuah paragraf sepanjang 150-200 kata lalu sampaikan hasil tulisan Anda pada guru Anda untuk dinilai.

2.19 Anda dan seluruh teman sekelas Anda berniat untuk mengadakan acara "Aku dan Hobiku" di sekolah Anda. Kegiatan ini bertujuan untuk memamerkan hasil kreasi siswa berdasarkan hobi mereka. Bersama partner Anda, tulislah sebuah pengumuman mengenai kegiatan tersebut, perhatikan hal-hal yang harus ada dalam pengumuman Anda:

- Waktu, tempat, dan lokasi kegiatan.
- Tujuan kegiatan.
- Peserta yang terlibat.
- Susunan acara.
- Panitia yang dapat dihubungi.
- Dan hal lain yang diperlukan agar pengumuman Anda lebih jelas.

Berbicara dan Merespons (Musik)

Tujuan pembelajaran

Kegiatan berbicara dan merespons pada unit ini difokuskan untuk melatih siswa terampil:

- berdiskusi
- membaca puisi
- presentasi
- menjelaskan arti kata
- menjawab pertanyaan bacaan
- melakukan dramatisasi cerpen
- menceritakan legenda

3.1 Bersama dengan partner Anda, diskusikan hal-hal di bawah ini:

a Apakah Anda suka mendengarkan musik?

b Jenis musik apa yang suka Anda dengarkan?

c Mengapa Anda menyukai jenis musik tersebut?

d Kapan dan di mana Anda biasanya mendengarkan dan menikmati musik?

e Apakah lagu-lagu yang Anda gemari saat ini? Mengapa Anda menggemari lagu-lagu tersebut?

f Dari salah satu lagu yang Anda gemari, bicarakan apa isi dan pesan lagu tersebut!

g Bagaimana dengan lagu daerah nusantara? Apakah Anda tahu dan pernah menyanyikan lagu-lagu daerah tersebut?

3.2 Bacalah lirik lagu daerah nusantara di bawah ini dengan intonasi membaca sebuah puisi!

a JALI-JALI
Lagu daerah nusantara Provinsi DKI Jakarta

Ini dia si jali-jali
lagunya enak, lagunya enak merdu sekali
capek sedikit tidak perduli sayang
asalkan tuan, asalkan tuan senang di hati

palinglah enak si mangga **udang**
(hei sayang disayang)
pohonnya tinggi, pohonnya tinggi buahnya **jarang**
palinglah enak si orang **bujang** (sayang)
kemana pergi, kemana pergi tiada yang **m'larang**

di sana gunung di sini **gunung**
(hei sayang disayang)
di tengah tengah, di tengah tengah kembang **melati**
di sana bingung di sini **bingung** (sayang)

samalah sama menaruh **hati**

jalilah jali dari cikini (sayang)
jali-jali dari cikini jalilah jali sampai di sini.

b RASA SAYANGE
Lagu daerah nusantara Maluku/Ambon

Rasa sayange... rasa sayang sayange...
Kulihat dari jauh rasa sayang sayange
Rasa sayange... rasa sayang sayange...
Kulihat dari jauh rasa sayang sayange

Jalan jalan ke kota **Paris**
Lihat gedung berbaris baris
Anak manis jangan **menangis**
Kalau menangis malah meringis

Rasa sayange... rasa sayang sayange...
Kulihat dari jauh rasa sayang sayange
Rasa sayange... rasa sayang sayange...
Kulihat dari jauh rasa sayang sayange

Di sana belang di sini **belang**
Anak kucing lincah **berlari**
Di sana senang di sini **senang**
Ayo nona goyang **menari**

Rasa sayange... rasa sayang sayange...
Kulihat dari jauh rasa sayang sayange
Rasa sayange... rasa sayang sayange...
Kulihat dari jauh rasa sayang sayang

3.3 Bagilah siswa di kelas Anda menjadi dua kelompok. Satu kelompok merepresentasikan masyarakat *DKI Jakarta* dan kelompok kedua merepresentasikan masyarakat dari *Maluku* yang sedang mempromosikan lagu daerah mereka dalam sebuah konferensi pers.

Sebelum kegiatan konferensi pers dilakukan, kelompok Anda diminta untuk melakukan riset di luar jam pelajaran mengenai lagu daerah Anda masing-masing untuk mengetahui arti kata-kata dan makna lagu tersebut, berlatih menyanyikan lagu tersebut, dan mempersiapkan jawaban atas pertanyaan-pertanyaan yang akan diajukan.

Guru Anda akan bertindak sebagai orang yang mewawancarai kelompok Anda dengan menggunakan pertanyaan-pertanyaan di bawah ini. Masing-masing kelompok mempersiapkan diri untuk memberikan jawaban secara lisan yang diwakili oleh satu atau dua juru bicara.

a Sebuah lagu tentu muncul karena ada inspirasi dalam diri pengarangnya. Dapatkah Anda menjelaskan apa yang menjadi inspirasi pencipta lagu daerah Anda dalam menciptakan lagu ini?

b Apakah yang ingin Anda sampaikan melalui lagu Anda ini kepada pendengar?

c Mengapa Anda merasa optimis lagu ini akan digemari pendengar musik terutama dari kalangan remaja padahal lagu ini adalah lagu daerah?

d Apakah yang akan Anda lakukan untuk mempromosikan lagu daerah Anda?

e Nyanyikanlah dengan baik lagu daerah yang kelompok Anda wakili dengan kompak dan boleh dengan menggunakan gerakan.

3.4 JIka kita perhatikan kedua lirik lagu di atas ada persamaan di antara kedua lirik lagu tersebut yaitu masing-masing lagu memiliki pantun sebagai bagian dari syairnya. Sekarang Anda dan kelompok Anda diminta untuk menambahkan dua pantun lagi pada masing-masing lagu dan menyanyikannya di depan kelas.

3.5 Carilah sebuah lagu Indonesia yang memiliki tema persahabatan dan cinta tanah air, lalu tuliskan lirik lagu tersebut dan bacakan di depan kelas seperti Anda membaca sebuah puisi. Sebelum membacakan lirik lagu pilihan Anda, jelaskan pada audiens Anda **mengapa Anda memilih lagu tersebut** dan *apakah pesan yang ingin disampaikan* pengarang melalui lirik lagu tersebut, berikut kosa kata yang menurut Anda adalah **kosa kata kunci** dari lagu yang Anda pilih.

TIP BELAJAR - PANTUN

Sekalipun termasuk puisi lama, pantun hingga kini masih hidup dan digemari. Lihat saja para pembawa acara TV dan beberapa komedian di Indonesia, untuk menghibur penonton, sering mereka memanfaatkan jenis puisi asli Indonesia (Melayu) ini. Bahkan, mantan Presiden SBY sering memanfaatkan pantun dalam pidatonya, termasuk saat kampanye di Pekanbaru, Riau, 2009 lalu. "Kalau bukan setetes tinta, takkan kutulis sebait puisi. Kalau bukan karena cinta, takkan hadir beta di sini," katanya.

Beberapa kesenian tradisional di Tanah Air pun banyak yang menggunakan pantun dalam pentas mereka, misalnya: *lenong Betawi (Jakarta), randai (Minangkabau), ludruk (Jawa Timur), gandrung (Banyuwangi, Jawa Timur),* termasuk dalam upacara pernikahan adat daerah tertentu. Di beberapa daerah, pantun dikenal dengan nama berbeda. Di Jawa Tengah dan Jawa Timur disebut *parikan*; Batak, *ende-ende*; Toraja, *bolingoni*, dan di Sunda ada tradisi berbalas pantun yang dikenal dengan *sisindiran*.

Hartojo Andangdjaja dalam artikelnya *Pola-pola Pantun dalam Persajakan Modern* dengan tegas mengatakan bahwa pengaruh pantun itu begitu kuat, termasuk dalam penciptaan puisi modern Indonesia (1982:150). Hartojo menyebut beberapa penyair yang karyanya terpengaruh pantun, misalnya: Muhammad Yamin, Amir Hamzah, Sanusi Pane, Armijn Pane, termasuk Sitor Situmorang.

Jadi, apakah pantun itu? Sebagaimana sudah disinggung sedikit di atas, pantun adalah jenis puisi lama dengan ciri-ciri:

1 Umumnya dalam satu bait terdiri atas empat larik. Kecuali pada jenis pantun karmina (setiap bait terdiri atas dua larik), dan pada talibun (enam atau delapan larik dalam satu bait). Yang kita pelajari dalam bagian ini hanya pantun empat larik (pantun biasa) dan karmina. Pertimbangannya, dua jenis pantun ini masih banyak dipakai.

2 Jumlah suku kata dalam setiap larik pantun antara delapan sampai dua belas suku kata.

3 Pantun memiliki sampiran dan isi. Pada pantun biasa, sampiran ada pada dua larik pertama. Fungsi dua larik pertama ini sebagai petunjuk rima. Sementara, dua larik berikutnya merupakan isi. Makna atau inti pantun ada di larik tiga dan empat.

4 Pada pantun karmina (kilat), baris pertama merupakan sampiran, baris kedua merupakan isi.

5 Pola rima pantun a-b-a-b (rima silang).

3.6 Tahukah Anda siapa pencipta lagu kebangsaan kita "Indonesia Raya"? Bacalah biografi singkat sang pengarang lagu Indonesia Raya di bawah ini. Setelah Anda membaca dengan seksama buatlah catatan singkat dalam bentuk poin-poin. Lalu berdasarkan catatan singkat Anda bicarakan di depan kelas siapa tokoh ini dengan menggunakan kata-kata Anda sendiri.

Biografi Wage Rudolf Soepratman

Wage Rudolf Soepratman dilahirkan di Jakarta pada tanggal 9 Maret 1903. Lahir dari sebuah keluarga dengan ayah yang bekerja sebagai seorang sersan di Batalyon VIII yang bernama Sersan Senen. Saat Soepratman berusia 11 tahun, beliau pindah ke Makasar mengikuti kakak perempuannya yang sudah menikah. Sang kakak, Roekijem, yang menikah dengan Willem van Eldik kemudian menyekolahkan Soepratman di sebuah sekolah berbahasa Belanda sehingga kemampuan berbahasa belandanya sangat baik. Selanjutnya beliau meneruskan pendidikan ke *Normaalschool* di Makasar dan saat beliau berusia 20 tahun, beliau mendapat kesempatan untuk menjadi guru di Sekolah Angka 2.

Karir WR Soepratman selanjutnya adalah menjadi wartawan di Harian Kaoem Moeda dan Harian Kaoem Kita di Bandung. Kehidupan sebagai wartawan membuat Soepratman mulai tertarik pada pergerakan nasional yang berjuang untuk kemerdekaan Indonesia dari tangan penjajah. Ketertarikannnya pada pergerakan ini membuat beliau banyak bergaul dengan tokoh-tokoh pergerakan. Keaktifan beliau dalam berbagai kegiatan pergerakan mulai menimbulkan rasa tidak senang terhadap penjajahan Belanda atas tanah Indonesia. Ketidaksenangannya atas penjajahan Belanda ini dituangkannya dalam sebuah buku berjudul *Perawan Desa*. Buku ini banyak menginspirasi orang untuk bersatu melawan penjajahan Belanda. Akibatnya, buku ini disita dan dilarang beredar oleh pemerintah Belanda.

Selain kemampuan menulis, Soepratman juga mahir memainkan alat musik terutama biola dan gemar membaca buku-buku tentang musik dan lagu. Kecintaannya pada alat musik ini juga tidak terlepas dari pengaruh sang kakak, Roekijem, yang juga sangat gemar akan musik dan sandiwara. Roekijem banyak menghasilkan karya yang dipertunjukkan di kalangan militer tempat suaminya bekerja. Kemampuan bermain musik yang dimiliki Soepratman akhirnya membuat dirinya tertantang untuk menggubah lagu. Pada tahun 1924, beliau menciptakan lagu "Indonesia Raya" yang akhirnya menjadi lagu kebangsaan Indonesia.

Lagu "Indonesia Raya" pertama kali diperdengarkan pada malam penutupan acara Kongres Pemuda II di Jakarta pada tanggal 28 Oktober 1928 yang juga kita peringati sebagai hari Sumpah Pemuda sampai saat ini. WR Soepratman memperdengarkan lagu ciptaannya di depan semua peserta yang terpukau mendengarkan lagu ini dikumandangkan. Dengan cepat lagu ini menjadi sangat terkenal di kalangan pergerakan nasional. Sejak saat itu, setiap kali partai-partai politik atau organisasi-organisasi pergerakan nasional melakukan kongres atau rapat-rapat besar, lagu Indonesia Raya selalu dinyanyikan dan lagu ini mengobarkan semangat untuk berjuang mencapai kemerdekaan Indonesia. Lagu ciptaan Soepratman menjadi alat pemersatu dan mengobarkan semangat cinta tanah air.

Sayangnya, pencipta lagu yang berhasil mengobarkan rasa nasionalisme bagi banyak orang melalui lagu ini tidak sempat menikmati kehidupan di alam kemerdekaan Indonesia. Pada usia yang sangat muda, 35 tahun, beliau meninggal karena sakit. Beliau meninggal pada tanggal 17 Agustus 1938 tanpa meninggalkan keluarga karena beliau belum menikah. Meski beliau sudah tiada, karya beliau hidup di hati seluruh rakyat Indonesia hingga saat ini. Lagu Indonesia Raya menjadi lagu kebangsaan Indonesia yang selalu akan kita kumandangkan dengan bangga. Bangga sebagai rakyat Indonesia. "Hiduplah tanahku, hiduplah negeriku, bangsaku, rakyatku, semuanya. Bangunlah jiwanya, bangunlah badanya untuk Indonesia Raya". Petikan lagu kebangsaan ini adalah bukti cinta beliau pada Indonesia. Bagaimana dengan kita?

3.7 Bersama partner Anda lakukanlah riset di luar jam pelajaran mengenai biografi singkat pengarang lagu-lagu kebangsaan Indonesia lainnya. Lalu sampaikan di depan kelas hasil temuan kelompok Anda secara lisan dengan hanya melihat pada catatan singkat Anda mengenai tokoh tersebut.

> ### TIP BELAJAR - BAHASA PERSUASIF
>
> Bahasa merupakan alat untuk komunikasi. Bahasa tidak pernah netral. Dalam setiap proses komunikasi, sadar atau tidak, pasti ada maksud untuk mempengaruhi orang lain. Misal, kita ingin orang lain percaya, mengikuti pendapat kita, mengubah keputusan atau perilakunya, dll. Dalam komunikasi yang memanfaatkan bahasa persuasif, upaya mempengaruhi orang lain ini dilakukan dengan membujuk secara halus, bukan dengan cara paksaan sebagaimana model komunikasi koersif.
>
> Bahasa koersif akan mengatakan, "Jangan coba-coba pakai narkoba kalau tidak mau masuk penjara", atau "Jangan coba-coba narkoba kalau tidak mau menderita", atau "Haramkan narkoba". Tetapi, bahasa persuasif mungkin akan memilih:
>
> - Hanya remaja dengan kepribadian lemah akan takluk pada narkoba.
> - Terimakasih Anda telah menghargai hidup dengan tidak memakai narkoba.
> - Buat apa pakai narkoba? Bukannya membawa untung, tapi bikin buntung.
> - Narkoba membuat remaja merana, tanpa narkoba remaja pasti berjaya.

3.8 Pada masa kampanye pemilihan umum presiden di Indonesia, partai politik berlomba-lomba membuat materi kampanye presiden pilihan mereka dengan menggunakan lagu-lagu dan musik yang sangat persuasif. Partai politik mengiklankan lagu-lagu ciptaan mereka di media TV dan radio. Bagilah kelas Anda menjadi beberapa kelompok. Tiap kelompok melakukan riset di luar jam pelajaran atas sebuah lagu yang digunakan pasangan calon presiden tertentu dalam kampanye mereka. Lakukan hal-hal di bawah ini dalam presentasi kelompok Anda:

- Perdengarkan lagu yang Anda pilih.
- Bicarakan hal yang menarik dan yang merupakan kata atau frasa kunci dari lirik lagu kampanye yang Anda pilih.
- Bicarakan efek yang ditimbulkan oleh kata-kata dalam lagu tersebut.

3.9 Bacalah teks di bawah ini lalu buatlah dua daftar: satu daftar berisi fakta dan satu lagi berisi opini. Diskusikan jawaban yang Anda tulis dengan partner Anda. Diskusikan kalimat-kalimat yang Anda dan partner Anda kurang yakin apakah kalimat tersebut adalah fakta atau opini.

Apa itu Terapi Musik?

Terapi musik adalah usaha meningkatkan kualitas **fisik** dan **mental** dengan rangsangan suara yang terdiri dari **melodi, ritme, harmoni, timbre**, bentuk dan gaya yang **diorganisir** sedemikian rupa hingga tercipta musik yang bermanfaat untuk kesehatan fisik dan mental.

Musik memiliki kekuatan untuk mengobati penyakit dan meningkatkan kemampuan pikiran seseorang. Ketika musik diterapkan menjadi sebuah terapi, musik dapat meningkatkan, memulihkan, dan memelihara kesehatan **fisik, mental, emosional, sosial dan spiritual**.

Hal ini disebabkan karena musik memiliki beberapa kelebihan, yaitu karena musik bersifat nyaman, menenangkan, membuat rileks, **berstruktur**, dan universal. Perlu diingat bahwa banyak dari proses dalam hidup kita selalu ber-irama. Sebagai contoh, nafas kita dan detak jantung kita semuanya berulang dan berirama.

Terapi musik adalah terapi yang **universal** dan bisa diterima oleh semua orang karena kita tidak membutuhkan kerja otak yang berat untuk menikmati alunan musik. Terapi musik sangat mudah diterima organ pendengaran kita dan kemudian melalui saraf pendengaran disalurkan ke bagian otak yang memproses emosi kita.

Pengaruh musik sangat besar bagi pikiran dan tubuh kita. Contohnya, ketika Anda mendengarkan suatu **alunan** musik (meskipun tanpa lagu), seketika Anda bisa merasakan **efek** dari musik tersebut. Ada musik yang membuat Anda gembira, sedih, terharu, terasa sunyi, semangat, mengingatkan masa lalu dan lain-lain.

Salah satu **figur** yang paling berperan dalam terapi musik di awal abad ke-20 adalah Eva Vescelius yang banyak mempublikasikan terapi musik lewat tulisan-tulisannya. Ia percaya bahwa fungsi dari terapi musik adalah melakukan penyelarasan atau **harmonisasi** terhadap seseorang melalui **vibrasi**. Demikian pula dengan Margaret Anderton, seorang guru piano berkebangsaan Inggris, yang mengemukakan tentang efek alat musik (khusus untuk pasien dengan kendala psikologis) karena hasil penelitiannya menunjukkan bahwa timbre (warna suara) musik dapat menimbulkan efek terapi.

3.10 Carilah dengan menggunakan kamus definisi kosakata-kosakata di bawah ini dan tambahkan kosakata baru yang menurut Anda akan menambah perbendaharaan kosakata Anda. Setelah itu diskusikan bersama partner Anda mengenai definisi kosa kata tersebut.

terapi	melodi	timbre	sosial	universal	harmoni
fisik	ritme	diorganisir	spiritual	organ	vibrasi
mental	alunan	emosional	berstruktur	efek	figur

3.11 Secara individu, Anda diminta untuk melakukan riset internet di luar jam pelajaran mengenai satu alat musik tradisional dari salah satu daerah di Indonesia. Anda diminta untuk menyiapkan gambar alat musik tradisional pilihan Anda, lalu dengan menggunakan kata-kata Anda sendiri,

berperanlah sebagai pemandu wisata yang akan menjelaskan hal-hal di bawah ini kepada sekelompok turis. Anda diberikan waktu 3 menit untuk menjelaskan alat musik pilihan Anda. Selanjutnya selama 3 menit berikutnya Anda diminta untuk menjawab pertanyaan teman dan guru Anda mengenai alat musik yang Anda jelaskan.

a Nama alat musik yang Anda pilih dan daerah asal pengguna alat musik tersebut.

b Alasan mengapa Anda memilih alat musik tersebut.

c Peristiwa atau upacara saat dipakainya alat musik tradisional tersebut.

d Keunikan jenis alat musik tersebut.

e Guru Anda akan menyiapkan kriteria penilaian untuk tugas lisan Anda ini.

Contoh : Sasando dari Nusa Tenggara Barat

3.12 Bacalah cerpen si Lugu dan si Malin Kundang karya Hamsad Rangkuti di bawah ini dan garis bawahi kosakata yang menurut Anda jarang Anda gunakan dalam percakapan sehari-hari.

Si Lugu dan Si Malin Kundang

Sekuriti kompleks perumahan mewah menghambat masuk orang tua dengan beban sepikul hasil bumi. Pintu gerbang tidak dia buka. Orang tua itu mengatakan dia berjalan dari stasiun kereta api mencari kompleks perumahan itu. Setandan pisang, dua ikat jagung, satu buah nangka masak, dan seekor ayam. Polisi lalu lintas melihat peristiwa itu dan menghentikan kendaraan roda duanya. Dia ingin tahu walau sebenarnya hal semacam itu bukanlah tugasnya.

"Ada apa ini?" katanya sambil mendekat. Dia lihat orang tua itu meletakkan barang bawaannya di sekitar dirinya yang sangat letih. Ayam jantan itu menjulurkan kepalanya dari dalam sangkar anyaman daun kelapa, menghirup udara segar.

"Orang tua ini mau masuk ke dalam. Dia berkeras kalau salah seorang penghuni rumah mewah yang kujaga ini adalah anaknya. Aku tak percaya. Apalagi dia hanya bisa menyebut nama anaknya. Sedang yang lain, yang dibutuhkan untuk mencari sebuah rumah tidak dapat dia sebutkan. Maka aku tidak mempercayainya."

" Bapak tentu datang dari kampung. Barang bawaan ini menunjukkannya."

Polisi itu memperhatikan kepala ayam yang terjulur dari dalam anyaman daun kelapa tidak jauh dari dia berdiri. Dia lihat mata ayam itu merah. Paruh ayam ternganga. Kerongkongan bergerak-gerak mengatur napas.

Lidahnya terjulur meneteskan liur. "Ayam ini tidak boleh dibiarkan hidup di sekitar kita. Kulihat tanda-tanda pembawa virus dimilikinya." Dicabutnya pistol. "Mengorbankan sebutir peluru lebih baik daripada membiarkan virus yang dibawanya menyebar di kompleks perumahan ini." Diarahkannya moncong pistol ke kepala ayam itu. Dia lihat ulang mata ayam itu. Paruhnya yang menganga, kerongkongan yang bergerak terus mengatur napas. Lidah menjulur mengeluarkan liur.

"Maaf Pak. Ayam ini harus dimusnahkan. Satu butir peluru…," dia mulai menimbang-nimbang, "sayang juga." Dia balikkan arah pistol. Moncong pistol dia pegang. Dia sangat berbakat dalam hal tak berperasaan. Dia tetak kepala ayam itu dengan gagang pistol. Ayam menggelupur dalam anyaman daun

kelapa. Dia menoleh ke sekuriti, "Bawa ke sana. Gali lubang. Bakar!" Sekuriti rumah mewah itu mengambil ayam yang masih menggelepar-gelepar di dalam anyaman daun kelapa. Dia pun menggali lubang, memasukkan ayam yang masih terus menggelepar ke dalam lubang, dan membakarnya dengan ranting-ranting kering dan daun-daun kering. Orang tua itu ternganga melihat semua itu. "Maaf Bapak. Ini terpaksa saya lakukan." Katanya sambil menggosokkan gagang pistol ke rumput. "Coba Bapak katakan apa yang ingin Bapak lakukan bila kami izinkan Bapak masuk ke dalam kompleks perumahan mewah ini?" Aku akan mendatangi rumah anakku di dalam kompleks perumahan yang Engkau katakan mewah ini."

"O, begitu. Tapi itu tidak mungkin. Tidak masuk akal kami. Kami tidak yakin Bapak adalah ayah dari salah seorang penghuni rumah mewah ini."

"Jadi Engkau juga tidak percaya kalau aku adalah ayah dari salah seorang penghuni kompleks perumahan ini? Aku tidak boleh masuk mencari rumah anakku. Aku tidak boleh mengetuk dari pintu ke pintu sampai aku menemukan pintu rumah anakku."

"Tidak boleh." Polisi lalu lintas itu sekarang telah mengambil alih menangani orang tua itu. Dia lupa pada tugasnya sebagai polisi lalu lintas. Dia telah mengambil alih tugas sekuriti rumah mewah itu. Sekarang dia merasa dialah yang harus menangani orang tua itu.

"Di sini tinggal orang-orang kaya. Tidak mungkin dan tidak masuk akal, ayah dari salah seorang penghuni rumah mewah ini adalah Bapak. Pakaian Bapak adalah pakaian orang yang tak berpunya. Hampir sama dengan pakaian fakir miskin. Apa lagi ini."

"Jadi Engkau tidak percaya kalau aku adalah orang tua salah seorang penghuni rumah mewah yang kalian katakan itu? Kalian adalah masyarakat Malin Kundang. Engkau mewakili masyarakat itu! Engkau akan menjadi batu." Orang tua itu menunjuk ke polisi lalu lintas itu. Polisi lalu lintas itu terkejut:

Apa maksud orang tua ini? Aku mewakili masyarakat Malin Kundang? Legenda itu menceritakan orang-orang tidak percaya kalau wanita tua yang mengenakan pakaian yang dia punya adalah ibu si Malin Kundang. Tidaklah mungkin wanita tua terlunta-lunta di tepi pantai menunggu kedatangan anaknya adalah ibu seorang kaya raya. Ibu orang yang bepergian dengan kapal miliknya dari pulau ke pulau, menjalankan usaha di jalur perdagangannya. Dia datang ke pulau itu rindu akan kampung halamannya. Ibunya mendengar kabar kedatangan anaknya. Dia datang menyambut, tetapi orang-orang menertawakannya dan mengejeknya. Malin Kundang tidak mengakuinya sebagai ibu. Jadi, orang tua ini merasa diperlakukan seperti yang dilakukan Malin Kundang terhadap ibunya.

"Ya, betul. Kami tidak percaya. Bapak tidak mungkin ayah dari salah seorang pemilik rumah mewah ini."

"Apa Engkau mau menjadi batu?"

Polisi lalu lintas itu tersenyum. Dia merasa ucapan orang tua itu sebuah lelucon.

Sebuah mobil kelas termahal berbelok ke arah pintu gerbang perumahan mewah itu. Lelaki yang duduk di bangku belakang menyentuh pundak sopir dan meminta kendaraan itu dihentikan. Lelaki itu bersama istrinya sedang pulang dari bepergian.

"Tunggu sebentar," katanya. Dia perhatikan orang tua yang duduk di bendul jalan. Dia menoleh kepada istrinya. "Orang tua itu seperti ayah. Coba kau lihat. Ya…, seperti ayah. Ya! Itu Ayah! Lihat, apa yang dia bawa? Setandan pisang. Dua ikat jagung, dan sebuah nangka."

"Ya, betul. Itu ayahmu. Ayahku juga. Mertuaku!"

"Ya, itu adalah ayah!"

Lelaki itu membuka pintu mobil. Dia turun. Langkahnya diikuti istrinya.

"Ayah!" Kata lelaki itu. Orang tua itu melihat ke lelaki itu. Dia berdiri dan air matanya menetes. Lelaki itu menerkam tubuh orang tua itu dan memasukkannya ke dalam dekapannya. Si istri mencium tangan laki-laki tua itu. "Ayah!" Katanya.

Si Polisi lalu lintas tercengang menyaksikan peristiwa itu. Penjaga kompleks perumahan mewah itu juga tercengang. Buru-buru dia membuka pintu gerbang.

"Ayo, Ayah!" Kata laki-laki itu membimbing ayahnya masuk ke dalam mobil. Si wanita memeluk ayah suaminya itu dan mendudukkannya di bangku depan. Sebelum pintu tertutup, orang tua itu masih sempat menoleh ke polisi lalu lintas itu.

"Malin Kundang," katanya. Anak dan menantunya tidak mendengar jelas kata-kata itu. Pintu ditutup si anak. Dia masuk menyusul istrinya di kursi belakang. Si sopir membuka pintu dan turun mengambil satu per satu bawaan lelaki tua itu. Mula-mula dia angkat satu tandan pisang, lalu dua ikat jagung, dan kemudian satu buah nangka. Semua dia masukkan ke tempat barang di buntut mobil.

"Ayah juga membawa ayam, tapi ayam itu mereka bunuh dan mereka bakar di dalam lubang."

"Maafkan mereka ayah. Ayam hidup tidak boleh dibawa masuk ke dalam kompleks."

Penjaga kompleks perumahan mewah itu membuka pintu gerbang selebar-lebarnya dan tampak dia terbingung-bingung. Polisi lalu lintas itu terpaku memerhatikan semua kejadian itu. Dia setengah tak percaya dengan apa yang dia lihat. Polisi lalu lintas itu masih juga terbingung-bingung. Keterpukauannya disentakkan bunyi gerbang yang ditutup. Dia jadi teringat apa yang diucapkan orang tua itu. Malin Kundang. Apa hubungannya dengan aku. Malin Kundang memang menjadi batu dalam legenda itu. Dia sentakkan kepalanya dari keterpukauannya untuk mengembalikan kesadarannya. Dia naik ke atas kendaraan roda duanya, menghidupkan mesin, dan meneruskan perjalanannya menuju markas kepolisian tempat dia bekerja. Dia terus memacu kendaraannya, lalu membelok ke dalam halaman markas. Dia sampai ke ruang markas. Masuk ke salah satu ruang dan melepas helm. Dia duduk sebentar lalu seperti teringat sesuatu. Dia beranjak dan pergi ke kamar kecil, membasuh popor pistol dari darah ayam yang sudah mengering. Kemudian dia kembali ke ruang tempat dia tadi duduk. Waktu melintas di depan gudang penyimpanan barang-barang, dia lihat pintu gudang tidak tertutup rapat. Lewat pintu yang sedikit renggang dia lihat patung dari bahan semen tersimpan di dalam. Selama ini dia tidak tertarik untuk masuk ke dalam dan memperhatikan patung-patung itu dari dekat. Sekarang tiba-tiba dia tertarik. Apakah setelah mendengar ucapan orang tua itu dia lalu tertarik masuk ke dalam untuk melihat patung-patung itu lebih dekat? Dia tersenyum, lalu dia buka pintu gudang itu lebih lebar. Tampak patung-patung memberi hormat kepadanya. Dia senyum membalas hormat patung-patung itu.

"Mirip betul. Mirip betul dengan diriku kalau aku mengenakan pakaian dinas. Pematung yang terampil.

Dia berhasil memindahkan profesi polisi lalu lintas ke dalam diri patung-patung ini." Dia kembali senyum memandang satu per satu patung-patung itu.

Patung-patung polisi lalu lintas itu belum semua terpasang di tempat-tempat strategis di jalan-jalan kota.

Dia tersenyum. Mungkin dia teringat satu pengalaman waktu dia naik taksi bersama keluarga. Waktu itu hujan lebat. Lampu lalu lintas di perempatan jalan dari arah taksi yang dia naiki sedang berwarna merah. Dia coba uji ketaatan si sopir. "Tidak ada kendaraan yang melintas. Aman. Kebut saja, Pak." "Jangan. Saya patuh pada peraturan. Tidak Bapak lihat polisi di bawah hujan lebat itu. Dia memberi hormat kepada kita di bawah guyuran hujan. Lihat di sebelah kiri di depan kita." "Aku lihat. Langgar saja! Itu kan sebuah patung."

"Jangan. Tunggu hijau. Hormati Polisi Patung itu. Dia diletakkan untuk mengingatkan para pengguna jalan agar disiplin di jalan raya." Dia sebagai polisi yang sedang tidak mengenakan pakaian dinas puas mendengar apa yang dikatakan sopir taksi itu. "Ada satu lagi Polisi yang berisiko kalau kita tidak mengindahkannya walau sebenarnya dia tidak terjaga. "Polisi apa itu?" "Polisi Tidur."

Lelaki yang didatangi ayahnya itu ingin membawa ayahnya berjalan-jalan melihat-lihat kota. Kali ini

lelaki itu membawa langsung mobil mewahnya bersama istrinya yang duduk di sampingnya. Dia puas bisa menyenang-nyenangkan ayahnya. Waktu itu hujan lebat. Lampu lalu lintas tiba-tiba berwarna merah waktu mobil itu sampai di perempatan. Mobil dia hentikan. Setelah menunggu agak lama, si istri berpaling ke kiri dan ke kanan, lalu berkata.

"Aman Pa. Jalan saja."

"Jangan. Kita harus patuh pada peraturan lalu lintas. Coba lihat polisi itu. Dia hormat kepada kita di bawah guyuran hujan lebat."

"Di sebelah mana? Aku tidak melihat ada polisi."

"Sebelah kiri di depan kita."

"O, itu. Itu kan patung."Orang tua itu mendengar apa yang dibicarakan anak dan menantunya. Dia melihat ke depan, ke arah yang dikatakan anak dan menantunya. Tampak olehnya Polisi Patung di bawah guyuran hujan lebat dalam posisi memberi hormat kepada mereka. Mobil pun berjalan karena lampu telah hijau. Dari jendela orang tua itu melihat ke luar. Dia perhatikan patung polisi itu dalam guyuran hujan. Dia iba melihat Polisi Patung itu. Dia tiba-tiba tersentak.

"Ya Allah. Polisi itu…, menjadi batu…."

3.13 Tuliskan daftar kotakata yang Anda garis bawahi selama membaca cerpen Si Lugu dan Si Malin Kundang. Bicarakan kosakata tersebut bersama partner Anda dan tebaklah kira-kira apa arti kosa kata tersebut!

3.14 Cerpen Si Lugu dan Si Malin Kundang digunakan untuk menjawab pertanyaan berikut:

a Apa yang digambarkan dalam paragraf 1 dan 2 tentang orang tua itu? Berikan dua hal secara terperinci.

b Apa yang menjadi alasan sekuriti kompleks tidak mengizinkan orang tua itu masuk ke dalam kompleks perumahan? Berikan dua rincian.

c Orang tua itu ternganga melihat semua itu. "Maaf Bapak, ini terpaksa saya lakukan." Jelaskan dua hal yang sudah dilakukan oleh polisi lalu lintas yang membuat orang tua itu ternganga.

d Apa penyebab polisi lalu lintas melakukan tindakan tersebut?

e "Kalian adalah masyarakat Malin Kundang. Engkau mewakili masyarakat itu! Engkau akan menjadi batu." Jelaskan apa yang dimaksud dengan masyarakat Malin Kundang menurut orang tua itu.

f Polisi lalu lintas itu tersenyum. Dia merasa ucapan orang tua itu sebuah lelucon. Berikan dua alasan mengapa polisi itu berpendapat demikian.

g Tuliskan bagian dari cerpen yang menjelaskan tentang patung-patung polisi lalu lintas di gudang penyimpanan.

h Apa fungsi patung polisi lalu lintas menurut supir taksi yang pernah mengantar polisi dan keluarganya?

i Bagaimana perasaan polisi lalu lintas mendengar jawaban supir taksi yang ditumpanginya? Tuliskan kutipan dalam cerpen yang menjelaskan hal tersebut.

j Apa komentar Anda mengenai bagian akhir cerpen ini? Berikan pendapat Anda dalam sebuah paragraf singkat sepanjang 30-50 kata.

k Tuliskan tiga pesan moral yang Anda dapatkan melalui cerpen ini.

l Jelaskan arti kosakata di bawah ini dengan menggunakan kata-kata Anda sendiri dan hubungkan arti kosakata tersebut sesuai dengan isi cerita.

> **mengambil alih fakir miskin terlunta-lunta kampung halaman markas**

3.15 Bersama dengan partner Anda, perankan bagian dari cerpen yang menurut kelompok Anda paling menarik. Bagilah peran di antara anggota kelompok dan lakukan dramatisasi dengan penghayatan yang mendalam terhadap tokoh yang diperankan. Setelah selesai memerankannya, diskusikanlah perbedaan yang Anda rasakan antara membaca sebuah cerpen dan memerankan tokoh dalam cerpen. Sampaikan hasil diskusi kelompok Anda kepada kelompok lain secara lisan.

3.16 Bersama dengan teman satu kelompok Anda, temukanlah satu legenda nusantara yang berasal dari berbagai daerah di Indonesia. Ceritakanlah legenda tersebut di depan kelas. Bagilah tugas di dalam kelompok Anda sebagai berikut:

a Satu orang berperan sebagai pengantar cerita, menjelaskan daerah asal legenda dan mengapa memilih legenda tersebut. (satu menit)

b Satu atau dua orang berperan sebagai pencerita legenda. (empat sampai lima menit)

c Satu orang berperan sebagai penyampai pesan moral dari legenda tersebut. (satu menit)

d Guru Anda akan menyiapkan kriteria penilaian untuk kegiatan lisan kelompok Anda

---

❗ TIP BELAJAR - LEGENDA

Legenda adalah cerita prosa rakyat yang dianggap oleh yang empunya cerita sebagai suatu kejadian yang sungguh-sungguh pernah terjadi.

Yus Rusyana (2000) mengemukakan beberapa ciri legenda, yaitu:

1. Legenda merupakan cerita tradisional karena cerita tersebut sudah dimiliki masyarakat sejak dahulu.

2. Ceritanya biasa dihubungkan dengan peristiwa dan benda yang berasal dari masa lalu, seperti peristiwa penyebaran agama dan benda-benda peninggalan seperti mesjid, kuburan, patung dan lain-lain.

3. Para pelaku dalam legenda dibayangkan sebagai pelaku yang betul-betul pernah hidup pada masyarakat lalu.

4. Hubungan tiap peristiwa dalam legenda menunjukkan hubungan yang logis.

5. Pelaku dan perbuatan yang dibayangkan benar-benar terjadi menjadikan legenda seolah-olah terjadi dalam ruang dan waktu yang sesungguhnya. Sejalan dengan hal itu anggapan masyarakat pun menjadi seperti itu dan melahirkan perilaku dan perbuatan yang benar-benar menghormati keberadaan pelaku dan perbuatan dalam legenda.

Model Soal Bab 1

Model 1:

Membaca dan Memahami Bacaan

Lembar bacaan

Teks A
Bacalah teks ini untuk menjawab soal nomor 1-10 di lembar pertanyaan.

Sebang, Pesona Keindahan Pulau Paling Barat Indonesia

Oleh : Melda Anastasia

Sumber : travel.kompas.com

Tempat wisata Pulau Weh adalah sebuah objek wisata di Aceh yang belum diketahui banyak wisatawan, khususnya penikmat perjalanan dalam negeri. Namun, bagi mereka para pecinta wisata laut, Pulau Weh adalah tempat wisata yang telah dikenal karena merupakan salah satu tempat kegiatan menyelam dan berselancar.

Pantai Iboih, yang berada di Pulau Weh, adalah pantai yang sering dikunjungi oleh mereka yang ingin melakukan penyelaman. Anda dapat menikmati keindahan bawah laut di Pulau Weh, termasuk menyusuri jejak-jejak alam yang memisahkan pulau Sabang dari pulau besar Sumatera. Karena ombak lautnya kuat, Pulau Weh juga menjadi tempat berselancar yang seru di Aceh.

Lokasi-lokasi penyelaman atau diving di Pulau Weh misalnya adalah Taman Laut yang berada di Pulau Rubiah. Di sini Anda akan menjumpai aneka satwa laut yang mengagumkan, diantaranya hiu, paus, lumba-lumba, penyu, dan pari manta.

Dari sejumlah informasi yang diperoleh, pengalaman menyelam di Pulau Weh adalah salah satu yang terbaik di Indonesia. Keindahan alam bawah laut Pulau Weh dapat disejajarkan dengan wisata laut Raja Ampat yang terkenal itu. Itulah sebabnya mengapa pecinta mendatangi tempat wisata laut ini.

Wisata Pulau Weh memiliki terumbu karang yang indah dan hidup. Salah satu tempat menarik di Aceh ini terletak di sebelah paling barat dari peta Indonesia. Pulau Weh terletak di jalur pintu masuk ke Selat Malaka, dengan demikian tak aneh Anda akan menemukan cukup banyak kapal-kapal pesiar yang lalu lalang di kawasan laut Pulau Weh tersebut. Tentu saja, ini adalah sebuah pemandangan yang cukup enak sembari menyusuri dan menikmati wisata di Pulau Weh Sabang.

Menikmati wisata Pulau Weh akan membawa Anda pada kehidupan pantai yang menyenangkan. Anda dapat memilih penginapan, dari yang paling sederhana hingga mewah. Terdapat pondok kayu yang dapat Anda sewa dengan biaya sangat murah, juga bahkan ada yang berbiaya mahal jika itu yang Anda inginkan. Tersedia banyak penginapan untuk para penikmat perjalanan yang tiba di Pulau Weh.

Anda dapat menikmati ayunan jaring tempat tidur yang terikat di antara pohon kelapa sambil menikmati panorama pantai dan kehidupan sekitarnya yang mengagumkan. Jika Anda mengambil penginapan yang persis berada di tepi pantai, Anda mungkin akan tercengang betapa jernihnya air laut yang berada di pulau tersebut. Pantulan sinar bulan saat malam tiba akan kian menambah eksotisme wisata di Pulau Weh ini. Sebuah pengalaman wisata yang sangat berkesan!

Tetapi, entahlah apa yang menyebabkan orang-orang masih belum banyak berdatangan ke Aceh untuk menikmati wisata di Pulau Weh ini. Alasan yang paling logis adalah minimnya informasi yang mengekspos keindahan wisata laut dan aneka kegiatan air yang menarik di Pulau Weh tersebut. Akibatnya, publik Indonesia masih banyak belum mengetahui salah satu objek wisata di Aceh ini. Namun, wisata Pulau Weh semakin meningkat waktu demi waktu seiring dengan pembangunan infrastruktur dan upaya-upaya pemerintah daerah di sana. Ini sebuah hal yang menggembirakan tentunya.

Anda pernah mendengar kata Sabang bukan? Dari Sabang sampai Merauke, berjajar pulau-pulau. Itu adalah salah satu penggalan dalam syair lagu nasional kita. Sabang adalah ibu kota Pulau Weh. Berjalan-jalan di Pulau Sabang tentu saja akan meninggalkan kesan tersendiri.

Mengunjungi Sabang berarti Anda telah menginjakkan kaki di Kilometer Nol Indonesia. Di sana, berdiri tugu yang menandakan hal ini. Tugu ini dinamakan sebagai Tugu Kilometer Nol Indonesia. Untuk menjelajahi Sabang dan pantai di sana, sebenarnya paling nikmat dengan berjalan kaki, taksi juga tersedia jika Anda membutuhkan. Minibus ada, sepeda motor dan bahkan becak roda tiga juga siap mengantar Anda menjelajah pulau Sabang ini. Anda juga bisa menyewa mobil. Menjelajahi Pulau Weh akan membawa Anda pada tempat-tempat menarik di Sabang seperti air terjun, gunung berapi, air panas, bungker Jepang dalam Perang Dunia II, kuburan bersejarah, durian keramat (durian suci), dan kota Sabang.

Teks B

Bacalah teks ini untuk menjawab soal nomor 11-20 di lembar pertanyaan.

Ternate dan Tidore, Pusat Rempah Dunia

PULAU-pulau di gugusan Provinsi Maluku Utara adalah sumber cengkeh dunia yang melegenda. Pedagang India, Arab, Tiongkok dan Jawa sering berkunjung ke Ternate, Tidore, dan Banda yang menjadi sumber rempah-rempah dunia. Mereka pulang membawa komoditi berharga itu ke negara asal untuk dijual dengan harga tinggi. Cengkeh, bersama-sama dengan pala dan fuli itu begitu berharga sebanding dengan emas karena digunakan sebagai bumbu makanan dan untuk mengawetkan makanan atau sebagai bahan obat-obatan. Setelah Perang Salib, rute perdagangan ke timur ditutup Kesultanan Otoman bagi pedagang Eropa sehingga Portugis, Spanyol, Inggris, dan Belanda bertekad untuk menemukan sendiri kepulauan yang menjadi sumber rempah-rempah itu.

Vasco da Gama adalah orang pertama yang berlayar ke Tanjung Harapan di Afrika untuk mencapai India.

Kemudian, dari India, Portugis akhirnya menemukan rute ke Maluku pada tahun 1521, dan tiba di kepulauan rempah-rempah dimaksud, yaitu: Ternate, Tidore, dan Banda. Untuk sampai di sana, pelaut Portugis berlayar sejauh 14.000 kilometer -- hampir 9.000 mil -- menyeberangi laut yang belum terpetakan, menghadapi badai, ombak tinggi dan angin muson tropis.

Saat kedatangan pedagang Eropa itu, sudah ada kesultanan yang berkembang di Ternate dan Tidore sehingga persaingan perdangan dan upaya monopoli pun terjadi. Pedagang Spanyol, Belanda dan Inggris pun tergiur membentuk armada perang untuk memonopoli perdagangan rempah-rempah hingga akhirnya dimenangkan oleh Belanda.

Menjelang akhir abad ke-16, Gubernur Jendral Belanda Jan Pieterszoon Coen menanam cengkeh di Ambon dan menghancurkan semua tanaman cengkeh di Ternate dan Tidore secara brutal. Tindakan ini dikenal sebagai ekspedisi hongi dan langsung dilawan oleh Kesultanan Ternate dan Tidore. Berikutnya perlawanan Kesultanan Ternate dan Kesultanan Tidore melawan kolonialis pun tercatat dalam banyak halaman sejarah.

Ternate dan Tidore adalah dua pulau kecil yang hampir sama besarnya. Berlokasi di sebelah barat pulau utama, yaitu Halmahera. Kedua pulau ini saling berhadapan satu sama lain dan dipancang oleh gunung api yang muncul dari Laut Maluku yang dalam. Pulau Ternate sendiri memiliki luas sekitar 1.118 km persegi dan sejatinya adalah bagian dari tubuh Gunung Gamalama yang kakinya terbenam di bawah laut. Ketinggian Gunung Gamalama bila diukur dari permukaan laut hanya 1.715 meter namun jika diukur dari dasar laut mencapai 3.000 meter. Kota Ternate menjadi rumah bagi dua pertiga dari penduduk pulau yang mayoritas Muslim. Di sini, Anda dapat mengunjungi banyak peninggalan sejarah dan menyaksikan tradisi budaya lokal yang luar biasa. Kota ini juga merupakan pusat perdagangan dengan fasilitas pendukung bisnis, jaringan transportasi, dan pariwisata. Gunung api di pulau Ternate memberikan tanah subur dan pantai dengan pasir hitam yang berkilauan. Anda akan melihat seluruh pulau dihiasi oleh perahu berwarna-warni dalam berbagai ukuran berbaring di air dangkal berbatu Pirus dan terlindung oleh pohon kelapa yang menari-nari terkibas angin sejuk.

Apabila Ternate adalah kota pulau yang diperlengkapi dengan denyut aktivitas pemerintahan dan niaga maka berbeda pada kota pulau kembarannya, Tidore. Pulau ini lebih besar dari Ternate namun kontras karena masih terbilang sepi tetapi begitu tentram. Di sini akan Anda temui banyak masjid di sepanjang jalannya. Hampir selang beberapa ratus meter bahkan puluhan meter akan didapati masjid atau musala. Masyarakat Tidore terkenal kuat menjalankan ajaran Islam dan ramah pada pengunjung.

Meskipun hanya memiliki luas 15 kilometer persegi, Pulau Ternate memiliki sejumlah pemandangan dan pengalaman yang patut untuk dijelajah. Untuk setiap pengunjung yang datang ke Pulau Ternate, mengunjungi Gunung Gamalama adalah keharusan. Wisata ke gunung tersedia dan menawarkan cara yang aman untuk menjelajah gunung berapi. Seorang pemandu lokal akan mengantar Anda melalui perjalanan selama lima jam ke puncak Gunung Gamalama setinggi 1.271 meter di atas permukaan laut.

Anda bisa mempelajari kehidupan bangsawan Ternate dengan mengunjungi Istana Kedaton atau Sultan. Dibangun pada tahun 1796, sebagian masih berfungsi sebagai rumah tinggal. Ada bagian bangunan khusus Kedaton yang berfungsi sebagai museum, di mana adik Sultan menyediakan informasi tentang Ternate dan tempat-tempat terkait dalam bahasa Inggris yang sangat baik bagi para pengunjung. Jika Anda berencana dan memperoleh izin dari Sultan, Anda dapat melihat mahkota Sultan yang hanya dikenakan pada acara penobatan. Legenda mengatakan bahwa mahkota memiliki 'rambut tumbuh', yang harus dipangkas sacara teratur. Orang-orang percaya dengan memamerkan mahkota di sekitar pulau dapat mencegah bencana, dan telah mencegah Gunung Gamalama meletus di masa lalu. Masjid Sultan juga merupakan tempat yang menarik untuk dikunjungi. Sempatkan diri Anda untuk mengagumi interior kayu di tempat ini. Hiburan lainnya di Ternate termasuk Benteng Oranye yang pernah menjadi kantor Hindia Belanda (VOC) dan juga sebagai tempat tinggal bagi gubernur Belanda di Ternate.

Anda bisa berjalan-jalan di sekitar Benteng Tolukko kuno. Dibangun tahun 1512 oleh Portugis, benteng Tolukko adalah benteng yang pertama kali dibangun di Ternate. Benteng Kayu Merah juga layak untuk dikunjungi karena pemandangannya yang menakjubkan. Kunjungi Danau Tolire Besar yang menakjubkan, sebuah danau kawah yang spektakuler di utara pulau, menikmati pemandangan dramatis, terutama danau megah yang dikelilingi oleh hutan lebat.

Sumber : travel.kompas.com

Teks C

Bacalah teks ini dan jawablah soal nomor 21 di lembar pertanyaan.

Mengenal Capoeira

Capoeira adalah olahraga bela diri asal Brasil yang makin hari makin digemari masyarakat Indonesia. Capoeira aslinya merupakan bela diri yang digunakan para budak Afrika di Brasil untuk mempertahankan diri. Di zaman perbudakan itu mereka hidup dalam kontrol yang ketat dari para tuan tanah, sehingga aktivitas yang menjurus ke arah perlawanan akan diawasi. Itulah sebabnya, guna melakukan perlawanan, mereka menyarukan olah kanuragan ini dalam gerakan-gerakan semacam tarian. Pun, agar apa yang mereka lakukan tidak tampak mencolok, para capoeirista (sebutan pemain capoeira) melakukan aksinya dalam sebuah formasi lingkaran yang disebut roda (baca: hoda).

Capoeira, seperti halnya seni bela diri asli Indonesia pencak silat, selain memiliki gerakan-gerakan menyerupai tarian, biasanya dimainkan dengan iringan musik. Jika kita sempat menyaksikan pagelaran pencak silat semisal di beberapa daerah di Jawa Timur, mereka tidak jarang saat tampil diiringi jedor dan gendang. Sementara, di capoeira instrumen yang dipakai adalah berimbau (lengkungan kayu mirip busur panah yang dipukul dengan sebuah kayu kecil untuk membunyikannya), atabaque (sejenis gendang besar khas Brasil), pandeiro (rebana), agogo (bel ganda), caxixi (semacam kantong kecil bergagang terbuat dari bambu atau rotan yang di dalamnya berisi kerikil atau biji-bijian keras yang digoyang), dan reco-reco (terbuat dari satu ruas gelondong bambu utuh dengan bagian sisinya diberi sayatan kecil-kecil horizontal).

Beberapa gerakan khas yang dikenal di dalam capoeira antara lain ginga. Ginga adalah teknik gerakan dasar semacam kuda-kuda dalam beladiri pencak silat, karate, taekwondo, wushu, dll. Bedanya, ginga tidak dilakukan dalam posisi statis atau berhenti. Capoeirista akan terus-menerus bergerak menggunakan seluruh tubuh. Semula mengambil posisi seolah-olah sedang duduk, kaki kemudian ditarik ke belakang sambil mengayunkan tangan kanan ke depan. Gerakan ini dilakukan berulang-ulang hingga siap melakukan penyerangan atau mempertankan diri. Ada juga esquiva. Seperti namanya, 'esquiva' (escape/menghindar), gerakan ini pada intinya bertumpu pada teknik menghindar dari serangan lawan dengan cara menggerakkan kepala dan badan. Berikutnya adalah passape. Passape merupakan tendangan setengah putaran depan dengan arah dari luar ke dalam dengan sasaran daerah muka atau kepala lawan. Kebalikan dari passape adalah queixada. Tendangan ini dilakukan dari dalam ke luar dengan sasaran sama, yakni daerah muka atau kepala lawan. Gerakan ini cukup sering dilakukan karena cukup kuat dan mudah dikombinasikan dengan gerakan lain. Kemudian ada armada. Armada adalah tendangan memutar dengan memanfaatkan kekuatan otot. Selain itu, capoeira memiliki gerakan-gerakan lain yang cukup banyak, misal: handstand, handstand whirling, headspin, dan backflip. Hadirnya gerakan-gerakan dinamis mirip breakdance, dipadu dengan gerakan akrobatik lain, salto misalnya, membuat capoeira semakin enak ditonton.

Jogo, Pertarungan dalam Capoeira

Pertarungan dalam capoeira disebut jogo dan biasanya diiringi musik. Dua petarung masuk arena yang disebut roda (formasi lingkaran). Para pemain lain yang membentuk roda ini akan bernyanyi-nyanyi dan bertepuk tangan mengikuti hentakan atabaque dan pandeiro, dan bunyi-bunyi instrumen lain. Iringan musik ini membuat para capoeirista semakin bersemangat dan siap untuk menampilkan seluruh keunggulan teknik, strategi, keindahan seni dan energi mereka.

Ada beberapa cara untuk bermain jogo. Untuk memulai permainan, pertama, seorang mestre (instruktur) bisa langsung memanggil dua capoeirista berjogo. Kedua, bisa juga seorang capoeirista 'membeli game'. Artinya, capoerista yang 'membeli game' tersebut menunjukkan gerak tubuh menawar yang ditujukan pada salah seorang temannya untuk berjogo di tengah arena. Ketiga, setelah berada di tengah arena dua capoeirista saling bersalaman dan dimulailah permainan. Keempat, untuk mengakhiri,

perintah penghentian bisa dari sang mestre, atau salah satunya berhenti menendang yang bisa diartikan sebagai tanda minta lawan menyudahi pertandingan. Capoeirista yang selesai bertanding kembali ke lingkaran dengan sikap sopan.

Sikap menghormati orang lain, baik ketika berjogo maupun ketika tidak sedang berjogo, menjadi sikap dasar seorang capoeirista. Mereka yang tidak berjogo bisa berpartisipasi dengan menyalurkan energi positif mereka lewat tepuk tangan maupun ikut bernyanyi. Demikian juga, di setiap akhir latihan, ada ritual unik yang disebut salve. Salve atau salut merupakan wujud rasa hormat kepada mestre yang diucapkan menggunakan kata-kata berbahasa Portugis dengan suara lantang. Dalam konteks inilah, jelas sekali jika capoeira tidak hanya ingin membentuk insan-insan yang sehat secara jasmani, tapi juga pribadi yang rendah hati dan mekar kecerdasan sosialnya.

Ada yang menyebut, seni capoeira itu semacam seni bertanya dan menjawab. Mereka tidak adu fisik. Capoeirista yang memendang diumpamakan sedang mengajukan pertanyaan, sementara lawan yang menghindar ibarat orang yang sedang memberi jawaban. Karena itu, sistem menang-kalah dalam pertandingan capoeira ditentukan oleh terampil tidaknya seseorang melakukan berbagai variasi gerakan dalam seni bela diri capoeira.***

Teks D

Bacalah teks ini untuk menjawab soal nomor nomor 22-32 di lembar pertanyaan.

Langit Menangis

Sengaja kupijit klakson motorku ketika kulihat Nita dengan terburu menuju kelas.

"Aw berisik tau…!" Nita mendengus.

Aku hanya tersenyum dan segera membuka helm.

"Hey Bambang, keren, motor baru nih?" Tanyanya sumringah ketika tahu aku yang membawa motor.

"Iya dong."

"Asyik bisa nebeng nih."

Seketika lapangan yang kujadikan tempat parkir motor menjadi ramai. Kulihat wajah-wajah yang tak asing lagi.

Robi, Amran dan beberapa cewek berada di sampingku sambil mengelilingi motorku.

"Akhirnya, ibumu membelikan juga." Robi berkata.

"Ayahmu setuju, Bang?" Amran menimpali.

"Dengan perjuangan besar, akhirnya mereka memberikan motor padaku…ha…ha…."

"Wah dasar kamu, ada-ada saja ngakalin orang tua." Mereka cengengesan mendengar akalku dalam merayu orang tua untuk membelikan motor.

Hari ini aku benar-benar merasa seperti Arjuna. Apalagi di hadapan cewek. Mereka yang biasanya acuh, kini rasa-rasanya mulai lengket, kaya permen karet. Nita yang terkenal judes, kini kelihatan ngedeketin aku. Atau kulihat juga Rani yang dari tadi senyum saja ke arahku. Gini deh kalau di sekolah menjadi orang top. Pasti diperhatikan orang terus. Duh geer nih.

Suasana kelas hari ini kurasakan berbeda. Mungkin karena hatiku yang sedang dilanda bahagia. Sehingga aku bisa menikmati pelajaran yang aku ikuti. Padahal biasanya tidak. Aku teringat dengan janjiku pada ibu, bahwa akan belajar giat kalau mempunyai motor. Akan aku buktikan itu, Bu, bisikku dalam hati.

Tak terasa bel berbunyi. Segera kukemasi buku dan siap meloncat menuju motor baru.

Di tempat parkir telah menunggu Amran dan Robi.

"Hayu mau ikut?" Robi bertanya.

"Ke mana?"

"Balapan motor, sekalian ngetes motor barumu!"

"Nggak ah malas, Ibuku menungguku!"

"Duh anak Mami." Ledek Amran.

"Di mana?"

"Dekat daerah Tarogong. Ayo gabunglah! Dijamin asyik."

Sebenarnya aku malas mengikuti ajakan Amran dan Robi, tapi mereka memaksa. Karena solidaritas, akhirnya aku turut dengan mereka. Segera tiga buah motor melaju menuju daerah Tarogong, tepatnya di sebuah lapangan yang besar. Ternyata di sana telah berkumpul para pengguna motor.

"Kenalin nih anak baru," Amran mengenalkanku pada teman-teman yang ada di sana.

Aku segera berbaur dengan mereka. Rasa riskan dan takut pertama kali bertemu mereka, tidak kurasakan.

Ternyata mereka begitu ramah dan terkesan *friendly*. Sehingga kali pertama di sini, aku sudah merasa betah. Tadinya aku hanya akan sebentar berada di lapangan ini. Aku ingat ibuku yang sudah wanti-wanti padaku agar tidak menghamburkan waktu untuk hal yang negatif. Tapi hatiku panas, ketika dalam satu kali putaran aku kalah dan mereka mengolokku.

"Wah anak baru nih nggak becus kerja…!"

"Ayo dong, Bang, masa motor baru sudah kalah sama motor tua punyaku."

Akhirnya aku pun memulai balapan bersama mereka dengan segenap kemampuan. Sampai akhirnya aku menang. Sampai aku merasa puas karena akhirnya mereka memuji kemampuanku.

"Nah gitu dong…ternyata kamu hebat juga, coy!" Seru Alex.

Mempunyai motor membuatku mempunyai banyak teman. Terutama di tempat balapan itu. Dan aku mulai menikmatinya. Tak pernah aku menduga, dari awal inilah kehidupanku mulai berubah. Aku mulai merasakan indahnya hidup di jalanan. Keinginanku untuk menjadi seorang Marco Simoncelli, idolaku, kini menjadi kenyataan.

Agar aku tidak terlambat pulang ke rumah, demi memuaskan nafsuku kini aku mulai bolos sekolah. Sekali, dua kali tidak ketahuan oleh orang tuaku. Hingga akhirnya aku lebih menikmati hidup di jalanan sebagai pembalap, ketimbang belajar. Ibu tak pernah tahu itu. Karena aku pulang dengan tepat waktu.

Hingga akhirnya semua terkuak. Ibu menangis dan ayah marah besar, ketika ada surat panggilan dari sekolah yang isinya menyatakan aku sudah lama membolos. Dan aku hanya diam seribu basa.

"Kemana saja kau selama ini, Nak?"

"Dasar anak tak tahu diuntung! Sudah dibelikan motor malahan main seenaknya, mana tanggung jawabmu?" Plak, tamparan ayah mendarat di pipiku.

"Sudah! Jangan kau perlakukan dia seperti itu!" ibu memelukku erat.

"Itulah kalau kau memanjakan anakmu itu. Coba mana buktinya?" Ayah marah pada ibu.

Aku tak kuasa melihat ibu didamprat habis-habisan. Semua karena ulahku. Ibu memelukku, dengan berurai air mata. Aku pun menangis. Pelukan ibu membuat kehangatan yang luar biasa dalam hatiku. Tamparan ayah yang panas tak sebanding dengan perasaan sesalku menyaksikan ibu menangis karena tersakiti. Aku berjanji pada ibu untuk tidak melakukannya lagi.

Atas kesalahan yang telah kulakukan. Aku harus menerima konsekuensinya. Ke sekolah tidak dengan naik motor. Ya, ayah sangat marah dan menjual motor. Alangkah sedihnya hatiku saat itu. Mengapa ayah tidak memercayai niatku untuk berubah. Aku ingin berubah dan membuktikan pada keluarga untuk menjadi yang terbaik. Tapi semua harapan pupus, walau aku telah menghiba, memohon pada ayah untuk tidak menjual motor tersebut. Ayah tak bergeming dengan keputusannya. Ia tetap menjual motor tanpa persetujuanku. Aku kecewa berat.

Yang paling menyakitkan hatiku di sekolah, tanpa motor Nita tak mau lagi jalan bareng denganku, walau kami sudah jadian. Tega-teganya dia berboncengan dengan si Jimmy hanya karena motor bebek bututnya. Puih! dasar perempuan matre. Ada uang abang sayang, tak ada uang abang ditendang.

Untuk menghindarkan penat dan rasa kecewaku aku tetap menyalurkan hobi membalapku. Aku meminjam dan menyewa motor kepunyaan teman. Kini masa lalu, masa bahagia di ajang sirkuit kembali lagi. Kebahagiaanku sebagai petualang sejati di balapan melekat lagi pada diriku. Dan semua memberikan keasyikan, memberikan nikmat di hati yang luar biasa. Kini aku lupakan masa lalu. Aku lupakan tangisan ibu yang memeluk dan memohon agar aku kembali ke sekolah. Yang penting saat ini aku menjadi raja. Raja dari segala nafsu yang telah memberiku cinta yang menghindarkan gundahku.

Suatu hari seperti biasa aku menyewa motor milik Andre temanku. Saat itu, hujan baru saja reda. Rinai hujan masih kentara membayang pada langit.

Gruuung…. Gruung….

Motor melaju dengan kecepatan tinggi. Satu putaran tak terjadi apa-apa. Di putaran kedua terjadi kejadian yang sungguh di luar kesadaranku. Entah karena tanah yang licin atau karena motor Andre yang tidak laik jalan, yang pasti saat itu ketika motor berada di tikungan dengan kecepatan tinggi, motor terlalu rebah ke kanan saat menikung dan sialnya aku tidak bisa mengendalikan sepeda motor. Saking cepatnya motorku saat itu menghantam lintasan jalan, aku terseret beberapa meter dari motor. Bruk…! semuanya gelap.

Aku tersadar ketika rasa sakit di sekujur tubuh menyapaku. Lantunan doa terdengar sayup di telingaku. Kubuka mata perlahan. Di sana kulihat ibu berurai air mata dengan doanya yang terus ia lantunkan. Kutatap wajahnya. Betapa doanya begitu tulus dan mendayu. Kugerakan bibirku tuk bicara dan mohon maaf pada ibu, tapi tak mampu….

Rinai hujan membasahi pekarangan rumahku. Aku menyaksikannya dari jendela kamar. Langit menangis menyaksikan deritaku. Derita yang telah dibuat atas karma yang aku lakukan sendiri. Langit menangis kehilangan sang pembalap sejatinya. Sama halnya denganku yang kehilangan pembalap sang Marco Simoncelli yang harus gugur di arena sirkuit. Tapi aku masih beruntung, Tuhan masih memberiku kesempatan tuk memperbaiki segalanya walau dengan sebelah kakiku.***

Sumber : Majalah Hai edisi 25-31 Agustus 2014

Model Soal Bab 1

Model 1:

Membaca dan Memahami Bacaan
Lembar pertanyaan

Bagian 1
Pesona Pulau Weh Sabang

Lengkapilah kalimat di bawah ini dengan kata/frasa atau kalimat singkat sesuai informasi yang diberikan pada teks A.

1   Pulau Weh adalah tempat wisata yang telah dikenal sebagai tempat kegiatan yang sangat bagus untuk .... dan .... (2)

2   Pulau Weh dapat menjadi tempat berselancar yang sangat seru dan sangat diminati perselancar karena .... (1)

3   Satu pantai yang berada di Pulau Weh yang sering dikunjungi wisatawan untuk menyelam adalah .... (1)

4   Lokasi penyelaman yang akan memberi kesempatan pada penyelam untuk menjumpai satwa laut yang mengagumkan seperti hiu, paus, dan lumba-lumba adalah .... yang terdapat di Pulau Rubiah (1)

5   Keindahan alam bawah laut di Pulau Weh bahkan dapat disejajarkan dengan salah satu wisata laut terkenal di Indonesia yaitu .... karena keduanya merupakan tempat wisata laut terbaik di Indonesia (1)

6   Wisatawan di Pulau Weh dapat menemukan berbagai kapal pesiar yang lalu lalang di sekitar kawasan pulau Weh karena .... (1)

7   Sayangnya banyak wisatawan yang belum berdatangan ke Pulau Weh yang sangat indah ini. Salah satu alasan sehingga orang-orang tidak mengetahui keindahan Pulau Weh adalah .... (1)

8   Salah satu lagu nasional yang menyebutkan nama ibu kota Pulau Weh ini adalah lagu .... (1)

9   .... adalah sebuah tempat bersejarah berupa tugu yang menjadi tanda bahwa Anda menjejakkan kaki di km paling awal Indonesia. .... (1)

10   Selain sebagai tempat wisata laut, dua tempat menarik lainnya yang dapat dikunjungi wistawan di Pulau Weh adalah .... dan .... (2)

Jumlah nilai (12)

Bagian 2
Ternate dan Tidore, Pusat Rempah Dunia

Jawablah soal nomor 11 – 20 di bawah ini dengan merujuk pada teks B.

11   Mengapa harga rempah-rempah begitu berharga bahkan sebanding dengan harga emas? Berikan dua alasan .... (2)

12   Apakah yang menyebabkan para pedagang Eropa bertekad untuk menemukan sendiri kepulauan sumber rempah-rempah pada tahun 1500-an?..................... (1)

13   Perjuangan Vasco da Gama dalam menemukan kepulauan rempah-rempah bukanlah hal yang mudah. Berikan dua perincian atas hal-hal yang harus dihadapi Vasco da Gama dalam misinya ini..................... (2)

14   Apakah yang dimaksud dengan ekspedisi hongi? .... (2)

15   Gunung Gamalama adalah gunung yang sebagian tubuhnya terbenam di laut. Berapakah kira-kira tinggi bagian tubuh gunung Gamalama yang terbenam di laut berdasarkan bacaan di atas? .... (1)

39

16 Tuliskan dua perbedaan yang sangat kontras antara Ternate dan Tidore.................... **(2)**

17 Apa hal yang dapat dipelajari wisatawan jika mengunjungi istana Kedaton atau Sultan di Ternate? Berikan dua perincian. .... **(2)**

18 Sebutkan dua hal yang dipercayai masyarakat Ternate atas legenda Mahkota sultan. .... **(2)**

19 Mengapa Benteng Oranye menarik untuk dikunjungi wisatawan? .... **(1)**

20 Danau Tolire Besar juga merupakan salah satu alternatif yang dapat dikunjungi wisatawan yang berwisata ke Ternate. Apa yang menarik dari danau ini? .... **(1)**

Jumlah nilai **(15)**

Bagian 3
Mengenal Capoeira

21 Guru Anda meminta Anda untuk membuat catatan pendek untuk sebuah presentasi mengenai seni bela diri capoeira. Dengan menggunakan Teks C, siapkanlah hal-hal berikut untuk presentasi Anda. Catatan pendek Anda akan dituliskan di bawah topik yang diberikan. Gunakan poin-poin untuk mencatat hal-hal yang akan Anda sampaikan.
- Dari mana asal bela diri capoeira dan untuk apa para budak mempelajarinya (2 hal)
- Sebutkan dua persamaan yang ada antara bela diri capoeira dan pencak silat (2 hal)
- Beberapa gerakan khas yang dikenal di dalam capoeira (4 hal)
- Beberapa cara untuk bermain *jogo* (4 hal)

Jumlah nilai **(12)**

Bagian 4
Langit Menangis

Jawablah soal nomor 22-32 berikut ini dengan merujuk pada teks D.

22 Apa yang membuat tokoh aku dalam cerita di atas merasa seperti Arjuna? Tuliskan dua hal secara terperinci.......................... **(2)**

23 Apakah yang dilakukan tokoh aku sepulang sekolah di hari pertamanya membawa motor ke sekolah? .... **(1)**

24 Tuliskan bagian dari cerita yang menunjukkan pandangan tokoh aku terhadap kelompok geng motor itu berubah setelah dia berbaur dengan mereka...................... **(1)**

25 Memiliki motor membuat kehidupan tokoh aku berubah.
   a Tuliskan satu contoh perubahan tokoh aku? .... **(1)**
   b Mengapa ibu tokoh aku tidak pernah mengetahui jika tokoh aku bolos sekolah? .... **(1)**

26 Tokoh ayah sangat kecewa dengan tokoh aku yang membolos sekolah dan lebih menikmati menjadi pembalap jalanan. Apakah konsekuensi yang diberikan tokoh ayah kepada tokoh aku? .... **(1)**

27 "Ada uang abang disayang tak ada uang abang ditendang"
Mengapa tokoh aku mengatakan hal itu? Berikan dua alasan. .... **(2)**

28 Apa yang dilakukan tokoh aku untuk menghindarkan penat dan rasa kecewa setelah tidak memiliki motor? Berikan dua perincian. .... **(2)**

29 "Aku tersadar ketika rasa sakit di sekujur tubuh menyapaku"
Apakah penyebab kecelakaan yang dialami tokoh aku?.................... **(2)**

30 Apa yang dilakukan tokoh ibu saat tokoh aku terbaring sakit? Berikan dua perincian. .... **(2)**

31 "Tapi aku masih beruntung."
Mengapa tokoh aku masih merasa beruntung dengan kondisinya? .... **(1)**

32 Dengan kata-kata Anda sendiri jelaskanlah apa yang dimaksud penulis mengenai kata-kata yang dicetak miring dalam kalimat di bawah ini.
   a Wah dasar kamu, ada-ada saja **ngakalin** orang tua." .... **(1)**
   b Aku ingat ibuku yang sudah **wanti-wanti** padaku agar tidak menghamburkan waktu untuk hal yang negatif .... **(1)**
   c Entah karena tanah yang licin atau karena motor Andre yang tidak **laik** jalan .... **(1)**

d Lantunan doa terdengar *sayup* di telingaku.
.... (1)
e Rinai hujan *membasahi* pekarangan rumahku
.... (1)

Jumlah nilai (20)

Model 2:

Membaca dan Menulis

Bagian 1
Teks ini digunakan untuk menjawab pertanyaan nomor 1.

Tampil di Mana-Mana, Tidak Dibayar pun Tak Apa

Tinggal di negeri orang sering membuat jiwa nasionalisme menyala lebih terang. Itulah yang juga mengilhami terbentuknya Buaya Keroncong Brisbane, grup orkes keroncong yang digawangi warga Indonesia di Australia. Berikut catatan wartawan Jawa Pos AHMAD BAIDHOWI yang belum lama ini berkunjung ke negara itu.
'*BENGAWAN* Solo... riwayatmu ini... Sedari dulu jadi... perhatian insani...''

Suara biduanita mengalun syahdu mendendangkan lagu *Bengawan Solo*. Denting dawai gitar, ukulele cak,

ukulele cuk, bas betot, dan harmonika menciptakan harmoni yang menyejukkan hati. Angin yang berembus pelan malam itu menambah khidmat suasana.

Pemandangan tersebut tidak tampak di Solo, Jawa Tengah, melainkan di sebuah rumah di Jalan Westerham 15, Taringa, Kota Brisbane, Negara Bagian Queensland, Australia. Meski begitu, nuansa nostalgia sangat terasa di rumah milik warga Indonesia yang bermukim di Negeri Kangguru tersebut.

"Menikmati musik keroncong bersama teman-teman seperantauan ini momen mahal. Kami tidak harus pulang kampung, cukup bercengkerama bersama teman-teman di sini seminggu sekali," ujar Yosi Agustiawan, salah seorang pendiri grup Buaya Keroncong Brisbane (BKB), saat ditemui Jawa Pos di Brisbane pertengahan bulan lalu.

BKB dibentuk pada Mei 2012. Saat itu, Agustiawan yang mengikuti istrinya ke Brisbane untuk belajar bertemu dua warga Indonesia, Miftakhul Maarif dan Lulu Hendri, yang sama-sama mengikuti istri-istri mereka yang mendapat beasiswa kuliah di Brisbane. Ketiganya seakan berjodoh karena suka bermain musik, meski alirannya berbeda-beda. Sejak duduk di bangku SMA, Agus biasa memainkan musik ska bersama rekan-rekannya, Maarif beraliran rock, dan Hendri menyenangi musik pop. Ketiganya juga masih mencari-cari pekerjaan di Brisbane sehingga memiliki banyak waktu luang.

Ada beberapa alasan akhirnya mereka menjatuhkan pilihan pada keroncong. Pertama, keroncong identik dengan Indonesia. Kedua, saat itu banyak muncul video di *YouTube* tentang musisi Malaysia yang membawakan lagu-lagu karya Ismail Marzuki, namun tidak pernah menyebut bahwa lagu itu berasal dari Indonesia.

"Kami prihatin, jangan sampai nanti dunia tahunya keroncong itu dari Malaysia," tegas mantan dosen dan pengasuh Pondok Pesantren Darul Ulum Jombang tersebut.

Karena itulah, BKB mengusung slogan "*A cultural diplomacy to save our keroncong* (Diplomasi budaya untuk menyelamatkan keroncong kita)". Nah, nama Buaya Keroncong dipilih karena terinspirasi para maestro keroncong seperti Gesang dan Mus Mulyadi yang biasa disebut buaya keroncong Indonesia.

Ada satu pertimbangan teknis yang juga menjadi alasan pemilihan keroncong. Yakni, musik tersebut tidak menggunakan drum. Itu penting karena aktivitas bermusik mereka dilakukan di permukiman penduduk sehingga rawan diprotes jika berisik.

"Formasi awalnya, Mas Maarif pegang gitar dan harmonika, saya bas betot, Mas Hendri cuk, dan satu lagi Mas Anam pegang cak. Vokalisnya belum ada. Jadi, kami sendiri yang nyanyi sekenanya," ucap Agus lantas tertawa.

Formasi BKB menjadi lengkap dengan bergabungnya Sri Muniroh, dosen sastra Universitas Islam Negeri (UIN) Maulana Malik Ibrahim Malang, yang tengah menempuh pendidikan S-3 di University of Queensland. Klop. Sebab, sejak di Indonesia, Muniroh gemar mendendangkan lagu-lagu keroncong.

Waktu berlalu, aktivitas BKB pun tersiar dari mulut ke mulut. Setiap berlatih pada malam Minggu, makin banyak WNI yang datang untuk sekadar berkumpul dan menikmati syahdunya irama keroncong. Sampai akhirnya, BKB diundang Kedutaan Besar Indonesia di Australia untuk menyambut duta besar RI yang baru, Nadjib Riphat Kesoema, akhir November 2012. Itu merupakan konser pertama BKB.

Menurut Manajer BKB Ahmad Khairul Umam, setelah tampil perdana, berbagai tawaran manggung terus berdatangan.

"Kadang kami dibayar 150 dolar, kadang 400 dolar, kadang juga gratisan. Kalau dibayar, uangnya untuk beli perlengkapan alat musik atau barbeque-an bareng-bareng. Yang penting hobi tersalurkan dan stres hilang," ucap kandidat doktor ilmu politik di University of Queensland tersebut lantas tertawa.

Gitaris BKB Harry Bhaskara menambahkan, BKB bukan hanya media penyalur hobi, tapi sudah menjadi sebuah keluarga bagi para personel. Mendengar musik keroncong di negeri orang, kata jurnalis senior Jakarta *Post* di Brisbane itu, selalu memantik emosi, nostalgia, serta rindu bercampur jadi satu.

"Rasanya wah banget. Saat berkumpul dengan teman-teman, rasa kangen langsung terobati," tandasnya.

1 Guna memperkenalkan musik keroncong kepada generasi muda, guru Anda meminta Anda untuk mengundang sebuah grup musik keroncong yang ada di kota Anda untuk tampil di sekolah. Seperti yang tergambar dari bacaan di atas, para pemusik keroncong biasa membentuk sebuah kelompok musik dilandaskan pada hobi. Agar lebih mengenal tentang musik keroncong, buatkan ringkasan dari teks di atas. Tulisan sekitar 130-180 kata.
- Hal yang mengilhami terbentuknya BKB (dua hal)
- Alasan memilih nama Buaya Keroncong (satu alasan)
- Alasan menjatuhkan pilihan pada musik keroncong (tiga hal)
- Digunakan untuk apakah uang yang mereka dapat ketika pentas (dua hal)
- Mengapa pertemuan Agustiawan, Miftakul dan Hendri disebut berjodoh (dua alasan)

Bagian 2

2 Jawablah **salah satu** dari pertanyaan berikut ini dalam tulisan sepanjang 350-500 kata.

DESKRIPSI
a Deskripsikan satu daerah wisata yang Anda kunjungi bersama dengan keluarga Anda pada waktu liburan sekolah.
b Deskripsikan apa yang Anda lakukan jika Anda hanya berlibur di rumah saja pada saat liburan sekolah.
c Deskripsikan satu hobi yang Anda lakukan ketika Anda masih bersekolah di Sekolah Dasar.
d Deskripsikan satu kelompok musik yang Anda gemari.
e Deskripsikan seorang pemain musik yang Anda gemari.

Model 3:

Berbicara dan Merespons

Anda diminta untuk melakukan presentasi oral dengan ketentuan sebagai berikut:

a   Anda diminta untuk menyiapkan topik presentasi Anda dengan memilih salah satu dari tiga topik berikut ini yaitu:

- **Liburan**
- **Hobi**
- **Musik**

Topik yang Anda pilih harus berhubungan dengan budaya Indonesia. Waktu yang Anda butuhkan untuk menyiapkan topik presentasi Anda akan disepakati bersama guru Anda. Selama Anda mempersiapkan topik pilihan Anda, Anda diminta untuk menuliskan empat sampai enam subtopik yang dapat Anda diskusikan bersama guru Anda pada saat Anda melakukan presentasi oral.

b   Anda diminta untuk mempresentasikan topik Anda selama dua sampai tiga menit di depan guru atau di depan kelas.

c   Selanjutnya Anda akan berdiskusi dengan guru Anda untuk membahas lebih lanjut topik yang Anda pilih. Topik diskusi antara Anda dan guru Anda dapat diambil dari empat sampai enam subtopik yang sudah Anda persiapkan atau dari hal-hal yang muncul selama diskusi berlangsung, namun harus dalam konteks topik yang sama. Diskusi antara Anda dan guru Anda sekitar tujuh sampai delapan menit.

Bab 2
Kesehatan dan Kebugaran: Makanan dan Diet, Olahraga, dan Pola Hidup Sehat

Membaca (Makanan dan Diet)

Tujuan pembelajaran

Kegiatan membaca pada unit ini difokuskan untuk:

- melakukan kegiatan sumbang saran atas topik tertentu
- memilih dan mengorganisir bahan untuk menjawab pertanyaan bacaan
- membuat sebuah ringkasan dari bacaan
- menemukan informasi dari sebuah brosur dan lagu
- membuat paragraf singkat
- menemukan fakta dan opini dalam sebuah teks bacaan
- membuat brosur dengan memperhatikan keseimbangan antara fakta dan opini
- membuat presentasi yang didukung dengan fakta dan opini

1.1 Anda akan membaca sebuah cerpen tentang seorang penjual kue gemblong. Sebelum membaca cerpen tersebut Anda diminta untuk melakukan sumbang saran bersama partner Anda mengenai kue-kue tradisional Indonesia yang Anda tahu dan pernah memakannya. Bicarakan juga rasa kue-kue tradisional tersebut. Bagaimana dengan kue gemblong? Pernahkah Anda memakan kue gemblong? Jika pernah bagaimanakah rasanya?

1.2 Bacalah cerpen berjudul *Kue Gemblong Mak Saniah* karya Aba Mardjani di bawah ini. Berbekal kata, frasa, atau kalimat yang berhasil didaftar selama sumbang saran, bacalah dengan teknik *skimming*.

Kue Gemblong Mak Saniah

Oleh Aba Mardjani

Masdudin jengkel melihat istrinya terbahak sampai badannya berguncang-guncang seperti <u>bemo</u> yang tengah menunggu penumpang. "Apanya yang lucu Asyura?"

Pertanyaan itu tak serta-merta membuat Asyura berhenti <u>terkekeh</u>. Khawatir makin jengkel dan <u>penyakit bengek</u> yang membuat napasnya megap-megap kumat, Masdudin melangkah keluar meninggalkan istrinya dan membiarkan perempuan yang rambutnya mulai beruban itu menelan tawa dan bahaknya sendiri. Dia baru mendengar teriakan sang istri ketika badan pendek hitamnya hampir hilang di balik rumah tetangga sebelah.

"Bang!"

Meski masih menyimpan rasa kesal, Masdudin menghentikan langkah.

"Sini!"

Gerimis halus masih turun dari langit. Masdudin berbalik dan mengikuti langkah istrinya ke ruang tamu.

"Mengapa abang tiba-tiba *kepingin* makan kue gemblong Mak Saniah?" Asyura bertanya ketika Masdudin tengah mengatur napas.

Masdudin berpikir untuk mencari jawaban yang pas. Dia sendiri tak tahu mengapa pagi itu, ketika gerimis jatuh dari langit, dia ingat Mak Saniah yang biasanya menjajakan kue <u>gemblong</u> ke rumahnya. Tidak setiap hari juga. Dalam <u>sepekan</u>, dua sampai tiga kali Mak Saniah datang ke rumahnya.

"Syuraaaaa… Syuraaaaaaa… gemblong Neeeeeng!" Mak Saniah biasa memanggil istrinya. Lalu tubuh ren -tanya duduk di teras rumah setelah meletakkan se- buah panci besar berisi jajanan berupa kue gemblong atau <u>kue unti</u>.

Asyura tak pernah membiarkan Mak Saniah pulang dengan <u>tangan hampa</u>. Begitu mendengar suara Mak Saniah, dia segera mengambil piring dan menjumpai Mak Saniah di luar. Selembar uang Rp 5 ribu biasa diberikan Asyura kepada Mak Saniah dan mengambil kue gemblong empat hingga lima buah serta unti dua sampai tiga buah. Mak Saniah tak pernah menjual kue- kuenya lebih dari Rp 500 per buah. Dengan uang Rp 5 ribu seharusnya Asyura bisa mengambil 10 buah kue. Namun, hal itu tak pernah dilakukan Asyura. Dia selalu mengambil kue-kue secukupnya dan membiarkan uang kembaliannya untuk Mak Saniah. Sesekali Asyura juga memberikan Mak Saniah lembaran uang sepuluh ribuan tapi mengambil jumlah kue yang sama serta tak mengambil uang kembaliannya.

"Terima kasih banyak ya, Neng. Semoga rezeki Neng banyak, berkah, anak-anak pada sehat, disayang <u>laki</u>, setia," kata Mak Saniah selalu sembari menyelipkan uang di balik lipatan kainnya (Mak Saniah semula biasa meletakkan uangnya di balik alas kue dari koran bekas di dasar pancinya. Namun, kini tak pernah lagi dilaku- kannya karena dia pernah kehilangan uang yang sudah dia kumpulkan sedikit demi sedikit dari para pembeli).

"Lucu juga kalau *nggak* ada angin *nggak* ada hujan abang tiba-tiba kepingin kue gemblong Mak Saniah," kata istrinya. Masdudin melirik ke depan rumah, pada <u>tempias</u> gerimis yang membasahi genting rumah te -tangganya. "Abang *ngidam*? Ngidam istri kedua abang?"

Masdudin memalingkan wajah dari kerlingan istrinya. Bukan dia ingin menyembunyikan sesuatu, tapi untuk membuang rasa kesal yang selalu dilakukannya jika Asyura mulai agak merajuk. Belakangan, Asyura me- mang kerap melontarkan sindiran serupa itu. Mungkin juga karena usia yang makin beranjak dan garis-garis ketuaan yang kian ramai. Padahal Asyura pun tahu, Masdudin takkan mungkin punya istri lebih dari satu. Dia tak cukup punya modal. Tampang pas-pasan. Kan- tong pas-pasan. Keberanian pun pas-pasan.

Tapi, pertanyaan itu pun wajar dilontarkan Asyura. Sejak pertama kali Mak Saniah menjajakan kue gem- blong ke rumahnya hingga kini, gemblong Mak Saniah ya begitu-begitu saja. Bentuknya sama gepeng seperti kue-kue gemblong lainnya, agak besar dan agak lembek. Kue gemblong Mak Saniah juga tak sekering, serenyah, dan seenak gemblong yang pernah dibeli Masdudin ketika dia dan keluarganya jalan-jalan ke Ta- man Bunga di kawasan Puncak tahun lalu. Jadi, terasa ada yang aneh jika kini dia merindukan kue gemblong Mak Saniah.

"Bang Masdud," Asyura mengagetkan suaminya. "Ada apa?"

Masdudin jadi sedikit serba salah.

"Aku cuma…" Masdudin menyahut sambil coba men- cari jawaban yang pas. "Aku cuma merasa aneh saja. Belakangan kan Mak Saniah tak pernah datang lagi. Dia *kan* sudah sangat tua. Jangan-jangan…."

"Sudah meninggal maksud Abang?"

Masdudin menyambar permen di atas meja. Sisa ja- janan anaknya. Ada sedikit rasa lega di dadanya begitu rasa manis dan hangat merayapi rongga mulutnya.

Usia Mak Saniah memang sudah sangat tua bahkan ketika beberapa tahun lalu dia mulai menyambangi rumah Masdudin. Seluruh tubuh putih wanita tinggi besar itu sudah dipenuhi keriput. Langkahnya tertatih- tatih. Apalagi dengan beban panci berdiameter hampir 50 cm berisi kue gemblong dan unti yang dijajakannya. Langkahnya makin <u>terpiuh-piuh</u>. Itulah yang membuat Masdudin atau istrinya tak pernah bisa membiarkan Mak Saniah pergi dari rumahnya tanpa menjual lima hingga enam kue jajanannya. Padahal, kue-kue itu pun hanya dimakan satu-dua buah. Anak-anaknya lebih suka makan *panganan* lain. Kue-kue gemblong Mak Sa- niah dibeli hanya agar hati Mak Saniah senang.

"Belakangan Mak Saniah memang makin jarang datang. Aku dengar dia sudah sakit-sakitan," kata Asyura.

"Tapi ya memang kasihan juga orang setua dia masih juga berjualan," Masdudin menimpali.

Asyura lalu bercerita tentang Mak Saniah lebih pan- jang. Cerita yang sebelumnya tak pernah dia dengar. Bahwa Mak Saniah adalah wanita dengan tujuh anak. Bahwa anak-anaknya pun sudah pada <u>"jadi orang"</u>. Bahwa Mak Saniah memilih tetap mendiami rumah sederhananya di kampung yang bertetangga dengan kampung tempat di mana Masdudin dan keluarganya tinggal. Bahwa Mak Saniah, setelah suaminya wafat belasan tahun lalu, memilih menghidupi dirinya dengan berjualan kue gemblong buatannya sendiri. Dengan begitulah dia bertahan hidup tanpa harus merepotkan anak-anak dan cucu-cucunya.

"Jadi, anak-anak Mak Saniah sebetulnya sudah melarang dia berjualan. Tapi Mak Saniah tetap membandel," kata Asyura menutup cerita panjang lebarnya.

Masdudin juga tak pernah meminta istrinya untuk mencari tahu bagaimana kabar Mak Saniah saat ini, tapi pada hari Minggu berikutnya keduanya sudah berada di depan rumah Mak Saniah setelah berusaha mencari dengan bertanya ke sana kemari. Dari bertanya itu pula keduanya tahu bahwa Mak Saniah kini memang sudah tak lagi bisa memaksakan diri untuk berjualan. Beragam penyakit berkumpul dan menyatu dalam tubuh rentanya. Mulai dari pikun, rematik, pengapuran, darah tinggi, sesak napas, dan mata yang tak lagi bisa melihat dengan jelas. Cuma kuping Mak Saniah yang masih berfungsi dengan lumayan baik.

Dari pembaringan Mak Saniah menyambut kedatangan Masdudin dan Asyura setelah seorang cucunya, seorang gadis berusia 20-an tahun, mengantarkan mereka masuk ke kamar Mak Saniah.

Begitu masuk ke ruangan itu Masdudin dan Asyura membaui <u>wewangian</u> asing tapi menyegarkan. Kamar itu, meskipun tidak terbilang bagus, tampak sangat terawat. Tak banyak benda-benda berserakan. Tempat Mak Saniah berbaring juga sangat bersih.

"Ya Allah mimpi apa ya Mak semalam? *Elu* tahu rumah Mak, Neng?" sambut Mak Saniah. Masdudin melihat ada genangan air di kedua sudut mata Mak Saniah.

"Ya, kita *kan* tetangga, Mak. Tetangga kampung. *Nggak* jauh. Cuma satu kali naik mobil angkutan."

Mak Saniah tersenyum tipis. "Ya, memang *nggak* jauh ya, Neng. Makanya Mak pun kalau jualan sampai ke rumah Neng Syura…."

Tanpa diminta, gadis yang tadi mengantarkan Masdudin dan Asyura sudah menyuguhkan dua gelas teh panas dengan sekaleng biskuit.

"Ayo, minum dulu *dah*, Neng. Makan *tuh* biskuitnya. Cuma itu yang ada. Mak sudah *nggak* sanggup bikin

kue gemblong," ujar Mak Saniah begitu baki diletakkan di atas meja.

Masdudin dan istrinya bertukar pandang dan berbagi senyum.

"Mak juga sebenarnya masih *kepingin* jualan, Neng." Mak Saniah melanjutkan kalimatnya sambil menggenggam tangan Asyura yang kini sudah duduk di sisi Mak Saniah di tempat tidur Mak Saniah. "Bukannya apa-apa, Neng. Mak *ingeeeet* terus sama orang-orang yang suka beli gemblong Mak, terutama Neng Asyura *ama* laki Neng Asyura yang *nggak* pernah *nggak* beli gemblong Mak. Kalau orang sudah cocok kan susah ya, Neng. Biar banyak makanan *laen*, tetep yang dicari gemblong-gemblong Mak Niah juga. Iya *kan*?"

Masdudin tersenyum sambil melempar kerling kepada istrinya.

"Betul, Mak. Gemblong Mak Niah memang beda dari yang lain," Asyura menimpali, menahan senyum. "Manisnya pas, lembeknya pas, gedenya pas, terus *nggak* mahal."

Wajah Mak Saniah tampak *cengar*. Berbinar. "Ya, Mak *mah* kalau jualan *emang nggak* cari untung gede-gede. Yang penting ada untungnya biar sedikit. Cukup buat makan. Buat apa Neng harta *dibanyakin*. Amal ibadah yang harus *dibanyakin*. Harta *mah* nggak dibawa mati."

Dua minggu berikutnya, pada Minggu yang cerah, Masdudin mendengar suara seseorang di luar.

"Saya Cindi, Pak," kata gadis yang berdiri di hadapan Masdudin begitu dia membuka pintu. "Saya cucu Mak Saniah yang kemarin mengantar Bapak sama Ibu ketemu Mak."

"O, iya… iya… saya ingat. *Kan* baru kemarin," kata Masdudin seraya mempersilakan tamunya masuk. Dari kamar belakang Asyura muncul dan memperlihatkan kekagetannya.

"Ada apa ini?" Asyura langsung bertanya. "Apa ada kabar buruk tentang Mak Saniah?" lanjut Asyura. Kali ini, pertanyaan itu disimpannya dalam hati. Namun, ada debar-debar di dadanya.

Cindi mengeluarkan sebuah amplop berwarna putih dan memberikannya kepada Asyura. "Ini ada titipan dari Mak. Katanya minta disampaikan kepada Bu Asyura. Karena ini amanat, jadi buru-buru saya sampaikan."

47

"Surat apa ini?" Asyura bertanya.

"*Nggak* tahu, Bu. Saya juga nggak bertanya kepada papa yang minta saya mengantarkannya ke sini sesuai pesan Mak."

Asyura <u>menimang-nimang</u> amplop itu. Adakah Mak Saniah mengembalikan uang-uang yang selama ini diterimanya karena menganggap dirinya berutang? Rasanya tak mungkin.

"Kabar Mak Niah *gimana*?" Masdudin tak lagi bisa menahan kesabarannya untuk mendengar kabar Mak Saniah setelah beberapa saat sama-sama terdiam.

"Mak sudah meninggal," jawab Cindi segera. Ia menatap wajah Masdudin dan Asyura bergantian.

"Innalillahi…." Masdudin dan Asyura berucap hampir berbarengan.

"Meninggalnya hari Jumat kemarin," lanjut Cindi.

Masdudin dan Asyura saling berpandangan. "Kenapa kami tak dikabari?" Masdudin lebih dulu bersuara.

Cindi mengulas bibirnya dengan senyum. "Maaf… maaf… kami memang *kepikiran* untuk memberi kabar. Tapi kami belum tahu ke mana harus memberi kabar. Rumah Bapak dan Ibu pun baru saya coba cari hari ini sesuai petunjuk Mak waktu masih hidup. Itu pun karena memang ada <u>amanah</u> yang harus kami sampaikan. Kami tidak mungkin menahan amanah, apalagi bagi orang yang sudah wafat. Alhamdulillah ketemu."

Membuang napas sekaligus rasa menyesalnya karena tak bisa menghadiri <u>prosesi</u> pemakaman Mak Saniah, Asyura lalu ingat cerita Rosa, putri bungsunya. Hari Jumat lalu, kata Rosa kemarin, melihat Mak Saniah duduk di teras rumah mereka dengan panci kue gemblong tergeletak di sisinya.

"Dia *nggak* bilang apa-apa, bunda. Diam aja seperti patung. Terus aku ke dapur untuk mengambil piring karena ayah nggak ada dan bunda di kamar mandi, aku *kan* ada uang dua ribu untuk beli kue gemblongnya. Tapi, waktu aku ke depan lagi, eh Mak Saniahnya *udah nggak* ada. Aku cari-cari nggak ketemu. Padahal *kan* dia jalannya lamban. Tapi, aku kejar sampai ke depan juga *nggak* ketemu. Ya *udah*, aku nonton TV lagi," kata gadis berusia lima tahun itu.

Asyura ingin menyampaikan cerita itu kepada Cindi, tapi dia membatalkannya karena Cindi sudah buru-buru mohon diri untuk pergi. Asyura dan Masdudin melepas kepergian Cindi dengan ucapan terima kasih berulang-ulang.

"Apa isinya, bunda?" Masdudin mengambil amplop yang masih tergeletak di atas meja.

"Aku juga penasaran. Cepat buka, Bang," sahut Asyura.

Dengan cepat Masdudin merobek amplop itu dan mengeluarkan isinya. Berdua mereka membaca tulisan pertama pada isi surat Mak Saniah: "Cara Bikin Kue Gemblong Mak Saniah".

1.3 Ada lima belas kata yang digarisbawahi dari cerpen di atas. Bersama dengan partner Anda coba terka makna kata-kata tersebut dengan memperhatikan konteks (kata-kata lain yang mengitarinya).

- bemo
- terkekeh
- penyakit bengek
- kue gemblong
- sepekan
- tangan hampa
- kue unti
- tempias
- ngidam
- terpiuh-piuh
- jadi orang
- wewangian
- menimang-nimang
- amanah
- prosesi

1.4 Anda diminta untuk menjawab pertanyaan di bawah ini berdasarkan cerpen. "Kue Gemblong Mak Saniah" karya Aba Mardjani.

- **a** Siapakah tokoh-tokoh dalam cerpen di atas dan apa hubungan antara tokoh-tokoh tersebut?
- **b** Apakah yang membuat Asyura terbahak sampai badannya berguncang-guncang seperti bemo yang tengah menunggu penumpang? Berikan jawaban Anda dengan menyertakan bagian dari cerpen yang mendukung jawaban Anda.
- **c** Bagaimana kebiasaan Mak Saniah saat menjajakan jualannya kepada keluarga Asyura?
- **d** Tuliskan bagian cerpen yang mendeskripsikan kue gemblong buatan Mak Saniah menurut Asyura.

e Mengapa menurut Anda Asyura membandingkan kue gemblong buatan Mak Saniah dengan kue gemblong di Taman Bunga Puncak?

f Bagaimana Masdudin mendeskripsikan sosok Mak Saniah? Berikan jawaban dengan menyertakan bagian cerpen yang mendukung jawaban Anda.

g Apa pendapat Anda tentang Mak Saniah setelah mengetahui kisah Mak Sainah yang memiliki tujuh anak dan bahwa anak-anaknya pun sudah pada "jadi orang"?

h Bagaimana kondisi Mak Saniah saat Asyura dan suaminya berhasil membesuk Mak Saniah ?

i Wajah Mak Saniah tampak cengar. Berbinar. "Ya, Mak mah kalau jualan emang nggak cari untung gede-gede. Yang penting ada untungnya biar sedikit. Cukup buat makan. <u>Buat apa Neng harta dibanyakin. Amal ibadah yang harus dibanyakin. Harta mah nggak dibawa mati</u>." Jelaskan dengan kata-kata Anda sendiri maksud kalimat yang digaris bawah dalam kutipan di atas dan hubungkan dengan kondisi Mak Saniah.

j Apa pendapat Anda tentang akhir cerpen ini?

k Jika Anda diberikan kesempatan untuk membuat akhir cepen ini sesuai kehendak Anda, bagaimana Anda ingin mengakhirinya? Tuliskan jawaban Anda dalam sebuah paragraf singkat.

l Tuliskan tiga pesan moral yang Anda dapatkan melalui membaca cerpen Kue Gemblong Mak Saniah.

TIP BELAJAR – MORAL ATAU AMANAT

Moral atau amanat adalah gagasan yang mendasari karya sastra atau pesan yang ingin disampaikan pengarang kepada pembaca atau pendengar. Di dalam karya sastra modern moral atau amanat ini biasanya tersirat; di dalam karya sastra lama moral atau amanat pada umumnya tersurat.

- Tersirat (implisit) artinya, pesan pengarang kepada pembaca atau pendengarnya disampaikan secara terselubung atau harus ditafsirkan. Sebagai misal, kalau kita membaca puisi Nyanyian Angsa karya W.S. Rendra, di sana tidak akan kita temukan anjuran pengarang yang disampaikan secara tersurat (eksplisit), misal: Kita tidak boleh merendahkan orang dari golongan kelas bawah (marginal). Moral atau amanat ini kita dapatkan berdasarkan penafsiran kita sendiri.

- Tersurat (eksplisit) artinya, moral atau amanat dari sebuah karya sastra dinyatakan secara langsung. Di sini, pembaca tidak perlu menafsirkannya lagi. Kalau kita membaca cerita *Malin Kundang* misalnya, di akhir cerita amanat dinyatakan dengan jelas: Kita harus hormat kepada orang tua. Demikian juga dalam cerita *Bawang Merah dan Bawang Putih*, amanat dinyatakan secara langsung: Janganlah kita iri dan dengki karena semua yang kita lakukan akan ada balasannya.

1.5 Bacalah artikel berjudul *Jajanan Tradisional Indonesia: Wajib Dicoba dan Dilestarikan*

Jajanan Tradisional Indonesia: Wajib Dicoba dan Dilestarikan

Jajanan tradisional Indonesia tidak kalah nikmatnya dibandingkan makanan-makanan dari negara lain. Jajanan tradisional ini tersebar dari Sabang sampai Merauke. Sebagai generasi muda, kita wajib mengetahui jenis jajanan tradisional Indonesia, mencoba mencicipinya, dan melestarikannya sebagai bagian dari kekayaan budaya bangsa kita. Berikut ini adalah sepuluh dari sekian jajanan tradisional Indonesia yang wajib kita coba.

1 Klepon

Klepon adalah jajanan yang terbuat dari tepung beras ketan yang dibentuk seperti bola-bola kecil dan berwarna hijau. Warna hijau pada klepon didapatkan dari campuran air suji atau pewarna makanan yang aman digunakan. Bagian dalam klepon diisi dengan gula merah yang memberikan rasa manis dan gurih saat kita memakannya. Lelehan gula merah saat kita memakan klepon memberi kenikmatan sendiri di lidah. Bagian luar klepon adalah parutan kelapa dan garam yang menambah kelezatan jajanan ini.

2 Onde-onde

Jika klepon berisi gula merah, maka onde-onde yang juga berbentuk bola-bola namun dengan ukuran yang lebih besar ini justru berisi olahan kacang hijau. Bagian kulit terbuat dari olahan tepung ketan atau tepung beras dengan bagian luar yang dibaluri wijen. Jajajan ini digoreng dan sangat lezat dimakan saat masih panas. Keharuman wijen yang digoreng menambah selera untuk segera menikmati jajanan ini. Saat ini onde-onde tidak hanya diisi dengan olahan kacang hijau, namun dapat juga diisi dengan berbagai rasa seperti olahan cokelat, keju, dan lainnya.

3 Cenil

Anda harus mencoba jajanan unik ini. Cenil adalah jajanan tradisional Indonesia yang memiliki tekstur yang sangat unik. Teksturnya kenyal dan biasanya terdiri dari warna pink dan putih atau juga warna hijau. Cenil terbuat dari tepung kanji, air, dan garam. Saat

akan dimakan cenil akan ditaburi dengan parutan kelapa bercampur garam dan siraman gula merah yang membuat rasa manis dan asin menjadikan jajanan ini gurih.

4 Kue lapis

Siapa yang tak kenal dengan jajanan yang satu ini. Lapisan-lapisan kue dengan pola warna yang bervariasi membuat kue ini terlihat menarik. Karena terdiri dari lapisan-lapisan warna inilah makan jajanan ini dinamakan kue lapis. Terbuat dari tepung beras, tepung kanji, santan, gula pasir, garam dan pewarna makanan membuat rasa kue ini legit.

5 Getuk

Jajanan yang terbuat dari singkong atau ketela pohon ini dinamakan getuk. Kata getuk sendiri berasal dari Bahasa Jawa *gethuk*. Singkong atau ketela pohon dikukus setelah dikupas lalu ditumbuk atau dihaluskan dan ditambahkan gula merah. Rasa getuk akan lebih nikmat jika dimakan dengan taburan parutan kelapa di atasnya.

6 Lemper

Jajanan ini terbuat dari beras ketan dan diisi dengan suwiran daging ayam atau abon. Lemper dibungkus dengan daun pisang dan memberikan aroma yang khas. Jajanan ini sangat cocok dimakan saat merasa lapar, sebagai pengganti makan nasi dan lauk.

7 Combro

Jajanan yang sangat akrab di wilayah Jawa Barat ini terbuat dari parutan singkong yang diberi sambal oncom di bagian dalamnya lalu digoreng. Gurihnya parutan singkong goreng bercampur dengan rasa sambal yang pedas membuat jajanan ini sangat nikmat dimakan hangat-hangat setelah digoreng.

8 Ongol-ongol

Jajanan ini sudah sedikit langka ditemukan di pasar-pasar yang menjual jajanan tradisional. Bahannya yang terbuat dari tepung sagu yang dicampur bersama gula jawa dan diberi taburan kelapa parut membuat tekstur ongol-ongol kenyal dan sangat lembut. Rasa gurih dan legit yang muncul karena taburan kelapa di atas ongol-ongol yang kenyal membuat jajanan ini unik dan berbeda dari yang lain.

9 Otak-otak

Otak-otak adalah jajanan tradisional Indonesia yang berbahan dasar ikan tenggiri. Karena berbahan ikan maka otak-otak sangat gampang dijumpai di daerah sekitar pantai di Indonesia. Otak-otak biasanya dibungkus dengan daun pisang dan dipanggang sehingga aromanya sangat khas. Sangat nikmat jika dimakan hangat-hangat bersama colekan sambal kacang. Otak-otak juga nikmat dimakan sebagai lauk bersama dengan nasi.

10 Nagasari

Nagasari yang dibalut dengan daun pisang dan di dalamnya juga diisi dengan potongan pisang adalah jajanan pasar yang sangat khas di Indonesia. Bahannya terbuat dari adonan tepung beras, tepung sagu, santan, gula, dan tentunya potongan pisang. Saat nagasari dikukus, aroma harum akan tercium dan menambah rasa ingin segera menikmati jajanan ini.

1.6 Dari 10 jenis jajanan tradisional Indonesia yang wajib untuk dicoba di atas, tambahkan lima lagi jenis jajanan tradisional Indonesia yang Anda ketahui dan juga wajib untuk dicoba. Tuliskan nama jenis jajanan tradisional yang Anda pilih dan alasan Anda memilih kelima jajanan tradisional tersebut.

1.7 Bagilah kelas Anda menjadi beberapa kelompok yang terdiri dari tiga orang siswa, lalu di dalam kelompok tersebut lakukanlah tebak jajanan tradisional Indonesia. Anda meminta teman Anda untuk menebak nama jajanan tradisional tertentu setelah Anda membacakan deskripsi singkat jajanan tersebut atau teman Anda diminta untuk mendeskripsikan secara singkat jenis jajanan yang Anda sebutkan. Lakukan secara bergantian.

1.8 Perhatikan brosur Festival Jajanan Kuliner berikut ini, Bersama partner Anda, lakukan hal-hal berikut:

- Informasi apa sajakah yang Anda dapatkan melalui brosur tersebut?
- Dari sejumlah jenis makanan yang ditampilkan dalam brosur tersebut, bicarakan jenis makanan yang Anda tahu dan yang Anda sukai.
- Jika diminta untuk menambahkan jenis makanan tradisional Indonesia lainnya, jenis makanan apa sajakah yang akan Anda dan partner Anda tambahkan dalam brosur ini dan mengapa?

1.9 Bayangkan Anda dan partner Anda diminta untuk mengganti isi brosur di atas dengan jenis makanan dan minuman yang berbeda. Pikirkanlah 20 jenis jajanan dan minuman tradisional yang akan Anda masukkan dalam brosur di atas dengan

cara membuat brosur baru yang persis dengan contoh dan mengganti tanggal dan lokasi festival dengan tanggal dan lokasi yang baru. Setelah itu bicarakanlah brosur baru Anda di depan kelas. Setiap pasangan dapat memberikan alasan mengapa memilih makanan tradisional tertentu dalam brosur mereka.

TIP BELAJAR – BROSUR

Brosur merupakan bahan informasi tertulis yang dikemas secara singkat untuk memperkenalkan produk, layanan, profil instansi, atau lainnya. Brosur biasanya dicetak di kertas berkualitas bagus karena untuk mengangkat citra sebuah produk/layanan. Sebagai media yang paling banyak digunakan oleh pelaku usaha untuk beriklan, sebuah brosur yang baik tentu perlu dipersiapkan dengan matang. Apa saja yang perlu ditimbang agar brosur tepat sasaran? Berikut hal-hal yang perlu diperhatikan:

- sajikan informasi secara ringkas, tapi lengkap
- pakailah bahasa yang mudah dipahami
- buat desain yang menarik perhatian

1.10 Bacalah artikel mengenai salah satu makanan khas Yogyakarta yaitu gudeg. Saat membaca artikel ini garis bawahilah kalimat-kalimat yang merupakan fakta dan lingkarilah kalimat-kalimat yang berdasarkan opini penulis.

Gudeg Yu Djum, Aromanya Sangat Khas

YOGYAKARTA, KOMPAS.com - Semangat memulai pagi di Yogyakarta adalah dengan menikmati kegurihan gudeg sebagai menu sarapan. Adalah jalan Wijilan yang letaknya tak jauh dari kawasan Keraton Yogyakarta. Pintu masuknya berbentuk gerbang putih tinggi yang masih kokoh peninggalan kerajaan Mataram. Ah, rasanya seperti membuka kembali pelajaran sejarah.

Jalan Wijilan mulai ramai oleh penjual gudeg sejak tahun 1942. Sampai sekarang jalan ini ramai oleh kedai gudeg mulai pagi sampai malam. Bahkan ada yang buka 24 jam. Dari kawasan Keraton Yogyakarta bisa jalan kaki atau naik becak. Tarif becak biasa di kisaran harga Rp 10.000 - Rp 15.000 dari kawasan Malioboro, Tugu, dan sekitarnya.

Mulai jam 6 pagi para penjual gudeg berjejer di sepanjang jalan. Ada yang lesehan, ada juga yang model kedai dengan kursi dan meja. Susah-susah gampang memang memilih gudeg mana yang bakal cocok di lidah.

Setidaknya ada dua macam gudeg yaitu gudeg basah dan gudeg kering. Sesuai namanya, kalau gudeg basah biasanya sedikit berkuah atau biasa disebut *nyemek*. Kalau gudeg kering tanpa kuah atau tidak berair tapi tidak sampai garing. Gudeg kering dimasak lebih lama hingga kuahnya habis. Warna cokelatnya juga lebih tua dibanding gudeg basah.

Dari literatur yang ada, gudeg adalah bagian dari sejarah Kerajaan Mataram. Konon sekitar tahun 1550 seorang istri prajurit kerajaan yang bertugas di dapur umum biasa memasak nangka muda atau disebut *gori*. Suatu hari ia mencoba mencampur nangka muda dengan santan dan gula merah. Ternyata hasilnya enak dan banyak yang suka. Akhirnya menjadi makanan favorit utama sampai sekarang bagi masyarakat Yogyakarta.

Ada juga kisah lainnya yang mengatakan bahwa gudeg ditemukan oleh seorang prajurit secara tidak sengaja. Prajurit tersebut memang biasa memasak nangka muda dengan santan dan gula merah hasil dari hutan sekitar. Karena kelelahan setelah membabat hutan, nangka muda tersebut lupa diangkat dari kompornya sampai lima atau enam jam.Ternyata ketidaksengajaan ini menghasilkan makanan enak dan melegenda sampai sekarang.

Salah satu gudeg yang terkenal yang ada di Jalan Wijilan ini adalah Gudeg Yu Jum. Nama Yu Djum

berasal dari Djuwariah. Yu Djum mulai membuka kedainya di jalan Wijilan sejak 1950. Sampai sekarang Yu Djum yang sudah berusia lebih dari 80 tahun ini memasak sendiri gudeg jualannya.

Jenis gudegnya adalah gudeg kering. Salah satu rahasia kegurihan gudeg Yu Djum adalah gudegnya dimasak di tungku model lama yang apinya dari kayu bakar."Nangka mudanya diambil dari langganan, sudah biasa setiap hari.Dari luar Yogya, dari Purworejo," ungkap Elina, salah seorang anak perempuan Yu Djum yang ikut berkecimpung di bisnis gudeg milik ibunya.

Sama dengan gudeg lainnya, Gudeg Yu Djum disajikan dengan krecek pedas, ayam dan telur bumbu gudeg, termasuk tahu dan tempe bacem. "Ayamnya kampung betina, kalau jantan nggak enak.Telurnya telur bebek," kata Elina.

Gudeg Yu Djum disajikan di atas daun pisang. Harumnya sangat khas gudeg, gurih yang berasal dari santan ditambah aroma gula merah. Saat Kompas.com mencicipinya, entah bagaimana manisnya memang pas. Manisnya cocok di lidah orang yang bukan orang Jawa dan para turis. Ditambah ayam kampung dan telurnya yang kuat dengan rasa bumbunya yang meresap. Kreceknya bertekstur kering seperti gudegnya. Sedikit pedas dan santannya juga tidak kental terasa dimulut. Kalau mau lebih pedas, cabe rawit rebusnya menambah cita rasa pedasnya.

Elina mengaku sulit menghitung berapa banyak porsi gudeg yang habis terjual. "Susah mbak *ngitungnya*. Tergantung pembeli. Pokoknya setiap mau habis ya bikin lagi," ucapnya. Selain di Wijilan, Gudeg Yu Djum juga membuka kedai di Jalan Kaliurang. Sama dengan di Wijilan, kedainya yang di Jalan Kaliurang juga selalu ramai dihampiri pelanggan.

Harga Gudeg Yu Djum juga tidak terlalu mahal. Nasi gudeg, krecek, dan telur harganya Rp 9.000. Selain makan di tempat, Gudeg Yu Djum menyediakan paket oleh-oleh dengan besek dan kendil. Harga paketnya berkisar antara Rp 40.000 sampai Rp 240.000.

Tidak berlebihan rasanya kalau dibilang belum ke Yogyakarta kalau tidak mampir ke Gudeg Yu Djum. Kenyang di perut, puas juga di lidah.

TIP BELAJAR – FAKTA DAN OPINI

Fakta berasal dari bahasa Latin *faktus*, adalah sesuatu yang sesungguhnya terjadi, atau sesuatu yang ada secara nyata dan telah diverifikasi (diperiksa/diselidiki) secara empiris. Jika dikatakan rokok mengandung nikotin (zat racun yang terdapat dalam tembakau), tar (cairan kental berwarna coklat tua atau hitam didapatkan dengan cara distilasi kayu dan arang atau juga dari getah tembakau yang bisa menjadi penyebab kanker paru-paru), amonia (gas tidak berwarna, baunya menusuk, senyawanya banyak dipakai dalam pupuk), karbon monoksida (senyawa antara karbon dan oksigen yang berupa gas tanpa warna, tanpa bau, dan sangat beracun), dan puluhan lebih zat berbahaya, ini namanya fakta. Disebut fakta karena setelah diselidiki atau diperiksa, zat-zat berbahaya dalam rokok itu memang ada.

Sementara opini atau pendapat adalah hasil pemikiran tentang suatu hal, seperti peristiwa, kegiatan, masalah, kebijakan, dan lain-lain. Kalimat-kalimat berikut mengandung opini:

- Pemakaian seragam di sekolah banyak manfaatnya.
- Kegiatan memancing bisa menenteramkan.
- Semua berasal dari yang kita pikirkan, jika kita berpikir bahwa kita bisa, kita pasti bisa.
- Kejujuran adalah kunci sukses.
- Omong saja itu paling mudah, sama mudahnya dengan membalikkan tangan. Tetapi, melakukan yang kita omongkan itu susahnya setengah mati.
- Menteri-menteri pilihan Jokowi hanya sedikit yang berkualitas.
- Rakyat akan sejahtera bila pejabat tidak korupsi.
- Hukum di Indonesia tajam ke bawah, tumpul ke atas.

1.11 **a** Daftar semua fakta yang terdapat dalam teks di atas.

 b Daftar semua opini yang terdapat dalam teks di atas.

1.12 Anda diminta untuk membuat sebuah brosur mengenai Gudeg Yu Djum berdasarkan informasi yang Anda dapatkan melalui teks di atas. Perhatikan dengan baik hal-hal yang akan Anda informasikan melalui brosur Anda. Perhatikan keseimbangan antara **fakta** dan **opini** dalam brosur Anda.

1.13 Bagilah siswa di kelas Anda menjadi beberapa kelompok berdasarkan kepulauan besar di Indonesia dan setiap kelompok melakukan riset di luar jam pelajaran mengenai makanan khas Indonesia di setiap provinsi dalam satu kepulauan tersebut. Contoh: Pulau Sumatera, gambarlah peta Pulau Sumatera dan mulailah dari Aceh sampai Lampung serta tulislah jenis makanan khas tiap provinsi di Pulau Sumatera. Kelompok lain melakukan hal yang sama untuk Pulau Jawa, Pulau Kalimantan, Pulau Sulawesi, Pulau Papua, dll. Contoh dalam gambar di bawah ini adalah contoh yang belum sempurna.

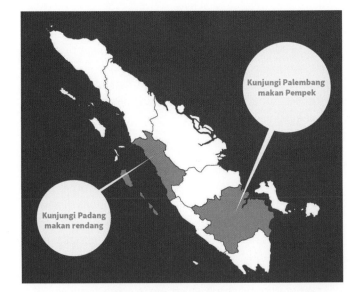

1.14 Presentasikan peta dan makanan khas Indonesia yang dibuat oleh kelompok Anda di kelas. Pada saat Anda mempresentasikan peta Anda, berikan sedikitnya **satu fakta** (penjelasan tentang kandungan makanan tradisional) dan **satu opini** (misalnya makanan tersebut banyak diminati karena alasan tertentu) yang berhubungan dengan setidaknya empat makanan khas dari peta Anda.

54

1.15 Bacalah tip-tip tentang remaja dan diet berikut ini.

Hei Remaja, ini Cara Diet yang Benar dan Tepat

Oleh Vera Farah Bararah – detikHealth

Tak jarang banyak remaja yang terobsesi ingin punya tubuh langsing tapi dengan cara yang salah, padahal mereka masih dalam tahap pertumbuhan. Untuk itu perhatikan cara-cara diet yang benar bagi remaja. Remaja perlu banyak energi dan stamina agar bisa membuatnya tetap aktif berkegiatan.Tapi sayangnya makin banyak remaja yang obesitas akibat kurang mengonsumsi makanan sehat dan melakukan aktivitas fisik. Kebanyakan dari mereka ingin menurunkan berat badan dengan cepat melalui diet ketat dan latihan keras, hal ini tentu dapat memengaruhi tumbuh kembangnya. Berikut tips menurunkan berat badan yang tepat untuk remaja.

1 Mengontrol kebiasaan

Remaja seringkali melupakan kebiasaan baik dan menggantinya dengan pola baru yang dianggap bisa menurunkan berat badan, seperti melewatkan makan, konsumsi minuman olahraga, membiarkan tubuh puasa untuk waktu lama dan terlalu keras berolahraga. Untuk itu orang tua perlu mengontrol kebiasaan yang dilakukan remajanya dengan memastikan konsumsi makanan yang cukup secara berkala, minum air putih yang banyak dan hindari minuman manis, soda atau cemilan tak sehat lainnya.

2 Biasakan membaca label makanan

Remaja dapat mengontrol asupan kalori dengan kebiasaan sederhana yaitu membaca label makanan, sehingga menghindari makanan yang berisi kalori kosong tanpa nutrisi. Para ahli kesehatan mengatakan remaja harus mengonsumsi sekitar 2.000 kalori per hari, serta hindari makanan yang dipanggang, digoreng dan susu *full cream* saat diet.

3 Minum air yang cukup

Air putih adalah cairan yang harus dikonsumsi dengan cukup agar tubuh bisa bekerja optimal.Selain itu minum air putih yang cukup turut membantu mengeluarkan semua racun dari tubuh dan meningkatkan laju metabolisme. Pada akhirnya, metabolisme yang meningkatkan ini ikut membantu proses penurunan berat badan.

4 Jangan lupakan sarapan

Sarapan adalah bagian penting karena meningkatkan laju metabolisme dan membuat seseorang tetap aktif sepanjang hari. Studi menunjukkan orang yang sarapan akan lebih banyak menurunkan berat badan ketimbang yang tidak. Cobalah mengonsumsi serat dan protein, seperti sereal, susu, telur dan sandwich dengan roti gandum.

5 Mengontrol porsi makan

Langkah terakhir untuk mewujudkan makan sehat adalah mengontrol porsi makan, karena mengontrol porsi makan juga turut membatasi asupan kalori yang masuk sehingga tidak berlebih dan menumpuk jadi lemak.

6 Biasakan makan di rumah

Remaja cenderung lebih suka makan di luar yang meningkatkan kemungkinan asupan kalori lebih banyak. Jadi cobalah lebih sering makan di rumah dan membatasi makan di luar sehingga asupan kalori terkontrol, lalu lihat perbedaannya dalam beberapa hari.

7 Olahraga

Para ahli menyarankan, melakukan aktivitas fisik selama satu jam sehari cukup membantu remaja mencapai berat badan yang diinginkannya. Olahraga yang bisa dilakukan antara lain berenang, menari, bersepeda, berjalan atau lari. Sebaiknya pilihlah olahraga atau aktivitas yang disukai, serta tak ada salahnya menggabungkan dua kegiatan atau lebih dan mengubahnya setiap minggu agar tidak monoton.

1.16 **a** Jelaskan arti kosakata berikut ini dengan menggunakan kata-kata Anda sendiri.

obesitas diet asupan kalori nutrisi optimal metabolisme porsi aktivitas fisik monoton

b Gunakan kosakata tersebut dalam kalimat yang baru dengan topik diet untuk remaja.

c Temukan kata-kata atau frasa kunci pada setiap tips menurunkan berat badan sesuai artikel di atas.

d Bersama dengan partner Anda cobalah menemukan tiga tambahan tip yang dapat Anda berikan untuk lebih melengkapi tip-tip di atas. Diskusikan jawaban Anda dengan kelompok yang lain.

1.17 Urutan cara membuat puding marmer coklat dari tabloid Nova ini tidak berurutan. Susunlah sesuai urutan yang benar.

a Dengan menggunakan garpu, aduklah perlahan hingga adonan berbentuk pola marmer. Masukkan ke dalam lemari es hingga beku. Keluarkan puding dari cetakan, potong-potong. Sajikan puding dengan saus buah.

b Ambil 250ml adonan puding taruh dalam wadah lain, tambahkan coklat leleh ke dalamnya aduk hingga berwarna coklat.

c Campur agar-agar, gula, garam, dan susu dalam panci. Jerang di atas api sedang, didihkan sambil diaduk-aduk agar susu tidak pecah, angkat.

d Tuang adonan agar-agar putih ke dalam loyang yang sudah disiapkan, lalu masukkan agar-agar berwarna cokelat.

e Saus buah: tiriskan buah kaleng, sisihkan. Tampung airnya lalu didihkan bersama air dan kayu manis, aduk sampai rata, masukkan buahnya.

f Siapkan cetakan puding bervolume 750 ml, perciki dengan air matang.

1.18 Bersama partner Anda carilah urutan memasak salah satu makanan khas Indonesia lalu acaklah urutan tersebut dan mintalah kelompok lain untuk mengurutkannya. Setiap kelompok melakukan hal yang sama. Kunci jawaban yang berisi urutan yang benar hanya akan diberikan setelah semua kelompok saling mencoba untuk mengurutkan cara memasak makanan khas Indonesia itu dengan benar.

1.19 Anda dan seluruh teman sekelas Anda akan mengadakan sebuah acara berjudul "Mari lestarikan kuliner khas Idonesia". Dalam kegiatan ini Anda diminta untuk melakukan hal-hal di bawah ini;

- Bersama guru Anda tentukan hari dan waktu untuk melakukan kegiatan ini.
- Anda dapat mengundang teman-teman Anda dari kelas yang berbeda untuk menyaksikan kegiatan ini.
- Setiap siswa diminta untuk membawa satu jenis jajanan/makanan khas Indonesia yang nantinya akan dinikmati bersama setelah acara selesai.
- Setiap siswa mempersiapkan sebuah deskripsi singkat mengenai makanan tersebut sebelum

56

dibawa ke kelas. Deskripsi meliputi daerah asal makanan, kandungan makanan, rasa makanan, dan opini siswa tentang makanan tersebut.

- Setiap siswa memamerkan makanan khas Indonesia yang dibawanya dengan membacakan secara singkat deskripsi yang sudah dituliskan.

- Guru memberikan penilaian atas presentasi dan deskripsi Anda.
- Dokumentasikan kegiatan ini untuk melengkapi bahan laporan Anda setelah kegiatan berakhir.
- Selamat menikmati makanan khas kuliner Indonesia.

TIP BELAJAR – MENULIS LAPORAN

Laporan adalah suatu tulisan yang berisi informasi kegiatan, masalah-masalah yang sedang atau telah diselidiki, dalam bentuk fakta-fakta yang diarahkan kepada pemikiran dan tindakan yang akan diambil (Gorys Keraf, cetakan VIII, 1989:284). Ciri-ciri sebuah tulisan laporan yang baik, antara lain:

- Seusai dengan tujuan pembuatan laporan.
  Dengan mengetahui tujuan sebuah laporan, membuat pelapor lebih fokus dalam memilah dan memilih fakta-fakta yang dilaporkan. Hanya informasi penting atau bernilai yang dilaporkan.
- Sesuai dengan kebutuhan si penerima laporan.
  Sebuah laporan dibuat karena ada orang yang menugasi untuk membuat laporan. Karena itu, laporan yang baik, juga berarti mampu membuat pembaca (si penerima laporan) mengerti pokok yang dilaporkan tanpa harus mengerutkan kening.
- Tulis dengan bahasa yang sederhana, baik dan benar. Bahasa yang sederhana mengandung makna mudah dimengerti, tidak bertele-tele; baik, memanfaatkan ragam yang tepat dan serasi menurut golongan penutur; dan benar, ikuti kaidah yang ditetapkan.

- Tulis secara sistematis.
  Jika sebuah laporan dimaksudkan untuk melaporkan perkembangan, maka pertama-tama harus jelas seperti apa kondisi awal dari hal yang kita laporkan, kemudian disusul perubahan atau perkembangannya. Sebaliknya, jika laporan itu sebuah laporan keadaan, maka pemetaan atau penggambaran kondisi pada saat laporan itu dibuat harus disajikan setepat atau seobjektif mungkin. Secara sederhana, sebuah laporan paling sedikit memuat: (1) judul, (2) pendahuluan, (3) isi laporan, dan (4) kesimpulan dan saran.
- Memengaruhi pembaca
  Sebagaimana tujuan tulisan pada umumnya, sebuah laporan yang baik mestilah mampu memengaruhi pembacanya. Misal, setelah membaca sebuah laporan, seseorang akan mampu melihat persoalan lebih utuh, mendapatkan hal-hal atau informasi-informasi baru, dan pada akhirnya bisa mengambil sebuah keputusan dengan lebih baik.

1.20 Anda diminta untuk menuliskan sebuah laporan atas kegiatan "Mari lestarikan kuliner khas Indonesia" yang sudah berlangsung di kelas Anda sebagai pekerjaan rumah. Perhatikan hal-hal yang harus ada dalam laporan Anda. Guru Anda dapat menentukan beberapa hal penting yang harus ada dalam laporan Anda. Anda dapat menyertakan foto-foto kegiatan untuk melengkapi laporan Anda.

Serahkan laporan Anda kepada guru untuk dinilai.

1.21 Perhatikan gambar di bawah ini:

"Restoran Padang ala Jepang"

Foto di atas diambil dari sebuah restoran Minang yang dikelola pemiliknya menjadi sebuah restoran bergaya Jepang dengan cita rasa Minang. Nasi padang yang kita kenal biasanya disajikan dengan piring-piring kecil berisi berbagai jenis masakan minang tidak akan kita jumpai di restoran ini. Makanan padang tersebut disajikan seperti menyajikan makanan khas Jepang, sushi. Nama restoran ini adalah Suntiang. Restoran ini berlokasi di Jakarta dan dapat dijumpai di Pondok Indah Mal 2 Jakarta.

Bersama dengan kelompok Anda lakukanlah riset di luar jam pelajaran mengenai restoran yang menyajikan makanan khas Indonesia namun dikelola menjadi restoran bergaya modern atau internasional seperti halnya restoran Suntiang. Jelaskan hal-hal berikut ini sebagai bagian dari riset Anda.

a   Nama restoran dan lokasi restoran.
b   Makanan khas Indonesia yang dijual di restoran tersebut.
c   Perbedaan restoran tersebut dengan restoran atau rumah makan yang menjual makanan serupa.
d   Opini kelompok Anda mengenai restoran yang menjual makanan khas Indonesia namun dikemas secara berbeda seperti restoran Suntiang.

1.22 Anda diminta untuk menemukan artikel atau berita yang berhubungan dengan restoran yang menjual makanan khas Indonesia namun dikelola secara modern. Bacalah artikel yang sudah Anda temukan dan berikan opini Anda atas artikel tersebut dalam sebuah paragraf yang terdiri dari 75-100 kata. Tugas menemukan artikel atau berita ini dilakukan sebagai pekerjaan rumah. Setelah Anda selesai menuliskan opini Anda, bacakan intisari dari artikel atau berita yang Anda temukan lalu bacakan dengan baik opini yang sudah Anda tulis tentang artikel atau berita tersebut. Setelah itu serahkan tugas Anda kepada guru untuk dinilai.

Menulis (Olahraga)

Tujuan pembelajaran

Kegiatan menulis pada unit ini difokuskan untuk:

- mendiskusikan bacaan dan menjawab pertanyaan-pertanyaan
- menulis buku harian
- menulis surat pribadi
- menulis ringkasan
- menulis catatan

2.1 Diskusikan pertanyaan-pertanyaan berikut dengan partner Anda:

a Sebutkan lima jenis olahraga yang paling populer di Indonesia.

b Di antara kelima jenis olahraga yang Anda sebutkan, menurut Anda cabang olahraga apakah yang paling sering mengharumkan nama Indonesia di kancah internasional?

c Menurut Anda, apakah yang menyebabkan Indonesia bisa berjaya di cabang bulu tangkis?

d Menurut Anda, apakah yang perlu dilakukan pemerintah agar cabang olahraga sepak bola lebih berprestasi di kancah internasional?

1.2 Bacalah artikel berjudul *Yuk, Ikut Isi Kemerdekaan Sekarang Juga!* Berikut ini.

Yuk, Ikut Isi Kemerdekaan Sekarang Juga!

Setiap 17 Agustus segenap warga negara Indonesia memperingati hari kemerdekaannya. Kemerdekaan merupakan tonggak penting. Presiden pertama Republik Indonesia Soekarno menyebut kemerdekaan sebagai "jembatan emas". Istilah ini tepat sekali. Jembatan bukan tujuan. Jembatan adalah sarana atau alat. Begitu pun, kemerdekaan Indonesia diproklamasikan bukan sekadar untuk merdeka, tapi agar bangsa Indonesia bisa mencapai cita-citanya, yakni: merdeka, bersatu, berdaulat, adil dan makmur.

Kini, 70 tahun sudah, Indonesia merdeka. Dengan mata telanjang pun kita tahu, bahwa cita-cita proklamasi kemerdekaan itu masih jauh dari gapaian. Korupsi merajalela. Hukum tajam ke bawah tumpul ke atas. Kemiskinan masih tinggi. Kita juga belum mampu berdaulat di bidang pangan. Beras, jagung, kedelai, tepung terigu, bahkan garam pun masih impor. Ironis.

Padahal alam kita sangat subur. Pantai kita kedua terpanjang di dunia setelah Kanada.

Di bidang olahraga, dalam berbagai ajang, prestasi kita betul-betul anjlok. Sepak bola apa lagi. Kita sering berseloroh, "Apakah begitu sulitnya mencari 11 pemain bola di antara 250 juta lebih penduduk Indonesia?" Ternyata mencari bibit pemain tidaklah sulit. Anak-anak Indonesia banyak yang bertalenta tinggi dalam mengolah si kulit bundar. Masalahnya, bakat saja tidak cukup. Untuk membentuk tim yang tangguh diperlukan perencanaan yang matang. Tim Indonesia kalah melulu karena sering persiapannya mendadak dan asal-asalan. Pembinaan pemain muda juga tidak dilakukan dengan serius. Sepertinya kita lebih suka jalan pintas. Kita lebih memilih mencomot pemain naturalisasi daripada berjerih payah membina talenta muda yang memang butuh waktu dan kesabaran. Parahnya lagi, PSSI sebagai induk organisasi cabang olahraga sepak bola di Indonesia sering diisi pengurus-pengurus yang hanya sibuk mencari makan, bukan yang berlomba-lomba memberikan prestasi. Selain itu, faktor bantuan dana pemerintah yang tergolong kecil pun bisa dianggap sebagai penyebab minimnya prestasi Indonesia di bidang olahraga.

Buang Mental Inlander

Kita mungkin bertanya, mengapa negara kita begitu tertinggal, bahkan dengan beberapa negeri jiran yang umurnya jauh lebih muda. Salah satu analisis yang bisa diberikan ialah karena kita belum mampu membebaskan diri dari cengkeraman mental inlander. Watak inlander merupakan mental warisan penjajah yang membuat bangsa kita kurang percaya diri, selalu merasa tidak mampu dan menganggap bangsa lain pasti lebih unggul. Mental pecundang ini jelas perlu dibuang. Caranya, seperti yang dilakukan Prof. Dr. Yohanes Surya, yakni dengan menunjukkan bukti sebanyak mungkin tentang kehebatan orang Indonesia. Yohanes Surya dengan yakin mengatakan bahwa anak Indonesia lebih unggul, lebih cerdas, lebih genius dibandingkan anak-anak dari bangsa-bangsa lainnya, termasuk dari bangsa-bangsa maju. Di bawah bimbingannya, anak-anak Indonesia berkali-kali memenangkan kejuaraan olimpiade fisika dan sains dunia yang sangat bergengsi. Mereka bahkan mengalahkan anak-anak dari China, Amerika, Jerman, Inggris, Korea Selatan, Australia, dan Israel (www.yohanessurya.com).

Seperti Yohanes Surya dan anak didiknya, generasi muda lain pun bisa berkontribusi dalam mengisi kemerdekaan lewat bakat masing-masing. Anda yang berbakat di bidang olahraga, asah kemampuan Anda sehingga menjadi atlet jempolan yang mampu mengharumkan nama bangsa dan negara di level internasional. Atlet-atlet Indonesia sudah banyak yang membuktikannya. Salah satunya, Rudy Hartono. Rudy berhasil meraih juara tunggal putra bulu tangkis *All England* sebanyak delapan kali hingga namanya pernah diabadikan dalam *Guiness Book of World Records* tahun 1982.

Anda yang berbakat di bidang seni peran, contohlah Joe Taslim atau Iko Uwais. Joe berhasil *go international* berperan dalam film *The Raid: Redemption* dan *Fast and Furious 6*. Sementara Iko main di film *The Raid: Redemption* dan *The Raid 2*. Anda yang tertarik di jagad tarik suara, contohlah Anggun C. Sasmi. Anggun merupakan penyanyi Indonesia pertama yang berhasil menembus

industri musik internasional dan album-albumnya telah meraih penghargaan gold dan platinum di beberapa negara Eropa. Selain itu, ia telah merekam kolaborasi dengan banyak artis mancanegara, seperti: Julio Iglesias, Peter Gabriel, Pras Michel, dan lain-lain. Bagi yang gandrung dengan dunia animasi, ikuti jejak Rini Sugianto. Animator jebolan Arsitektur Fakultas Teknik Universitas Parahyangan ini ikut menggarap beberapa film Hollywood, seperti: *The Hobbit, The Adventures of Tintin: The Secret of the Unicorn, Avengers*, dan *Iron Man 3*. Di masa revolusi, kita punya Basoeki Abdullah. Pelukis asal Surakarta ini pada 6 September 1948 terpilih menjadi yang terbaik mengalahkan 87 pelukis Eropa dalam lukis bertempat di Amsterdam, Belanda, saat penobatan Ratu Juliana.

Cintai Negerimu

Selain mengubur mental pecundang, membantu tercapainya cita-cita kemerdekaan bisa diwujudkan dengan mengenal dan mencintai negeri sendiri. Negara kita diberkahi berlimpah destinasi wisata alam. Ada Raja Ampat, di Provinsi Papua Barat, tujuan wisata yang memiliki laut jernih dengan ribuan ikan bebas menari di celah-celah terumbu karang. Kita mempunyai Pantai Plengkung di Banyuwangi, Jawa Timur, tempat berselancar terbaik di Asia Tenggara dan ombaknya termasuk satu dari tujuh ombak terbaik di dunia. Gunung Bromo, di Jawa Timur, gunung api aktif yang dikelilingi hamparan lautan pasir dan lautan kabut, tempat berburu matahari terbit dengan udara dingin yang bisa mencapai dua derajat Celcius. Belum lagi Danau Kelimutu di Flores, NTT, danau yang bisa berubah warna dari biru, hijau, merah, putih sampai hitam. Danau terbesar di Asia Tenggara, Danau Toba di Sumatera Utara. *Biorock coral* atau terumbu karang buatan terbesar di dunia di Pemuteran, Bali Utara. Ada Taman Nasional Bunaken, taman laut yang terletak di Sulawesi Utara. Destinasi wisata budaya juga melimpah. Kita mempunyai Candi Borobudur, Candi Prambanan, Bandung dengan Saung Angklung Mang Udjo-nya, Banyuwangi dengan gandrung sewu-nya, dan Bali dengan ribuan pura yang megah nan eksotik serta ragam upacara keagamaan yang sudah mendunia.

Dengan mengunjungi tempat-tempat wisata di dalam negeri, berarti kita telah membantu menggerakkan ekonomi rakyat, meningkatkan penghasilan mereka dan sekaligus meningkatkan pendapatan asli daerah. Tentu saja, masyarakat dan pemerintah daerah sendiri perlu menyiapkan sarana dan prasarana penunjang terbaik agar wisatawan merasa nyaman saat berwisata. Sangat tidak lucu, kita datang di suatu objek wisata, tapi malah menderita gara-gara toilet tidak tersedia. Atau, kalaupun tersedia, jumlahnya terbatas dan kotor kondisinya.

Sekali lagi, ada banyak hal yang bisa dilakukan untuk mengisi kemerdekaan demi mewujudkan cita-cita proklamasi. Sudah bukan waktunya, kita menjadi pe-nonton pasif atau aktif hanya untuk mencela. Indonesia memerlukan kontribusi kita. Isi kemerdekaan sekarang juga dengan apa yang kita bisa!

2.3 Berdasarkan bacaan di atas, jawablah pertanyaan-pertanyaan berikut ini.

a Apa alasan penulis setuju dengan pendapat Soekarno yang menyebut kemerdekaan sebagai "jembatan emas"?

b Sebutkan lima hal yang menjadi cita-cita Indonesia ketika negara ini diproklamasikan.

c Sebutkan empat bukti bahwa cita-cita proklamasi kemerdekaan Indonesia masih belum tercapai.

d Apakah yang terjadi dengan prestasi di bidang olahraga?

e Sebutkan lima alasan mengapa tim sepak bola Indonesia tidak berprestasi.

f Mengapa kita tertinggal dari negara lain, termasuk dengan negara jiran (tetangga)?

g Apakah ciri-ciri dari mental inlander?

h Sebutkan satu cara mengatasi mental inlander.

i Selain dengan membuang mental inlander, apa lagi hal yang bisa dilakukan untuk membantu mencapai cita-cita kemerdekaan?

2.4 Ketika berbicara tentang anjloknya prestasi Indonesia di bidang olahraga, secara khusus di cabang sepak bola, penulis menyebut lima penyebab, salah satunya adalah bantuan dana dari pemerintah yang kecil. Tentu saja, alasan ini masih bisa kita perdebatkan. Sebab, bicara tentang keberhasilan dalam bidang olahraga, ternyata dana, sarana dan prasarana bukanlah satu-satunya faktor penentu. Paling tidak, inilah yang diyakini kampiun bulu tangkis tunggal putra All England delapan kali dari Indonesia Rudy Hartono Kurniawan yang dikemas dalam bentuk buku harian. Perlu dicatat, buku harian

berikut sekadar contoh. Artinya, buku harian ini bersifat imajinatif, bukan Rudy Hartono sendiri yang menuliskannya. Bacalah buku harian yang berisi perasaan, pemikiran, dan pengalaman Rudy selama mengikuti kejuaraan All England untuk pertama kalinya yang berlangsung di Wembley Arena, Inggris, 19-23 Maret 1968 berikut.

Rudy Hartono Juara Tunggal Putra All England 1968 dalam usia 18 tahun.

61

Selasa, 19 Maret 1968

OKE yang baik,

Hari ini aku tak sabar tuk segra curhat ke kamu. Tentu saja curhatku bukan soal udara London yang hari-hari ini memang lagi bikin badan menggigil. Dingin bukan main. Kalau yang ini sih, kamu tentu paham. Arek Suroboyo, pertama kali ke Eropa, maklum deh....

Begini, OKE... kamu tentu tahu. sejak datang di Wembley, konsentrasiku 100% full untuk turnamen bulu tangkis tertua di dunia dan paling keren: All England!

Yah, sekalipun aku masih muda, hari ini umurku 18 tahun 137 hari, tapi aku ingin kasih yang terbaik untuk bangsa dan negaraku. Aku bersyukur, sebab tantangan pertama sudah berhasil aku lewati dengan baik. Jagoan asal Jepang K. Meshino, aku kalahkan dengan skor: 15-6, 15-6. Mau tahu kunci kemenanganku? FOKUS! FOKUS! FOKUS! Yah, meskipun aku unggul jauh, aku tidak boleh berpuas diri. Prinsipku, jika pertandingan belum usai, aku tidak boleh merasa pasti akan menjadi pemenang. Mengapa? Karena kalau perasaan ini menguasai, kita akan cepat berpuas diri dan kita akan mudah ditaklukkan. Oh ya, besok pertandingan lain sudah menunggu. Aku harus istirahat yang cukup supaya besok kondisiku tetap bugar. Selamat malam sahabatku ....

Sahabatmu,

Rudy

Rabu, 20 Maret 1968

OKE yang sabar, hari ini mentalku benar-benar diuji. Kamu tahu kan? Kali ini aku bertemu pemain tuan rumah Paul Whetnall. Yah, seperti biasa, di mana-mana pemain tuan rumah selalu mendapat dukungan lebih dari penonton. Tekanannya luar biasa. Kalau aku tidak fokus, mental bisa down. Syukurlah, akhirnya aku bisa mengalahkan Whetnall, 15-5 dan 15-7. Aku tahu, kamu pasti mau tanya: Apa kunci keberhasilanku? Bagaimana aku bisa menundukkan si Whetnall—pemain asal Eropa dengan dukungan fasilitas yang hampir tak terbatas?

Dalam dunia bulu tangkis dan olahraga pada umumnya, untuk menjadi juara, menurutku fasilitas bukan yang menentukan. Faktor utamanya ya pemain itu sendiri. Pemain harus memiliki semangat, komitmen dan disiplin. Sejak datang ke London, motivasiku jelas. Aku ingin menjadi juara dunia. Semangat ini harus dibarengi dengan disiplin. OKE tahu kan, sejak kecil, aku sudah digembleng ayahku, Zulkarnain Kurniawan, dengan sangat disiplin. Mulai usia delapan tahun, aku selalu bangun pukul 05.00 pagi untuk berlatih. Dan itu aku jalani bertahun-tahun. Disiplin, kesulitan dan tempaan ini aku yakini sangat berguna saat menghadapi tekanan seperti hari ini. Sudah dulu ya curhatnya, besok kita sambung lagi....

Sahabatmu,

Rudy

Kamis, 21 Maret 1968

OKE yang tampan.... Merayu nich ye??? Hari ini aku sangat bersyukur, karena aku kembali meraih hasil positif. Aku berhasil mengalahkan pemain Swedia S. Johansson, 15-5, 15-8. Betul khan yang aku katakan sebelumnya, kita jangan rendah diri. Biarpun atlet Eropa memiliki fasilitas lengkap, asal kita memiliki semangat, berpikiran positif, berlatih serius, pasti kita bisa unggul. Seperti yang sudah kukatakan: fasilitas bukan segalanya! Camkan sekali lagi: FASILITAS BUKAN SEGALANYA!

OKE tentu masih ingat, sebelum masuk klub, aku tidak punya tempat latihan yang layak. Perjuanganku dimulai dari bawah, tidak langsung dari atas. Tempat latihanku di pinggiran jalan. Persisnya di depan kantor PLN Surabaya yang dulu disebut Jalan Gemblongan. Di situlah aku berlatih. Di atas aspal yang kasar dengan batu-batu menonjol di sana-sini. Waktu masuk klub pertama kali pun, yaitu di Persatuan Bulu Tangkis Oke (ha ha ha ha namanya sama dengan kamu!), fasilitasnya juga sangat sederhana. Aku berlatih di gudang kereta api di PJKA Karangmenjangan, Surabaya. Waktu pindah di klub lain, yakni di PB Rajawali Surabaya, kondisinya setali tiga uang. Dari rumah ke tempat latihan, jaraknya sekitar lima km. Aku ke sana naik sepeda. Karena waktu itu hall yang sesuai untuk bulu tangkis belum ada, maka aku harus menyapu dulu. Kemudian ambil kain pel, mengepel biar lantainya bersih dan tidak licin.

Begitu juga waktu menghadapi kejuaraan All England sekarang ini, fasilitas yang tersedia juga terbatas. GOR Hall C Senayan, Jakarta, tempat kami berlatih, bocor di sana sini saat hujan menyapa. Jika sudah demikian, kami terlebih dahulu harus mengeringkan genangan air yang ada di lapangan. Yah, intinya, untuk menggapai sebuah prestasi, fasilitas bukan segala-galanya. Sudah dulu ceritanya ya.... Kurang dua babak lagi, semoga aku bisa meraih juara. Dukung dan doakan aku ya....

Sahabatmu,

Rudy

Jumat, 22 Maret 1968

OKE-ku yang setia, terimakasih untuk dukunganmu yang tiada henti. Hari ini pertandingan benar-benar tidak mudah. Harus lewat rubber game. Sangat menegangkan! Melawan Andersen, game pertama aku menang, 15-9. Tapi di game kedua, ganti dia unggul, 12-15. Untungnya, di game terakhir, aku bisa menguncinya,15-9. Dalam pertandingan yang krusial seperti ini, aku selalu teringat kata-kata motivasi pelatih pertamaku, yang tak lain ayahku sendiri, Zulkarnain Kurniawan. Beliau selalu meyakinkan bahwa aku bisa menyamai pencapaian Tan Joe Hok, orang Indonesia pertama yang berhasil meraih gelar juara All England pada 1959.

Ayah selalu mengatakan, apa pun masalahmu, yang paling penting kamu harus memiliki semangat hidup. Ayah menanamkan suatu keyakinan, bahwa aku bisa juara. Untuk juara aku harus punya komitmen. Jangan berhenti sebelum juara. Lakukan apa pun dengan senang hati. Berkat nasihat-nasihat ini, sekarang mimpi itu sudah sangat dekat. Besok adalah hari penentuan: FINAL!!!! Tinggal selangkah lagi! OKE, doakan ya .... Selamat malam....

Sahabatmu,

Rudy

Sabtu, 23 Maret 1968

Hore!!! Hore!!! Hore!!! OKE, aku berhasil!!! Akhirnya gelar All England bisa aku raih. Hari ini, di partai final, aku sukses mengalahkan jagoan asal Malaysia, Tan Aik Huang, 15-12, 15-9. Aku girang banget karena si Tan Aik Huang itu pemain hebat. Ia pemegang gelar juara All England. Dalam pertemuan sebelumnya, tiga kali aku dikalahkan. Bahkan, pernah sekali dengan angka yang sangat telak: 4-15 dan 3-15. Pahit memang. Tapi aku terpacu untuk lebih giat, lebih bersung- guh-sungguh berlatih agar bisa mengalahkannya. Pada pertemuan keempat, di ajang final Thomas Cup 1967, aku bisa membalasnya dengan straight set: 15-8 dan 15-6. Jadi aku tidak setuju, kalau ada anak muda kalah terus tenang-ten- ang saja. Bagiku, kekalahan merupakan hilangnya suatu kesempatan yang besar.

OKE yang baik, selain latihan sungguh-sungguh, aku ingin berbagi satu lagi rahasia keberhasilanku. Banyak orang men- ganggap aku sebagai seorang pemain dengan mental yang baik. Aku sendiri tidak mengatakan bahwa aku mempun- yainya. Setidaknya, tidak secara alamiah. Nggak percaya? Waktu umur sekitar sepuluh tahun dan ketika ikut kejuara- an yunior remaja, aku pernah menangis saat dikalahkan lawanku. Saat bermain sebenarnya aku tegang juga. Apalagi untuk kejuaran sebesar All England ditambah ini baru pertama kalinya aku menginjakkan kaki di Benua Eropa. Musim dingin pula! Dalam udara dingin, pemain tidak mungkin bergerak dengan leluasa seperti di iklim kita sendiri, iklim tropis. Aku benar-benar tegang. Untuk mengatasi ketegangan ini, resepnya: BERSYUKUR. Aku selalu bersyukur atas setiap angka yang aku peroleh. "Terimakasih Tuhan atas angka ini," kataku terus-menerus sampai angka habis dan pertandin- gan berakhir.

Akhirnya aku berharap, semoga prestasi yang aku raih ini bisa menginspirasi generasi muda Indonesia lainnya. Aku yakin, dengan talenta kita masing-masing, setiap generasi muda dapat ambil bagian untuk mengharumkan nama bangsa dan negara. Wah, lama-lama kok mataku berat ya.... Sudah menguap terus nih. Sekarang aku mau istirahat dulu ya... Selamat malam.

Sahabatmu,

Rudy

Diadaptasi dari buku *Rajawali* dengan *Jurus Padi Rudy Hartono Menurut Rudy Hartono* karya Alois A. Nugroho (Gramedia, 1986).

2.5 Dengan memperhatikan contoh buku harian di atas, bersama partner Anda, temukan ciri-ciri umum gaya penulisan yang biasa dipakai dalam menulis buku harian. Apa yang Anda temukan tentang:

- pronomina persona
- level kosakata
- panjang kalimat
- jenis kalimat
- isi

2.6 Tulislah sebuah surat pribadi yang berisi ucapan selamat dan penghargaan kepada Rudy Hartono atas prestasinya menjuarai All England pada tanggal 23 Maret 1968. Panjang surat 100-130 kata.

2.7 Bayangkan, Anda adalah seorang anak Papua yang ingin berkarier di dunia olahraga, bermimpi menjadi pemain bulu tangkis profesional. Namun, karena berbagai kendala yang ada, Anda harus pergi ke Jawa meninggalkan keluarga tercinta. Tuangkan perasaan, pemikiran, pengalaman Anda dalam sebuah buku harian. Perhatikan hal-hal berikut:

- Tuliskan hari/tanggal/tahun pada entri Anda.
- Buku harian dibagi dalam lima entri.
- Masukkan di bagian isi:
  - atlet bulu tangkis yang menginspirasi Anda
  - motivasi Anda untuk mencatatkan diri sebagai atlet bulu tangkis nasional pertama asal Papua

- mengapa harus meninggalkan Papua
- perasaan Anda ketika harus meninggalkan keluarga dan teman di Papua
- pemikiran terhadap masa depan Anda

TIP BELAJAR – BUKU HARIAN

Buku harian atau catatan harian adalah tulisan yang sangat personal dan ditulis dengan gaya individual. Isi catatan harian sebagian besar mengungkapkan pikiran pribadi penulisnya atas peristiwa sehari-hari dan bagaimana perasaan penulis terhadapnya. Pembaca catatan harian lazimnya adalah si penulis sendiri (Jann Schill, 1996:212).

Ada banyak catatan harian yang akhirnya diterbitkan dalam bentuk buku. Misal: *The Diary of a Young Girl* (1947) karya Anne Frank; *Soe Hok Gie, Catatan Seorang Demonstran* (2005); dan *Putri's Diary*: *Virus Dremunus Nekatisimus* (2011) karya Putri Rindu Kinasih.

Ciri-ciri catatan harian:

- Penulis menggunakan pronomina persona (kata ganti orang) pertama (aku/saya/kita).
- Bahasa yang digunakan sangat informal—terkadang menggunakan bahasa slang atau singkatan.
- Kadang memakai tanda kurung, tanda seru, penulisan dengan huruf-huruf kapital untuk menekankan suatu pikiran dan komentar.
- Memakai lambang-lambang huruf yang dipendekkan.
- Berbicara pada diri sendiri—mengoreksi diri sendiri, memberikan resolusi (tekad/pemecahan masalah).
- Menunjukkan posisi diri penulis:pendapat, sikap dan emosinya.
- Diberi keterangan hari, tanggal, bulan, dan tahun penulisannya.

2.8 Bersama partner Anda, jawablah pertanyaan-pertanyaan berikut:

a Pernahkah Anda mendapatkan kiriman surat?

b Seingat Anda, apakah maksud atau tujuan surat yang Anda terima?

c Pernahkah Anda menulis surat via pos atau surel (surat elektronik)?

d Apakah tujuan Anda menulis surat tersebut?

e Pernahkah Anda membaca surat yang isinya begitu mengesankan?

f Mengapa Anda menganggap surat tersebut begitu mengesankan?

g Apakah manfaat menulis surat?

TIP BELAJAR – MANFAAT MENULIS SURAT

Menulis surat banyak manfaatnya. Sebagaimana kita tahu, surat adalah sarana komunikasi untuk menyampaikan pesan tertulis dari satu pihak kepada pihak lain. Sebagai sarana komunikasi, tentu banyak hal yang bisa dibagikan lewat surat, misal: ide, informasi, perasaan, permohonan, dan lain-lain. Surat juga bisa dipakai sebagai alat bukti tertulis, alat pengingat, pedoman kerja, dan bukti historis. Bahkan, ada banyak kumpulan surat, karena dianggap sangat bernilai, akhirnya diterbitkan dalam bentuk buku. Habis Gelap *Terbitlah Terang* merupakan surat-surat R.A. Kartini yang dibukukan oleh Abendanon. Ada lagi buku *Surat Menyurat Hatta dan Anak Agung* karya Moh. Hatta dan Ida Anak Agung Gde Agung. Nelson Mandela juga membukukan surat-surat bawah tanahnya dalam *Langkah Menuju Kebebasan*.

2.9 Lakukan riset di luar jam pelajaran sebagai berikut:

- Carilah salah satu surat pribadi R.A. Kartini kepada seorang sahabatnya.
- Temukan gagasan-gagasan yang disampaikan oleh R.A. Kartini pada surat pribadinya tersebut.
- Berikan komentarmu atas bentuk dan pemakaian bahasa dalam surat ini.

TIP BELAJAR - CIRI-CIRI SURAT PRIBADI

Sebagai surat yang digunakan untuk kepentingan perseorangan, surat pribadi memiliki kekhasan. Ciri-ciri khusus itu antara lain:

- Tidak menggunakan kop atau kepala surat.
- Tidak memakai nomor, lampiran, dan pokok surat (hal).
- Salam pembuka dan penutup bisa lebih bervariasi.
- Penggunaan bahasa lebih luwes.

2.10 Bacalah tulisan berjudul **"Alan dan Susi, Perjuangan Setelah Gantung Raket"** berikut ini.

Alan dan Susi, Perjuangan Setelah Gantung Raket

Siapa tidak mengenal Alexander Alan Budikusuma alias Alan dan Lucia Francisca Susi Susanti atau yang akrab disapa Susi. Nama mereka menjulang di jagad perbulutangkisan karena prestasi-prestasi yang mereka torehkan memang spektakuler. Alan dan Susi sama-sama pernah meraih Medali Emas Olimpiade Barcelona 1992, Alan di nomor tunggal putra, sementara Susi di nomor tunggal putri. Atas jasanya yang mengharumkan nama bangsa dan negara ini, mereka berdua mendapatkan tanda kehormatan, yakni Tanda Kehormatan Republik Indonesia Bintang Jasa Utama 1992.

Tidak hanya di arena olimpiade, Alan juga berkibar di berbagai kejuaraan, seperti: Juara China Open (1991), German Open (1992), Juara Invitasi Piala Dunia (1993), Indonesia Open (1993), dan Malaysia Open (1995). Di lain pihak, Susi sendiri prestasinya tidak kalah mengilap. Wanita kelahiran Tasikmalaya, Jawa Barat, 11 Februari 1971 ini, berhasil mengumpulkan banyak medali, antara lain: Juara All England empat kali, Juara World Badminton Grand Prix enam kali, Juara Indonesia Open 6 kali, Juara Dunia pada World Championship (1993), dan masih seabrek lainnya. Karena pencapaiannya ini, Mei 2014, namanya masuk di *Hall of Fame* dari *International Badminton Federation* (IBF).

Alan memutuskan gantung raket dari dunia bulu tangkis setelah Olimpiade Atlanta 1996. Tahun berikutnya Susi menyusul setelah menikah dengan Alan. "Pengantin olimpiade" ini akhirnya resmi sebagai pasangan suami istri pada 9 Februari 1997.

Kehidupan Pascapensiun

Seperti kehidupan para mantan atlet pada umumnya, biasanya setelah pensiun, mereka akan menjadi pelatih. Alan pun demikian. Tapi ternyata mereka ingin mencoba hal baru. Pilihannya adalah mencicipi dunia bisnis. Maka, berbekal uang tabungan yang dikumpulkan semasa jaya, mereka mulai merintis usaha. Semula, Alan mencoba menggeluti bisnis jual beli mobil. Tapi karena tidak cocok, bisnis ini pun pupus.

Pernah juga mereka menjadi agen raket perusahaan asal Jepang. Namun ketika menjadi agen alat olahraga ini, muncul banyak ketidakpuasan dari para konsumen. Mereka tahu, apa yang dikeluhkan pelanggan ini sebagian besar benar adanya. Sebagai mantan atlet, mereka pun melihat kadang produk yang diageninya memang sangat mengecewakan. Lantaran tidak mampu berbuat banyak--mengingat posisinya yang hanya agen, sebagai bentuk pertanggungjawaban, akhirnya mereka memilih menyudahi kerja sama dengan produsen raket asal Negeri Matahari Terbit tersebut.

Pengalaman menjadi agen, ternyata tidak hanya menggoreskan kisah pahit. Alan dan Susi memetik sisi positif. Bahkan, mereka bisa mengambil pelajaran dari kegagalannya. Jika motivasinya memang ingin memuaskan pelanggan, mengapa tidak membuat produk sendiri? Begitu mereka menggagas. Akhirnya, pada pertengahan 2002, tercetuslah ide membuat label sendiri. Mereka memproduksi raket dengan merek **Astec**. Astec merupakan akronim dari **A**lan-**S**usi **Tec**hnology.

Sebagai produk baru, jelas Astec harus bersaing dengan label-label luar yang sudah mapan, semisal *Yonex* atau *Pro Kennex*. Mereka lalu mulai mencari berbagai cara mempromosikan produknya, misal mensponsori beberapa turnamen bulu tangkis di daerah. Kiat ini ditempuh, karena sebagai mantan pemain bulu tangkis berprestasi, Alan dan Susi juga berharap akan lahir bibit-bibit baru untuk bulu tangkis Indonesia dari daerah-daerah. Selain itu, promosi dilakukan dengan mengajak klub-klub bulu tangkis untuk bermitra. Berbagai acara dihelat bersama. Tahun 2005, mereka mulai menyelenggarakan turnamen bulu tangkis untuk anak dan dewasa. Pada tahun 2009, turnamen untuk kategori dewasa pada Astec Terbuka berhasil masuk dalam Kalender Bulu tangkis Dunia (BWF).

Setelah sukses di dalam negeri, orang tua dari Lourencia Averina, Albertus Edward dan Sebastianus Frederick ini terus berusaha mengembangkan kepak sayap bisnisnya. Kini, selain ada seribu lebih gerai di Tanah Air, Astec telah memiliki agen di manca negara, seperti: Malaysia, Filipina, Brunei, Vietnam dan Prancis.

Kita sering mendengar, betapa tidak sedikit, atlet yang terhimpit secara ekonomi setelah usai masa jayanya. Alan dan Susi memberikan cerita sebaliknya. Lewat visi yang jelas, memahami keniscayaan siklus kehidupan seorang atlet, mereka belajar berhikmat. Mereka tidak pongah ketika berada di atas. Bahkan, hadiah-hadiah hasil jerih payah, mereka gunakan dengan sehemat mungkin. Mereka tahu, usia emas seorang atlet ada masanya. Karena itu, segala harus dipersiapkan sebaik mungkin. Gagal hal yang biasa. Alan dan Susi pun mengaku pernah jatuh-bangun dalam usaha mengembangkan bisnisnya. Tapi mereka yakin, asal dikerjakan dengan konsistensi, konsentrasi, dan komitmen, arena di lapangan dan di luar lapangan akan bisa ditaklukkan.

2.11 Jawablah pertanyaan-pertanyaan berikut sesuai dengan informasi yang diberikan di dalam teks.

a Apa yang membuat Alan dan Susi terkenal di jagad perbulutangkisan?

b Apakah prestasi yang sama-sama pernah diraih Alan dan Susi di ajang Olimpiade?

c Apa nama tanda jasa yang diperoleh Alan dan Susi dari pemerintah?

d Kapan Alan memutuskan gantung raket?

e Mengapa pasangan Alan dan Susi disebut juga "Pengantin Olimpiade"?

f Setelah pensiun, apa pekerjaan yang biasa ditekuni pada mantan atlet?

g Bisnis bidang apakah yang Alan rasa tidak cocok dan akhirnya ia tinggalkan?

h Mengapa Alan dan Susi berhenti menjadi agen raket perusahaan asal Jepang?

i Apakah akronim merek Astec?

j Apa yang dilakukan Alan dan Susi untuk mempromosikan produknya?

k Apa yang membuat Alan dan Susi tetap sukses selepas meninggalkan dunia atlet?

2.12 Buatlah ringkasan terhadap berita di atas sepanjang antara 130-180 kata. Fokuskan ringkasan Anda pada:

- Siapa Alan dan Susi
- Apa yang membuat mereka memutuskan untuk membuat label sendiri
- Kondisi bisnisnya sekarang

2.13 Bacalah sekali lagi dengan teliti artikel berjudul "Alan dan Susi, Perjuangan Setelah Gantung Raket". Setelah itu temukan lima kalimat yang mengandung fakta dan tiga kalimat opini.

2.14 Bicarakan efek yang ditimbulkan oleh kata-kata atau frasa yang berikut ini.

No	Kata/Frasa	Efek
1	Nama mereka **menjulang** di jagad perbulu-tangkisan karena prestasi-prestasi yang mereka torehkan memang spektakuler.	
2	Atas jasanya yang **mengharumkan** nama bangsa dan negara ini, mereka berdua mendapatkan tanda kehormatan, yakni Tanda Kehormatan Republik Indonesia Bintang Jasa Utama 1992.	
3	Tidak hanya di arena Olimpiade, Alan juga **berkibar** di berbagai kejuaraan ….	
4	Di lain pihak, Susi sendiri prestasinya tidak kalah **mengilap**.	
5	Alan memutuskan **gantung raket** dari dunia bulu tangkis setelah Olimpiade Atlanta 1996.	
6	**"Pengantin Olimpiade"** ini akhirnya resmi sebagai pasangan suami istri pada 9 Februari 1997.	
7	Pilihannya adalah **mencicipi** dunia bisnis.	

2.15 Anda dan partner Anda sudah bertekad menjadi atlet profesional. Jelaskan rencana Anda dengan memberikan opini pendek terhadap hal-hal berikut.

Nomor	Urusan	Opini
1	Apa pandangan saya tentang atlet dan latihan?	Sebagai seorang remaja yang bercita-cita menjadi seorang atlet profesional, latihan jelas akan menjadi prioritas utama saya. Saya percaya, hanya dengan berlatih secara sungguh-sungguh, cita-cita saya akan tercapai.
2	Bagaimana saya akan mengatur waktu belajar?	
3	Bagaimana saya akan mengatur waktu bermain?	
4	Bagaimana saya akan mengatur waktu sosialisasi dengan teman?	
5	Bagaimana saya akan mengatur menu makanan?	
6	Bagaimana sikap saya jika saya kalah dalam suatu pertandingan?	
7	Bagaimana saya akan mengelola uang hasil jerih payah sebagai atlet nantinya?	

TIP BELAJAR – BAGIAN-BAGIAN SURAT PRIBADI

Tempat dan tanggal surat

Malang, 11 Maret 2016

Tujuan surat

Yth. Bapak Presiden Republik Indonesia
di Jakarta

Salam pembuka

Dengan hormat,

Tubuh surat, dibagi dalam tiga bagian

Pembuka surat
Isi surat
Penutup surat

Salam penutup

Hormat saya,

Nama pengirim dan tanda tangan

Perhatikanlah, sapaan untuk bagian **tujuan surat** sangat bergantung pada kedekatan hubungan penulis dan penerima. Jika kita hendak menulis surat kepada presiden misalnya, maka demi kepantasan dan kesopanan, sangat dianjurkan untuk menggunakan sapaan **Yth.** daripada **Ytc.**, **Buat** atau **Untuk**.

Demikian juga dengan bagian **salam pembuka** dan **salam penutup**, pilihannya banyak, bergantung kedekatan dan kebiasaan. Kata-kata yang biasa dipakai dalam **salam pembuka** misalnya: Salam kangen, Assalamu alaikum w.w., Salam sejahtera, Salam kasih dalam Tuhan Yesus, dan lain-lain. Untuk **salam penutup**, misalnya: Sahabatmu, Wasalam, Salam dan doa, Salam manis, Salam sayang, Salam rindu, dan lain-lain.

2.16 Diskusikan bersama partner Anda, kesan yang muncul ketika menyebut atlet dalam cabang-cabang olahraga tertentu berikut. Kesan atau impresi Anda dinyatakan dalam kata sifat. Berikan lima kata impresi (kata sifat) untuk setiap atlet yang disebutkan.

Nomor	Atlet	Kesan
1	Binaragawan	• Berotot • Kuat • Besar • Bugar • Simetris • Sangar
2	Petinju	
3	Penunggang kuda	
4	Atlet angkat besi	
5	Pesenam	
6	Pemain ice skating	
7	Pembalap sepeda	
8	Atlet pencak silat	

2.17 Tulislah sebuah tulisan narasi sepanjang 400-500 kata dengan melanjutkan salah satu topik berikut ini:

- Rama sejak dulu tidak suka berolah raga, padahal teman-temannya jago main basket dan….
- "Kalian tidak boleh membiasakan malas berolah raga." Komentar Pak Simanjuntak guru yang galak itu pada segerombolan anak perempuan yang hanya duduk-duduk di tepi lapangan olah raga sejak tadi.
- Sambil menggerutu kuikuti saran Mama untuk ikut les renang. Entah sampai kapan orang tuaku bisa mengerti bahwa aku tidak menyukai renang. Kalau kakek dan pamanku jago berenang dan menjadi atlet renang, bukan berarti….

2.18 Setelah mendapatkan ide-ide dan saran yang memadai tentang bagaimana seharusnya pemerintah menghargai para mantan atlet yang pernah mengharumkan nama bangsa dan negara, tulislah surat pribadi kepada Presiden Republik Indonesia. Dalam surat Anda sertakanlah:

- Perkenalan diri Anda secara singkat.
- Ungkap fakta, selain ada mantan atlet yang sukses, ada juga yang hidupnya memprihatinkan.
- Saran atau pemikiran Anda kepada pemerintah tentang bagaimana seharusnya para mantan atlet yang pernah mengharumkan nama bangsa dan negara dihargai atau diperlakukan.

Unit 3
Berbicara (Pola Hidup Sehat)

Tujuan pembelajaran

Kegiatan berbicara dan merespons pada unit ini difokuskan untuk melatih siswa:

- melakukan sumbang saran, berdiskusi dan mempresentasikan hasil diskusi
- berpidato
- berdebat

TIP BELAJAR

Pidato adalah penyampaian uraian secara lisan di depan khalayak. Penyampaian ini bertujuan untuk memasarkan gagasan dengan harapan audiens akan terpengaruh, mau menerima, dan akhirnya bersedia bekerja sama untuk meraih tujuan yang diharapkan. Pidato dapat disampaikan dengan beragam metode, antara lain: metode *memoriter* (menghafal), metode *impromptu* (spontan), *ekstemporan* (menulis garis besar konsep pidato di catatan-catatan kecil), dan metode naskah (menyampaikan pidato dengan membaca naskah).

3.1 Diskusikan dengan partner Anda beberapa pertanyaan berikut. Catat hasil diskusi dan presentasikan hasil jawaban Anda di depan kelas. Bersiaplah menjawab pertanyaan-pertanyaan yang diajukan teman Anda.

a Mengapa banyak orang Indonesia yang memilih berobat ke luar negeri?

b Bagaimana pendapat Anda melihat banyaknya orang Indonesia yang berobat ke luar negeri?

c Bagaimana pendapat Anda jika ada sementara pihak yang menyalahkan orang yang berobat ke luar negeri?

d Apakah negara dirugikan dengan banyaknya orang Indonesia yang berobat ke luar negeri? Mengapa?

e Menurut Anda, siapakah yang seharusnya bertanggung jawab atas tren meningkatnya orang Indonesia yang berobat ke luar negeri? Mengapa?

f Jika Anda menjadi Menteri Kesehatan Republik Indonesia, hal-hal apakah yang akan Anda lakukan agar orang Indonesia memilih berobat di dalam negeri?

3.2 Dalam dunia medis ada adagium lama yang masih berlaku hingga saat ini "Mencegah lebih baik daripada mengobati". Artinya, daripada kita sakit dan harus berobat, yang berarti harus keluar uang, tenaga, waktu dan masih banyak kerugian lain, lebih baik kita menjaga kesehatan agar kita tidak jatuh sakit. Anda mendapat tugas untuk berbicara tentang topik "Mencegah lebih baik daripada mengobati" selama dua hingga tiga menit. Fokuskan penjelasan Anda pada:

- Keuntungan bila kita bisa mencegah penyakit
- Kerugian bila kita sampai jatuh sakit
- Langkah-langkah yang bisa dilakukan untuk pencegahan

3.3 Bacalah pidato yang sudah dipersingkat dari Menteri Kesehatan RI Prof. Dr. dr. Nila Farid Moeloek, Sp.M (K) yang dilakukan pada Hari Kesehatan Nasional ke-50, 12 November 2014 berikut.

Pidato Menteri Kesehatan RI Pada Hari Kesehatan Nasional Ke-50

Assalamu'alaikum Warahmatullahi Wabarakatuh,

Salam sejahtera bagi kita semua,

Saudara-sudara sekalian di seluruh tanah air,

Mengawali sambutan ini, saya mengajak kita semua untuk memanjatkan puji syukur ke hadirat Allah SWT, Tuhan Yang Maha Esa atas rahmat dan karunia-Nya sehingga kita diberikan kesempatan memperingati Hari Kesehatan Nasional ke-50 atau HKN Emas.

Tema HKN ke-50 adalah **Indonesia Cinta Sehat**, dengan subtema "Sehat Bangsaku Sehat Negeriku". Pemilihan tema ini mempunyai makna penting yakni menjadikan budaya hidup sehat adalah bagian dari keseharian bangsa ini, di samping harapan bersama akan kondisi sehat untuk kita semua sebagai satu bangsa yang makin bermartabat.

Agenda pembangunan kesehatan tahun 2015-2019 adalah mewujudkan akses dan mutu pelayanan kesehatan yang semakin mantap. Pengertian dasarnya adalah, setiap orang mendapatkan hak pelayanan kesehatan sesuai kebutuhan, di tempat pelayanan kesehatan yang terstandar, dilayani oleh tenaga kesehatan yang <u>kompeten</u>, menggunakan standar pelayanan, dengan biaya yang terjangkau serta mendapatkan informasi yang <u>adekuat</u> atas kebutuhan pelayanan kesehatannya.

Untuk mewujudkan hal tersebut diperlukan kebersamaan pemahaman semua pemangku kepentingan, komitmen yang kuat dan kepemimpinan yang konsisten baik di tingkat nasional maupun di tingkat daerah.

Saudara-saudara yang saya hormati,

Di tengah meningkatnya penyebaran fasilitas pelayanan kesehatan dan bertambahnya jumlah dan kompetensi tenaga kesehatan di semua jenjang fasilitas pelayanan kesehatan, distribusi obat yang semakin membaik; kita masih menghadapi berbagai tantangan pembangunan seperti: tingginya angka kematian ibu, angka kematian bayi <u>prevalensi</u> gizi kurang dan *stunting*, beberapa jenis penyakit menular dan penyakit tidak menular tertentu. Di samping beberapa faktor <u>determinan</u> sosial yang belum bisa kita selesaikan semuanya, seperti penyediaan air bersih, sanitasi rumah tangga, ketahanan pangan, akses informasi dan pendidikan khususnya bagi perempuan, perilaku masyarakat terkait merokok, pola makan dan pola konsumsi. Di luar itu, berkembangnya ilmu pengetahuan dan teknologi kesehatan serta <u>mobilitas</u> penduduk sebagai dampak terbukanya akses antarnegara memungkinkan berbagai jenis alat dan obat yang belum teruji dengan benar serta penyakit baru, muncul di Indonesia.

Secara nasional, kita patut bersyukur mulai 1 Januari 2014, Badan Penyelenggara Jaminan Sosial (BPJS) bidang Kesehatan telah berfungsi menjalankan program Jaminan Kesehatan Nasional (JKN) sebagai kesatuan Sistem Kesehatan Nasional (SKN) yang telah dituangkan dalam Peraturan Presiden Nomor 72 tahun 2012.

Di tengah perubahan dinamika masyarakat, desentralisasi dan otonomi daerah serta demokratisasi yang telah kita pilih sebagai pola penyelenggaraan pemerintahan, maka daerah mempunyai peran besar mengelola sumber daya yang dimiliki dalam memecahkan masalah yang dihadapi.

Saudara-saudara yang saya hormati,

Peringatan Hari Kesehatan Nasional Emas tahun ini, sungguh sebuah <u>momentum</u> yang harus kita manfaatkan untuk lebih meningkatkan tekad dan semangat kita semua, untuk lebih memberi makna pada masyarakat akan pentingnya kesehatan. Semangat melayani, semangat menggerakkan, semangat untuk mampu menangkap aspirasi masyarakat, semangat memandirikan dan memberdayakan, haruslah menjadi konsep pembangunan nasional kita. Oleh karenanya, dalam rangka mewujudkan visi pemerintahan periode 2014-2019 sejalan dengan tema Hari Kesehatan Nasional ke-50 ini, saya meminta perhatian beberapa hal:

Pertama, Pembangunan kesehatan merupakan investasi negara khususnya dalam menopang peningkatan Indeks Pembangunan Manusia, bersama dengan pendidikan dan pendapatan perkapita. Untuk itu, sebagai investasi, orientasi pembangunan kesehatan harus lebih didorong pada aspek-aspek promotif dan <u>preventif</u> tanpa melupakan aspek kuratif <u>rehabilitatif</u>.

Kedua, pendekatan sasaran pokok pembangunan kesehatan adalah ibu hamil, bayi dan balita, anak usia sekolah dan remaja, pasangan usia subur serta usia lanjut khususnya di daerah populasi tinggi, terpencil, perbatasan, kepulauan dan rawan bencana.

Ketiga, diperlukan pelibatan aktif dari <u>akademisi,</u> komunitas, pelaku usaha dan pemerintah sebagai satu kesatuan *team work* sebagai bentuk tanggung jawab bersama akan masa depan bangsa, khususnya kualitas sumber daya manusia yang harus mampu bersaing dengan bangsa atau negara lain.

Keempat, pola kepemimpinan perlu berubah dari pasif menjadi aktif merespons dan mengantisipasi persoalan yang ada; dari yang sifatnya *directive* menjadi *collaborative;* dari yang sifatnya *individualism* menjudi *team work* dan dari yang sifatnya *serve* ke *care*.

Kelima, tata kelola program dan administrasi terus menerus kita tingkatkan ke arah yang lebih baik, melalui sinergitas pusat dan daerah, satu kesatuan siklus manajemen yakni perencanaan, penganggaran, pelaksanaan, pemantauan dan evaluasi sampai pada pertanggungjawaban serta pengadministrasiannya.

Saudara-saudara yang saya hormati,

Sebelum mengakhiri sambutan saya, perkenankanlah saya mengajak semua yang mengikuti rangkaian peringatan HKN ini, untuk mengenang para pejuang pembangunan kesehatan dan meneladani hal-hal yang telah mereka lakukan.

Selanjutnya saya mengajak semua pihak untuk bekerja sama dalam pelaksanaan pembangunan kesehatan yang sedang kita lakukan untuk kesejahteraan masyarakat Indonesia. Saya percaya, apabila dengan sungguh-sungguh melakukannya, kita akan mampu mencapai hasil yang lebih baik dalam lima tahun ke depan.

Akhirnya, marilah kita memohon kepada Tuhan Yang Maha Esa agar berkenan memberikan bimbingan dan meridai semua usaha luhur yang kita lakukan.

Selamat Hari Kesehatan Nasional Emas, "Sehat Bangsaku, Sehat Negeriku".

Terimakasih.

Wassalamu'alaikum Waramatullahi Wabarakatuh.

3.4 Ada sepuluh kata yang digarisbawahi dari pidato di atas. Dengan melihat konteks, diskusikan arti kata-kata tersebut bersama partner Anda. Untuk memperkaya kosakata, Anda boleh menambahkan kata-kata lain yang belum dipahami untuk didiskusikan dengan partner Anda.

- kompeten
- prevalensi
- determinan
- momentum
- rehabilitatif
- adekuat
- stunting
- mobilitas
- preventif
- akademisi

3.5 Dari pidato di atas, diskusikan dengan partner Anda, manakah yang termasuk bagian:

- **a** Salam pembuka
- **b** Pembuka
- **c** Isi
- **d** Penutup
- **e** Salam penutup

Setelah selesai mendiskusikan komponen sebuah pidato, berikutnya ceritakan secara lisan isi pidato yang Anda baca dengan menyebutkan apa judul pidato, oleh siapa, dalam acara apa, dan apa intinya.

TIP BELAJAR – KONTEKS PIDATO

Yang dimaksud dengan konteks dalam pidato meliputi, antara lain:

- Audiens (siapa yang menjadi pendengar).
- Medium (sarana yang digunakan untuk menyampaikan pesan, misal: lewat radio, televisi, langsung di depan publik, multimedia, dan lain-lain).
- Situasi (berkait dengan waktu dan tempat terjadinya komunikasi).

Konteks memegang peranan penting dalam sebuah pidato karena akan menentukan pilihan yang berkait dengan level bahasa, pesan, aspek-aspek nonverbal (nada suara, ekspresi, gerak tubuh, postur tubuh, dan penampilan).

3.6 Dengan melihat konteks yang ada, diskusikan dengan partner Anda pertanyaan-pertanyaan berikut:

a Siapa yang menjadi pendengar pidato di atas?

b Situasi seperti apakah yang menjadi latar belakang pidato di atas: resmi atau tak resmi?

c Mengapa pembicara memilih metode naskah untuk menyampaikan pidatonya?

d Menurut Anda, apakah tepat jika humor dimasukkan dalam pidato ini?

e Bahasa dalam pidato memiliki ciri atau karakteristik tertentu. Beberapa di antaranya adalah repetisi dan jargon. Temukan contoh repetisi dan jargon yang ada dalam pidato di atas.

TIP BELAJAR – KARAKTERISTIK BAHASA PIDATO

Bahasa pidato memiliki ciri atau karakteristik tertentu. Beberapa ciri yang menonjol adalah pemakaian gaya repetisi. Repetisi adalah pengulangan kata, frasa, atau klausa yang sama dengan maksud untuk menarik perhatian atau lebih menegaskan suatu pesan. Ciri lain, ialah jargon. Jargon merupakan kosakata khusus yang akrab bagi kelompok minat atau profesi tertentu yang maknanya belum tentu dimengerti oleh orang di luar kelompok tersebut. Karena sifat gaya bahasa jargon yang demikian, maka hindari pemakaian jargon di bagian pembuka sebuah pidato. Gaya retorik juga sering dipakai dalam pidato. Di sini pembicara mengajukan sebuah pertanyaan, namun sejatinya pertanyaan itu tidak perlu dijawab sebab pendengar sudah mengetahui atau dianggap sudah mengetahui jawabannya (Soedjito, 1986:134; Jann Schill, 1996:14-15; Gorys Keraf, 1980:157).

3.7 Buatlah sebuah naskah pidato dengan topik "Remaja sehat remaja tanpa rokok", panjang 400-500 kata. Kriteria pembuatan naskah pidato:

Pertama, di dalam naskah pidato yang Anda buat, masukkan contoh-contoh pemakaian gaya bahasa pidato, seperti:

- repetisi
- retorik
- gramatika yang fleksibel

Tandailah masing-masing gaya bahasa yang Anda tampilkan.

Kedua, naskah pidato memuat:

a Salam pembuka

b Pembuka

c Isi

d Penutup

e Salam penutup

TIP BELAJAR – BEDA RAGAM TULISAN DAN LISAN

Saat kita menulis, atau menghasilkan tulisan, kita sadar bahwa pembaca kita tidak ada di depan kita. Karena pembaca tidak berhadapan atau bersemuka, maka kita pun berusaha menyampaikan maksud atau pokok pikiran kita seterang-terangnya. Untuk maksud ini, fungsi gramatikal dan tanda-tanda baca, kita manfaatkan seoptimal mungkin. Kita tidak mau ada kesalahpahaman antara kita selaku penulis dengan pembaca. Jika kita ingin mengabarkan bahwa 'burung Maria sakit' misalnya, maka kita akan menulis: *Menurut kabar, burung Maria sakit*. Sebaliknya, kalau kita ingin menginformasikan 'menurut desas-desus, Maria sakit', maka kita akan menulis: Menurut *kabar burung, Maria sakit*. Perhatikan, betapa tanda koma (,) memegang peranan penting dalam kedua kalimat di atas. Memang, kalimat-kalimat yang dipakai dalam ragam tulisan harus dibuat lebih terang dan cermat karena ujaran kita tidak dapat disertai oleh gerak isyarat, pandangan, atau anggukan. Fungsi gramatikal, seperti subjek, predikat, dan objek, dan hubungan di antara fungsi itu masing-masing, harus nyata. Sementara, di dalam ragam lisan, karena penutur bahasa berhadapan, unsur-unsur itu lebih fleksibel, ada kalanya dipakai, dan sering juga ditinggalkan.

3.8 Bertolak dari naskah pidato yang Anda buat, lakukan latihan berpidato dengan partner Anda secara bergantian. Contoh, saat Anda berpidato, partner Anda berperan sebagai sutradara. Sebaliknya, saat partner Anda tampil, Anda yang menjadi sutradara. Sebagaimana tugas sutradara, maka yang Anda lakukan adalah memberikan pengarahan. Berikan pengarahan, misalnya kapan partner Anda perlu:

- Melakukan jeda
- Mengubah nada dan volume suara
- Melakukan penekanan pada kata-kata tertentu
- Melakukan gerak-gerik tubuh tertentu

TIP BELAJAR – BERPIDATO SECARA SPONTAN DAN AUTENTIK

Pidato formal umumnya dilakukan secara terencana. Dalam merencanakan pidatonya, pembicara biasanya akan menulis naskah, membuat catatan-catatan sebagai sarana bantuan, dan melakukan latihan. Meskipun pidato formal diawali dengan perencanaan, namun dalam menyampaikannya tetap harus terkesan spontan dan asli. Hal-hal berikut perlu dilatih dan dikembangkan agar kita mampu tampil spontan dan autentik.

- Kuasai materi
- Tunjukkan antusiasme terhadap topik yang Anda sampaikan
- Pelajari penggunaan bahasa yang baik dan benar, termasuk belajar memilih kata secara akurat
- Kembangkan sikap dan gerak-gerik tubuh (gesture) yang luwes
- Latih agar bisa membaca konteks dengan cerdas
- Latih keberanian dan ketenangan

3.9 Rekamlah pidato Anda. Guru Anda akan memperdengarkan setiap rekaman di depan kelas. Jika Anda sebagai penguji, berapa kira-kira nilai yang akan Anda berikan untuk rekaman tersebut? Mengapa? Berikut kriteria penilaian yang diberikan:

- Ekspresi/mimik
- Lafal/intonasi
- Teknik vokal
- Isi
- Akurasi waktu

Catatan: Karena pidato direkam, maka unsur ekspresi/mimik tidak perlu dimasukkan dalam unsur penilaian.

TIP BELAJAR – DEBAT

Debat adalah pembahasan atau adu pendapat tentang suatu topik oleh dua kelompok lewat cara persuasi dengan maksud meyakinkan juri, audiens dan lawan, bahwa pendapat mereka merupakan yang terbaik. Dari pengertian ini, dapatlah dirinci syarat-syarat sebuah debat, yaitu:

- Debat melibatkan dua tim: pro (afirmatif) dan kontra (negatif).
- Ada topik yang dibahas
- Ada juri
- Ada pencatat waktu (*timekeeper*)
- Ada ketua (*chairperson*), yang mengatur lalu lintas debat
- Ada audiens
- Ada tim yang menang dan kalah

3.10 Bacalah artikel berjudul *Mengurangi Konsumsi Junk Food* berikut ini.

Mengurangi Konsumsi *Junk Food*

Junk food tentu bukan makanan yang terbuat dari sampah. Orang menggunakan istilah *junk food* karena makanan jenis ini memiliki kandungan gizi yang rendah (*Reader's Digest Word Power Dictionary*, 2003:524). Karena kandungan nutrisinya sedikit, jelas junk food merupakan makanan yang tidak baik untuk kesehatan. Beberapa makanan *junk food* diolah dengan menambahkan bahan kimia pengawet. Ada juga yang menggunakan pemanis buatan yang dapat menyebabkan masalah kesehatan yang serius. Biasanya, 'makanan sampah' ini juga tinggi lemak jenuh, sarat gula dan garam. Karena itu, mengonsumsi *junk food* bisa menyebabkan berbagai masalah kesehatan, semisal obesitas. Sementara obesitas sendiri merupakan salah satu faktor pemicu berbagai penyakit, seperti: diabetes, stroke, hingga penyakit kardiovaskular. Karena itu, jika kita ingin terhindar dari berbagai penyakit, maka kita perlu menghentikan atau paling tidak mengurangi konsumsi *junk food*. Bagaimana caranya?

Pertama, Ubah Paradigma

Mengubah paradigma kuncinya ada di pikiran. Bagaimana pola pikir bisa diubah? Lewat kesadaran. Kesadaran tentang apa? Kesadaran bahwa *junk food* tidak sehat dan berbahaya. Seperti telah disebutkan di atas, *junk food* merupakan makanan dengan kandungan gizi rendah. Tidak percaya? Buatlah pengamatan sederhana terhadap diri Anda setelah mengonsumsi *junk food* . Lazimnya, setelah mengemil atau menyantap *junk food*, kita memang puas. Tapi, setelah 2-3 jam, tubuh menjadi sedikit lelah, malas, kurang energi dan simtom-simtom lainnya. Karena itu, kendalikan pikiran Anda, jangan makan untuk memuaskan perasaan. Kita mengonsumsi makanan untuk membuat tubuh menjadi sehat. Itulah sebabnya, kita memilih makanan yang bergizi. Makanan yang bergizi adalah makanan yang cukup kualitas dan kuantitasnya serta mengandung unsur-unsur yang dibutuhkan tubuh dalam jumlah yang sesuai kebutuhan. Tanamkam di pikiran kita, *junk food* itu makanan 'sampah'. Maukah tubuh Anda yang berharga ditimbuni 'sampah'? Jelas tidak!

Kedua, Taruh Makanan Sehat di Tempat yang Mudah Dijangkau

Produsen *junk food* tahu benar bagaimana melariskan produknya. Amati bagaimana mereka memajang barang-barangnya. Baik di minimarket hingga pasar swalayan, mereka pasti memajangnya di tempat-tempat yang mudah dijangkau. Mengadopsi strategi ini, kita pun bisa mengurangi konsumsi *junk food* dengan menaruh makanan-makanan sehat di tempat-tempat yang mudah dijangkau, misal: di meja dapur, meja makan, di kulkas, atau perabot dekat tempat keluarga bersantai. Selain itu, sediakan buah atau makanan dalam ukuran siap santap.

Ketiga, Masak Sendiri

Memasak membawa banyak keuntungan. Selain bisa memilih bahan-bahan makanan bergizi sesuai dengan kebutuhan dan selera, memasak juga bisa memberikan kepuasan tersendiri. Mulailah memasak menu-menu sederhana. Misal, buat sandwich dari roti gandum yang diisi sayuran segar plus daging ayam tanpa lemak. Selain itu, sekarang sudah banyak sekali produk bumbu jadi yang dijual di pasaran. Masih kurang puas? Anda bisa mencari resep-resep pilihan di internet dan meraciknya sendiri. Selanjutnya, Anda tinggal belanja sayur atau bahan-bahan yang dibutuhkan. Baca dan ikuti aturan yang tertera di resep, dan dijamin dalam sekejap menu koki rumahan segera tersaji.

Keempat, Terapkan Diet Alami

Michael Moss, seorang penulis buku *Salt Sugar Fat: How the Food Giants Hooked Us* (http://life.viva.co.id/news/read/473303, 15/1/2014), mengatakan bahwa hanya butuh waktu enam bulan untuk membiasakan tubuh mengonsumsi makanan sehat dan menghentikan kecanduan *junk food*. Mengapa Moss berpatokan pada jangka enam bulan? Sebab, menurutnya, lidah baru bisa merasakan asin saat berusia enam bulan. Jika indera pengecap itu bisa dipelajari, artinya ia bisa juga dihilangkan. Untuk mengurangi ketergantungan pada *junk food*, kita bisa memilih diet alami, semisal diet paleo atau diet vegetarian. Diet paleo adalah diet yang terinspirasi gaya makan manusia zaman batu (paleolitikum). Manusia zaman batu hanya mengonsumsi makanan seperti sayuran dan daging-dagingan organik tanpa tambahan zat adiktif atau zat pengawet. Dalam diet ini, jika ingin mengonsumsi makanan manis, maka mereka dapat menggantinya, misal dengan madu. Sementara diet vegetarian adalah diet dengan hanya mengonsumsi tumbuh-tumbuhan dan tidak mengonsumsi makanan yang berasal dari makhluk hidup seperti daging dan unggas, namun masih mungkin mengonsumsi makanan laut seperti ikan atau produk olahan hewan seperti telur, keju, atau susu.

Kelima, Jaga Konsistensi

Untuk mengurangi konsumsi *junk food*, langkah yang paling rasional ialah dilakukan secara bertahap. Bagaimanapun tubuh perlu penyesuaian. Langkah yang drastis atau ekstrem mungkin hanya akan berhasil sementara. Yang penting latihlah tubuh untuk mengonsumsi makanan sehat secara konsisten. Jika tubuh sudah terbiasa, maka lambat laun makanan sehat akan menjadi kebutuhan.***

3.11 Diskusikan dengan partner Anda pertanyaan-pertanyaan berikut ini:

a Sebutkan posisi penulis terhadap artikel "Mengurangi Konsumsi *Junk Food*" di atas: pro atau kontra?

b Apakah penulis menunjukkan argumen-argumen untuk mendukung sikapnya? Apa saja argumen yang diangkatnya?

c Apakah kelebihan dari argumen-argumen yang dipakai penulis? Jelaskan.

d Apakah Anda menemukan kekurangan atau kelemahan dari argumen-argumen yang dipakai penulis? Jelaskan.

> **!**
>
> **TIP BELAJAR – LANGKAH-LANGKAH DEBAT**
>
> Dalam sebuah kompetisi debat, topik bisa diinformasikan terlebih dahulu atau diberikan beberapa saat sebelum debat dimulai (*impromptu*). Berikut langkah-langkah dalam debat:
>
> - Memanggil kedua tim yang akan berhadapan.
> - Mengundi topik.
> - Setelah topik ditetapkan, dilakukan undi koin untuk menentukan mana yang menjadi tim pro dan mana tim kontra. Tim yang menang undi koin otomatis berposisi sebagai tim pro.
> - Kedua tim diberikan waktu untuk melakukan *brainstorming* (urun pendapat).
> - Ketua (*chairperson*) mempersilakan tim pro menyampaikan argumennya.
> - Ketua (*chairperson*) mempersilakan tim kontra menyampaikan argumennya.
> - Setelah sesi penyampaian argumen selesai, berikutnya adalah tahap sanggahan (refutation).

3.12 Diskusikan dengan partner Anda, apakah argumen berikut merupakan argumen yang cukup kuat dari sisi pro untuk topik "Rokok harus dilarang"? Mengapa? Setelah selesai berdiskusi, tambahkan dua lagi argumen dari sisi pro. Bacalah argumen Anda di depan kelas.

Contoh;

Kami setuju dengan pernyataan "Rokok harus dilarang pemakaiannya di Indonesia". Sebagaimana kita ketahui bersama, rokok sangat berbahaya.

Asap rokok bisa menyebabkan berbagai penyakit yang mematikan, seperti: kanker, serangan jantung, impotensi, dan gangguan kehamilan dan janin. Bahkan di peringatan bahaya rokok yang terbaru dituliskan: Rokok membunuhmu! Fakta lain lebih mengerikan, karena ternyata rokok tidak hanya membunuhmu alias membunuh mereka yang merokok, tapi juga orang lain yang tidak merokok. Ini jelas tidak adil. Karena itu, rokok harus dilarang.

3.13 Bersama partner Anda temukan foto/gambar iklan layanan masyarakat tentang "Stop Merokok". Guru memberi waktu yang diperlukan untuk menemukan gambar yang dimaksud. Kemudian diskusikan iklan tersebut bersama partner Anda. Catat hasil diskusi Anda sebagai persiapan untuk presentasi di depan kelas. Bersiaplah untuk menjawab pertanyaan-pertanyaan yang diajukan teman-teman Anda. Fokuskan diskusi Anda pada:

- Apakah pesan yang disampaikan?
- Bagaimana pesan tersebut disampaikan?
- Apakan pesan tersebut sampai kepada audiens? Jika ya, mengapa? Jika tidak, mengapa?

TIP BELAJAR – MEMBUAT ARGUMEN YANG BAIK DAN MENULIS ARGUMENTASI

Setiap argumen yang baik harus selalu memuat A-R-E-L, yaitu:

Assertion: kalimat berisi pernyataan dari argumen yang akan disampaikan.

Reasoning: alasan yang mendukung pernyataan argumen.

Evidences: bukti-bukti dan fakta-fakta yang mendukung argumen dan alasannya.

Link back: mengaitkan kembali dengan pokok bahasan (theme line).

(https://www.facebook.com/
UmparEnglishDebatingCommunity

Nantinya, kemampuan membuat argumen ini bisa dipakai sebagai dasar untuk menulis argumentasi. Mengapa? Sebab, argumentasi adalah suatu bentuk retorika yang berusaha untuk memengaruhi sikap dan pendapat orang lain, agar mereka percaya dan akhirnya bertindak sesuai dengan apa yang diinginkan penulis atau pembicara. Melalui argumentasi, penulis berusaha merangkaikan fakta-fakta sedemikian rupa, sehingga ia mampu menunjukkan apakah suatu pendapat atau suatu hal tertentu itu benar atau tidak (Gorys Keraf, 1985:3).

Dari definisi di atas, ada hal-hal mendasar yang perlu diperhatikan agar tulisan argumentasi kita berhasil mencapai tujuan yang diharapkan, yakni:

- Kuasai isu atau topik atau pokok masalah yang dibahas.
- Tunjukkan pendirian Anda (setuju atau tidak setuju) terhadap pokok masalah yang diangkat secara jelas.
- Kemukakan alasan-alasan, pendapat-pendapat, fakta-fakta, bukti-bukti (evidensi-evidensi) untuk mendukung pendirian Anda.
- Semua yang Anda kemukakan (analisis) dalam sebuah tulisan argumentasi, baik itu setuju atau tidak setuju, akan dianggap benar sepanjang masuk akal. Di sini logika mendapat tempat yang sangat penting. Mengapa? Sebab, memang dasar sebuah tulisan argumentatif adalah berpikir kritis dan logis.

3.14 Diskusikan dengan partner Anda, apakah argumen berikut merupakan argumen yang cukup kuat dari sisi kontra untuk topik "Sehari tanpa nasi" (*One day no rice*)? Mengapa? Tambahkan lagi dua argumen dari sisi kontra atas topik "Sehari tanpa nasi".

Topik debat kali ini adalah "Sehari tanpa nasi", dan kami tidak setuju. Yang membuat kami tidak setuju ialah alasan di balik munculnya peraturan ini. Ternyata, program sehari tanpa

nasi digulirkan karena adanya ketakutan, jika pola konsumsi beras rakyat Indonesia tidak dibatasi, negara kita akan mengalami defisit beras yang sangat besar. Menurut kami, urusan defisit beras merupakan tanggung jawab pemerintah. Bahkan seharusnya pemerintah merasa terpacu, karena adanya ancaman defisit beras, pemerintah harus berusaha keras bagaimana bisa swasembada beras. Program ini lebih masuk akal daripada membatasi rakyat makan nasi. Mengapa? Karena bagi rakyat Indonesia beras adalah makanan pokok dan memenuhi kebutuhan pokok rakyat adalah tanggung jawab pemerintah. Karena itu, kami tidak setuju dengan program sehari tanpa nasi.

3.15 Bersama partner Anda lengkapi dan lanjutkan dialog antara siswa dan guru olahraga seputar pola hidup sehat berikut ini. Setelah itu, bacakan dialog Anda bersama partner Anda di depan kelas. Dalam dialog ini Anda (A) berperan sebagai siswa, dan partner Anda (B) sebagai guru olahraga. Durasi untuk dialog tiga hingga lima menit.

A: Selamat pagi Pak.
B: ………………………………………………………………
………………………………………………………………
A: Pak, saya mau tanya, pola hidup sehat itu sebenarnya apa?
B: ………………………………………………………………
………………………………………………………………
A: Berat badan saya sekarang kan tidak ideal. Saya terlalu kurus. Ada saran untuk saya agar berat badan saya mencapai berat ideal?
B: ………………………………………………………………
………………………………………………………………
(Teruskan)

3.16 Lakukan sumbang saran atas topik debat berikut: *Junk food harus dilarang dijual di sekolah*.

TIP BELAJAR - ETIKET DALAM DEBAT

Supaya debat berjalan lancar, maka hal-hal berikut patut diperhatikan:

- Saat berbicara Anda berdiri.
- Saat menyampaikan pendapat, Anda boleh melihat catatan, tapi hanya butir-butirnya.
- Ketika seorang anggota berbicara, anggota yang lain tidak boleh membantu alias harus diam.
- Tidak boleh mengejek, melontarkan kata-kata yang merendahkan grup lain.

3.17 Bagilah kelas dalam kelompok-kelompok. Masing-masing kelompok terdiri atas tiga orang. Dalam debat nanti, tiga orang ini merupakan satu tim. Mereka menentukan sendiri, siapa yang akan menjadi pembicara pertama, kedua dan ketiga. Kemudian diundi, manakah kelompok yang menjadi tim pro dan mana yang terpilih sebagai tim kontra. Berikutnya, guru memberikan waktu kepada masing-masing tim untuk melakukan urun pendapat (*brainstorming*). Setelah itu, ketua (*chairperson*) mempersilakan tim pro menyampaikan argumennya dan disusul oleh tim kontra. Sesudah sesi penyampaian argumen selesai, berikutnya adalah tahap sanggahan (*refutation*). Terakhir, masing-masing tim, dimulai dari tim pro menyampaikan kesimpulan. Debat ditutup dengan pengumuman pemenang oleh juri/ guru.

Model Soal Bab 2

Model 1:

Membaca dan Memahami Bacaan

Lembar bacaan

Teks A
Bacalah teks ini untuk menjawab soal nomor 1-10 di lembar pertanyaan.

Diet dan Motivasi Hidup Sehat

Jujur ya, menurut kamu mana yang lebih enak dilihat, si dia yang memiliki berat badan berlebih atau yang proporsional? Jelas dong, yang proporsional. Ternyata, memiliki berat badan berlebih, selain kurang asyik, juga banyak ruginya. Dalam sebuah artikel berjudul "Kunci Sukses Diet adalah Peduli Kesehatan" (http://intisari-online.com/read/kunci-suksesdiet-adalah-peduli-kesehatan) disebutkan bahwa kebanyakan remaja, terutama pelajar, yang memiliki berat badan berlebih cenderung tidak akan mendapat pekerjaan yang layak. Wah, gawat! Lalu bagaimana supaya kita berhasil dalam diet? Eh, ternyata kunci sukses diet itu sederhana, yakni kita harus peduli dengan kesehatan kita.

Masih di artikel yang sama, Chad Jensen, psikolog di Brigham Young University mengatakan, jika ingin sukses diet, remaja harus memiliki motivasi yang lebih hakiki. Sungguh sebuah nasihat yang super. Karena dalam kenyataannya, dalam hal apa pun, tanpa motivasi yang benar, kita sangat mudah kehilangan fokus. Hangat-hangat tahi ayam dan buahnya mudah ditebak: kegagalan.

Untuk diet yang sukses, orang tua pun bisa membantu anak remajanya. Misal, memberikan penguatan bahwa diet yang benar adalah bukan untuk orang lain, tapi untuk kesehatan mereka sendiri. Selain itu, orang tua juga bisa memberikan teladan. Jangan sampai orang tua berbicara tentang pentingnya pola makan sehat, tapi mereka sendiri ngawur. Jika ini yang terjadi, sulit rasanya anak percaya bahwa diet merupakan aktivitas yang patut diperjuangkan.

Dengan motif diet yang benar, dari 40 anak yang diteliti yang sebelumnya menderita obesitas, menurut Jensen, rata-rata, mereka berhasil menurunkan 30 pound berat badan dan kembali ke berat tubuh normal. Mereka juga sukses mempertahankan berat tubuh mereka itu selama satu tahun penuh.

Peran Orang Tua

Meskipun yang menentukan keberhasilan diet pada remaja adalah mereka sendiri, namun seperti disebutkan di atas, orang tua memiliki peran penting. Apa saja? Yang paling sederhana ialah ikut memberi contoh gaya hidup sehat dengan menyediakan makanan sehat. Orang tua mesti tahu, di era sekarang, dalam menuju keberhasilan diet, remaja banyak menghadapi godaan. Gerai makanan cepat saji tersedia di mana-mana. Jika orang tua tidak mempermudah anak mendapatkan makanan sehat, kemungkinan program diet mereka akan gagal. Selain itu, orang tua juga mau berperan membantu mengingatkan anak untuk makan secara teratur, yakni 3 kali sehari, dengan jumlah cukup dan diutamakan makanan yang berkualitas serta kaya gizi.

Di dalam penelitiannya Jensen mengingatkan, bahwa waktu masuk SMA atau kampus merupakan periode penting bagi remaja. Mengapa? Karena dengan banyaknya perubahan yang muncul, ternyata mereka juga ingin memiliki tubuh yang lebih sehat dengan menurunkan berat badannya. Niat mereka ini jelas patut didukung. Sebab, kondisi riil memang sudah gawat. Menurut hasil riset lainnya dikatakan bahwa 30 persen remaja di Amerika Serikat terkena obesitas.

Jika kita mengikuti program diet yang benar, keberhasilan penurunan berat pasti perlu waktu. Karena itu, Jansen memberikan saran, agar remaja terus berlatih dan mempertahankan keberhasilannya dalam jangka yang lama. Jangan mau ditipu iklan-iklan yang tidak bertanggung jawab yang menawarkan solusi diet instan. Kunci sukses remaja dalam menjalankan diet adalah kesabaran dan fokus dengan motivasi hidup yang sehat.

Teks B
Bacalah teks ini untuk menjawab soal nomor 11-20 di lembar pertanyaan.

Hidup Sehat Dimulai Sejak Kanak-Kanak

KOMPAS.com - Prinsip dasar hidup sehat, seperti mengonsumsi makanan sehat dan beragam serta aktif secara fisik menjadi penting bagi anak dan remaja. Penting mengingat anak dan remaja berada pada periode penting untuk proses tumbuh kembangnya.

Pola makan sehat pada anak dan remaja, seperti dirilis *BBC Health*, akan menopang pertumbuhan dan perkembangan serta menyokong kesehatannya. Pada usia satu tahun, seperti ditulis Judith E. Brown dalam bukunya, *Nutrition Through the Life Cycle*, berat badan anak menjadi tiga kali lipat dari berat lahir.

Setelah melambat selama beberapa saat, anak mengalami pertumbuhan pesat lagi pada masa remaja. Pada masa remaja itu, sejumlah perubahan fisiologis yang terjadi akan berpengaruh pada kebutuhan gizi. Kebutuhan gizi bertambah, sebagai cara untuk memenuhi pertumbuhan cepat dan pertambahan tulang.

Kebutuhan gizi anak dan remaja dipenuhi dari asupan makanan sehari-hari. Makanan yang dikonsumsi hendaknya memenuhi kecukupan kalori, bergizi, dan beragam, termasuk asupan buah dan sayur. Sayangnya, masih banyak anak yang pola makannya masih tidak sehat. Kehadiran rumah makan cepat saji maupun makanan olahan yang ditayangkan di televisi, membuat banyak anak tertarik dan akhirnya menyukai makanan tersebut.

Selalu Sedia Buah dan Sayur

Menonton televisi juga berkaitan dengan pola makan dan kegemukan. Sebabnya, anak yang menonton televisi lebih dari dua jam setiap harinya, lebih sering mengadopsi pola makan tidak sehat dan aktivitas fisiknya berkurang. Mereka juga lebih jarang menyantap buah dan sayur.

Padahal, buah dan sayur membantu proses tumbuh kembang anak dan remaja, mendongkrak daya tahan tubuh, dan mengurangi risiko penyakit kronis seperti jantung, tekanan darah tinggi, kelebihan berat badan, dan kegemukan. Memang, meminta anak menyantap buah dan sayur bukan perkara mudah. Tetapi, dengan sedikit trik, anak dan remaja lambat laun akan banyak mengonsumsi buah.

Menurut sebuah penelitian, anak akan lebih mudah menyantap buah dan sayur bila makanan tersebut selalu tersedia dan siap dimakan. Akan sangat membantu bila buah dan sayur yang disiapkan, disajikan secara kreatif, misalnya diblender, dipotong kecil-kecil lalu dibekukan, ditambahkan pada yoghurt, dan lain sebagainya.

Tak perlu khawatir kalau anak tidak suka mengonsumsi buah atau sayur yang baru pertama kali dicobanya. Sejumlah ahli mengatakan, anak membutuhkan lebih dari 10 kali untuk mencoba buah dan sayur baru sebelum benar-benar menyukainya. Hal penting lain terkait pola makan pada anak dan remaja adalah kudapan.

Kudapan atau makanan selingan, seperti pada orang dewasa, juga dibutuhkan anak. Kudapan di antara waktu makan akan membantu dalam pemenuhan gizi anak dan remaja. Anak memiliki ukuran lambung lebih kecil daripada orang dewasa, sehingga mereka perlu menyantap makanan beberapa jam sekali untuk menjaga tingkat energi dan mendapat jumlah nutrisi yang tepat.

Sementara itu, remaja kerap lapar selama masa pertumbuhan cepatnya, membuat kudapan menjadi penting. Hanya saja, sebagai pengingat, selalu pilih kudapan sehat, misalnya sereal sarapan tawar, popcorn tawar, jagung rebus, buah, sayur, yoghurt, dan lainnya.

Banyak Bergerak

Yang harus dimasukkan dalam pola makan sehat adalah kecukupan air. Selain menjadi cara terbaik untuk memuaskan rasa haus, kecukupan air putih bermanfaat pada sejumlah proses metabolisme tubuh. Air putih menjadi baik karena tidak ditambah gula dan energi seperti yang dijumpai pada minuman dengan rasa buah, minuman berkarbonasi, dan lainnya.

Selain pola makan sehat, aktivitas fisik harus diperbanyak. Menonton televisi atau bermain *games* di komputer lebih dari dua jam sehari membuat anak menjadi kurang aktif secara fisik. Walau komputer dan televisi bisa memberi manfaat dalam hal pengetahuan dan pembelajaran, tetap saja aktif secara fisik memberi manfaat, kemampuan, dan kesenangan pada anak dan remaja.

Orangtua perlu menyadari bahwa anak yang tidak cukup aktif secara fisik berisiko lebih besar mengalami kelebihan berat badan atau kegemukan. Kalau itu terjadi,

akan makin sulit bagi mereka untuk aktif secara fisik, berolahraga, atau bermain.

Jadi, sebelum anak menjadi gemuk dan berkemungkinan mengalami penyakit seperti tekanan darah tinggi dan kolesterol, penyakit jantung, diabetes tipe-2, maupun penyakit lain di kemudian hari, mulailah mendorong anak dan remaja untuk banyak bergerak.

Pastikan di siang hari anak bisa bergerak bebas di luar rumah dan bermain. Untuk mempermudah, buat daftar aktivitas permainan di dalam maupun luar ruang bagi anak. Dengan begitu, mereka memiliki alternatif aktivitas ketimbang hanya duduk di depan komputer maupun televisi. (**Diana Y Sari**)

Teks C
Bacalah teks ini untuk menjawab soal nomor 21 di lembar pertanyaan.

Ayo Gerakkan Badanmu!

Kita semua sepakat, berolahraga pasti membawa banyak manfaat. Sebagai rangkaian gerak tubuh yang teratur dan terencana, olahraga dapat meningkatkan kualitas hidup. Sebaliknya, malas menggerakkan badan membuat bagian-bagian tubuh menjadi kurang terlatih. Akibatnya, badan menjadi lemah. Dengan kondisi tubuh rapuh, badan pun lebih rentan terjangkit penyakit.

Tentu, siapa pun tidak mau menderita sakit. Karena sakit acap membuat ragam aktivitas yang menyenangkan

berubah menyebalkan. Makan tidak enak. Tidur tidak nyenyak. Pelajaran bisa ketinggalan. Mau main tidak leluasa. Kadang itu belum cukup. Jika sakitnya berhari-hari, bahkan berminggu-minggu, bisa saja kocek terkuras habis demi membayar dokter atau menebus obat. Sakit itu mahal, sehat itu murah. Karena itu, penyakit jangan diundang, penyakit mesti ditendang. Caranya? Yang paling mudah dan murah ialah lewat olahraga.

Lalu bagaimana dengan mereka yang belum menyukai olahraga? Pertanyaan yang bagus. Belum bukan berarti tidak. Jika seseorang belum menyukai barangkali yang bersangkutan belum tahu manfaat berolahraga. Maka, mereka yang termasuk golongan ini perlu paham bahwa berolahraga itu penting untuk menjaga agar kita terus bisa bergerak. Coba bayangkan, betapa sayangnya, bila ada orang yang masih hidup tapi terbatas geraknya atau bahkan sama sekali tidak mampu bergerak. Karena itu, demi menghindari berbagai penyakit, terutama penyakit noninfeksi (jantung, darah tinggi, stroke), jangan ragu, jangan malu, ayo segera gerakkan badanmu!

Menjaga Motivasi

Menjaga motivasi untuk bisa rutin berolahraga memang bukan perkara gampang. Berikut kiat-kiat menjaga niat agar olahraga bisa dilakukan secara teratur dan tidak hangat-hangat tahi ayam.

Pertama, pilih olahraga yang Anda sukai

Berolahraga sesuai bidang minat tentu lebih menggairahkan daripada cabang-cabang yang tidak kita sukai. Pengenalan akan bidang minat ini penting. Mengapa? Karena lazimnya orang akan mengulang sesuatu yang dianggapnya mampu menjawab kebutuhannya. Demikian pun kalau kita merasa nyaman dengan olahraga tertentu, besar kemungkinan secara sukarela kita akan mengulanginya lagi. Selain itu, melakukan sesuatu yang kita sukai pasti bebas stres. Hal ini penting mengingat salah satu tujuan berolahraga ialah untuk membuat tubuh dan pikiran lebih rileks. Karena itu, jika Anda berolahraga, tapi pilihan olahraga itu membuat Anda takut, khawatir, stres, maka segera ganti dengan opsi lain.

Kedua, cari teman

Sebagai makhluk sosial, manusia pada dasarnya lebih senang melakukan kegiatan bersama daripada yang individual. Karena itu, sangatlah wajar, dalam berolahraga pun, kita cenderung ingin melakukannya bersama-sama dengan orang lain. Berolahraga bersama banyak untungnya. Yang jelas kita bisa saling menyemangati. Kita juga bisa saling memberi komitmen. Komitmen ini sangat penting untuk menghalau rayuan kemalasan yang datang menggoda. Juga, selain bisa saling memotivasi, berolahraga bersama tentu lebih menyenangkan.

Ketiga, pilih variasi

Seseorang yang bukan berlatar atlet, sebenarnya wajar bila sesekali disergap rasa bosan. Tapi tentu, gangguan ini harus disiasati, salah satunya dengan melakukan kegiatan olahraga yang lebih bervariasi. Jika bosan dengan olahraga jalan atau lari di tempat dengan *treadmill*, lakukan variasi dengan joging di luar atau jalan di seputar kompleks perumahan. Butuh suasana baru? Anda bisa berlari atau bersepeda di jalan. Jika lari, jalan, bersepeda terasa membosankan, cobalah melakukan olahraga permainan. Pilihannya bergantung Anda. Ada bola basket, sepak bola, futsal, bola voli, tenis meja, dan lain-lain. Hanya saja, dalam memilih variasi olahraga ini jangan terlalu ambisius. Pilihlah jenis-jenis permainan yang sesuai dengan kesiapan fisik Anda.

Keempat, catat setiap aktivitas

Selain tujuan umum, yakni untuk memelihara kebugaran dan meningkatkan derajat kesehatan, sah-sah saja kita memiliki tujuan khusus saat berolahraga. Ada orang yang berolahraga untuk mengurangi berat badan, mengecilkan perut, paha, atau membentuk bagian-bagian tubuh lain. Tentu untuk mengetahui perkembangannya, misal apakah kita sudah mencapai berat badan ideal, sangat disarankan kita mencatat setiap aktivitas olahraga yang kita lakukan. Intinya, olahraga yang baik haruslah adekuat atau cukup. Cukup dalam hal apa? Cukup dalam hal durasi dan cukup dalam hal intensitas. Intensitas di sini maksudnya ialah melakukan sesuatu sesuai dengan yang selayaknya. Kalau Anda memilih olahraga berjalan misalnya, berjalanlah dengan irama yang lebih cepat seperti orang tergesa-gesa, bukan gaya orang yang sedang berbelanja di mal.

Kelima, berikan apresiasi

Bila kita berhasil mencapai target, misal menurunkan berat badan sehingga celana atau baju lama muat lagi, maka kita layak memberikan apresiasi. Pada prinsipnya, kemajuan sekecil apa pun mesti dihargai. Mengapa? Karena apresiasi atau penghargaan ternyata bisa meningkatkan motivasi untuk terus melakukan hal baik.

Sekali lagi, kesehatan adalah kekayaan yang tak ternilai. Karena itu, jaga dan pelihara kesehatan sejak dini dengan rajin berolahraga dan membiasakan tubuh untuk terus aktif bergerak. Jangan baru tersadar tentang pentingnya kesehatan ketika sudah sakit. Mau tetap sehat dan bugar? Gampang. Ayo jangan malas! Ayo gerakkan badanmu!

Teks D

Bendera

Cerpen Sitok Srengenge (*Kompas*, 8 Mei 2011)

Meski sedang liburan di rumah neneknya di Desa Bangunjiwa, Amir tetap bangun pagi. Sudah menjadi kebiasaan setiap hari. Kalau sedang tidak libur, Amir bangun pagi untuk bersiap ke sekolah. Amir selalu ingat nasehat Nenek, "Orang yang rajin bangun pagi akan lebih mudah mendapat rezeki."

Di mata Amir, Nenek adalah sosok perempuan tua yang bijak dan pintar. Amir tak tahu apa makna nasehat Nenek itu, tapi ia merasa ada benarnya. Bangun pagi membuatnya tidak terlambat tiba di sekolah dan tidak ketinggalan pelajaran. Selain itu, bangun pagi sungguh menyenangkan. Hanya pada waktu pagi kita bisa menikmati suasana alam yang paling nyaman. Cahaya matahari masih hangat, udara masih bersih, tumbuhan pun tampak segar, seolah semua lebih bugar setelah bangun tidur.

Pagi itu Amir mendapati Nenek duduk sendirian di beranda depan. Rupanya, Nenek sedang menyulam bendera. Amir menyapa dan bertanya, "Selamat pagi, Nek. Benderanya kenapa?" "Oh, cucuku yang ganteng sudah bangun!" sahut Nenek pura-pura kaget. "Bendera ini sedikit robek karena sudah tua."

"Kenapa tidak beli yang baru saja?"

Nenek tersenyum. "Belum perlu," katanya. "Ini masih bisa diperbaiki. Tidak baik memboroskan uang. Lebih untung ditabung, siapa tahu akan ada kebutuhan yang lebih penting."

"Bendera tidak penting ya, Nek?"

"O, penting sekali. Justru karena sangat penting, Nenek tidak akan membuangnya." Nenek berhenti sejenak dan menatap cucunya. "Kelak, ketika kamu dewasa, Nenek harap kamu juga menjadi penting seperti bendera ini."

Amir mengamati bendera itu. Selembar sambungan kain merah dan putih. Tidak ada yang istimewa. "Apa pentingnya, Nek? Apa bedanya dengan kain yang lain?"

Pertanyaan Amir membuat Nenek berhenti menyulam. Nenek diam. Pintar sekali anak ini, kata Nenek dalam hati. Nenek merasa perlu memberi jawaban terbaik untuk setiap pertanyaannya. Untunglah, Nenek teringat Eyang Coelho, seorang lelaki gaek yang cengeng dan sedikit manja, yang membayangkan dirinya bersimpuh dan tersedu di tepi Sungai Paedra. Eyang Coelho pernah menulis sebuah cerita tentang pensil. Nah, Nenek akan meniru cara tokoh perempuan tua dalam cerita itu ketika memberikan penjelasan kepada sang cucu.

"Penting atau tidak, tergantung bagaimana kita menilainya," akhirnya Nenek berkata. Bendera ini, lanjutnya, bukan kain biasa. Ia punya beberapa keistimewaan yang membedakannya dengan kain-kain lain. Keistimewaan itu yang patut kita tiru.

Pertama: semula ini memang kain biasa. Tapi, setelah dipadukan dengan urutan dan ukuran seperti ini, ia berubah jadi bendera, menjadi lambang negara. Merah-putih ini lambang negara kita, Indonesia. Setiap negara punya bendera yang berbeda. Dan semua warga negara menghormati bendera negaranya. Tapi, jangan lupa, kain ini menjadi bendera bukan karena dirinya sendiri, melainkan ada manusia yang membuatnya. Begitu pula kita bisa menjadi apa saja, tapi jangan lupa ada kehendak Sang Mahapencipta.

Kedua: Pada waktu kain ini dijahit, tentu ia merasa sakit. Tapi sesudahnya, ia punya wujud baru yang indah dan bermakna. Kita, manusia, hendaknya begitu juga. Sabar dan tabah menghadapi sakit dan derita, karena daya tahan itulah yang membuat kita menjadi pribadi yang kuat, tidak mudah menyerah.

Ketiga: Bendera akan tampak perkasa jika ada tiang yang membuatnya menjulang, ada angin yang membuatnya berkibar. Artinya, seseorang bisa mencapai sukses dan berguna karena ada dukungan dari pihak-pihak lain. Kita tak boleh melupakan jasa mereka.

Keempat: Makna bendera ini tidak ditentukan oleh tempat di mana ia dibeli, berapa harganya, atau siapa yang mengibarkannya. Ia bermakna karena di balik bentuk dan susunan warnanya ada gagasan dan pandangan yang diwakili. Begitulah, kita pun harus memperhatikan diri dan menjaganya agar tetap selaras dengan cita-cita dan tujuan hidup kita.

Kelima: Seutas benang menjadi kain, lalu kain menjadi bendera, dan bendera punya makna; karena diperjuangkan dan akhirnya dihormati. Kita juga seperti itu. Harus selalu berusaha agar apa yang kita lakukan bisa bermakna. Jadikan dirimu bermakna bagi orang lain, jika dirimu ingin dihormati.

"Begitulah, cucuku yang ganteng, sekarang kau mengerti?" ujar Nenek mengakhiri penjelasannya.

Amir mengangguk. Meski belum bisa memahami semua, ia menangkap inti dan garis besarnya: betapa penting arti sebuah bendera.

"Sudah, sana mandi dulu. Nenek akan menyiapkan gudeg manggar lengkap dengan telor dan daging ayam kampung empuk kesukaanmu."

Amir menuruti saran Nenek. Ia masuk ke rumah sambil membayangkan kesegaran air sumur pedesaan.

Pada kesempatan lain, Amir mendapat tugas sebagai pengibar bendera pada upacara di sekolahnya. Seiring dengan lagu "Indonesia Raya" yang dinyanyikan serentak oleh para guru dan teman-temannya, ia menarik tali pengikat bendera agar Sang Saka Merah-Putih berkibar di angkasa.

Ketika bendera mencapai puncak tiang, semua peserta upacara khusyuk memberikan penghormatan. Saat itu Amir berpikir bahwa setiap orang di lapangan itu tak ubahnya sehelai benang. Sekolah tempat mereka belajar ibarat alat pemintal, tempat benang-benang itu menganyam dan meluaskan diri agar menjadi lembaran kain.

Kelak setiap lembar kain akan berguna. Ada yang menjadi baju, celana, selimut, atau taplak meja. Menjadi lap piring juga berjasa, meski tidak pernah dibanggakan dan murah harganya. Sebaliknya, jika menjadi pakaian, sering

dipamerkan dalam acara-acara gemerlapan dan harganya bisa mencapai ratusan juta.

Di dalam hati Amir bertekad, ingin menjadi kain yang istimewa. Ia ingin menjadi lambang, seperti bendera.

Model Soal Bab 2

Model 1:

Membaca dan Memahami Bacaan
Lembar Pertanyaan

Bagian 1
Diet dan Motivasi Hidup Sehat

Lengkapilah kalimat di bawah ini dengan kata/frasa atau kalimat singkat sesuai informasi yang diberikan pada teks A.

1 Apakah kerugian yang dimiliki kebanyakan remaja, terutama pelajar, yang memiliki berat badan berlebih? .... (1)

2 Kunci sukses diet adalah .... (1)

3 Menurut Chad Jensen, anak remaja harus memiliki .... (1)

4 Sebutkan dua hal yang bisa dilakukan orang tua untuk menolong anak remajanya? .... (2)

5 Menurut Jensen, rata-rata peserta penelitian, selain berhasil menurunkan .... mereka juga sukses mempertahankan berat tubuh mereka .... (2)

6 Agar anak remaja mereka sukses diet, orang tua harus memberi contoh .... dan juga mau .... (2)

7 Masa transisi masuk SMA atau kampus merupakan periode penting bagi remaja. Karena banyak perubahan

yang muncul maka mereka juga ingin untuk .... (1)

8 Menurut hasil riset lainnya, ... remaja di Amerika Serikat terkena obesitas. (1)

9 Mengingat tidak ada satu pun remaja yang turun berat badannya dalam waktu sekejap, sebutkan satu saran Jensen untuk para remaja.. .... (1)

10 Sebutkan satu kunci agar remaja sukses dalam menjalankan dietnya. .... (1)

Jumlah nilai (13)

Bagian 2
Hidup Sehat Dimulai Sejak Kanak-Kanak

Jawablah pertanyaan nomor 11 – 20 di bawah ini dengan merujuk pada teks B.

11 Mengingat anak dan remaja berada pada periode penting untuk proses tumbuh kembangnya, maka mereka perlu mengikuti prinsip dasar hidup sehat. Sebutkan dua prinsip dasar hidup sehat. .... (2)

12 Menurut Judith E. Brown dalam bukunya, *Nutrition Through the Life Cycle*, berapakah berat anak pada usia satu tahun? .... (1)

13 Mengingat kebutuhan gizi anak dan remaja dipenuhi dari asupan makanan sehari-hari, maka makanan yang mereka konsumsi harus memenuhi kecukupan.

Sebutkan dua hal kecukupan yang dimaksud.
.... (2)

14 Apakah dampak yang akan timbul bila anak menonton televisi lebih dari dua jam setiap harinya? Sebutkan satu saja. .... **(1)**

15 Mengonsumsi buah dan sayur banyak manfaatnya bagi anak dan remaja. Sebutkan satu manfaat mengonsumsi buah dan sayur bagi mereka. .... **(1)**

16 Menurut sebuah penelitian, buah dan sayur akan lebih mudah disantap bila .... dan ....**(2)**

17 Berikan dua alasan mengapa kecukupan air putih harus dimasukkan dalam makan sehat?.....................**(1)**

18 Judith E. Brown mengatakan, kegiatan ini harus dihindari bila dilakukan lebih dari dua jam sehari karena mengurangi aktivitas fisik. Sebutkan apa kegiatan yang dimaksud?

19 Apakah risiko yang dihadapi anak dan perlu disadari orang tua, bila anak mereka tidak cukup aktif secara fisik?

20 Apakah yang perlu dilakukan orang tua untuk memastikan dan mempermudah, anak mereka bisa bergerak bebas di luar rumah dan bermain di siang hari?

Jumlah nilai (15)

Bagian 3
Ayo Gerakkan Badanmu!

21 Berdasarkan informasi yang ada di teks C, Anda diminta untuk menyampaikan presentasi mengenai bagaimana menjadikan olahraga sebagai gaya hidup. Sebelum melakukan presentasi, Anda diminta membuat catatan pendek. Gunakan poin-poin berikut untuk mencatat hal-hal yang akan Anda sampaikan.
  - Kerugian jika kita malas berolahraga (tiga kerugian).
  - Sakit ternyata membawa banyak ketidaknyamanan (empat contoh).
  - Kiat-kiat agar motivasi berolahraga tetap terjaga (lima kiat).

Jumlah nilai (12)

Bagian 4
Bendera

Jawablah pertanyaan nomor 22- 33 di bawah ini dengan merujuk pada teks D.

22 Apakah nasehat Nenek pada Amir tentang pentingnya kebiasaan bangun pagi? .... (1)

23 Sebutkan dua hal yang dapat dinikmati oleh seorang pelajar jika terbiasa bangun pagi berdasarkan pengalaman Amir. .... (2)

24 Nenek memberikan dua alasan untuk tidak membeli bendera baru meski bendera tersebut sudah sedikit robek dan tua. Tuliskan dua perincian. .... (2)

25 Mengapa Nenek menyinggung nama Eyang Coelho saat Amir menanyakan pertanyaan tentang apa pentingnya bendera? .... (1)

26 Menurut Nenek, sebuah kain dapat menjadi sebuah bendera karena............ (1)

27 Pada waktu kain bendera dijahit, tentu ia merasa sakit. Apakah pesan Nenek melalui bagian ini? .... (1)

28 Ada dua hal yang dapat membuat bendera tampak perkasa yaitu .... dan ...... (2)

29 Dibalik bentuk dan susunan warna sebuah bendera pasti ada gagasan dan pandangan yang diwakilinya. Jelaskan gagasan yang diwakili oleh warna merah dan putih pada bendera Indonesia...... (2)

30 Pesan kelima yang disampaikan Nenek adalah agar Amir menjadikan dirinya bermakna bagi orang lain. Apakah yang harus dilakukan Amir untuk mencapai hal itu? .... (1)

31 Jelaskan arti imbuhan pada kata-kata yang digarisbawahi dalam kalimat berikut;
  a Bangun pagi membuatnya tidak terlambat tiba di sekolah dan tidak <u>ketinggalan</u> pelajaran. ....(1)

  b <u>Seutas</u> benang menjadi kain, kain menjadi bendera, dan bendera punya makna. .... (1)

  c Pada kesempatan lain, Amir mendapat tugas sebagai <u>pengibar</u> bendera pada upacara di sekolahnya. .... (1)

32 Saat upaca bendera sedang berlangsung, Amir berpikir bahwa setiap oarng yang ikut dalam upacara bagaikan …………… dan sekolahnya diibaratkan seperti …………….. (2)

33 Dengan menggunakan kata-kata Anda sendiri jelaskan apa yang dimaksud penulis dengan kata yang dicetak tebal pada kalimat-kalimat berikut ini;

   a Nenek teringat Eyang Coelho, seorang lelaki gaek yang cengeng dan sedikit manja. …………… (1)

   b Ketika bendera mencapai puncak tiang, semua peserta upacara khusyuk memberikan penghormatan. …….... (1)

Jumlah nilai (20)

Model 2:

Menulis

Teks ini digunakan untuk menjawab pertanyaan nomor 1.

Lima Tip Membuat Desain Brosur Makanan

Bagi pebisnis kuliner, brosur adalah salah satu alat yang cukup penting. Brosur digunakan untuk menarik calon konsumen agar mau mencoba produk yang mereka jajakan. Untuk bisa menarik calon pembeli, desain brosur makanan ini harus dibuat sebaik mungkin. Desain brosur makanan ini harus didesain tidak saja untuk menarik mereka yang memang sedang mencari produk tersebut, tetapi juga untuk mereka bahkan yang sebelumnya "tidak ada niat" untuk membeli produk makanan tersebut.

Ada beberapa tip yang bisa kita lakukan agar desain brosur makanan kita bisa menarik minat calon konsumen. Berikut ini lima tip yang mungkin bisa digunakan untuk membuat desain brosur makanan Anda lebih cantik dan modern:

Warna merah adalah warna yang secara psikologis bisa membangkitkan selera makan. Penggunaan warna merah seakan "wajib" bagi brosur makanan. Bahkan pada sebagian makanan seperti makanan yang diolah dengan cara dipanggang atau bersentuhan langsung dengan api, ada baiknya warna merah ini digunakan sebagai warna dominan pada desain brosur makanannya.

Untuk semakin memperkuat kesan dan mengundang selera, warna merah ini sebaiknya digunakan sebagai warna "blok", jangan ditambah unsur gambar lain dengan *opacity* rendah, sebab "merah"nya jadi kurang memberikan efek. Bagi sebagian orang (yang suka dengan gambar di belakang teks), hal ini memang "kurang ramai". Namun memang sebaiknya kita harus cermat dalam memilih elemen grafis

dan peruntukannya bagi desain brosur makanan ini. Selain warna merah, anda juga bisa menggunakan kombinasi warna kuning, oranye, *deep yellow*, cokelat atau bahkan hijau. Jangan gunakan warna biru sebagai warna dominan karena bisa "membunuh selera".

Salah satu yang membuat orang tertarik untuk mencoba adalah visualisasi produk makanan yang kita tawarkan dalam desain brosur makanan kita. Ini bisa berupa foto atau vektor, namun lebih direkomendasikan berbentuk foto. Ada baiknya Anda menggunakan jasa fotografer profesional agar visualisasi produk Anda bisa lebih maksimal. Sebab bagaimana pun untuk masalah fotografi ini, membutuhkan talenta dan pengetahuan khusus. Fotografer yang hebat bahkan bisa membuat makanan terlihat "lebih enak dari aslinya".

Dalam tampilannya, Anda juga harus menampilkan keseluruhan gambar. Dalam desain, Anda bisa meng-*cropping* pada bagian tertentu yang menimbulkan sensasi lebih besar. Menampilkan keseluruhan gambar kadang bisa menimbulkan kesan kaku. Apalagi jika foto yang digunakan tidak profesional. Ini juga bisa jadi tip bagi Anda yang *resources* foto-nya kurang bagus. *Crop*-lah pada bagian yang "bisa berbicara".

Font tipe *sans serif* (tidak berkaki), lebih direkomendasikan karena lebih sesuai dengan karakter makanan. Akan lebih baik lagi jika Anda menggunakan tipe *font* yang bisa menimbulkan perasaan santai dan rileks. Hal ini agar desain brosur makanan kita bisa membangun persepsi kenikmatan, memberikan nilai lebih dari sekedar mengonsumsi sebuah produk makanan.

Jika desain brosur makanan Anda harus menampilkan lebih dari satu produk, maka akan sangat baik jika Anda memfokuskan pada satu atau dua produk. Penonjolan bisa dengan membuat foto produk unggulan itu lebih besar secara ukuran daripada yang lain. Jangan sampai kita ingin menjual semuanya, tetapi justru tak ada satu pun yang dibeli konsumen. Ingat, konsumen memiliki keterbatasan dalam perhatian, dan Anda harus bisa membuat mereka tertarik, untuk melihat, membaca, mempelajari dan akhirnya tentu saja mencoba.

Jangan membuat desain brosur makanan secara kaku, misalnya, semua gambar sama besar, penempatan antar gambar sama persis, dan sebagainya. Anda harus berani bereksperimen dalam desain brosur makanan ini agar hasilnya tidak saja elegan, tetapi juga modern. Ingat, konsumen harus punya cukup alasan untuk membuat mereka mengeluarkan koceknya membeli produk Anda. Jika desain brosur makanan Anda saja sudah membuatnya bosan, bagaimana dia bisa membeli.

Sebagian orang mungkin ada yang pernah "protes", di mana ketika mereka mencoba makanan, ternyata "tidak se-enak" yang diperlihatkan di brosur. Ini mungkin kesalahan, namun bukan kesalahan dari desain brosur makanan itu sendiri. Sebab memang tugas sebuah desain brosur makanan untuk menarik minat calon pembaca. Tugas para pemilik bisnis adalah memastikan bahwa memang produknya sesuai dengan apa yang diiklankan di brosur tersebut.

Selamat mencoba.

Sumber: http://simplestudioonline.com/tips-membuat-desain-brosur-makanan/

1 Anda diminta untuk menjelaskan lima tip membuat desain brosur makanan dalam rangka lomba membuat brosur makanan di sekolah Anda pada perayaan Hari Kesehatan. Ringkaslah informasi dari teks ini untuk menuliskan kelima tip tersebut. Tulisan sekitar 130-180 kata.

Fokuskan ringkasan Anda pada:

- Tip membuat desain brosur makanan (lima hal).
- Manfaat yang dicapai jika brosur makanan didesain dengan baik (dua hal).
- Tuliskan tiga hal yang harus dihindari dalam mendesain brosur makanan.

Bagian 2

1 Jawablah salah satu dari pertanyaan berikut ini dalam tulisan sepanjang 350-500 kata.

Argumentasi

a Benarkah membiasakan sarapan pagi merupakan salah satu pola hidup sehat?

b Setujukah Anda bahwa makanan tradisional harus lebih diperkenalkan kepada generasi muda seperti Anda? Mengapa?
c Olah raga apakah yang harus semakin dikembangkan di Indonesia agar Indonesia semakin terkenal di dunia?
d Pentingnya memilih makanan untuk kesehatan tubuh.
e Jumlah jam pelajaran olah raga di sekolah harus ditambah. Setujukah Anda dengan pernyataan tersebut? Mengapa?

Model 3:
Berbicara dan Merespons

Anda diminta untuk melakukan presentasi lisan dengan ketentuan sebagai berikut:

a Anda diminta untuk menyiapkan topik presentasi Anda dengan memilih salah satu dari tiga topik berikut ini yaitu:

- makanan dan diet
- olah raga
- pola hidup sehat

Topik yang Anda pilih harus berhubungan dengan budaya Indonesia. Waktu yang Anda butuhkan untuk menyiapkan topik presentasi Anda akan disepakati bersama guru Anda. Selama Anda mempersiapkan topik pilihan Anda, Anda diminta untuk menuliskan empat sampai enam sub topik yang dapat Anda diskusikan bersama guru Anda pada saat Anda melakukan oral presentasi.

b Anda diminta untuk mempresentasikan topik Anda selama dua sampai tiga menit di depan guru atau di depan kelas.
c Selanjutnya, Anda akan berdiskusi dengan guru Anda untuk membahas lebih lanjut topik yang Anda pilih. Topik diskusi antara Anda dan guru Anda dapat diambil dari empat sampai enam sub topik yang sudah Anda persiapkan. Diskusi antara Anda dan guru Anda sekitar tujuh sampai delapan menit.

Bab 3
Kehidupan: Keluarga, Budaya Tradisional dan Budaya Modern

Membaca (Keluarga)

Tujuan pembelajaran

Kegiatan membaca pada unit ini difokuskan untuk:

- melakukan kegiatan sumbang saran atas topik tertentu
- memahami makna kata atau frasa dengan memperhatikan konteks
- memahami makna idiom
- memahami bacaan dan menjawab pertanyaan-pertanyaan yang diberikan
- menemukan gagasan utama suatu paragraf
- memahami pesan dalam poster dan menjawab pertanyaan-pertanyaan yang diberikan
- menjelaskan efek penggunaan kata, frasa, atau kalimat pada pembaca
- memahami makna puisi dan menjawab pertanyaan-pertanyaan yang diberikan
- memahami makna implisit suatu kata atau frasa
- menemukan fakta-fakta dan menyusunnya secara kronologis
- meringkas sebuah kisah biografi
- membandingkan dua kisah biografi
- menemukan inspirasi lewat tokoh

1.1 Sebagai sebuah opini yang mewakili suara pihak penerbit, tajuk rencana atau editorial kehadirannya cenderung dikaitkan dengan momen atau peristiwa penting tertentu. Anda akan membaca sebuah tajuk rencana atau editorial berjudul *Ibu Pendidik Utama*. Sebelum membaca, secara berkelompok, Anda diminta melakukan sumbang saran (*brainstorming*) dan mencatat hasil sumbang saran kelompok Anda atas topik "**Sosok orang tua ideal di era modern**".

1.2 Masing-masing kelompok secara bergiliran diberikan kesempatan membacakan hasil sumbang sarannya. Ide yang sama yang sudah disebutkan kelompok lain harap ditandai sehingga tidak perlu dibaca ulang. Anda boleh bertanya arti kata atau frasa tertentu yang belum Anda pahami yang disebutkan oleh kelompok lain.

1.3 Bacalah editorial berjudul *Ibu Pendidik Utama* berikut.

Ibu Pendidik Utama

Kemajuan sebuah bangsa tak pernah lepas dari peran kaum ibu. Ya, ibu-ibulah yang mendidik anak-anak bangsa agar kelak berprestasi dalam segala bidang untuk memajukan dan mengharumkan nama bangsa. Salah satu contoh negara yang maju dan sukses karena <u>peran</u> kaum ibu adalah Jepang. Para ibu di Jepang umumnya berpendidikan <u>sarjana</u> di berbagai bidang. Gelar pendidikan yang diperoleh tak <u>menyilaukan</u> mereka untuk menjadi wanita karier dan bekerja di kantor-kantor.

Ilmu pengetahuan yang diperoleh selama duduk di bangku sekolah dan kuliah justru dimanfaatkan untuk mendidik anak-anak. Tak heran bila para ibu di sana mengajar sendiri anak-anaknya dengan filosofi Jepang, membaca, menulis, hingga pelajaran sekolah, seperti matematika, fisika, dan kimia. Bekal ilmu yang diperoleh di rumah mempermudah anak-anak menyerap ilmu yang diajarkan di sekolah dan perguruan tinggi. Peran penting orangtua, khususnya ibu, dalam mendidik anak-anak di Jepang terus diwariskan hingga kini. Kenyataan tersebut melahirkan putra-putri yang cerdas dan terampil, tetapi tak melupakan nilai-nilai luhur bangsa.

Hal sebaliknya justru terjadi di negeri ini. Kalau pada masa lalu, sebagian besar ibu mendidik sendiri anak-anaknya meski mereka tak berpendidikan atau hanya berbekal pendidikan rendah, sekarang ini justru banyak ibu yang melupakan pendidikan anak di rumah. Sejak kecil, Soekarno dididik untuk menjadi "orang besar". Sang ibu, Ida Ayu Nyoman Rai juga selalu memanggilnya dengan sebutan "putra sang fajar" dan akhirnya Soekarno benar-benar menjadi salah satu pemimpin bangsa ini. Aura positif dan motivasi yang terus ditanamkan sejak lahir membuat Soekarno tumbuh menjadi putra yang membanggakan keluarga dan juga bangsa. Para pahlawan, tokoh-tokoh nasional, dan pengusaha sukses, tak mungkin bisa dilepaskan dari peran ibu dan keluarga. Keluarga menjadi tempat pertama dan utama dalam pendidikan anak.

Sayangnya, sebagian besar ibu dari kalangan menengah ke atas yang berpendidikan sarjana saat ini justru mengejar prestasi pribadi dengan mengaktualisasikan diri di berbagai bidang, tetapi melupakan tugas utama mendidik anak. Terkadang, tugas sebagai istri terhadap suami pun tak diperhatikan. Sebagian ibu lebih suka arisan, berbelanja, atau asyik ber-*gadget* ria dengan sahabat-sahabat di facebook dan twitter. Aktivitas yang menguras waktu itu membuat mereka memasrahkan urusan makanan anak dan suami kepada pembantu dan restoran, serta masalah pendidikan dan akhlak anak ke sekolah, bimbingan belajar, atau guru privat. Kasih sayang dan kehangatan seorang ibu semakin tak terasa di rumah.

Tak heran bila banyak anak dan remaja saat ini terjerumus mengonsumsi narkoba, berperilaku seks bebas, terlibat tawuran, dan lebih suka hidup penuh hura-hura. Meski demikian, kita juga tak menutup mata terhadap kaum ibu yang tetap setia mendidik anak dan mencurahkan kasih sayang di tengah himpitan tugas-tugas kantor.

Selain potret ibu dari kalangan menengah-atas yang cenderung mengabaikan fungsinya dalam keluarga, masih banyak perempuan dan ibu dari kalangan menengah ke bawah yang belum menikmati hak-hak dasar sebagai warga negara. Data Kementerian Pemberdayaan Perempuan dan Perlindungan Anak menunjukkan sekitar 10 persen perempuan berusia 15 tahun ke atas masih buta huruf dan persentase perempuan yang menamatkan perguruan tinggi hanya 6,13 persen, serta angka kematian ibu (AKI) yang masih cukup tinggi, yakni 228 per 100.000 kelahiran hidup.

Terkait hal itu, kita mendesak kementerian terkait, yakni Kementerian Pendidikan dan Kebudayaan, Kementerian Kesehatan, serta Kementerian Pemberdayaan Perempuan dan Perlindungan Anak untuk lebih memperhatikan kaum perempuan dan ibu. Hal utama yang harus diperhatikan adalah memberi pemahaman kepada orangtua tentang pentingnya pendidikan dan kesehatan bagi anak-anak perempuan.

Diskriminasi terhadap anak perempuan masih tetap terjadi di masyarakat, padahal mereka memiliki peran besar dalam melahirkan generasi bangsa yang berkualitas. Kehadiran Balai Kesehatan Ibu dan Anak (BKIA) yang pernah populer di masa lalu dan program sejenis merupakan jawaban terhadap persoalan kesehatan. Bila tingkat pendidikan dan kesehatan kaum perempuan dan ibu di Indonesia semakin baik, bukan mustahil negeri ini akan lebih maju di masa mendatang.

Hanya saja, kita tetap mengingatkan kaum perempuan dan ibu agar tak melupakan kodratnya, yakni melahirkan, mendidik, dan memberi kasih sayang kepada anak. Kita mendukung perempuan menuntut ilmu setinggi mungkin dan mengaktualisasikan diri di berbagai bidang, tetapi tak melupakan fungsi mendidik anak-anak di rumah. Anak-anak yang dididik dengan baik di rumah niscaya membanggakan keluarga. Bangsa ini membutuhkan ibu-ibu untuk menjadi pendidik utama dalam keluarga.

Suara Pembaruan

1.4 Ada dua puluh kata dan frasa yang digarisbawahi dari bacaan di atas. Coba terka makna kata-kata atau frasa tersebut dengan memperhatikan konteks (kata-kata lain yang mengitarinya). Gunakan kamus untuk mengecek terkaan Anda.

1.5 Diskusikan idiom-idiom berikut dan coba pahami artinya dengan partner Anda.

- mengharumkan nama bangsa
- gelar pendidikan
- wanita karier
- perguruan tinggi
- nilai-nilai luhur
- pendidikan rendah
- orang besar
- kalangan menengah ke atas
- menutup mata
- potret ibu
- menengah ke bawah
- buta huruf
- menuntut ilmu

1.6 Jawablah pertanyaan-pertanyaan berikut sesuai dengan informasi yang diberikan di dalam teks.

a Negara manakah yang maju dan sukses karena peran kaum ibu?

b Pada umumnya, apa tingkat pendidikan para ibu di Jepang?

c Para ibu di Jepang memanfaatkan ilmu pengetahuan yang diperoleh selama duduk di bangku sekolah dan kuliah untuk apa?

d Seperti apakah putra-putri yang dilahirkan saat orang tua, khususnya ibu, bersedia mengambil peran penting dalam mendidik anak-anaknya?

e Bagaimana dulu sebagian besar ibu di Indonesia mendidik anak-anaknya?

f Apa yang dilakukan orangtua Soekarno, khususnya sang ibu, hingga ia tumbuh menjadi putra yang membanggakan keluarga dan juga bangsa?

g Tugas utama apakah yang dilupakan oleh sebagian besar ibu dari kalangan menengah ke atas yang berpendidikan sarjana saat ini?

h Kepada siapa sekarang sebagian besar ibu memasrahkan masalah pendidikan dan akhlak anak?

i Bagaimana potret ibu dari kalangan menengah ke bawah?

j Apa syarat agar negeri ini bisa lebih maju di masa mendatang?

k Apakah kodrat dari kaum perempuan dan ibu?

1.7 Paragraf non-narasi ialah paragraf yang bertujuan untuk menyampaikan gagasan utama. Gagasan utama biasanya ditempatkan dalam sebuah kalimat topik.

- Cari dan temukan gagasan utama dari setiap paragraf di atas.
- Dalam paragraf terakhir penulis menyatakan bahwa kodrat kaum perempuan atau ibu adalah melahirkan, mendidik, dan memberi kasih sayang kepada anak. Apakah mendidik dan memberi kasih sayang kepada anak hanya tugas kaum perempuan atau ibu? Berikan pendapat Anda, setuju atau tidak setuju, disertai alasan yang kuat dalam 50 kata.

1.8 Bersama partner Anda, perhatikanlah tiga poster iklan layanan masyarakat (ILM) berikut ini lalu bicarakan dengan partner Anda hal-hal berikut ini untuk masing-masing poster iklan layanan masyarakat dan tuliskan hasil diskusi Anda.

- Pesan yang ingin disampaikan kepada masyarakat melalui masing-masing poster ILM tersebut.
- Mengapa pesan tersebut perlu disampaikan kepada masyarakat?
- Menurut Anda apa yang melatarbelakangi munculnya ILM-ILM tersebut?

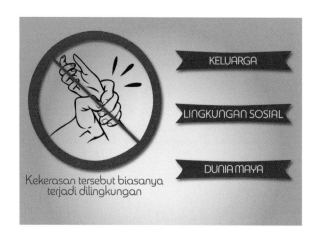

Kekerasan tersebut biasanya terjadi dilingkungan

KELUARGA

LINGKUNGAN SOSIAL

DUNIA MAYA

TIP BELAJAR – IKLAN LAYANAN MASYARAKAT

Iklan Layanan Masyarakat (ILM) adalah iklan yang menyajikan pesan-pesan sosial guna membangkitkan kepedulian masyarakat terhadap sejumlah masalah yang sedang dihadapi, yakni kondisi yang bisa mengancam keserasian dan kehidupan umum dan untuk mengubah perilaku mereka sesuai dengan nilai-nilai yang diidamkan.

ILM bisa dibuat oleh organisasi profit atau nonprofit (nirlaba) dengan tujuan agar kelompok tertentu dalam masyarakat mau memikirkan sesuatu dan terlibat secara aktif seperti yang dimaksudkan oleh pesan dalam ILM tersebut.

ILM memiliki ciri-ciri antara lain:

- Gratis atau tidak komersial.
- Mengangkat isu yang sedang berkembang di masyarakat.
- Isu yang dimaksud bukan isu keagamaan atau politis.
- Berisi himbauan, ajakan, atau informasi untuk semua kalangan masyarakat.

1.9 Perhatikan dengan seksama ILM 1 lalu jawablah pertanyaan di bawah ini.

a Deskripsikan gambar yang terdapat pada ILM ini dalam sebuah paragraf dengan menggunakan kata-kata Anda sendiri.

b Berdasarkan ILM tersebut, kekerasan dapat terjadi di lingkungan **keluarga, lingkungan sosial,** dan **dunia maya** sebagaimana yang terdapat dalam dalam tiga kotak di sudut kanan poster. Dapatkah Anda berikan contoh :
- Kekerasan dalam lingkungan keluarga.
- Kekerasan dalam lingkungan sosial atau masyarakat.
- Kekerasan dalam dunia maya atau yang sering disebut sebagai *cyber bully*.

Jawablah pertanyaan berikut ini berdasarkan poster ILM 2.

a Apakah maksud pernyataan "tidak semua yang terlihat lucu baik untuk perilaku anak"?

b Di bagian bawah kalimat di atas ada kalimat "Awasi setiap tontonan anak Anda". Mengapa menurut Anda orang tua harus mengawasi setiap tontonan anaknya?

c "Jadikanlah televisi menjadi tempat yang menyenangkan dan edukatif. Apakah maksud kata yang digaris bawah pada kalimat di atas?

d Dapatkah Anda menuliskan beberapa contoh tontonan televisi yang edukatif?

e Sebutkan contoh tontonan televisi yang tidak edukatif.

f Apakah orang tua Anda mengawasi apa saja yang Anda tonton di televisi atau media lainnya, seperti internet? Berikan alasan.

g Menurut Anda perlukah orang tua mengawasi apa saja yang Anda tonton melalui televisi atau internet? Berikan alasan Anda.

h Jika Anda diminta untuk mengubah bagian tertentu dalam poster ILM ini, bagian manakah yang akan Anda ubah dan mengapa?

Selanjutnya pertanyaan berikut berdasarkan poster ILM 3.

a Apakah yang dimaksud dengan tawuran?

b Dapatkah Anda menyebutkan beberapa alasan mengapa terjadi tawuran antar pelajar?

c "Tawuran tidak akan merubah kamu menjadi pribadi yang positif." Apakah maksud kata positif pada kalimat di atas?

d "Majukan generasi bangsa dengan anti tawuran dan anarkis." Apakah maksud kata anarkis pada kalimat di atas?

e Adakah bagian dari poster ini yang menunjukkan tindakan anarkis?

f "Tawuran merusak bangsa" mengapa menurut Anda tawuran dapat merusak bangsa?

g Dapatkah Anda memberikan contoh-contoh tindakan tawuran yang merusak bangsa?

h Perhatikan gambar seorang pelajar berpakaian seragam sekolah dalam poster tersebut, dapatkah Anda membuat daftar bagian-bagian dari gambar ini yang menggambarkan seorang pelajar yang siap untuk tawuran?

i Sebagai seorang pelajar, bagaimana pendapat Anda terhadap poster ILM ini? Apakah poster ini sudah efektif memberikan pesannya kepada Anda? Berikan alasan.

j Jika Anda diminta untuk mengubah bagian tertentu dalam poster ILM ini, bagian manakah yang akan Anda ubah dan mengapa?

1.10 Bacalah puisi di bawah ini di depan kelas dengan penuh penghayatan. Puisi ini dikarang oleh Asrul Sani. Beliau adalah penyair Indonesia yang tergolong pada satrawan angkatan 1945.

SURAT DARI IBU

Pergi ke dunia luas, anakku sayang
pergi ke hidup bebas!
Selama angin masih angin buritan
dan matahari pagi menyinar daun-daunan
dalam rimba dan padang hijau.
Pergi ke laut lepas, anakku sayang
pergi ke alam bebas!
Selama hari belum petang

dan warna senja belum kemerah-merahan
menutup pintu waktu lampau.
Jika bayang telah pudar
dan elang laut pulang kesarang
angin bertiup ke benua
Tiang-tiang akan kering sendiri
dan nakhoda sudah tahu pedoman
boleh engkau datang padaku !
Kembali pulang, anakku sayang
kembali ke balik malam !
Jika kapalmu telah rapat ke tepi
Kita akan bercerita
"Tentang cinta dan hidupmu pagi hari."

1.11 Jawablah pertanyaan-pertanyaan di bawah ini berdasarkan penggalan puisi di atas:

a Perasaan apakah yang muncul saat Anda membaca puisi ini? Mengapa Anda berpikiran demikian?

b Tokoh ibu dalam puisi ini mengatakan pada anaknya untuk "**pergi ke dunia luas**" dan "**pergi ke laut bebas**" apakah makna dunia luas dan laut bebas menurut puisi ini?

c "… **selama hari belum petang**". Kalimat penggalan puisi itu menjelaskan tentang waktu bagi si anak untuk pergi. Apakah maksud sang ibu dengan penggalan puisi yang dicetak miring tersebut?

d "**Kita akan bercerita tentang cinta dan hidupmu pagi hari**." Apakah makna kata pagi hari menurut penggalan puisi ini?

e Tuliskan dua pesan yang ingin disampaikan pengarang melalui puisi ini.

f "**Kasih ibu kepada beta, tak terkira sepanjang masa**". Kalimat ini adalah penggalan sebuah lagu berjudul Kasih Ibu. Menurut Anda, apakah ibu dalam puisi "Surat dari Ibu" memiliki kasih yang sepanjang masa kepada anaknya? Jelaskan jawaban Anda.

g Bacalah puisi di atas dengan intonasi dan ekspresi yang tepat.

1.12 Bacalah resensi berjudul *Ketika Pendidikan Begitu Dimuliakan* yang merupakan resensi dari film *9 Summers 10 Autumns* berikut ini.

Ketika Pendidikan Begitu Dimuliakan

Salah satu cara paling efektif untuk meretas rantai kemiskinan adalah pendidikan. Film yang mengangkat kisah Iwan Setyawan (**Muhamad Ihsan Tarore**) ini, memang seratus persen menyokong adagium yang sangat terkenal tersebut. Iwan berasal dari keluarga kurang berada. Ayahnya (**Alex Komang**) hanyalah seorang sopir *angkot* yang bahkan tidak tahu kapan tanggal lahirnya. Sementara ibundanya, Ngatinah (**Dewi Irawan**), tidak tamat Sekolah Dasar (SD). Tapi berkat pendidikan, ia bisa berkarier di New York, Amerika Serikat.

Kisah dibuka ketika Iwan mengalami peristiwa perampokan di sebuah terowongan bawah tanah di Negeri Paman Sam. Pemuda penyendiri ini tercenung dan mulailah kenangan masa lalu Iwan kembali dihadirkan. Iwan yang lahir di Batu, Malang, sejak kecil memang dikenal memiliki otak encer, terutama dalam urusan hitung-menghitung.

Sebagai seorang yang cerdas, Iwan kecil tentu memiliki banyak keinginan. Tapi acap, hasrat itu terpaksa harus dipendam dalam-dalam karena keadaan ekonomi keluarga yang memang tidak memungkinkan. Iwan hidup bertujuh dalam satu atap bersama keluarganya di rumah berukuran 6x7 meter. Di rumah kecil, di Kaki Gunung Panderman ini, Iwan harus rela berbagi tempat tidur di ranjang sederhana bersama dua kakak dan dua adik perempuannya. Karena itu, memiliki kamar sendiri yang besar dan bisa menaiki sepeda bagus sebagaimana yang dimiliki teman-temannya, menjadi bagian penting dari mimpi-mimpinya.

Sejak kecil Iwan dikenal gemar membaca. Buku adalah kawan akrab yang berperan penting memuaskan dahaga intelektual dan menjadi sarana petualangan yang memberinya kebebasan berimajinasi seluas-luasnya. Ia biasa menyalurkan rasa pedih, kecewa, marah, sepi dan keinginan lainnya dengan membaca buku. Bahkan ketika masih di usia SD, jika buku-buku bacaannya sudah habis, Iwan tak segan melahap buku-buku pelajaran SMA. Iwan percaya, lewat membaca, dengan rajin belajar, maka cita-citanya untuk memiliki sepeda baru dan kamar yang luas, bisa dicapai.

Kekuatan membaca mendapat panggung yang mewah di dalam film ini. Memang, secara alur, film ini sederhana saja, tapi lewat kisah yang jauh dari rumit inilah, pesan penting, bahkan kalau boleh disebut pesan terpenting pendidikan, yaitu perihal betapa dahsyatnya kekuatan membaca, berhasil disampaikan secara mulus, natural, cerdas tanpa pretensi menggurui. Lewat bagian ini, dunia pendidikan seolah diingatkan, kecerdasan tidak ada kaitannya dengan sekolah berbiaya mahal. Siapa pun bisa cerdas, siapa pun bisa memiliki masa depan gemilang, asal ia mau menginvestasikan waktunya dengan membaca. Sebaliknya, walaupun kita sekolah di sekolah mahal, dengan fasilitas wah, tapi jika tidak membaca, tidak ada istimewanya.

Pengalaman Iwan bersentuhan dengan bacaan seolah mengingatkan sekali lagi tentang kehebatan para pendiri bangsa seperti Soekarno, Syahrir, Hatta, Tan Malaka, H.O.S. Cokroaminoto, dan lain-lain yang menjadi cerdas, hebat, terbuka, dan maju pikirannya karena gemar membaca. Sama seperti para pendiri bangsa yang tidak pernah rendah diri saat menghadapi orang

Eropa, Iwan pun berkat wawasannya yang luas, begitu percaya diri saat meniti karier di Amerika. Anak miskin dari Kota Apel ini mampu menduduki posisi terhormat di perusahaan top dunia, *Big Apple*, New York.

Kekuatan Pendidikan

Selain menekankan tentang pentingnya membaca, film 9 Summers 10 *Autumns* juga menyampaikan pesan yang sangat jelas tentang kekuatan pendidikan. Diwakili kedua orang tua Iwan, film ini percaya bahwa pendidikan bisa mengubah kehidupan seseorang dari yang paling bawah menjadi manusia terpandang, dari yang suram tanpa harapan masuk ke masa depan yang gilang gemilang. Orang tua Iwan menginginkan anak-anaknya memiliki kehidupan yang lebih baik melalui pendidikan. Mereka rela memberikan apa saja, bahkan menjual barang-barang yang mereka anggap paling berharga, termasuk mobil *angkot* satu-satunya, asal anak-anak mereka bisa melanjutkan sekolah. Sang ibu lebih-lebih, ia *ngotot* semua anaknya, termasuk yang perempuan, harus sekolah sampai universitas. Wanita ini percaya, lewat pendidikan, anak-anaknya akan memiliki masa depan yang benderang.

Iwan sendiri seperti digambarkan dalam cerita, memberikan respons yang sepadan atas pengorbanan keluarganya. Setamat dari SMAN 1 Batu dan diterima di Institut Pertanian Bogor (IPB) Jurusan Statistik, ia langsung belajar habis-habisan. Di dinding kosnya penuh dengan tempelan soal-soal dan bahan-bahan kuliah yang harus ia hafal dan pecahkan. Ia tidak mau setengah-setengah. Kalau ingin berhasil, belajar harus total. Ia selalu mempersiapkan diri dan

memberikan yang terbaik. Prinsip ini terus dia pegang hingga memasuki dunia kerja. Inilah rahasia lain yang membuat karier Iwan melesat bak meteor.

Ihsan, mantan pemenang *Indonesian Idol* musim ketiga, mampu memerankan sosok Iwan dengan sangat pas. Akting Ihsan yang begitu alami ini, barangkali karena ia sendiri sama seperti Iwan, juga berasal dari keluarga miskin. Ia seolah mengerti pergumulan batin Iwan yang terdalam karena ayah Ihsan juga seorang tukang becak. Aktor senior Alex Komang dan Dewi Irawan menunjukkan kualitas akting yang sangat mumpuni. Alex mampu mengekspresikan kontras rasa kecewa--ketika Iwan dianggap tidak memenuhi harapannya; dan bangga—saat sang anak meraih prestasi, dengan sangat brilian. Sementara Dewi dengan mulus berhasil menghadirkan perasaan seorang ibu yang tidak hanya gelisah menghadapi kesulitan demi kesulitan tapi juga sosok yang tegar, seorang ibu yang memiliki mimpi dan keyakinan bahwa anak-anaknya kelak mampu meraih masa depan yang lebih baik.

Film ini benar-benar membumi. Bukan kisah fatamorgana, kisah ala sinetron yang belakangan jamak dijual di panggung layar kaca kita. Film ini mengangkat kisah nyata tentang kekuatan suatu usaha dan dukungan orang tua bagi keberhasilan anak-anak dalam meraih mimpi. Film yang menginspirasi. Film keluarga yang benar-benar menempatkan pendidikan di posisi terhormat. Di film ini, pendidikan mendapatkan tempat yang sangat mulia. Kita semua bisa sukses. Seperti kata Iwan, "Aku tak bisa memilih masa kecilku, tapi masa depan itu kita sendiri yang melukiskannya."

1.13 Terkalah arti kata-kata berikut dengan memperhatikan konteks. Gunakan kamus untuk mengecek terkaan Anda.

a meretas
b adagium
c tercenung
d pretensi
e sepadan
f mumpuni
g tegar
h jamak

1.14 Kita mengenal makna eksplisit (makna yang langsung diacu oleh bahasa/bersifat denotasi) dan makna implisit (makna yang tersirat/tidak dinyatakan secara terang-terangan/bersifat konotasi). Jelaskan makna implisit yang terkandung dalam kata-kata atau frasa yang dicetak miring berikut. Jika tidak ada yang dicetak miring, berarti Anda harus mengartikan seluruh kalimat yang ada. Perhatikan contoh:

No	KALIMAT	ARTI
1	Iwan berasal dari *keluarga kurang berada*.	Miskin
2	Ayahnya (**Alex Komang**), hanyalah seorang sopir angkot yang bahkan tidak tahu kapan tanggal lahirnya.	Ayah Iwan berasal dari kalangan masyarakat kelas bawah. Memang, zaman dulu, umumnya masyarakat kelas bawah tidak tahu kapan tanggal lahirnya. Mereka tidak memiliki catatan tanggal lahir karena orang tuanya kemungkinan besar tidak bisa membaca dan menulis (buta huruf)
3	Sementara ibundanya, Ngatinah (**Dewi Irawan**), tidak tamat Sekolah Dasar (SD).	berpendidikan rendah
4	Pemuda *penyendiri* ini tercenung dan mulailah kenangan masa lalu Iwan kembali dihadirkan.	
5	Iwan yang lahir di Batu, Malang, sejak kecil memang dikenal memiliki *otak encer*. . . .	
6	. . . *terutama dalam urusan hitung-menghitung*.	
7	Tapi acap, hasrat itu terpaksa harus dipendam dalam-dalam karena keadaan *ekonomi keluarga yang memang tidak memungkinkan*.	
8	Di rumah kecil, di Kaki Gunung Panderman ini, Iwan harus rela berbagi tempat *tidur* di ranjang sederhana bersama dua kakak dan dua adik perempuannya.	
9	Karena itu, *memiliki kamar sendiri yang besar dan bisa menaiki sepeda bagus* sebagaimana yang dimiliki teman-temannya, menjadi bagian penting dari mimpi-mimpinya.	
10	Buku adalah kawan akrab yang berperan penting memuaskan *dahaga intelektual* dan juga jagad petualangan yang memberinya kebebasan berimajinasi seluas-luasnya.	
11	Bahkan ketika masih di usia SD, jika buku-buku bacaannya sudah habis, Iwan *tak segan melahap buku-buku pelajaran SMA*.	
12	Kekuatan membaca mendapat panggung yang mewah di dalam film ini.	
13	Lewat bagian ini, dunia pendidikan seolah diingatkan, kecerdasan tidak ada kaitannya dengan *sekolah berbiaya mahal*.	
14	Sebaliknya, walaupun kita sekolah di sekolah mahal, dengan fasilitas wah, tapi *jika tidak membaca, tidak ada istimewanya*.	
15	Wanita ini percaya, lewat pendidikan, anak-anaknya akan *memiliki masa depan yang benderang*.	
16	Ia langsung *belajar habis-habisan*.	
17	Prinsip ini terus dia pegang hingga memasuki dunia kerja. Inilah rahasia lain yang membuat karier Iwan *melesat bak meteor*.	
18	Film ini benar-benar *membumi*.	

19	Kisah fatamorgana.	
20	Seperti kata Iwan, "Aku tak bisa memilih masa kecilku, tapi masa depan itu kita sendiri yang melukiskannya."	

1.15 Jawablah pertanyaan-pertanyaan berikut sesuai dengan informasi yang diberikan di dalam teks.

a Apakah salah satu cara atau jalur yang diyakini dapat secara efektif meretas kemiskinan?

b Di mana Iwan mengalami peristiwa perampokan?

c Di bidang pelajaran apakah Iwan dikenal sangat hebat?

d Apa yang menyebabkan keinginan-keinginan Iwan waktu kecil harus dipendam?

e Apa yang menjadi mimpi Iwan di masa kecil?

f Mengapa Iwan memandang buku sangat penting?

g Apa yang dilakukan Iwan saat SD jika buku bacaannya habis?

h Apa arti pernyataan "kecerdasan tidak ada kaitannya dengan sekolah berbiaya mahal"?

i Mengapa para pendiri bangsa kita tidak pernah rendah diri saat menghadapi orang Eropa?

j Apa yang bisa dilakukan pendidikan?

k Apakah rahasia yang membuat karier Iwan melesat bak meteor?

1.16 Sebagai sebuah karya biografi, kisah Iwan bersama keluarganya pasti didukung dengan fakta-fakta. Temukan fakta-fakta yang berkait dari kehidupan Iwan dari lahir sampai dia meraih kesuksesannya dan susun fakta-fakta tersebut secara kronologis.

1.17 Garis bawahi kata-kata sifat yang ada di resensi *Ketika Pendidikan Begitu Dimuliakan*. Dengan berbekal kata-kata sifat yang ada, deskripsikan sosok Iwan Setyawan dalam 60-80 kata.

1.18 Jelaskan maksud dari opini-opini yang ada dalam resensi *Ketika Pendidikan Begitu Dimuliakan* berikut.

No	OPINI	PENJELASAN
1	Salah satu cara paling efektif untuk meretas rantai kemiskinan adalah pendidikan.	Benar sekali karena lewat pendidikan seseorang dimungkinkan mendapatkan pekerjaan yang lebih baik dan pada gilirannya dengan pekerjaan yang lebih baik akan memberikan penghasilan yang lebih baik.
2	Lewat bagian ini, dunia pendidikan seolah diingatkan, kecerdasan tidak ada kaitannya dengan sekolah berbiaya mahal.	
3	Walaupun kita sekolah di sekolah mahal, dengan fasilitas wah, tapi jika tidak membaca, tidak ada istimewanya.	
4	Kalau ingin berhasil, belajar harus total.	
5	Lewat pendidikan, anak-anaknya akan memiliki masa depan yang benderang.	
6	Kita semua bisa sukses.	

1.19 Tidak sedikit anak yang cerdas dan berbakat akhirnya tidak bisa melanjutkan sekolah lantaran tidak memiliki biaya. Iwan beruntung karena sekali pun berasal dari keluarga miskin tapi memiliki orang tua yang sangat mengerti arti penting pendidikan. Secara berkelompok, buatlah poster yang mengambil tema "Anak Indonesia berhak mengenyam pendidikan yang layak". Poster akan dinilai berdasarkan:

- Kualitas ide/gagasan
  Seberapa berkualitasnya ide yang disalurkan dalam poster berkait dengan judul/topik yang diangkat.
- Kesesuaian karya dengan tema

97

Apakah seluruh yang ditampilan menjelaskan atau mendukung tema.

- Keberhasilan membangun/menyediakan komunikasi, informasi, edukasi, dan persuasi
  - Komunikatif: poster yang baik mudah dimengerti oleh pembacanya.
  - Informatif: poster yang baik menyediakan informasi yang berguna bagi masyarakat.
  - Edukatif: poster yang baik menjadi media pendidikan bagi masyarakat.
  - Persuatif: poster yang baik mampu menggerakkan/memengaruhi masyarakat untuk melakukan sesuatu yang baik atau yang membangun.
- Keunikan karya
- Komposisi gambar/warna.

Tujuan pembelajaran

Kegiatan menulis pada unit ini difokuskan untuk:

- melakukan kegiatan sumbang saran atas topik tertentu
- membaca, mendiskusikan, dan menjawab pertanyaan-pertanyaan bacaan
- menulis ringkasan cerita (sinopsis) sebuah cerpen
- menulis wawancara
- menulis deskripsi
- menulis surat pribadi
- menulis cerita pendek
- membaca, memahami, dan menulis pantun
- memahami tujuan, menanggapi dan menulis surat pembaca
- menulis laporan
- menulis artikel

2.1 Anda akan membaca cerpen berjudul "Pergi ke Toko Wayang" . Sebelum membaca, secara berkelompok, Anda diminta melakukan sumbang saran (*brainstorming*) dan mencatat hasil sumbang saran kelompok Anda atas topik "**Peran Remaja dalam Melestarikan Budaya Tradisional**".

2.2 Masing-masing kelompok secara bergiliran diberikan kesempatan membacakan hasil sumbang sarannya. Ide yang sama yang sudah disebutkan kelompok lain harap ditandai sehingga tidak perlu dibaca ulang. Anda boleh bertanya arti kata atau frasa tertentu yang belum Anda pahami yang disebutkan oleh kelompok lain.

2.3 Bacalah dengan seksama cerpen "Pergi ke Toko Wayang" karya Gunawan Maryanto berikut ini.

Pergi ke Toko Wayang

AKHIRNYA aku mengajakmu ke toko wayang. Itu janjiku sejak tahun lalu. Barulah sekarang aku bisa melunasinya. Betapa sulit menjelaskan kepadamu bahwa wayang kulit itu harganya mahal. Bahwa aku harus mengumpulkan uang berbulan-bulan atau terpaksa menghutang untuk bisa membelinya. Kamu hanya tahu bahwa aku sayang kamu dan aku akan memberikan segalanya untukmu. Kamu benar. Aku akan memberikan seluruh yang kupunya untukmu. Anakku satu-satunya.

Dan sekarang masuklah ke sana. Toko wayang yang sepi itu. Tak ada siapa-siapa di sana. Hanya tumpukan wayang, topeng kayu, wayang golek dan beberapa kelir ukuran kecil. Seperti yang kuduga kamu lantas berlari ke kelir itu. Kamu ingin memilikinya bersama sejumlah wayang yang terpajang di kelir putih ini. *Ini mirip punya teman bapak*, katamu. Ya, kamu masih ingat sebulan yang lalu aku membawamu ikut latihan wayang bersamaku. Di sana kau memainkan beberapa wayang di depan kelir. Kamu begitu kagum dengan bayang-bayang yang tercipta di sana. Dan meski kamu tak memintanya, aku tahu kamu begitu menginginkannya. Aku menggelengkan kepala. Tidak, Nak, itu mahal sekali.

Kamu menatapku. Lalu kembali menatap kelir itu. Pilih wayang saja. Bapak akan membelikan sepasang buat kamu. Kelirnya nanti kita buat sendiri.Kamu menatapku lagi. *Memang bisa?* Bisa, jawabku. Kita nanti beli kain dan kayu. *Ya, ya*, kamu setuju. Kini matamu beralih ke tumpukan wayang-wayang. *Biarkan saja, Mas. Biarkan dia milih-milih sendiri.* Seorang kakek-kakek muncul. Tampaknya ia pemilik toko itu. *Iya, Pak.* Lalu kubiarkan saja kamu berlarian ke sana ke mari, membongkar-bongkar tumpukan wayang yang terserak di seluruh ruangan. Diam-diam aku mulai memilih-milih sendiri wayang buat kamu, yang menurut perkiraanku harganya bisa terjangkau oleh uang yang hari ini kupunya. Apa pun yang kamu pilih nanti, akan kuganti dengan wayang pilihanku. Maaf.

Aku pun mulai membongkar-bongkar tumpukan wayang. Mencari yang bergagang kayu. Itu jauh lebih murah dari pada yang bergagang tanduk atau kulit penyu. Kucari yang berukuran kecil, yang tentu saja bukan wayang beneran untuk dimainkan Ki Dalang. Kucari yang pahatannya kasar dan catnya yang tak terlalu rumit. Aku tahu kamu akan memilih wayang-wayang yang bagus. Keindahan selalu menarik siapa saja. Tapi kenyataan sekarang jauh lebih menarik buatku. Benar, akhirnya kau membawa sepasang wayang: Arjuna dan Karna. Sementara aku sudah menyembunyikan Gareng dan Petruk ukuran kecil di salah satu tempat. Pilih ini, ya? Tanyaku pura-pura.

Kamu mengangguk sambil tersenyum lebar. *Bagus, sih.* Katamu dengan lucu. Iya, bagus. Pinter kamu milihnya. Kataku kemudian. Kamu tahu siapa itu? Kamu menggeleng-gelengkan kepala. Ini Arjuna, itu Karna. Mereka musuhan meski sesungguhnya masih bersaudara. *O, ya? Lalu kenapa mereka musuhan?* Tanyamu ingin tahu. Nanti bapak ceritakan di rumah. Panjang ceritanya. Sekarang balikin dulu wayang itu ke tempatnya. Bapak sudah milih wayang yang bagus dan pas buat kamu. Kamu dengan agak heran mengembalikan kedua wayang pilihanmu itu.

Sini. Kamu berlari mengikutiku. Sesampainya di tempat yang kutuju segera kutunjukkan wayang pilihanku. Siapa ini? *Gareng dan Petruk!* Jawabmu dengan cepat. Bagus, nggak? *Bagus*, jawabmu. *Tapi lebih bagus tadi.* Iya. Tapi kamu kan belum tahu ceritanya, jadi kamu belum bisa memainkannya. Kalau Gareng dan Petruk kamu kan sudah tahu. Kamu bisa mainkan mereka sesukamu. Dan wajahnya lucu-lucu.

Kamu diam. Tampak berpikir. *Kenapa tidak yang tadi, sih? Kan nanti bapak mau cerita.* Jadi aku akan tahu ceritanya. Kamu tetap tak gampang menyerah seperti biasanya. Akhirnya aku buka yang sebenarnya. Yang kamu pilih tadi mahal banget. Uang bapak tidak cukup. Kalau wayang yang ini bapak bisa beli dua. Kalau yang tadi kamu harus milih salah satu. Bagaimana? Terserah kamu. Dapat satu wayang. Atau dua wayang. Kamu berpikir lagi. Matamu melirik ke sana ke mari dengan lucu. *Pilih dua wayang biar bisa dimainin.* Sip! Sahutku. Ini sekarang kamu pegang. Lalu kamu bawa ke *simbah* yang duduk di sana. Kamu tanya harganya berapa. Kamu bergerak dengan cepat membawa Gareng dan Petruk di tanganmu. Aku mengikuti di belakang. Kakek-kakek itu tampak senang menerima kedatanganmu. *Mbah, mau beli Gareng dan Petruk. Berapa harganya, ya?* Tanyamu dengan gagah berani.

Kakek-kakek itu tertawa. *Pinter kamu.* Lalu ia memeriksa kedua wayang yang kamu sodorkan. Lalu matanya menuju ke arahku yang perlahan mendekat. *Petruk. Gagangnya dari tanduk, Mas.* Waduh, dari tanduk ya, Pak. Kataku spontan. Sebentar saya cari gantinya. Petruk yang bergagang kayu. Lalu dengan cepat aku memeriksa tumpukan-tumpukan wayang kembali. Kulihat kamu tengah bercakap-cakap dengan kakek-kakek itu. Tapi tak ada. Petruk bergagang kayu tak kutemukan. Mungkin aku tak teliti. Mungkin pula tak ada. Tapi aku terus berusaha mencari. *Kalau tidak ada tidak apa-apa, Mas.* Kata kakek-kakek itu dari kejauhan.Ya, memang tak ada, kataku kemudian dalam hati. Jadi berapa, Pak? *Berapa, ya.*

Kini gantian kakek-kakek itu yang bingung. *Bisanya aku jual sangat mahal, Mas. Tapi untuk anak ini aku tidak akan memberi harga yang biasanya.* Ia suka sekali dengan wayang. Terima kasih, Pak. Kataku. Kamu tersenyum-senyum. *Muraaah*, bisikmu keras-keras ke telingaku. Kakek-kakek itu tertawa mendengarnya. *Besok kalau sudah agak besar bawa saja ke sini, Mas. Aku mau mengajarinya membuat wayang. Mau tidak?* Tanya kakek itu kepadamu. *Enggak*, jawabmu. *Buatnya kan tinggal ngeblat saja.* Jawabmu. Kakek-kakek itu tertawa. *Iya, diblat. Tapi tetap nanti kamu harus menatahnya dan memberi warna supaya benar-benar jadi wayang.* Kamu manggut-manggut.

Setelah aku membayar sejumlah uang yang disebutkan kakek itu kita pun pulang. Kita langsung ke rumah bapak ya? Nanti kita main wayang. *Iya, nanti kita langsung mainkan kedua wayang itu.* Di atas motor kamu menagih kelir yang kujanjikan. Mungkin kamu baru saja ingat. Hari ini kita tidak pakai kelir. Sudah malam. Toko yang jual kain dan kayu sudah tutup. Kita nanti main di dinding saja. Lampunya pakai lampu senter dulu tidak apa-apa. Kamu mengangguk setuju. Motor kita terus melaju. Melintasi sore dan candik ayu. (*)

Jogja, 2010

(Koran Tempo, 27 Juni 2010)

Oleh Gunawan Maryanto

2.4 Diskusikan hal-hal di bawah ini bersama teman dan guru Anda di dalam kelas:

a Bagian cerpen yang menarik perhatian Anda dan mengapa hal tersebut menarik.

b Bagian yang sulit untuk Anda pahami dari cerpen ini.

2.5 Jawablah pertanyaan di bawah ini berdasarkan cerpen *Pergi ke Toko Wayang* karya Gunawan Maryanto.

a Siapakah tokoh-tokoh dalam cerpen di atas dan apa hubungan antara tokoh-tokoh tersebut?

b Persoalan apakah yang dihadapi oleh tokoh Aku? Berikan jawaban Anda dengan menyertakan bagian dari cerpen yang mendukung jawaban Anda.

c Apakah janji tokoh Aku kepada anaknya dan mengapa tokoh Aku membutuhkan waktu satu tahun untuk melunasinya?

d Bagaimana pengarang menggambarkan toko wayang yang didatangi tokoh aku dan anaknya?

e "*Seperti yang kuduga kamu lantas berlari ke kelir itu.*" Temukan arti kata yang digaris bawah sesuai konteks cerita.

f Temukan juga perbedaan arti kosakata berikut ini: wayang golek, wayang kulit, dan wayang orang.

g Apakah tokoh wayang yang dipilih oleh tokoh Aku dan apa pula yang dipilih oleh anaknya?

h Dengan menggunakan bagian dari cerpen tersebut, tuliskan alasan yang digunakan tokoh Aku agar anaknya menyetujui pilihan tokoh aku.

i Apa sesungguhnya alasan tokoh Aku memilihkan wayang tokoh Petruk dan Gareng?

j Lalu apakah alasan tokoh Aku untuk menolak pilihan wayang anaknya?

k Anak tokoh Aku tidak gampang menyerah. Tuliskan bagian dari cerita yang menggambarkan anak tokoh Aku ingin mempertahankan pilihannya.

l Pernahkah Anda menonton wayang? Jika jawaban Anda **ya**, siapakah tokoh wayang yang Anda sukai? Berikan alasan Anda. Jika jawaban Anda **tidak**, temukan informasi singkat mengenai salah satu tokoh wayang di atas (Arjuna, Karna, Petruk, atau Gareng).

m "Kakek-kakek itu tertawa. *Pinter kamu.*" (paragraf 7). Mengapa menurut Anda sang kakek pemilik toko itu mengatakan anak tokoh Aku pintar? Berikan dua alasan.

n Tuliskan tiga pesan moral yang Anda dapatkan melalui membaca cerpen Pergi ke Toko Wayang.

2.6 Buatlah sebuah ringkasan atas cerpen yang sudah Anda baca sepanjang 200-250 kata. Perhatikan hal-hal yang harus Anda sertakan dalam ringkasan tersebut.

> **TIP BELAJAR – RINGKASAN CERITA (SINOPSIS)**
>
> Ringkasan cerita atau rangkuman cerita atau sinopsis adalah ikhtisar sebuah karya yang memberikan gambaran umum tentang karya tersebut (Panuti Sudjiman, Editor, 1986:63). Langkah-langkah yang bisa diikuti dalam membuat sinopsis, yaitu:
>
> - Membaca (cerpen/novel) atau menonton (film) sendiri karya yang diringkas sampai paham benar agar sinopsis yang dibuat tidak menyimpang dari cerita aslinya.
> - Daftarlah peristiwa-peristiwa penting.
> - Temukan alurnya.
> - Susunlah menjadi rangkaian paragraf dengan berpedoman pada alur yang ada.

2.7 Anda diminta untuk mewawancarai ayah, ibu, kakek atau nenek Anda (pilih satu saja) untuk mendapatkan informasi atas pertanyaan-pertanyaan berikut ini:

a Wayang:
- Pernah/tidak pernah menonton pertunjukan wayang.
- Jika jawabannya ya, di mana mereka menontonnya dan siapa tokoh wayang yang mereka idolakan serta alasannya.
- Jika jawabannya tidak, apakah yang mereka ketahui tentang wayang? Mintalah beberapa informasi.

b Cerita rakyat
- Cerita rakyat Indonesia yang mereka ketahui dan sukai di masa kanak-kanak dan alasannya.
- Pesan moral dari cerita rakyat yang mereka sukai.

c Makanan tradisional
- Makanan tradisional Indonesia yang paling mereka sukai. Dua jenis saja dan alasan mengapa mereka sangat menyukai makanan tradisional tersebut.

d Permainan tradisional
- Permainan tradisional Indonesia yang mereka sukai dan tuliskan cara memainkannya dalam sebuah paragraf singkat.
- Alasan mengapa mereka menyukai permainan tradisional tersebut.

Anda diminta untuk menuliskan jawaban wawancara Anda di bawah topik pertanyaan yang Anda sudah siapkan. Serahkan hasil wawancara Anda kepada guru untuk dinilai. Jangan lupa menuliskan data tokoh yang Anda wawancarai.

2.8 Bacalah penggalan Novel *Salah Asuhan* karya Abdul Moeis berikut ini. Penggalan ini menceritakan tentang dua orang sahabat yaitu Hanafi (pribumi) dan Corrie (Eropa) pada masa penjajahan Belanda di Indonesia. Hanafi jatuh hati pada Corrie dan mengungkapkan perasaan cintanya pada Corrie, namun Corrie yang sesungguhnya juga mencintai Hanafi, menolak cinta Hanafi karena pada masa itu hubungan percintaan antara seorang laki-laki pribumi dan seorang perempuan Eropa dipandang sangat ¡bertentahgan dengan budaya dan kehidupan sosial dalam masyarakat.

"Pos," kata suara dari luar. Sebagai disengat kala-jengking demikianlah terperanjatnya Hanafi mendengar suara itu. Dengan sekejap sampailah ia ke beranda muka menemui tukang pos itu. Tak mungin tidak surat itu tentulah datang dari Corrie. Sungguh tak salah persangkaan itu. Tukang pos sudah menyerahkan sehelasi bungkusan surat berwarna merah jambu ke tangannya.

Tulisan Corrie! Stempel pos dari Padang! Dengan tergopoh-gopoh dibukanya bungkusan itu, keluarlah tiga helai kertas dari dalam, yang sama warnanya dengan bungkusnya. Lihat dahulu tanda tangannya…. C.du Bussee!

Tanda serupa itu sudah memberi alamat buruk! Jika surat itu baik isinya, tentu, "Corrie" tanda tangannya. Corrie sekarang memakai pula namanya yang panjang sebagai pada surat dahulu!

Sejurus lamanya Hanafi menutup surat itu dengan tapak tangannya seolah-olah tidak beranilah ia membacanya. Darahnya berdebar-debar, telinga mendesing-desing, sejurus lamanya gelap gulitalah pemandangannya.

Tapi surat mesti dibacanya, buruk baiknya hendak diketahuinya, terlebih berat memikul kesedihan, bila tidak diketahui hal ikhwal yang sebenarya. Maka dengan kebimbangan tidak dapat dikira-kira dibacanyalah surat itu, bunyinya:

Sahabatku Hanafi,

Inilah tanda hidupku yang penghabisan sekali bagimu, yaitu yang datang daripadaku sendiri.

Hanafi! Dari kecilku kugatungkan kepercayaan yang tidak berhingga atas dirimu, karena kupandang engkau sebagai saudara yang tua.

Sudah berapa kali kita memperbincangkannya hal perkawinan campuran antara Nona Belanda dengan orang Melayu, tentang segala pemandanganku yang sehat dan beralasan, biasanya kau tangkis dengan segala kemarahan. Sekadar jangan menyakitkan hatimu saja maka tidak kupanjangkan pemandangan itu. Tapi kebenaran belumlah dapat dari pertengkaran kita tentang hal yang sesulit itu.

Juga sepanjang hematku, tentu kau sudah lebih

daripada insyaf, bahwa aku sangat menyalahi perkawinan campuran itu. Aku heran, bagaimana kau sendiri tidak memikirkan sampai ke sana meskipun banyak orang yang sedang berusaha akan merapatkan Timur dengan Barat, tapi buat zaman ini bagi bahagian orang yang terbesar masihlah, Timur tinggal Timur, Barat tinggal Barat. Tak kan dapat ditimbuni jurang yang dapat membatasi kedua bahagian itu.

Jika engkau beristrikan aku, terlebih dahulu engkau harus bercerai dengan bangsamu, dengan kaum keluargamu, dengan ibumu. Sudah berkali-kali engkau berkata, bahwa engkau tidak memperdulikan hal itu sekalian, tapi janganlah pula engkau gusar, bahwa sifat serupa itu amatlah rendahnya teristimewa karena masih banyak kewajibanmu pada bangsa dan tanah airmu, terutama pada kaum keluarga dan pada ibumu. Aku tak dapat mengindahkan dan memuliakan sifat laki-laki yang serupa itu!

Lain dari pada itu, niscaya akupun akan dibuang oleh bangsaku, dan jangankan aku, engkau sendiripun nyata tak dapat bergaul dengan bangsamu.

Sudahlah, Hanafi, yang sudah tinggal sudah.

Jangan sepatah lagi perkataan kita keluarkan buat membangkitkan hal ihkwal yang terlampau itu.

Apakah kita akan bertemu lagi, Tuhan saja yang akan mengetahui. Tapi permintaanku padamu, kalau engkau hendak mengangkat mata atau hendak menyampaikan tutur padaku kelak, bolehlah engkau berlaku demikian, jika engkau sudah beristri. Hingga ini ke atas sebelum aku bersuami, namaku ialah Juffrow du Bussee, kalau sudah kawin Mevrow ini atau itu.

Mudah-mudahan air garam yang membatasi kita akan berkuasa melunturkan dan menyapu kenang-kenangan atas segala sesuatunya yang terjadi di masa yang lalu.

Jika engkau menghendaki perpindahanku juga buat masa yang akan datang, putuskanlah pertalian dengan aku, lahir bathin, dan jauhilah aku sejauh-auhnya,
Daripadaku,
C du Bussee

Corrie

Sumber: Salah Asuhan karya Abdoel Moeis

2.9 Berdasarkan penggalan novel *Salah Asuhan*, tulislah sebuah deskripsi tentang tokoh Corrie dan tokoh Hanafi masing-masing dalam sebuah paragraf sepanjang 100-120 kata. Jika ada bagian dari penggalan cerita tersebut yang sulit Anda pahami, mintalah bantuan guru Anda.

2.10 Bayangkan Anda adalah tokoh Hanafi yang begitu mencitai Corrie, sang Nona Belanda. Pada masa penjajahan Belanda di Indonesia, perkawinan antara Nona Belanda dan seorang pria Melayu atau pribumi adalah hal yang sangat bertentangan dan dipandang sebagai sesuatu yang sangat tidak baik untuk dilakukan. Masyarakat akan sangat memandang rendah perkawinan campuran seperti ini. Bayangkan Anda adalah Hanafi. Tulislah surat balasan atas surat Corrie tersebut dalam sebuah surat pribadi dengan ketentuan sebagai berikut:

- Unsur-unsur surat pribadi tercantum dengan baik dalam surat Anda.
- Panjang surat sepanjang 130-150 kata.
- Tuliskan perasaan-perasaan Hanafi yang merasa sangat sedih atas penolakan Corrie atas cintanya.
- Tuliskan surat Anda dalam lembaran kertas surat yang dimasukkan ke dalam amplop dan serahkan pada guru. Surat-surat ini dapat dipajang sebagai bagian dari kegiatan di kelas.

2.11 Bersama partner Anda, buatlah sebuah tulisan narasi dengan menggunakan tokoh Hanafi dan Corrie dengan mengambil latar tempat, latar waktu, dan latar sosial sebagaimana yang ada pada penggalan novel di atas. Buatlah sebuah cerita pendek tentang Hanafi dan Corrie dan hubungan saling cinta antara mereka berdua yang terhalang oleh perbedaan kelas sosial Belanda dan pribumi. Panjang tulisan narasi 350-500 kata.

TIP BELAJAR - TULISAN NARASI

Narasi adalah tulisan yang dimaksudkan untuk mengisahkan suatu kejadian atau peristiwa yang berasal dari pengamatan maupun rekaan secara berangkai.

Ciri-ciri utama tulisan narasi, antara lain:

1   Ada peristiwa atau kejadian.
    - Peristiwa yang diangkat bisa faktual atau rekaan.
    - Peristiwa ini haruslah mengandung konflik.
2   Peristiwa atau kejadian itu dikisahkan atau diceritakan.
    - Cara cerita bisa lewat deskripsi.
    - Lewat dialog/percakapan.
    - Yang umum cara bercerita lewat penggabungan deskripsi dan dialog.
3   Pengisahan itu dibuat secara kronologis.
    - Ada alur atau jalan ceritanya.
    - Jalinan cerita ini mesti bersambungan.
    - Jalinan cerita ini digerakkan oleh tokoh-tokoh yang terlibat di dalamnya.
    - Mereka (tokoh-tokoh) itu bergerak di suatu ruang/waktu (setting).

2.12   Kisah percintaan Hanafi dan Corrie terputus karena Corrie memandang pernikahan campuran adalah sesuatu yang tidak dibenarkan pada masa itu. Hanafi yang terluka karena penolakan Corrie akhirnya menikah dengan Rapiah, istri pilihan ibunya. Pernikahan Hanafi dengan Rapiah didasarkan atas hutang budi yang harus dibayar Hanafi kepada ayah Rapiah. Ayah Rapiah adalah paman Hanafi yang selama ini membantu ibu Hanafi untuk membiayai Hanafi bersekolah di sekolah Belanda di Batavia (sekarang Jakarta). Rapiah adalah gadis yang sangat baik dan penurut pada orang tuanya, namun Hanafi tidak memperlakukan Rapiah dengan baik. Hanafi menjadi orang yang sombong. Dia malu beristrikan Rapiah, seorang perempuan pribumi. Bacalah penggalan novel Salah Asuhan yang berisikan ratapan kesedihan Rapiah atas perbuatan Hanafi melalui pantun yang dinyanyikannya. Bacakan pantun ini dengan nada yang tepat.

Tapi sekali itu Rapiah amat nyaring dan keras, sampai terdengar ke dalam kebun. Rupanya ia sedang berhanyut-hanyut dibawa untungnya, karena buah pantunnya tiadalah lagi buat menidurkan anak, melainkan menyadari untung saja. Dalam kesedihan itu lupalah ia agaknya bahwa suaranya sudah terdengar sampai jauh ke halaman.

Dengan jelas sampailah buah pantunnya ke telinga suami dan mertuanya yang masih duduk di luar, demikian bunyinya:

Jika tidak karena bulan,

Tidaklah bintang condong ke barat.

Jika tidak karena tuan,

Tidaklah badan sampai melarat.

> *Pulau Pandan jauh di tengah,*
>
> *Di balik pulau angsa dua.*
>
> *Hancur badan dikandung tanah,*
>
> *Budi baik dikenang jua.*

> > *Tinggi asap di pulau Punjung,*
> >
> > *Orang membakar sarap balai.*
> >
> > *Kehendak hati memeluk gunung,*
> >
> > *Apalah daya tangan tak sampai.*

Seranti teluknya dalam,

Batang kapas lubuk tempurung.

Kami ini umpama balam,

Mata lepas badan terkurung.

> *Mempelam di bukit batu,*
>
> *Kecubung di batang pandan.*
>
> *Tak baik tuan begitu,*
>
> *Kami bergantung diabaikan.*

Sedang Rapiah berpantun-pantun itu ibu Hanafi membiarkan air matanya mengalir sepuas-puasnya. Hanafi pun tinggal termenung, entah mendengarkan buah pantun, entah sedang menyadari untung pula.

Sumber: Salah Asuhan karya Abdul Moeis

2.13   Tuliskan makna masing-masing pantun yang dinyanyikan oleh Rapiah. Tuliskan kata-kata kunci dari isi pantun untuk menguatkan jawaban Anda.

2.14   Bagilah kelas Anda menjadi empat kelompok. Tiap kelompok diminta untuk menuliskan **lima pantun dengan dua tema yang berbeda**. Setelah selesai menuliskan pantun, bacalah dengan suara nyaring pantun Anda di depan kelas. Guru akan memberikan penilaian atas pantun Anda.

2.15 Bacalah surat pembaca berikut ini

Surat Pembaca

Menghilangkan Tradisi Mudik

Tradisi mudik adalah tradisi yang menyimpan makna tersendiri bagi mereka yang merantau dan tinggal di kota yang berbeda dari tempat mereka dibesarkan. Mudik yang berarti pulang ke kampung halaman atau ke udik biasanya dilakukan pada saat menyambut Lebaran. Mudik menjadi sebuah momen untuk bertemu dengan anggota keluarga yang ditinggalkan karena bekerja, menikah atau melanjutkan pendidikan di tempat yang jauh dari kota kelahiran.

Pertemuan keluarga yang dinantikan setelah menjalani puasa menjadi momen yang indah dan berharga. Makna Idul Fitri semakin dalam dengan pertemuan keluarga yang saling memaafkan dan memulai hubungan baru yang lebih baik dari sebelumnya. Momen ini mengingatkan manusia bahwa sebagai makhluk sosial yang diciptakan Tuhan sedemikian rupa, kebutuhan untuk kembali kepada lingkungan keluarga menjadi hal yang berharga.

Di balik seluruh makna yang muncul dari kegiatan mudik, muncul sebuah pertanyaan, apakah tradisi mudik ini akan terus ada di masa-masa yang akan datang? Mung-kinkah tradisi mudik ini hilang di masa depan? Bukankah mudik muncul karena kebutuhan untuk kembali ke daerah asal karena harus pergi merantau ke kota untuk berbagai alasan? Bagaimana jika di masa depan pemerintah berhasil membangun daerah-daerah pedesaan menjadi daerah yang juga maju dan menyediakan pendidikan yang bagus sampai jenjang pendidikan tinggi? Bagaimana jika pemerintah berhasil membangun sektor kerja yang maksimal sehingga penduduk usia produktif tidak perlu ke kota untuk mencari pekerjaan? Bagaimana jika kebutuhan masyarakat di berbagai daerah dapat dipenuhi karena meratanya pembangunan? Masihkah tradisi mudik akan menjadi tradisi menjelang lebaran?

Saya yakin jika pembangunan merata dan daerah-daerah memiliki fasilitas pendidikan hingga ke jenjang pendidikan yang paling tinggi dan lowongan pekerjaan yang baik, maka tradisi mudik akan hilang. Hilang bersama dengan munculnya kehidupan dan pendidikan yang sama baiknya di daerah maupun di kota. Bagaimana menurut Anda?

Harris H.

Bandung 61270

2.16 Memahami tujuan penulisan surat pembaca. Bersama dengan partner Anda carilah empat surat pembaca yang terdapat dalam surat kabar, tabloid, atau majalah. Tuliskan inti dari surat pembaca tersebut dengan mengisi kolom di bawah ini.

Judul Surat Pembaca	Sumber	Inti surat pembaca dalam satu hingga dua kalimat	Tujuan penulis menulis surat pembaca
Contoh: Tiket konser Festival Jazz Jakarta	Tabloid Musik Kita edisi 6-12 Januari 2016	Annie, sang penulis, komplain mengenai tiket Festival Jazz Jakarta yang dibelinya dari agen tiket tidak dapat digunakan karena pada saat akan memasuki ruangan konser, petugas menyatakan tiketnya palsu. Annie melaporkan agen penjualan tiket, menuntut ganti rugi 10 kali lipat harga tiket, dan melaporkan agen tiket kepada pihak berwajib.	Menyampaikan keluhan atas ketidaknyamanan.
1			
2			
3			
4			

2.17 Menjawab surat pembaca. Anda diminta untuk memberikan jawaban Anda atas isi surat pembaca (2.13) di atas. Di bagian akhir penulis menyatakan pendapatnya; **Saya yakin jika pembangunan merata dan daerah-daerah memiliki fasilitas pendidikan hingga ke jenjang pendidikan yang paling tinggi dan lowongan pekerjaan yang baik, maka tradisi mudik akan hilang**. Berikan jawaban Anda atas pernyataan penulis. Panjang surat balasan Anda sekitar 100-125 kata. Serahkan tulisan Anda kepada guru untuk dinilai dan kemudian jawaban yang paling baik menurut guru dapat dibacakan di depan kelas oleh penulisnya.

2.18 Menulis surat pembaca. Guru akan membagi kelas Anda menjadi empat kelompok dan masing-masing kelompok diminta untuk menuliskan sebuah surat pembaca dengan pilihan topik di bawah ini. Satu kelompok memilih satu topik. Bacalah surat yang kelompok Anda tuliskan di depan kelas.

a Surat pembaca tentang kekecewaan Anda atas tidak pedulinya banyak anak remaja terhadap budaya tradisional Indonesia.

b Surat pembaca tentang bangganya Anda karena seorang anak Indonesia yang bersekolah di luar negeri menjadi pemenang lomba kreasi tarian tradisional yang diikuti berbagai negara.

c Surat pembaca tentang kecewanya Anda karena bayak acara di televisi yang tidak sesuai dengan nilai-nilai budaya Indonesia.

d Surat pembaca tentang dukungan Anda pada kebijakan pemerintah melalui Menteri Pendidikan yang mewajibkan siswa asing yang bersekolah di Indonesia untuk belajar budaya Indonesia, UU Mendikbud no 31 tahun 2014.

2.19 Lakukanlah sebuah riset di luar jam pelajaran melalui internet bersama kelompok Anda yang terdiri dari empat atau lima orang mengenai budaya mudik di Indonesia. Setiap orang dapat melakukan riset dengan topik yang berbeda-beda seperti topik di bawah ini:

- Peningkatan harga tiket transportasi darat, laut, dan udara saat mudik.
- Tingkat kecelakaan saat mudik.
- Jumlah pemudik selama tiga tahun terakhir.
- Hal-hal yang dipersiapkan sebelum mudik.
- Hal-hal unik seputar kegiatan mudik lainnya.

Setelah melakukan riset sesuai waktu yang ditentukan bersama guru Anda, buatlah sebuah laporan mengenai hasil riset Anda dalam sebuah laporan tertulis dalam bentuk poin-poin.

2.20 Bacalah artikel tentang permainan tradisional Indonesia berikut ini.

TIP BELAJAR - SURAT PEMBACA

Surat pembaca adalah ungkapan langsung yang berisi sikap atau pendapat seseorang atau kelompok tentang isu atau masalah yang sedang hangat dan dianggap bermanfaat bagi pribadi penulis, kelompok atau khalayak yang membacanya.

Langkah-langkah menulis surat pembaca:

1 Pilih isu.
2 Isu yang dipilih jangan sampai kadaluwarsa.
3 Isu yang dipilih harus memiliki manfaat.
4 Isu yang dipilih hendaknya dikuasai.
5 Gunakan kata ganti "saya" (bila mewakili perseorangan) dan "kami" (bila mewakili kelompok).
6 Gunakan bahasa Indonesia baku.
7 Tulis latar belakang untuk mempersiapkan pembaca masuk ke dalam isu yang diangkat.
8 Tulis isi (sikap atau pendapat yang ditawarkan) dengan rinci, tegas, jelas, dan tidak bertele-tele.
9 Tulis penutup seringkas mungkin.
10 Tulis judul yang menarik, singkat dan mencerminkan isi.
11 Tulis identitas diri yang masih berlaku sejelas mungkin.
12 Kirim segera ke media yang dituju

Mengenal Tujuh Permainan Tradisional Indonesia

1 Congklak

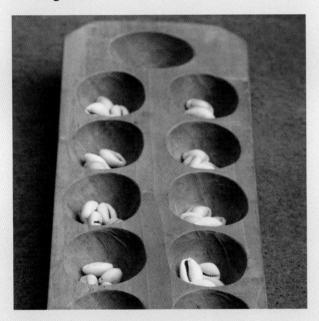

Permainan ini ada yang menyebut *dakon* (Jawa), congklak (beberapa daerah Sumatera berkebudayaan Melayu), *dentuman lamban* (Lampung), dan lain-lain. *Congklak* dimainkan oleh dua orang. Mereka saling menghadap papan *congklak*. Papan ini memiliki 16 lubang. Lubang tersebut terdiri atas 14 lubang kecil (masing-masing tujuh lubang saling berhadapan) dan dua lubang besar di kedua belah sisinya. Dua buah lubang besar ini biasa disebut lumbung. Masing-masing pemain memiliki satu lumbung. Mengenai jumlah lubang di papan, sebenarnya bergantung kesepakatan. Karena dalam praktiknya, ada papan congklak yang memiliki lebih dari 14 lubang atau kurang dari 14 lubang.

Cara memainkan:

a Isi ke-14 lubang kecil dengan biji congklak masing-masing tujuh buah per lubang.

b Tentukan siapa yang memulai bermain dengan bersuten (*suit/pingsut*).

c Pihak yang menang suten akan memulai dengan mengambil biji di salah satu lubang kecil dan memasukkannya satu per satu ke setiap lubang di sebelah kanannya, termasuk lubang besar (lumbung) miliknya. Bila biji habis di lubang kecil yang berisi biji lainnya, ia akan melanjutkan permainan dengan mengambil seluruh biji tersebut dan mengisikannya ke lubang seperti sebelumnya. Bila biji habis di lumbungnya, maka ia dapat melanjutkan dengan memilih lubang kecil di sisinya. Bila biji habis di lubang kecil di sisinya, maka ia berhenti dan mengambil seluruh biji di sisi yang berhadapan. Sebaliknya, bila biji habis di lubang kosong di sisi lawan, maka ia harus berhenti. Bila berhenti, permainan dilanjutkan pihak lawan dengan cara yang sama.

d Permainan dianggap selesai bila seluruh biji sudah masuk di lumbung kedua pemain. Pemenang ditentukan dengan cara menghitung siapa yang mendapatkan biji terbanyak di lumbungnya.

2 Gasing

Mainan yang bisa berputar pada poros dan berkeseimbangan pada suatu titik ini biasanya dibuat dari kayu. Namun, dewasa ini banyak gasing berbahan plastik atau bahan-bahan lain. Tali gasing umumnya berbahan nilon. Gasing terdiri dari bagian kepala, badan dan kaki (paksi).

Cara memainkan:

a Pegang gasing dengan satu tangan, dan siapkan tali di tangan yang lain.
b Lilitkan tali gasing, mulai dari bagian paksi sampai bagian badan.
c Lempar gasing ke tanah sekuat tenaga agar gasing bisa berdiri tegak dan berputar selama mungkin.

3 Kelereng

Dulu kelereng dibuat dari tanah liat. Sekarang, mainan yang juga disebut *gundu* (Betawi) dan *neker* (Jawa) ini dibuat dari marmer atau kaca yang dibentuk menjadi bola kecil berbagai ukuran dan corak warna.

Cara memainkan:

a Jika pemain terdiri atas dua orang, maka untuk memulai biasanya ditentukan dengan bersuten. Bila pemain lebih dari dua, mereka biasanya melakukan *hompimpa*.
b Mereka kemudian menentukan sasaran tembak atau saling menembak kelereng lawan. Untuk menembak, seseorang menaruh kelereng di antara ruas jari tangan, kemudian memicunya dengan salah satu jari hingga meluncur ke sasaran.

4 Layang-layang

Mainan ini terbuat dari bahan tipis (bisa kertas, plastik atau daun), yang ditempelkan ke kerangka (umumnya berbahan bambu). Layang-layang diterbangkan menggunakan tali atau benang sebagai pengendali.

Cara memainkan:

a Ikat layang-layang dengan benang.
b Terbangkan layang-layang dengan memanfaatkan kekuatan hembusan angin.

5 Egrang

Mainan ini dibuat dari bambu atau kayu yang diberi tangga pada jarak tertentu sebagai tempat berpijak kaki.

Cara memainkannya:
a Masing-masing tangan memegang batang egrang.
b Pijakkan salah satu kaki di atas tangga dan angkat tubuh serentak sambil menapakkan kaki satunya di tangga lain.
c Ketika kedua kaki sudah menapak, pertahankan keseimbangan dan mulailah berjalan.

6 Petak umpet

Petak umpet (Inggris: *hide and seek*) dimainkan oleh dua orang atau lebih. Satu anak (disebut 'kucing') bertugas untuk menemukan teman-teman yang bersembunyi.

Cara memainkannya:
a Tentukan siapa yang menjadi kucing dengan cara bersuten atau *hompimpa*.
b Kucing menutup mata menghadap tiang/pohon/tembok dan sebagainya yang dijadikan *inglo* (pos jaga) sambil menghitung mundur mulai angka 10, sementara yang lain lari bersembunyi.
c Setelah hitungan selesai, kucing membuka mata, mencari teman-temannya yang bersembunyi sambil menjaga *inglo*nya agar tidak disentuh teman-temannya.
d Jika si kucing lengah dan *inglo*nya disentuh, maka ia dinyatakan tetap kalah dan harus terus berjaga.
e Kucing dinyatakan menang atau terbebas dari tugas sebagai kucing, jika:
  • ia berhasil menemukan temannya,
  • menyebutkan nama teman tersebut, dan
  • berhasil menyentuh *inglo* lebih cepat daripada teman yang namanya disebut.

7 Galah Asin

Permainan ini disebut juga *galasin* atau *gobak sodor*. Pemain dibagi menjadi dua kelompok. Satu kelompok yang kalah saat bersuten ditetapkan menjadi penjaga. Satu kelompok yang menang sebagai penerobos.

Cara memainkannya:
a Buat garis berbentuk persegi panjang yang dibagi dalam enam kotak.
b Tetapkan dua kelompok dengan jumlah sama banyak. Satu regu sebagai penjaga, regu lain sebagai penerobos.
c Sesuai dengan namanya, regu penerobos akan berusaha melewati hadangan regu penjaga. Sementara regu penjaga berusaha sekuat tenaga menghadang lawan agar tidak bisa lolos melewati setiap garis hingga garis terakhir secara bolak-balik.
d Regu yang menang adalah regu yang seluruh anggotanya berhasil menerobos bolak-balik tanpa tersentuh regu penjaga.

109

2.21 Anda dan partner Anda memiliki pendapat yang benar-benar berbeda. Salah satu mengatakan, "Setuju, karena …", sementara satunya mengatakan, "Tidak setuju, karena …". Rekan-rekan Anda akan memilih manakah pendapat yang lebih meyakinkan ketika menanggapi beberapa topik berikut.

a Permainan tradisional perlu dilestarikan.
b Permainan tradisional perlu dipatenkan.
c Permainan tradisional memiliki nilai lebih dibandingkan dengan permainan modern dalam hal mengajari anak bersosialisasi dan menghargai orang lain.
d Permainan tradisional hanya cocok dimainkan oleh anak-anak di desa daripada anak-anak di kota.

e Memainkan permainan tradisional kurang bergengsi dibandingkan dengan memainkan permainan modern.

f Guna melestarikan permainan tradisional, pemerintah perlu mewajibkan sekolah-sekolah untuk memasukkan materi permainan tradisional dalam kurikulum.

g Permainan tradisional kurang melatih jiwa berkompetisi dibandingkan dengan permainan modern.

h Permainan modern lebih banyak mudaratnya (sesuatu yang merugikan) daripada manfaatnya.

i Serbuan budaya modern merupakan penyebab utama terkikisnya atau hilangnya budaya tradisional.

j Budaya modern akan selalu menang dalam persaingan dengan budaya tradisional.

2.22 Deskripsikan satu permainan tradisional yang pernah Anda mainkan atau yang Anda tahu selain dari tujuh permainan tradisional yang sudah disebutkan di atas. Jika Anda belum tahu, lakukan riset. Anda juga bisa bertanya kepada orang tua atau siapa pun yang Anda kenal. Bacalah di depan kelas tulisan deskripsi Anda. Bersiaplah menjawab pertanyaan yang diajukan teman atau guru di akhir penjelasan Anda.

2.23 Buatlah sebuah kerangka karangan (*outline*) tulisan opini dengan tema: **Kiat melestarikan permainan tradisional di tengah serbuan permainan modern**. Kerangka karangan Anda dibagi dalam:

- Pendahuluan
  (Isinya menjawab pertanyaan: Mengapa permainan tradisional perlu dilestarikan?)
- Tubuh Tulisan
  (Isinya tentang ide-ide melestarikan permainan tradisional).
- Penutup
  (Isinya mengulang hal penting yang ada dalam pendahuluan atau tubuh tulisan).

Setelah kerangka karangan selesai, berikutnya kembangkan kerangka tersebut menjadi sebuah artikel dengan ketentuan sbb:

- Berikan sebuah judul yang menarik untuk artikel Anda.
- Berikan sub-judul yang sesuai dengan argumen.
- Masukkan perangkat-perangkat retorik.
- Tulis dalam 350-500 kata.

Berbicara dan Merespons (Budaya Modern)

Tujuan pembelajaran

Kegiatan berbicara dan merespons pada unit ini difokuskan untuk:

- melakukan kegiatan sumbang saran atas topik tertentu
- melatih siswa terampil berdiskusi dan presentasi
- melatih siswa terampil memberikan nasihat lewat telepon
- membaca teks pidato dengan intonasi yang tepat
- menguasai pidato semi-*impromptu* (semi-spontan)
- menguasai pidato *impromptu* (spontan)
- menguasai pidato *ekstemporan* (berpidato sambil membawa catatan-catatan kecil)
- menirukan gaya pidato tokoh

3.1 Secara berkelompok, lakukan sumbang saran (brainstorming) atas topik "**Peran remaja dalam menangkal budaya modern yang tidak sesuai dengan kepribadian bangsa**". Catat hasil sumbang saran Anda.

3.2 Masing-masing kelompok secara bergiliran diberikan kesempatan membacakan hasil sumbang sarannya. Ide yang sama yang sudah disebutkan kelompok lain harap ditandai sehingga tidak perlu dibaca ulang. Anda boleh bertanya arti kata atau frasa tertentu yang belum Anda pahami yang disebutkan oleh kelompok lain.

3.3 Perhatikan kedua gambar di bawah ini. Gambar pertama adalah gambar pasar tradisional di Indonesia, sementara gambar kedua adalah gambar pasar modern. Bersama dengan partner Anda diskusikan **sepuluh perbedaan antara pasar tradisional dan pasar modern**. Setelah selesai, bacakan hasil diskusi Anda di depan kelas.

Perbedaan Pasar Tradisional dan Pasar Modern

Pasar Tradisional	Pasar Modern
1.	1.
2.	2.
3.	3.
dan seterusnya	dan seterusnya

3.4 Guru Anda akan membagi kelas Anda menjadi dua kelompok yang berbeda. Kelompok yang satu diminta untuk menjelaskan **pentingnya mempertahankan pasar tradisional**, sementara kelompok yang lain menjelaskan **pentingnya membangun lebih banyak pasar modern** di era ini. Sebelum menyampaikan pendapat Anda di depan kelas, lakukan hal-hal berikut ini:

- Setiap kelompok diminta untuk melakukan riset di luar jam pelajaran mengenai topik yang akan disampaikan.
- Setiap kelompok memilih tiga juru bicara untuk mewakili kelompok berbicara di depan kelas.
- Masing-masing juru bicara akan memberikan sedikitnya dua alasan untuk topik yang dibicarakan. Alasan yang disampaikan haruslah merupakan hasil diskusi dan riset dari masing-masing kelompok.
- Juru bicara hanya boleh membawa catatan kecil dalam bentuk poin-poin dan bukan sebuah paragraf untuk dibacakan.

3.5 Selain munculnya perilaku lebih menyukai berbelanja di pasar-pasar modern dan mini market dengan berbagai alasan, masyarakat modern juga menyukai berbelanja daring (*online*). Perhatikan gambar di bawah ini, lalu bagilah kembali kelas Anda menjadi dua kelompok. Kelompok A akan membicarakan kelemahan-kelemahan jika melakukan belanja daring, sementara kelompok B akan membicarakan kelebihan-kelebihan jika berbelanja daring. Masing-masing kelompok diminta melakukan riset di luar jam pelajaran. Pada saat kelompok A membicarakan topiknya, kelompok B dapat mempertanyakan hal-hal yang diungkapkan kelompok A, demikian juga

sebaliknya. Guru Anda akan memberikan penilaian pada masing-masing kelompok.

3.6 Anda diminta untuk menuliskan kesimpulan dari kedua pembicaraan kelompok ini yaitu topik pasar tradisional versus pasar modern dan topik kelebihan dan kelemahan belanja daring. Tuliskan kesimpulan Anda dalam bentuk poin-poin. Setelah selesai, guru akan meminta beberapa siswa untuk membacakan kesimpulan yang mereka tulis di depan kelas. Siswa yang lain diminta untuk memberikan respons jika ada kesimpulan yang tidak tepat sesuai diskusi yang telah dilakukan di kelas.

Pasar Tradisional versus Pasar Modern	Kelebihan dan kekurangan belanja daring
•	•

3.7 Perilaku berbelanja daring tidak terlepas dari peran teknologi informasi yang sangat dominan pada masyarakat modern. Perhatikan tabel di bawah ini yang dibuat oleh Kemenkominfo (Kementerian Komunikasi dan Informasi). Menurut Anda informasi tersirat apakah yang disampaikan melalui gambar tersebut? Setiap siswa memberikan pendapatnya masing-masing.

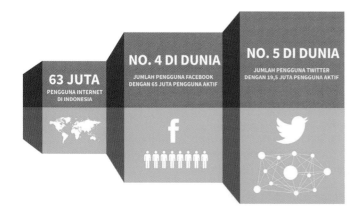

3.8 Kita sering melihat atau bahkan ikut dalam suatu diskusi. Menurut Anda, apakah tujuan seseorang mau terlibat dalam diskusi? Bersama partner Anda, temukan tujuan dari setiap kegiatan berikut. Lihat contoh di bawah.

No	KEGIATAN	TUJUAN
1	Kunjungan resmi kenegaraan antar-presiden.	Meningkatkan hubungan dan perdagangan.
2	Pertemuan Menpora dengan per-wakilan suporter bola.	Mencari solusi mengatasi holiganisme yang semakin marak.
3	Rapat OSIS.	
4	Pertemuan menteri pertanian dengan petani.	
5	Pertemuan para guru dengan para orang tua.	
6	Pertemuan gubernur dengan Pedagang Kaki Lima (PKL).	
7	Konferensi pers antara Komisi Pemberantasan Korupsi (KPK) dengan awak media.	
8	Pertemuan pelatih dengan pemain bola sebelum pertandingan.	
9	Pertemuan pemilik perusahaan dengan buruh pabrik.	
10	Rapat RT (Rukun Tetangga).	
11	Pertemuan Komisi Disiplin di sekolah dengan orang tua.	
12	Pertemuan panitia pensi (pentas seni) di sekolah.	

3.9 Bacalah liputan berita berjudul *Menangkal Serbuan Globalisasi* yang ditulis Fedli Azis berikut, sebagai persiapan untuk diskusi kelompok.

Menangkal Serbuan Globalisasi

Tak di kota, tak di kampung, pengaruh asing dengan beragam model menjadi momok dan menularkan kegamangan yang mencemaskan terutama bagi para orang tua. Dalam menghadapi era globalisasi dan kecanggihan teknologi, generasi muda utamanya perlu dibekali pemahaman kebudayaan setempat agar mereka tidak mudah terjerumus pada pengaruh negatif.

Untuk menangkal derasnya arus globalisasi, terutama untuk kalangan generasi muda, Lembaga Adat Melayu (LAM) Riau Kecamatan Bukitbatu, menggelar seminar budaya. Acara yang dilaksanakan awal Februari lalu di Aula Mess Pertamina Sungai Pakning itu menghadirkan peserta didik tingkat SMP/SMA sederajat, para tetua dan tokoh masyarakat.

Keluh kesah yang tidak dapat dihindari dan terlontar dalam forum seminar itu tak lain mengenai perilaku generasi muda hari ini yang seolah-olah telah tercerabut dari nilai-nilai budaya setempat akibat dari pengaruh budaya asing yang hampir tidak terkendali.

Kampung justru menjadi sasaran empuk dari pengaruh-pengaruh negatif globalisasi, seperti halnya yang disampaikan salah seorang tokoh masyarakat, Syamsul Bahri. Katanya, banyak sikap dan perilaku tak senonoh yang dipertontonkan generasi muda hari ini tidak lagi menjadi aib bahkan hampir menjadi tren bagi mereka.

Sebut saja, hamil di luar nikah, kecanduan narkoba, kebut-kebutan di jalan raya, tidak lagi menjadi peristiwa langka di kampung-kampung. Diakui Syamsul, ini bukanlah hal yang baru terjadi. Tetapi, persentase dari beberapa hal yang memalukan dan tentu saja melanggar norma-norma agama itu kian hari kian meningkat.

"Inilah barangkali yang seharusnya menjadi poin penting untuk kita pikirkan bersama agar moral dan akhlak generasi hari ini tidak sampai

113

tercerabut dari akarnya," ucap Syamsul Bahri yang juga merupakan pengurus LAM Riau Kecamatan Bukitbatu, Kabupaten Bengkalis.

Bahkan hal-hal yang selalu dianggap sepele selama ini juga dikeluhkan di dalam seminar sehari itu, seperti keberadaan acara organ tunggal yang dihelat pada pesta pernikahan. Acara yang seharusnya menjadi malam hiburan justru menjadi malam saat segala bentuk kemaksiatan dihalalkan. Minum-minuman beralkohol, mabuk-mabukan, dan para artis organ menari dengan pakaian serba seksi.

"Dan itu dipertontonkan di hadapan semua kalangan masyarakat, mulai dari anak-anak sekolah sampai orang-orang tua yang hadir pada malam itu. Memang bentuknya hiburan tetapi hiburan yang tidak lagi senonoh, tidak lagi sedap dipandang mata, baik di mata adat budaya, apalagi agama," ucap Tina, salah seorang pelaku seni tari Kecamatan Bukitbatu.

Hanya saja, lanjutnya sampai hari ini, hal yang menurutnya harus mendapat perhatian dan teguran oleh orang tua, cerdik pandai di kampung, justru terus saja dibiarkan berlangsung. Seolah-olah perilaku-perilaku yang jelas-jelas menyimpang dari identitas budaya Melayu bahkan agama itu, menjadi peristiwa yang biasa-biasa saja.

Menanggapi berbagai hal yang dikeluhkan, Ketua Umum LAM Riau Kecamatan Bukitbatu, Muslim Rozali pun menyadari, ada banyak persoalan di kampung yang kemudian tanpa disadari sebenarnya akan menjadi persoalan yang serius ke depan, terutama terkait dengan pengaruh-pengaruh negatif globalisasi yang perlahan-lahan akan memangkas akar-akar budaya yang selama ini tertanam.

Katanya, seminar yang dihelat itu merupakan langkah awal dari kerisauan bersama, tetapi tentu saja, pekerjaan ke depannya tidaklah mudah. Semua unsur lapisan masyarakat diminta pula untuk saling bekerja sama, baik itu orang tua, pihak sekolah bahkan pemerintah desa setempat.

Diyakini Muslim, salah satu upaya untuk menangkal serbuan globalisasi itu adalah dengan cara kembali mengenalkan kepada generasi muda nilai-nilai budaya yang dimiliki. "Misalnya, menggiatkan kembali kegiatan remaja-remaja masjid, membuka kelompok-kelompok seni sehingga ada kegiatan-kegiatan positif ketimbang misalnya hanya berjalan hilir mudik, berkumpul-kumpul tak tentu arah," jelas Muslim.

Bentengi Diri

Hadir sebagai pembicara undangan dari Pekanbaru ketika itu, seniman/budayawan yang mendapat penghargaan Sagang 2014, Hang Kafrawi. Di hadapan para peserta yang terdiri dari para siswa-siswi dan juga pemuka masyarakat, Hang Kafrawi membawakan sebuah makalah berjudul "Memperkokoh Kesejatian Melayu dalam Menghadapi Era Globalisasi".

Dipaparkan Ketua Jurusan di Fakultas Ilmu Budaya Universitas Lancang Kuning (FIB Unilak) itu, dalam memenuhi keperluannya yang sesuai dengan keadaan zaman, manusia selalu melakukan penemuan-penemuan baru, agar bisa mengikuti rentak waktu dan zaman. Hal itu yang menyebabkan kebudayaan itu tidak statis, kebudayaan itu dinamis sesuai dengan keperluan zaman. "Keadaan inilah yang harus diwaspadai oleh suatu puak atau suku. Apabila kehendak zaman hanya diikuti tapi tanpa dibarengi nilai-nilai luhur yang ada dalam tradisi, maka akan melahirkan kebudayaan 'hampa', kebudayaan tanpa identitas. Kebudayaan 'hampa' ini penyebab terkikisnya rasa cinta, baik kepada sesama manusia, maupun terhadap alam," paparnya.

Tentu saja di zaman yang serba canggih ini, teknologi tidak bisa diharamkan. Yang perlu dilakukan oleh masyarakat atau puak adalah penggalian diri, sehingga nilai-nilai luhur yang dimiliki turun-temurun tidak hilang dari pikiran dan perbuatan.

"Itu sebabnya mengenal diri dalam artian mengenal nilai-nilai tradisi menjadi sesuatu kekuatan dalam membentengi diri dari serangan kebudayaan asing. Di dalam tradisi Melayu terkandung nilai-nilai kearifan, keadilan dan kebersamaan. Kearifan menjaga alam, arif dalam bertindak untuk kepentingan bersama, kearifan untuk memperkuat keadilan agar hidup ini menjadi harmonis," tambahnya.

Hang Kafrawi juga menyetujui bahwa selain menggiatkan kembali kegiatan-kegiatan agama untuk generasi muda, seni budaya juga perlu dipelajari sebab mempelajari seni juga mempelajari hati nurani dan belajar banyak hal tentang kehidupan. Mengutip pernyataan pakar futuristik, Kafrawi menutup seminar dengan mengatakan, "Bermula di abad ke-21, dalam menghadapi era globalisasi, agar tidak kehilangan identitas diri, agar tidak tersesat, maka jadikan agama dan seni sebagai penangkalnya dan isilah hidup dengan berkarya."

3.10 Diskusikan dengan partner Anda, manakah di antara kalimat-kalimat berikut yang termasuk FAKTA dan mana yang termasuk OPINI.

  a Tak di kota, tak di kampung, pengaruh asing dengan beragam model menjadi momok dan menularkan kegamangan yang mencemaskan terutama bagi para orang tua.

  b Acara itu menghadirkan peserta didik tingkat SMP/SMA sederajat, para tetua dan tokoh masyarakat.

  c Kampung justru menjadi sasaran empuk dari pengaruh-pengaruh negatif globalisasi.

  d Organ tunggal sekarang telah menjadi hiburan yang tidak lagi senonoh, tidak lagi sedap dipandang mata, baik di mata adat budaya, apalagi agama.

  e Hang Kafrawi membawakan sebuah makalah berjudul "Memperkokoh Kesejatian Melayu dalam Menghadapi Era Globalisasi".

  f Kebudayaan itu tidak statis, kebudayaan itu dinamis sesuai dengan keperluan zaman.

  g Di dalam tradisi Melayu terkandung nilai-nilai kearifan, keadilan dan kebersamaan.

3.11 Diskusikan dengan partner Anda hal-hal berikut:

  a Dengan melihat judul berita (*headline*) tulisan reportase di atas, menurut Anda apa yang wartawan pikirkan tentang dampak globalisasi di kalangan generasi muda?

  b Menurut Anda, seperti apakah dampak globalisasi di kalangan generasi muda?

  c Menurut Anda, globalisasi membawa lebih banyak dampak positif atau negatif? Mengapa?

  d Salah satu upaya untuk menangkal serbuan globalisasi adalah dengan cara kembali mengenalkan atau mempelajari seni budaya yang kita miliki kepada generasi muda. Setujukah Anda? Mengapa?

  e Apabila kehendak zaman hanya diikuti tapi tanpa dibarengi nilai-nilai luhur yang ada dalam tradisi, maka akan melahirkan kebudayaan 'hampa', kebudayaan tanpa identitas. Setujukah Anda? Mengapa?

  f Ada negara yang demi menangkal pengaruh negatif budaya asing, mereka melarang warganya, misalnya untuk: membuka Youtube, mengakses Facebook, mendengarkan siaran radio asing, menonton siaran televisi asing, menonton film asing, dan lain-lain. Setujukah Anda dengan kebijakan semacam ini? Mengapa?

3.12 Bagilah kelas ke dalam kelompok-kelompok yang terdiri dari empat atau lima orang. Setiap kelompok akan mendapat tugas presentasi. Topik presentasi akan diundi. Ada dua topik yang menjadi pilihan. Topik pertama, "Kiat menangkal pengaruh negatif globalisasi di kalangan remaja". Dalam topik yang pertama ini, globalisasi dianggap sebagai pembawa pengaruh negatif sehingga kehadirannya perlu ditangkal. Topik kedua, "Menyongsong era globalisasi sebagai ajang unjuk kreativitas bagi remaja". Pada topik yang kedua, globalisasi dipandang secara positif. Di sini remaja ditantang untuk menyambut era globalisasi dengan terbuka lewat unjuk kreativitas.

Langkah-langkah yang perlu dilakukan sebelum melakukan presentasi:

  • Lakukan riset di luar jam pelajaran.
    Dalam riset ini, baik Anda yang pro atau kontra dengan arus globalisasi, temukan ide yang mendukung posisi Anda sebanyak-banyaknya.

  • Uji terlebih dahulu kesahihan setiap ide di dalam kelompok.
    Jika setelah diuji, sebuah ide diangggap lemah, maka perlu segera ditemukan ide lain.

  • Usahakan setiap anggota mendapat porsi presentasi yang seimbang.
    Ide yang sudah diterima untuk dipresentasikan dibagi atau didistribusikan kepada anggota secara merata.

  • Latihan sebelum presentasi untuk menjaga kelancaran alur penyampaian.

  • Lakukan evaluasi setelah selesai presentasi.

3.13 Anda tentu pernah mendengar istilah gegar otak, yakni suatu gangguan pada otak akibat guncangan dari luar, misalnya karena terjatuh, tertimpa benda atau terkena pukulan benda keras, dan sebagainya. Dalam bidang budaya, kita mengenal juga istilah gegar budaya (*culture schock*). Gegar budaya adalah guncangan perasaaan (kecemasan) akibat masuknya nilai-nilai kebudayaan baru yang tidak sesuai dengan nilai-nilai kebudayaan lama yang tertanam sebelumnya. Sebelum membahas tentang topik gegar budaya, guru sudah meminta siswa untuk melakukan riset di luar jam pelajaran. Sekarang bacalah surat berikut.

Arizona, 10 Januari 2016

Buat Sahabatku Vina

Di Jakarta

Salam sejahtera,

Halo Vina, *gimana* kabarmu? Semoga dirimu baik-baik saja. Oh ya, tidak terasa kita sudah tiga bulan lebih berpisah. Sejak aku meninggalkan Jakarta, aku merasa masih sulit beradaptasi dengan lingkungan baru di Arizona. Bagiku, yang paling sulit yaitu menyesuaikan lidah Indonesiaku. Kamu tahu *khan*, sejak kecil aku diasuh Mbak Sati. Itu lho, pembantu yang terkenal amat baik yang kerja di rumahku. Selain baik, kamu tahu Mbak Sati juga jago masak masakan Indonesia. Jujur, sejak kecil lidahku sudah terbiasa dengan rendang, sayur asem, gudeg, soto, gule, gado-gado dan pastinya sate! Makan pizza, pasta dan burger bisa sih, tapi kalau terus-terusan bosan. Aku benar-benar *pengen* melahap seporsi penuh nasi goreng Bang Udin yang jualan di belakang sekolah kita!

Selain urusan makan, hal lain yang membuatku kaget adalah soal tuntutan kemandirian. Aku *ngerti*, di negara maju masyarakatnya memang sudah terbiasa mandiri. Di sini biaya untuk bayar Pembantu Rumah Tangga alias PRT selangit…. Hanya orang super *tajir* yang mempunyai pembantu. Jadi semua harus aku kerjakan sendiri. Buang sampah, cuci piring, cuci pakaian, bersihkan kamar, semua sendiri. Waduh, dulu di Indonesia, apa-apa tinggal panggil mbak. Jika sudah demikian, aku semakin sadar betapa pentingnya peran Mbak Sati. Juga, kalau kita di Indonesia, ke mana pun kita diantarkan sopir. Tapi di sini, aku harus naik transportasi umum. Pertamanya kaget. Kita harus beli tiket, naiknya antri, harus tepat waktu, dan bareng sama penumpang lain. Pokoknya di sini aku harus latihan mandiri dan bertanggung jawab dan itu tidak gampang. Butuh waktu. Dan sampai sekarang pun aku masih belajar, masih terus berjuang.

Terakhir yang aku ingin ceritakan, jujur sampai sekarang aku belum bisa menghilangkan rasa kangen lantaran jauh dari keluarga dan teman. Memang aku bisa *skype* sama papa mama dan juga kamu serta teman-teman lain, tapi itu tidak bisa menggantikan kesempatan menatap wajah kalian secara langsung. Rasa kangen ini kadang-kadang mengganggu konsentrasi belajarku. Maklum seumur hidup aku belum pernah berpisah jauh dengan *ortu*.

Sebenarnya masih banyak hal lain yang ingin kuceritakan pada kamu, tapi aku sudah *ngantuk*. Lain kali kita sambung lagi ya…. Salam kangenku untuk teman-teman kita.

Sahabatmu,

Rientha

3.14 Dari segi gaya, apakah surat di atas cenderung bergaya formal ataukah informal? Diskusikan pertanyaan ini dengan partner Anda dengan memberikan bukti-bukti dari surat. Diskusi bisa difokuskan pada:

- pilihan kata (diksi)
- struktur kalimat/tata bahasanya
  - aktif/pasif
  - kompleks/sederhana
- format

TIP BELAJAR - BAHASA INFORMAL

Bahasa informal biasanya ditandai dengan pemakaian: kata tutur (bukan kata baku), idiom, singkatan, kalimat-kalimat pendek, repetisi, menggunakan *dan*, *tetapi* dan *atau* di awal kalimat, tata bahasa lebih sederhana, dan banyak menggunakan kalimat aktif daripada pasif.

3.15 Bagilah kelas ke dalam grup diskusi antara tiga atau empat orang untuk mendiskusikan gegar budaya. Guru Anda akan berkeliling ke setiap grup untuk memantau jalannya diskusi. Diskusi bisa difokuskan pada:

a contoh kasus gegar budaya
b penyebabnya
c bagaimana mengatasinya

d dampak yang mungkin timbul bila tidak ditangani dengan baik

3.16 Bayangkan Anda adalah Vina, teman akrab Rientha. Anda merasa bahwa Rientha yang sedang mengalami gegar budaya perlu segera ditolong dengan cara meneleponnya. Dalam percakapan telepon Anda, berikan nasihat kepadanya bagaimana mengatasi rasa rindu keluarga dan teman yang ia hadapi. Durasi percakapan per anak kurang lebih 1-2 menit. Guru bertindak sebagai Rientha, sementara murid sebagai Vina. Pemanggilan presentasi dilakukan secara acak.

3.17 Cari tiga orang *voluntir* untuk membaca secara bergantian teks pidato di bawah ini. Bacalah dengan keras, bersemangat, dan dibarengi dengan intonasi yang tepat.

Bapak dan Ibu guru yang saya hormati,
Teman-temanku yang saya kasihi,
Salam sejahtera untuk kita semua.

Pada kesempatan yang indah ini, marilah kita panjatkan puji dan syukur ke hadirat Tuhan Yang Maha Esa. Sebab, hanya karena anugerah-Nya, kita dapat berkumpul di tempat ini dalam keadaan sehat walafiat.

Sebagai bangsa yang besar, bangsa yang menghormati para pahlawannya, kita berkumpul pada hari ini, tanggal 28 Oktober, karena kita ingin mengenang apa yang telah dilakukan para pendahulu kita, khususnya lewat peristiwa Sumpah Pemuda. Saat itu, tepatnya tanggal 28 Oktober 1928, ketika bangsa kita belum lahir, para pemuda yang mengadakan Kongres Pemuda Kedua di Batavia atau Jakarta sekarang, telah memiliki cita-cita yang sangat jelas. Para pemuda mengikrarkan suatu sumpah yang kemudian disebut sebagai Sumpah Pemuda, yang berbunyi: Kami putra dan putri Indonesia, mengaku bertumpah darah yang satu, tanah Indonesia; Kami putra dan putri Indonesia mengaku berbangsa yang satu, bangsa Indonesia; Kami putra dan putri Indonesia menjunjung bahasa persatuan, bahasa Indonesia.

Dari peristiwa ini jelaslah bahwa pemuda sejak dulu telah menjagi pelopor dalam berbagai perubahan. Pemuda selalu berada di garda depan pada setiap perubahan. Saat Indonesia belum merdeka, merekalah yang menjadi perintis untuk Indonesia yang satu: satu nusa, satu bangsa, dan satu bahasa. Kita pun sebagai generasi muda tidak boleh tidak harus meneladani dan meneruskan apa yang telah mereka lakukan. Mari kita jaga nusa kita, pulau kita, tanah air kita, tanah tumpah darah tempat kita tinggal.

Bagaimana kita berperan dalam menjaga tanah air kita? Memang, sekarang kita tidak lagi berperang mengusir penjajah negeri kita. Tapi kita harus tetap waspada terhadap siapa pun, kelompok apa pun, yang ingin memecah belah, menjadikan Indonesia sebagai negara yang tidak berdasar pada dasar negara yang sah, yaitu Pancasila. Sebagaimana kita tahu, akhir-akhir ini ada beberapa kelompok radikal yang ingin mengubah wajah Indonesia yang toleran, damai, dan saling menghormati menjadi negara agama. Di dalam semboyan negara kita dengan sangat jelas tertera: Bhineka Tunggal Ika, yang artinya walaupun kita berbeda-beda, tapi kita tetap satu. Kita tetap satu saudara, satu keluarga, keluarga Indonesia.

Teman-teman sebangsa dan setanah air,

Selain mengingatkan, bahwa kita merupakan satu tanah air, Sumpah Pemuda juga menegaskan bahwa kita adalah satu bangsa. Kita sadar, sejak terbentuknya, Indonesia adalah sebuah negara yang memiliki aneka ragam bahasa, agama, kepercayaan, suku, budaya dan adat istiadat. Perbedaan ini jangan sampai membuat perpecahan, tetapi sebaliknya menjadi potensi yang patut disyukuri. Para pendahulu kita telah memberikan contoh nyata. Meskipun mereka berbeda-beda, ada Jong Java atau perkumpulan pemuda Jawa, Jong Soematranen, Jong Bataks, Jong Celebes, Jong Ambon, Jong Minahasa, dan masih banyak yang lain, mereka tetap bisa bersatu demi meraih cita-cita kemerdekaan Indonesia.

Sebagai generasi muda, kita bisa berkontribusi, memperkuat ikatan sebagai satu saudara sebangsa, dengan berma-cam-macam aktivitas positif. Kita bisa mempelajari dan melestarikan budaya sendiri atau budaya suku lain. Se-perti yang dilakukan para pelajar di Banyuwangi, mereka melestarikan tari daerah mereka yang disebut dengan tari gandrung. Mereka lalu mementaskannya secara massal, diikuti lebih dari seribu penari yang disebut dengan Festival Gandrung Sewu atau Festival Seribu Penari Gandrung. Kegiatan ini sangat positif. Pariwisata terdongkrak, ekonomi masyarakat tumbuh menggeliat. Sekali lagi, generasi muda harus mengambil peran aktif dalam melestarikan keka-yaan budaya negerinya. Jangan sampai hanya teriak-teriak marah saat kekayaan budaya diklaim bangsa lain, tapi diri sendiri tidak mau melestarikannya. Atau, begitu tergila-gila, begitu mengagung-agungkan budaya asing, sampai tidak mengenal budaya sendiri. Sikap yang demikian tentu bukan sikap yang baik. Generasi muda harus menjadi pelopor dalam melestarikan dan mengembangkan budaya sendiri di kalangan sesama generasi muda, bahkan memperkenal-kannya ke seluruh dunia.

Teman-teman generasi muda yang saya banggakan,

Terakhir, Sumpah Pemuda mengingatkan kita selaku generasi muda untuk menghormati bahasa persatuan, bahasa Indonesia. Bahasa Indonesia adalah bahasa yang telah terbukti memiliki peran penting dalam mempersatukan bangsa kita. Pusat Bahasa Depdiknas pada acara Kongres Bahasa Indonesia IX tahun 2008 menyebutkan, kita me-miliki 746 bahasa daerah yang tersebar di 17.508 pulau di Indonesia. Bayangkan, bila tanpa bahasa pemersatu, jelas kita akan mengalami kesulitan membangun Indonesia. Pesan dari pemerintah tidak akan sampai dengan mudah ke masyarakat, demikian sebaliknya aspirasi-aspirasi dari masyarakat ke pemerintah. Belum lagi jika antarsuku akan berkomunikasi, sedikit banyak mereka akan mengalami hambatan. Mengingat pentingnya peran bahasa Indonesia, maka tidak ada alasan bagi kita untuk tidak mempelajari atau menggunakannya dengan tanggung jawab dan penuh kebanggaan.

Akhirnya, mari kita jaga tanah air kita. Mari kita jaga persatuan kita. Mari kita pakai bahasa kita, bahasa Indonesia dengan penuh kebanggaan. Jayalah tanah airku, jayalah bangsaku, jayalah bahasaku, jayalah Indonesiaku!

Terima kasih, kiranya Tuhan memberkati perjuangan kita dalam meneruskan cita-cita Sumpah Pemuda. Merdeka!

3.18 Dipandu oleh guru, diskusikan beberapa hal berikut di kelas:

- Apakah pidato di atas merupakan pidato yang menarik untuk anak-anak remaja? Mengapa?
- Bagian mana yang menjadi kekuatan atau keunggulan dari pidato di atas? Jelaskan.
- Bagian mana yang menjadi kekurangan atau kelemahan dari pidato di atas? Jelaskan.
- Unsur-unsur apakah yang perlu ditambahkan agar pidato di atas menjadi lebih bermutu dari segi isi dan menarik untuk didengarkan?

3.19 Kelas akan melakukan aktivitas permainan pidato semi-*impromptu*. Guru Anda sudah menuliskan beberapa kata benda/frasa di kertas dan memasukkannya ke kotak. Murid yang mendapat giliran pidato dipanggil, mengambil kertas yang ada di dalam kotak secara acak, lalu diberi waktu untuk memikirkan apa yang akan disampaikan berkait dengan topik yang diterimanya. Anda diizinkan untuk membuat catatan tapi harus benar-benar singkat. Seorang petugas (*time-keeper*) akan memberi tahu kapan Anda mulai pidato dan kapan harus berhenti.

Pakai ide-ide yang relevan sebanyak mungkin, dukung dengan contoh-contoh sebanyak-banyaknya, dan gabungkanlah unsur deskripsi dan informasi dalam pidato Anda. Kalau Anda memiliki humor-humor segar, masukkan saja agar pidato Anda lebih hidup. Berikut beberapa contoh topik yang mungkin Anda dapatkan

- kebebasan
- murid
- korupsi
- banjir
- beras
- pemanasan global
- polusi
- belajar
- cinta tanah air
- polisi
- kemacetan
- teknologi
- pengamen

3.20 Anda merupakan bagian dari orang-orang terkenal dari seluruh dunia, bisa yang masih hidup atau yang sudah meninggal, suatu ketika mengadakan wisata kapal pesiar. Malangnya, di tengah laut, kapal mengalami kerusakan parah. Sang nahkoda memerintahkan agar barang-barang dibuang ke laut untuk mengurangi beban supaya kapal tidak tenggelam. Sialnya, sekalipun barang-barang sudah dibuang, kapal tetap akan tenggelam kecuali ada satu penumpang (peserta wisata kapal pesiar) yang diturunkan. Anda sekarang harus cepat memutuskan siapa diri Anda. Berikan paparan yang meyakinkan, bahwa Anda adalah orang yang layak untuk tetap tinggal di kapal. Guru bertindak sebagai nahkoda yang akan memutuskan apakah Anda tetap tinggal di kapal atau harus diturunkan

setelah menimbang seberapa meyakinkan pidato Anda.

3.21 Anda adalah ketua aktivitas ekstrakokurikuler di sekolah atau biasa disebut ekskul. Ekskul di sekolah biasanya ada bermacam-macam, seperti: futsal, bola basket, bulu tangkis, tari modern, dan lain-lain. Anda diminta mempersiapkan penjelasan tentang kegiatan ekskul yang Anda pimpin selama sekitar lima menit. Tujuan penjelasan ini ialah untuk meyakinkan audiens agar mereka bersedia bergabung dengan ekskul yang Anda pimpin. Jadi penjelasan perlu informatif dan persuasif.

3.22 Bersama partner Anda, lakukan aktivitas wawancara. Anda bertugas sebagai pewawancara, sementara partner Anda menjadi narasumber yang memerankan Menteri Pembangunan Manusia dan Kebudayaan. Peran bisa bergantian. Berikut pertanyaan-pertanyaan yang bisa diajukan:

- Menteri Pembangunan Manusia dan Kebudayaan itu tugasnya apa?
- Bagaimana Anda mendefinisikan kebudayaan Indonesia?
- Mengapa Anda menganggap penting kebudayaan untuk membangun manusia Indonesia?
- Bagaimana supaya kebudayaan Indonesia tetap bertahan di tengah gempuran budaya modern?
- Bagaimana generasi muda bisa membantu melestarikan budaya tradisional Indonesia?

119

Model Soal Bab 3

Model 1:

Membaca dan Memahami Bacaan

Lembar bacaan

Teks A
Bacalah teks ini untuk menjawab soal nomor 1-10 di lembar pertanyaan.

Kain Sasirangan: Keindahan Motif Khas Kalimantan Selatan

Sumber: http://www.indonesia.travel

Sasirangan adalah kain khas suku Banjar di Kalimantan Selatan. Keunikan kain ini tampak pada ragam motifnya yang kaya dan beragam. Nama sasirangan sendiri berasal dari kata *sirang* (bahasa setempat) yang berarti diikat atau dijahit dengan tangan dan ditarik benangnya atau dalam istilah bahasa jahit dikenal dengan istilah dijelujur.

Kain sasirangan dulunya adalah pakaian adat yang biasa dipakai pada upacara-upacara adat. Bahkan kain ini mulanya digunakan untuk kesembuhan bagi orang yang tertimpa suatu penyakit (*pamintaan*). Pada zaman dulu kain sasirangan sebagai pakaian adat biasanya berupa ikat kepala (*laung*), sabuk untuk lelaki serta sebagai selendang, kerudung, atau *udat (kemben)* bagi kaum wanita.

Seiring dengan perkembangan zaman, kain sasirangan kini tidak hanya menjadi pakaian adat tapi juga menjadi sandang khas Kalimantan Selatan yang digunakan dalam kehidupan sehari-hari. Kain sasirangan kerap dijadikan bahan bagi busana pria maupun wanita yang dipakai sehari-hari, baik resmi atau non resmi. Selain itu, sasirangan juga tampak pada produk lain, yaitu kebaya, selendang, gorden, taplak meja, sapu tangan, sprei, dan lainnya.

Kain sasirangan dibuat dengan memakai bahan kain mori atau katun yang sudah disesuaikan ukurannya menurut kebutuhan. Bahan baku dasar ini kini bervariasi, tidak hanya katun tapi juga polyester, rayon, atau sutera. Kain tersebut kemudian digambar motif-motif khas lalu dijahit/disirang berdasarkan pola yang sudah dibuat. Kain yang telah dijahit berikutnya ditarik benang jahitannya agar kencang hingga kain mengerut.

Proses selanjutnya adalah proses pencelupan atau pewarnaan. Zat warna yang biasanya digunakan adalah zat warna yang sama yang dipakai untuk membatik. Pada tahap ini, kain yang sudah dijahit sedemikian rupa akan membuat bagian-bagian tertentu pada kain terhalang atau tidak tertembus oleh larutan zat warna. Dengan cara itulah, kain sasirangan mendapatkan motif maupun corak warnanya yang menawan. Motif buatan tangan yang dibuat oleh satu pengrajin biasanya berbeda-beda, tidak ada yang persis sama. Motif yang dihasilkan ditentukan selain dari komposisi warna juga oleh jenis benang atau jenis bahan pengikat.

Setelah seluruh kain diberi warna, kain dicuci hingga air sisa cucian bersih (tidak berwarna lagi). Proses selanjutnya adalah melepas jahitan yang sebelumnya ditujukan untuk membentuk motif kain. Kemudian, kain sasirangan yang kini telah memiliki motif dan warna yang cantik dan unik pun dijemur, disetrika, dikemas dan siap dipasarkan.

Saat ini tercatat sekira 30 lebih jenis motif sasirangan, antara lain bayam raja, naga *balimbur*, *kulat ka rikit*, daun *taruju*, gigi *haruan*, dan bintang *bahambur*, iris *pudak*, *kambang* raja, ombak *sinapur* karang, sari gading, kulit kayu, *,jajumputan*, turun *dayang*, *kambang tampuk*, Sisik *tanggiling*, dan masih banyak lagi.

Untuk mendapatkan kain sasirangan, Kampung Sasirangan adalah tempat yang sebaiknya Anda tuju. Kampung Sasirangan terletak di Jalan Seberang Masjid, Kelurahan Kampung Melayu, Kecamatan Banjarmasin Tengah. Di sini pembuatan kain sasirangan masih menggunakan cara tradisional dan sejak 2010 telah dijadikan sebagai salah satu tujuan wisata, khususnya sebagai sentra kain sasirangan. Kampung Sasirangan digagas oleh Dinas Pariwisata Pemerintah Kota Banjarmasin selain untuk memudahkan pembeli juga merupakan sarana pembinaan bagi usaha mikro kecil dan menengah.

Teks B
Bacalah teks ini untuk menjawab soal nomor 11 – 20 di lembar pertanyaan.

Herdiyanti: Selalu Luangkan Waktu

Herdiyanti Dwi Laksitarini nama lengkapnya. Perempuan kelahiran Jombang, 17 Oktober 1968 ini selain dikenal sebagai guru juga seorang ibu rumah tangga dengan dua orang anak. Putri pertamanya yang juga pemain biola dan novelis, baru saja menyelesaikan kuliah S1-nya. Sementara anak kedua, masih kuliah di Filipina. Berikut wawancara dengan Herdi, demikian guru bahasa Inggris SD ini biasa dipanggil, tentang pentingnya komunikasi dalam keluarga.

Apakah Anda setuju jika komunikasi dalam keluarga dianggap sebagi hal penting?

Setuju. Bukan saja penting, tapi sangat penting. Ada orang yang mengatakan komunikasi itu ibarat jantung dalam tubuh. Mengapa? Karena seperti jantung, komunikasi juga berperan mengalirkan kehidupan ke seluruh anggota keluarga. Kalau ingin melihat sebuah keluarga sehat atau sakit, berjalan normal atau tidak, lihat saja komunikasi antaranggotanya.

Maksudnya?

Kita bisa berbohong pada orang lain atau orang luar. Tapi untuk melihat keaslian, apakah hubungan antaranggota keluarga benar-benar harmonis atau pura-pura harmonis, lihat saja bagaimana komunikasi mereka. Jika hubungan antaranggota keluarga baik, intensitas komunikasi juga semakin tinggi. Sebaliknya, jika hubungan terganggu atau jelek, intensitas komunikasi dapat dipastikan rendah.

Ada tip agar komunikasi antaranggota semakin sehat?

Tipnya, sesibuk apa pun luangkan waktu untuk keluarga. Mengapa keluarga begitu penting? Karena di keluargalah semua hal yang baik, termasuk di dalamnya pendidikan karakter dan pewarisan nilai-nilai budaya, disemai, tumbuh dan mekar. Perhatikan kisah-kisah orang besar, dapat dipastikan, keberhasilan mereka utamanya adalah karena adanya dukungan yang kuat dari keluarga.

Bagaimana dengan anak-anak yang gagal?

Sama seperti mereka yang berhasil, anak-anak yang gagal, yang rendah kepercayaan dirinya, yang sering jadi biang masalah di sekolah, di lingkungan, jika dirunut biasanya akarnya juga ada di keluarga. Karena itu, orang tua perlu benar-benar sadar tentang betapa besar dampak dari sikap dan perilaku mereka terhadap perkembangan kepribadian anak-anak mereka. Seperti yang kita tahu, anak-anak belajar lewat berbagai cara. Dua di antaranya, pertama, lewat *training* atau latihan. Kedua, melalui imitasi atau modeling. Mereka mencontoh perilaku orang tua atau teman-teman di sekitarnya. Karena itu, jika orang tua mengharapkan anak memiliki jiwa welas asih, murah hati, maka berikan contoh sejak dini pada anak-anak bagaimana seharusnya berbagi terutama kepada mereka yang kurang beruntung.

Kalau pada anak remaja, bagaimana seharusnya penanaman nilai-nilai dilakukan?

Sama saja, cara yang paling efektif adalah lewat teladan. Orang tua harus memberi contoh. Adanya satunya kata dan perbuatan. Berikutnya, semakin anak dewasa, mereka harus semakin diberi ruang partisipasi yang lebih besar. Dengan demikian, nilai-nilai yang disepakati dan diperjuangkan oleh keluarga, tidak hanya dikawal oleh orang tua, tapi juga oleh seluruh anggota keluarga, termasuk anak di dalamnya. Jika kesadaran ini sudah muncul, maka distribusi tanggung jawab akan berjalan secara alami. Siapa pun bisa bertindak salah, melenceng dari garis-garis besar haluan keluarga, termasuk orang tua, tapi pada saat yang sama, siapa pun bisa menjadi pihak yang mengingatkan, menolong yang lain kembali ke rel yang semestinya. Kita, termasuk orang tua, bukan malaikat. Semakin dewasa, anak semakin tahu, bahwa orang tua juga memiliki kelemahan. Kesadaran anak tentang hal ini seharusnya tidak membuat mereka berkurang atau kehilangan respek, tapi sebaliknya, mereka semakin menyayangi orang tua apa adanya. Tidak hanya orang tua yang bisa berkata, "Aku mengasihimu walaupun setiap waktu engkau membuat kesalahan." Anak pun bisa mengatakan, "Aku mengasihimu, Bapak, Ibu, walaupun Bapak, Ibu, memiliki kekurangan." Orang tua yang berhasil adalah orang tua yang mampu mendidik anak-anak mereka bersikap objektif terhadap orang tuanya, tapi pada saat yang sama anak-anak bisa menerima dan menyayangi orang tua dengan sepenuh hati.

Bagaimana Anda menyelesaikan masalah, bila timbul konflik anak dan orang tua?

Kedepankan dialog. Orang tua harus sadar, bahwa siapa pun, termasuk anak, tidak ada orang yang mau disalahkan secara sepihak. Di sinilah pentingnya dialog yang terbuka ketika terjadi konflik. Jangan pernah menyimpan atau memelihara konflik. Orang tua tidak boleh menyerah dengan masalah. Sebesar apa pun masalah yang ada, orang tua harus bisa bertindak menjadi fasilitator terjadinya dialog yang adil. Jika iklim keterbukaan antaranggota keluarga sudah dibangun, diharapkan tidak akan terjadi ledakan konflik yang destruktif. Mengapa? Ya, karena di keluarga sudah terbangun saluran komunikasi yang baik. Dengan demikian, kalau ada sumbatan, kerikil atau batu masalah itu bisa diangkat atau dipecahkan bersama-sama.***

Teks C
Bacalah teks ini dan jawablah soal nomor 21 di lembar pertanyaan.

Bagaimana Bila Ibu dan Anak Berteman di Media Sosial?

Tabloidnova.com – Perkembangan teknologi dan dunia digital begitu cepat berubah dan sangat canggih. Terkadang, orangtua sulit mengikutinya.

Sementara di sisi lain, anak-anak dan remaja masa kini semakin mudah mengakses dunia digital melalui ponsel pintar atau *gadget* mereka.

Lebih dari itu, gempuran berbagai *platform* media sosial pun seolah tak terbendung dan semakin sulit untuk dihindari.

Mau tak mau, orangtua di zaman sekarang harus bisa 'berdamai' dengan fenomena media sosial di kalangan anak-anak dan remaja, kendati tetap harus bijaksana dalam mengawasi anak-anak saat berkegiatan dengan akun media sosial.

Jangan ragu-ragu untuk bergabung dan membuat akun media sosial, kemudian bertemanlah dengan anak. Ini bisa menjadi salah satu cara mengawasi anak. Selain itu,orangtua juga dituntut untuk tahu lebih jauh fitur-fitur tertentu yang disediakan dalam setiap akun media sosial yang dimiliki anak-anak mereka.

Di antaranya, meski Anda dan buah hati telah berteman di berbagai media sosial, perlu diketahui bahwa ada media sosial yang memiliki fitur bersifat *privacy,* seperti *inner circle* pada Path atau *lock post* pada Facebook. Fitur-fitur bersifat *privacy* ini memungkinkan orangtua untuk tak bisa melihat apa yang diunggah anak-anaknya di media sosial.

Lantas, bagaimana bila ibu dan anak berteman di media sosial? Amalia Sari Utomo, **creative director** sebuah *digital agency* dalam workshop *"Parenting in Social Media"* mengatakan, "Tugas orangtua untuk memberi pemahaman mengenai apa fungsi fitur-fitur itu. Serta, bagaimana efeknya jika anak-anak merahasiakan apa yang diunggahnya ke orangtua mereka," papar Amalia.

Menurut Amalia, bila ibu dan anak berteman di media sosial, sebenarnya banyak cara untuk mengawasi pergaulan anak-anak di media sosial tanpa membuat mereka terganggu. Salah satunya, saling sharing dengan orangtua teman-teman si anak dan bertukar informasi yang diketahui, sehingga membuat para orangtua terus up-to-date .

Atau, "Bertanya langsung kepada anak dengan santai dan dipancing dengan topik yang menarik tentang media sosialnya. Agar mereka mau lebih terbuka dan bercerita tentang apa yang diutarakan di media sosial. Jangan lupa, GPS lokasi dari media sosial anak-anak juga sebaiknya dimatikan, agar tak terjadi hal-hal yang tak diinginkan."

Selain itu, para orangtua juga dapat mengedukasi anak-anak dan remaja mereka tentang kegunaan media sosial untuk usianya. Ada baiknya pula anak-anak diberi pengetahuan tentang risiko dan bahayanya bermedia sosial, agar mereka bisa mengantisipasi jika sesuatu terjadi pada mereka.

"Tak perlu mengajari secara detail dan menyeluruh, cukup beri pemahaman simpel seperti memberitahu anak untuk menambah teman baru yang sudah dikenal saja, menolak ajakan *kopi darat* oleh orang yang baru kenal di dunia maya, tidak meng-klik link yang tidak jelas, dan jangan memasukkan data diri seperti alamat, nomor telepon, atau tempat bersekolah, di media sosial. Ingatkan juga kepada anak untuk memakai *password* yang cukup sulit untuk ditebak orang lain."

Sekali lagi, kata Amalia, media sosial tak selalu akan berdampak negatif untuk anak. "Media sosial juga bisa menjadi jendela orangtua untuk lebih mengetahui apa yang ada di pikiran anak. Sebaliknya, untuk anak, media sosial juga bisa menjadi jembatan bagi dia menemukan jati diri atau minat yang disukainya, sehingga dia akan bertemu komunitas hobi yang dapat mengakomodasi minatnya," tandas Amalia.

Teks D
Bacalah teks ini untuk menjawab soal nomor 22-32 di lembar pertanyaan.

Rasa (buat sahabatku Iskan)

Karya : Putu Wijaya

MEMANDANGI koran, melahap foto doktor termuda Indonesia I Gusti Ayu Diah Werdhi Srikandi W.S., 27 tahun, mataku tidak berkedip."Cantik, badannya bagus, senyumnya mempesona," gumamku memuji. "Kalau aku masih muda, aku akan datang kepadamu dan langsung melamar."

Ami yang sejak tadi di belakangku nyeletuk, "Begitu ya? Bagaimana kalau ditolak?"Aku mengangguk.

"Ditolak, diusir, bahkan *diinjek-injek* pun aku masih senang. Aku kagum di Indonesia ini masih ada perempuan yang belum kepala tiga sudah jadi doktor. Sudah jadi bintang di malam gelap bagi pelaut yang sesat. Gila!"

Aku menunggu reaksi Ami. Tapi Ami diam saja. Ia mengambil koran dari tanganku..

"Seorang wanita adalah sebuah cahaya," kataku selanjutnya menggembungkan pujian, "Hanya cahaya yang bisa membuat negeri ini bangkit dari kegelapan. Begitulah arti kehadiran perempuan. Jadi bukan hanya memikirkan mobil, rumah mewah dan duit untuk berfoya-foya, tetapi membangun negeri. Mengembalikan kembali *greget* para pemimpin negara yang sudah bangkrut moralnya seperti sekarang. Jadi banggalah menjadi perempuan, Ami!"

Tak ada jawaban. Waktu kutoleh ternyata Ami sudah masuk ke dalam kamar.

"Anakmu selalu begitu!" protesku kemudian kepada ibunya.

"Habis Bapak *sih* tidak punya perasaan!"

"Tidak punya perasaan bagaimana?"

"Masak memuji perempuan di depan anak perempuan satu-satunya?"

"Lho kenapa? Apa salahnya? Ami sudah besar. Dia harus bisa menerima kenyataan!"

"Tidak semua kenyataan harus dipujikan di depan anak!"

Aku tidak menjawab. Bukan karena tidak punya jawaban. Karena istriku terus ngomel. Baru setelah kembali sendirian, aku *muring-muring*.

"Aneh! Aku tidak mengerti! Ini rumahku. Masak aku tidak boleh memuji kalau memang ada orang cantik yang pintar. Biasanya orang cantik kan bodoh. Atau meskipun banyak perempuan yang pintar, tapi jarang yang cantik. Karena kecantikan dan kepintaran seperti air dan minyak, sulit digabung. Itu fakta! Boleh tidak suka, tapi itulah realita!"

Sepanjang malam aku jengkel. Baru surut esok paginya setelah Ami ternyata tidak nampak sarapan. Pintu kamarnya terkunci. Berarti ia bolos ke kampus.

"Anakmu kenapa, Bu?"

"Pasti sakit!"

Aku tak percaya. Aku ketuk pintu kamar Ami, pura-pura menanyakan, apa dia perlu kuantar ke puskesmas. Tapi tidak ada jawaban. Ya, orang sakit atau hanya pura-pura sakit sama saja. Mereka tidak akan mau menjawab kalau ditanya. Aku cepat pergi ke apotek dan membeli obat maag.

"Siapa yang sakit Pak Amat?" sapa tukang warung. Aku terpaksa singgah sambil *curhat*.

"Pak Iskan, situ juga punya anak gadis *kan*?"

"Betul Pak, tapi anak saya putus sekolahnya di SMA. Putri Bapak saya dengar sudah hampir lulus sarjana?"

"Ya. Tapi kelakuannya makin kekanak-kanakan. *Masak* bapaknya memuji perempuan cantik dia tersinggung. Apa hubungannya?!"

Tukang warung itu ketawa.

"*Kok* pakai memuji orang lain, putri Pak Amat *kan* cantik dan pintarnya bukan main?"

Aku tertegun.

"Kuman di seberang lautan nampak, gajah di pelupuk mata tidak kelihatan, Pak!"

Aku kontan tertawa. Tapi sebenarnya jantungku terpukul.

Setelah beli tablet kunyah untuk maag, aku bergegas pulang. Ternyata pintu kamar Ami sudah terbuka. Hanya saja waktu aku masuk, kosong. Aku langsung ke dapur.

"Ami mana Bu?"

"Ke rumah temannya. Kenapa?"

"*Lho*, bukannya sakit?"

"Katanya sudah *baikan*."

Aku *manggut-manggut*. Aku taruh obat maag itu di atas meja belajar Ami. Koran berisi foto doktor termuda itu tergeletak di atas buku-buku Ami. Seakan-akan sengaja dipamerkan untuk aku yang akan melihatnya. Langsung saja aku ungsikan, supaya jangan memicu persoalan lebih jauh.

Menjelang makan malam, ternyata Ami belum pulang. Aku mulai was-was.

"*Kok* Ami belum pulang, Bu?"

"*Ya kan* belajar di rumah temannya!"

"Tapi ini sudah malam."

"*Ya nggak* apa, Ami sudah bawa salin."

"*O ya*? Menginap di ruman teman?"

"Memang."

"Kenapa?"

Istriku membentak. "Ya, belajar!"

Aku sudah biasa dibentak istri. Jadi tidak kaget. Tapi hanya Tuhan yang tahu, bagaimana perasaan seorang bapak kalau anak perawannya larut malam belum pulang.

"Sakit *kok* belajar di rumah teman. Mestinya temannya yang kemari. Aku susul saja ya?!"

"Jangan! Memang kenapa?!"

"*Masak* anak gadis *nginap* di rumah teman?"

"Apa salahnya? Memangnya zaman Sitti Nurbaya? Ami itu bukan anak-anak lagi Pak. Dia sudah bisa mandiri. Biar saja belajar di situ supaya dapat nilai A plus, nanti *kan* bisa jadi doktor."

Aku terhenyak. Satu jam aku mondar-mandir dikili-kili perasaan. Sudah jelas sekarang, Ami ke rumah temannya untuk melarikan perasaannya yang tersinggung.

Aku sudah menyakiti dia. Dan penyesalan selalu terlambat. Aku jadi sebal, kenapa masih membiarkan diri alpa. Kenapa aku tidak peka. Aku tidak pernah lupa Ami bukan anak kecil lagi tapi perempuan dewasa. Kenapa aku selalu memperlakukannya sebagai anak-anak yang harus selalu dilindungi?

Tengah malam.

Aku tak bisa lagi mengendalikan perasaan. Diam-diam aku pergi menjemput. Tapi di jalan aku baru sadar, sebenarnya aku belum tahu Ami menginap di rumah temannya yang mana. Terpaksa aku kembali, celakanya istriku sudah tidur. Nampaknya begitu pulas sehingga aku tidak sampai hati membangunkan. Lagi pula buat apa membangunkan macan tidur.

Akhirnya aku terpaksa menebak-nebak. Lalu memutuskan pergi ke rumah Rani. Dugaanku tepat. Ami sedang belajar dengan Rani. Ia kaget melihat bapaknya datang.

"Ngapain ke mari Pak?"

"Mau jemput kamu."

"Ami belum selesai belajar."

"Tapi ibu kamu sakit!"

Ami terkejut. Matanya langsung berkaca-kaca seperti mau menangis. Aku jadi iri. Aku yakin mata itu tak akan mengucurkan air kalau yang sakit itu bapaknya. Tapi sudahlah. Biar saja. Itu memang nasib seorang bapak. Dan aku tidak pernah menyesal jadi seorang bapak.

Ami buru-buru mengemasi buku-buku dan menyambar tas gendongnya.

"Sakit apa? Sudah dibawa ke puskesmas."

"Tenang! Nanti Bapak ceritakan."

Dalam perjalanan pulang, Ami mendesak terus apa sakit ibunya. Aku terpaksa berterus-terang. Lalu *blak-blakan* minta maaf. Ami bingung.

"Bapak *kok* minta maaf sama aku?"

"Ya. Harus!"

"Kenapa?"

"Aku salah!"

"Apa salah Bapak?"

"Bapakmu ini sudah *manula* Ami. Bapak sudah kena biasan

pendidikan kolonial, jadi kuno. Bapak minta maaf sebab bapak sudah menyinggung perasaanmu. Bukan maksud Bapak untuk menyindir. Sama sekali bukan. Seperti kata pepatah, burung terbang di langit dicari, burung di tangan dilepaskan. Kuman di seberang lautan nampak, gajah di pelupuk mata tidak kelihatan. Bapak minta maaf."

Ami tertawa.

"Kamu jangan menertawakan orang yang minta maaf."

"Sama sekali tidak. Tapi Bapak salah alamat."

"Salah alamat bagaimana?"

"Bapak menyangka saya sudah tersinggung?"

"Ya. Kamu sebenarnya tidak sakit dan tidak sedang belajar. Kamu pasti hanya muak pada kelakuan Bapak yang kurang menghargai kamu. Bapakmu ini memang laki-laki kuno. Sudah ketinggalan sepur. Dulu orang tua untuk merangsang anaknya maju biasanya dengan cara membanding-bandingkan. Kata Pak Iskan tukang warung itu, sebaliknya daripada silau oleh kehebatan orang lain, harusnya Bapak bangga pada kamu, sebab kamu cantik dan pintar, Ami!"

Ami tertawa.

"Salah alamat, Pak!"

"Salah alamat bagaimana?"

"Yang tersinggung itu bukan Ami, tapi ibu."

"Ah?"

"Ibu. Ibu yang menyuruh Ami jangan keluar kamar, jangan makan malam di meja makan dan pergi *nginap* belajar di rumah Rani."

Aku terpesona.

"Jadi ibu kamu?"

"Ya!"

Aku *bengong*.

"Ya sudah kalau begitu, kamu kembali ke rumah Rani, belajar terus sampai pagi, supaya bisa jadi doktor! Kalau perlu *nginap* semalam lagi di situ. Biar Bapak pulang!"

"Tapi ibu?"

"Ibu kamu tidak apa-apa. Bapakmu ini yang sakit!"

Ami tersenyum.

"Ayo Ami kita kembali ke rumah Rani."

"Tidak usah!"

"Tapi kamu harus belajar supaya dapat A plus!"

"Ami sudah selesai ujian."

"O ya? Jadi *ngapain* kamu di rumah Rani?"

"Di suruh ibu!"

Aku terhenyak lagi.

"Tadi sebelum Bapak datang, ibu menelepon. Kalau dijemput Bapak jangan mau!"

"O begitu?"

"Ya."

"Tapi kenapa kamu mau Bapak bawa pulang?"

"Sebab Ami ingin Bapak cepat-cepat pulang dan langsung pulang, jangan pakai singgah di warung Pak Iskan lagi. Lihat itu ibu sudah menunggu."

Ami menunjuk ke rumah. Ternyata istriku, bukan tidur pulas seperti kukira, tapi dia menunggu di teras rumah.

"Bapak harus bersyukur. Bapak punya seorang istri yang menyayangi Bapak seperti itu. Tapi ibu memang tidak suka menunjukkan perasaannya itu, karena dia terdidik untuk menyimpannya. Tidak seperti Ami dan perempuan-perempuan sekarang yang memang harus berani mengutarakan perasaan, karena zaman sudah berubah. Bapak pulang saja, sudah ditunggu."

"Kamu?"

"Saya kembali ke rumah Rani, sebab dia sudah menunggu."

Itu dia!"

Ami menunjuk ke belakang. Aku terkejut. Rani di atas motor bebeknya ketawa sambil melambaikan tangannya di bawah bayang-bayang pohon. Perasaanku kacau. Aku malu. Aku tidak tahu apa yang harus aku lakukan. Rasanya tak ada yang sudah kupelajari dalam kehidupan yang sudah ubanan ini. Aku kira aku sudah tahu banyak, tapi jangankan perasaan istriku, perasaan anakku juga aku tak tahu. Aku murid yang tak pernah naik kelas.

"Ayo Pak, cepat pulang, bawa ibu ke dalam, nanti dia masuk angin!"

Ami mendorongku pulang, lalu berbalik ke arah Rani. Dia naik ke boncengan Rani dan melambai.

"Besok saya *nginap* lagi semalam!"

"Jangan!"

"Itu perintah ibu!"

Ah? Apalagi itu. Motor telah berbelok dan lenyap di tikungan. Tinggal aku. Ketika aku menoleh, istriku juga sudah tidak ada lagi di teras. Mungkin dia tahu aku datang karena bunyi motor itu. Seperti anak muda yang baru kali pertama mengunjungi rumah pacarnya, aku melangkah pulang. Kenapa begitu banyak rahasia yang luput kutahu. Tetapi justru karena tak pernah benar-benar tahu itulah aku jadi terus ingin tahu dan mengejarnya. *Goblok banget* kalau selama ini aku merasa sendirian. Itu di situ, bukan hanya rumahku, tapi istriku menunggu. Bagaimana aku tidak akan mencintainya. (*)

Jakarta, 9 Pebruari 2010

Putu Wijaya

Model Soal Bab 3

Model 1:

Membaca dan Memahami Bacaan
Lembar Pertanyaan

Bagian 1
Kain Sasirangan: Keindahan Motif Khas Kalimantan Selatan

Lengkapilah kalimat di bawah ini dengan kata/frasa atau kalimat singkat sesuai informasi yang diberikan pada teks A.

1 Pada zaman dahulu kain sasirangan digunakan sebagai .... untuk para lelaki dan sebagai .... untuk para perempuan. **(2)**

2 Bukan hanya sebagai pakaian atau sandang, pada masa itu kain sasirangan juga dipercaya masyarakat Kalimantan Selatan dapat digunakan untuk................... **(1)**

3 Meskipun pada masa sekarang bahan dasar kain sasirangan bervariasi, pada awalnya bahan dasar kain sasirangan adalah .... **(1)**

4 Dalam bahasa Indonesia kain sasirangan dapat diartikan sebagai .... **(1)**

5 Seiring dengan perkembangan zaman, produk kain sasirangan sebagai bahan pakaian mengalami berbagai variasi menjadi bahan untuk produk-produk lain. Sebutkan satu saja .... **(1)**

6 Motif indah pada kain sasirangan ditentukan oleh dua hal yang sangat penting yaitu ....dan .... **(2)**

7 Penulis artikel ini menyebutkan satu persamaan antara kain sasirangan dan kain batik. Sebutkan! **(1)**

8 Sebagai kain yang bermotif indah, penulis artikel menjelaskan bahwa saat ini kain sasirangan bahkan sudah memiliki................... jenis motif yang berbeda **(1)**

9 Salah satu alasan Kampung Sasirangan menjadi sentra kain sasirangan dan dijadikan desa pariwisata adalah karena .... **(1)**

10 Ada dua fungsi dijadikannya Kampung Sasirangan menjadi daerah tujuan wisata oleh Dinas Pariwisata Pemerintah Kota Banjarmasin. Sebutkan! .... **(2)**

Jumlah nilai (13)

Bagian 2
Herdiyanti: Selalu Luangkan Waktu

Jawablah pertanyaan nomor 11-20 dengan merujuk pada teks B

11 Herdiyanti Dwi Laksitarini dikenal sebagai apa? Sebutkan dua identitas yang sering dilekatkan padanya. .... **(2)**

12 Mengapa Herdiyanti mengatakan komunikasi ibarat jantung dalam tubuh? .... **(1)**

13 Bagaimana intensitas komunikasi bila hubungan antaranggota keluarga sedang baik dan tidak baik? .... **(2)**

14 Apakah tip agar komunikasi antaranggota keluarga semakin sehat? .... **(1)**

15 Apa alasannya sehingga keluarga dianggap begitu penting?. .... **(1)**

16 Apa sajakah dua cara belajar anak yang disebutkan Herdiyanti? ....**(2)**

17 Ada dua ide yang diberikan Herdiyanti untuk menanamkan nilai-nilai pada remaja secara efektif. Sebutkan dua ide yang dimaksud....................(2)

18 Kita, termasuk orang tua, bukan malaikat. Semakin dewasa, anak semakin tahu, bahwa orang tua juga memiliki .... **(1)**

19 Sebutkan dua kriteria orang tua yang disebut berhasil mendidik anak-anak mereka....................(2)

20 Prinsip apa yang harus dikedepankan bila terjadi konflik antara anak dan orang tua? .... **(1)**

Jumlah nilai (15)

Bagian 3
Bagaimana Bila Ibu dan Anak Berteman di Media Sosial?

Jawablah pertanyaan nomor 21 dengan merujuk pada teks C

21 Buatlah ringkasan atas berita "Bagaimana Bila Ibu dan Anak Berteman di Media Sosial" di atas sebagai bahan persiapan untuk presentasi. Gunakan poin-poin berikut untuk mencatat hal-hal yang akan Anda sampaikan.

- Apa perbedaan antara orangtua dan anak-anak atau remaja masa kini dalam mengakses perkembangan teknologi dan dunia digital yang begitu cepat. (dua hal)
- Sebutkan dua hal yang bisa dilakukan orangtua di tengah gempuran berbagai media sosial yang seolah tak terbendung. (dua hal)
- Apa tugas orangtua bila berteman dengan anak di media sosial? (dua hal)
- Sebutkan empat hal yang bisa dilakukan orangtua untuk mengawasi pergaulan anak-anak di media sosial tanpa membuat mereka terganggu. (empat hal)
- Apa dampak positif media sosial untuk orangtua dan anak? Sebutkan masing-masing satu. (dua hal)

Jumlah nilai (12)

Bagian 4
Rasa (buat sahabatku Iskan)
Karya : Putu Wijaya

Jawablah pertanyaan nomor 22-32 dengan merujuk pada teks D

22 Apakah pujian tokoh Aku terhadap doktor termuda Indonesia? Sebutkan dua hal............................(2)

23 Tokoh Aku melanjutkan pujiannya pada doktor termuda itu dengan mengucapkan kalimat-kalimat berikut ini, jelaskan makna kalimat tersebut;
   a Seorang wanita adalah sebuah cahaya", maksudnya : .... **(1)**
   b Cahaya yang bisa membuat negeri ini bangkit dari kegelapan" .... **(1)**

24 Tokoh Aku menjelaskan bahwa doktor muda ini berbeda dengan perempuan-perempuan yang sering hanya memikirkan ....dan ......, dan bukannya membangun negeri agar bisa maju. Berikan dua informasi untuk melengkapi kalimat tersebut. **(2)**

25 Apakah maksud pengarang dengan menggunakan tiga peribahasa ini dalam cerpen tersebut?
   a Karena kecantikan dan kepintaran itu seperti air dengan minyak..................... (1)
   b Kuman di seberang lautan nampak, gajah di pelupuk mata tidak kelihatan.................... (1)
   c Burung terbang di langit dicari, burung di tangan dilepaskan. .... (1)

26 Jelaskan arti kosakata yang dicetak tebal pada kalimat di bawah ini sesuai dengan konteks cerita.
   a Menjelang makan malam, ternyata Ami belum pulang. Aku mulai **was-was**. .... (1)
   b "Ya nggak apa, Ami sudah bawa **salin**." .... **(1)**

27 Selain ketiga peribahasa yang digunakan pengarang pada pertanyaan nomor 25, pengarang juga menggunakan frasa untuk mengekspresikan perasaan tokoh dalam cerpen ini. Jelaskan makna frasa yang digaris miring pada kalimat di bawah ini.
   a "Apa salahnya? Memangnya *zaman Siti Nurbaya*? Ami itu bukan anak-anak lagi Pak. .... (1)
   b Nampaknya begitu pulas sehingga aku tidak sampai hati membangunkan. Lagi pula buat apa *membangunkan macan tidur*. .... (1)

28 Bapakmu ini sudah *manula* Ami. Bapak sudah kena biasan pendidikan kolonial, jadi kuno. Apa maksud tokoh bapak dengan kata **manula** dan **pendidikan kolonial**? .... (2)

29 Apakah nasehat yang diberikan Pak Iskan kepada tokoh Bapak dalam cerpen ini saat Bapak menceritakan persoalannya pada Pak Iskan? .... **(1)**

30 Aku terpesona.

"Jadi ibu kamu?"

"Ya!"

Aku *bengong*.

Jelaskan mengapa tokoh Aku bengong...................... **(1)**

31 "Tidak seperti Ami dan perempuan-perempuan sekarang yang memang harus berani mengutarakan perasaan, karena zaman sudah berubah." Kalimat ini adalah perkataan Ami kepada Bapaknya. Apakah perbedaan perempuan zaman Ami dan zaman ibunya menurut tokoh Ami ? Sebutkan satu hal. .... **(1)**

32 Pengarang menggunakan kalimat berikut ini untuk menjelaskan perasaan tokoh Aku di akhir cerita. Jelaskan perasaan tokoh Aku melalui penggalan kalimat ini.

a Aku murid yang tak pernah naik kelas.
.... **(1)**

b Bagaimana aku tidak akan mencintainya.
.... **(1)**

Jumlah nilai (20)

Model 2:

Membaca dan Menulis

Teks A
Digunakan untuk menjawab soal nomor 1

Perlukah Mematenkan Warisan Budaya?

Oleh: Arif Havas Oegroseno

Masalah warisan budaya adalah persoalan yang rumit, pelik dan sensitif, di mana orang bisa menjadi emosional. Karena itu persoalan Hak Cipta dan warisan budaya sudah selayaknya dilihat secara keseluruhan. Pertama, kita harus secara objektif bersedia melihat catatan kita sendiri, bagaimana kepatuhan kita dalam masalah HAKI ini. Kedua, mengenai kompleksitas dalam hal budaya. Dan ketiga adalah pemahaman mengenai prinsip-prinsip dasar Hak Cipta, HAKI, dan Hak Paten. Inilah sebenarnya yang menimbulkan kerancuan dan distorsi, karena itu apa yang akan kita lakukan ke depan, apakah melalui pendekatan hak atau pendekatan lain.

Pertama adalah mengenai cara-cara kita. Saya punya daftar sementara lagu-lagu jiplakan di Indonesia, seperti Lagu Panon Hideung dari Jawa Barat yang katanya diciptakan oleh Herman Zuhdi, Kopi Dangdut, Ibu Pertiwi, Pengantin Remaja, Dayung Sampan, Si Cantik Jelita, Di bawah Pohon Kemboja, dan yang lain-lain. Menariknya adalah bahwa dalam konteks HAKI secara umum, kita adalah negara yang termasuk ke dalam *watchlist*, yaitu negara yang melakukan pelanggaran Hak Cipta. Dulu posisi kita adalah *watchlist*, tetapi sekarang kita sudah naik kelas dan menjadi priority *watchlist*, itu artinya 80% dari produk Hak Cipta dalam bentuk cakram yang beredar di Indonesia adalah bajakan semuanya.

Kekuatan Bhinneka Tunggal Ika

Sekarang ini yang lebih serius lagi adalah mengenai masalah kompleksitas kesamaan elemen budaya. Dalam sebuah seminar yang diselenggarakan di UI, Profesor Bachtiar Alam menyampaikan bahwa dari sudut pandang antropologi, budaya itu tidak ada yang dimiliki oleh satu negara, semua budaya itu pinjaman. Kata beliau, bahasa Indonesia itu 30% adalah bahasa Arab, 30% bahasa dari Eropa terutama Belanda dan Portugis dan 40% bahasa Melayu. Menurut beliau yang penting sebenarnya boleh-boleh saja ada beberapa kesenian kita yang dilestarikan atau dimainkan di negara lain, tetapi ada satu kekuatan dari Indonesia yang unik dan tidak akan bisa dicuri atau dijiplak oleh negara lain, yaitu kebhinekaan kita.

The power of kebhinekaan kita itulah yang harus kita banggakan dan lestarikan, jadi seharusnya kita melihat hutannya, bukan melihat pohonnya satu-persatu.

Hak Cipta

Mengenai ranah hukumnya, terdapat contoh seperti misalnya rendang yang diklaim oleh Malaysia. Sebenarnya kalau kita lihat bagaimana dengan American pizza, Italian pizza, Thailand pizza, apakah kemudian orang Italia harus marah dan melakukan demo dan *sweeping*. Lantas bagaimana kalau kita kemudian juga mengisi pizza dengan rendang. Soto misalnya, ada soto Madura, Kudus, Betawi, Bandung, dan sebagainya, lalu siapa yang menjiplak. Kalau suatu hari ada soto Malaysia, kita marah bahwa Malaysia telah mencuri soto, tetapi soto yang mana yang dicuri Malaysia. Benarlah bahwa budaya itu universal.

Sebenarnya dari segi hukum, ada dua hak terkait dengan HAKI yang kita sering salah paham. Pertama adalah Hak Perseorangan dan kedua adalah Hak Masyarakat. Jadi ada Hak Intelektual yang bersifat individu atau perorangan yang merupakan hasil olah pikir dari satu, dua atau sekelompok orang, dan juga yang bersifat komunal atau masyarakat. Kalau yang bersifat perorangan, itu hampir sama dengan masalah HAM dan demokrasi, hanya saja manifestasinya adalah Hak Cipta, Hak Paten, Hak Merek, Desain Industri, Desain Tata Letak *Switch* Terpadu, Rahasia Dagang dan sebagainya, semua ini konsepnya adalah barang. Sementara itu untuk yang bersifat hak masyarakat atau komunal, terdiri dari tiga macam, yaitu Rekayasa Genetika, Pengetahuan Tradisional dan Ekspresi Budaya Tradisional.

Misalnya soto, yang menemukan itu sifatnya bukan individu, tetapi komunitas. Sedangkan Hak Cipta sifatnya perorangan atau bisa juga sebuah perusahaan. Sebenarnya ini adalah dua hal berbeda yang sering dicampur-adukkan, terutama mengenai Hak Cipta yang dalam sisi hukum kita dan hukum internasional memiliki lingkup perlindungan di bidang penciptaan seni sastra dan ilmu pengetahuan. Bentuknya antara lain lagu, musik, seni tari, seni batik, drama, film, fotografi dan peta. Jadi orang yang mempunyai ciptaan di bidang seni budaya dan ilmu pengetahuan bisa mendapatkan perlindungan hak ciptanya. Bentuk perlindungannya adalah bahwa yang melakukan penjiplakan atau pembajakan akan mendapatkan hukuman pidana, karena tindakan penjiplakan atau pembajakan dianggap sebagai tindakan kriminal. Negara memberikan hak itu kepada dia, dengan memberikan proteksi berupa kriminalisasi pelanggaran.

Namun demikian Hak Cipta ini ada limitasi masa berlakunya, yaitu sepanjang hidup si pencipta plus 50 tahun. Jadi Hak Cipta itu memberikan perlindungan hukum dalam bentuk kriminalisasi, di mana kalau ada orang yang menjiplak atau membajak maka dia bisa dipenjarakan, tetapi sebagai pencipta Anda juga tidak bisa menikmati hak tersebut selamanya.

Pendaftaran Hak Cipta ini sifatnya juga tidak wajib, karena merupakan hak individu, jadi mau didaftarkan atau tidak itu terserah saja.

Jadi kita perlu menyikapi masalah-masalah seperti ini dengan lebih tenang, kepala dingin dan lebih rasional, karena rekam jejak kita juga tidak terlalu bagus.

)Penulis adalah Dirjen Hukum dan Perjanjian Internasional

Sumber: http://www.tabloiddiplomasi.org

1   Masalah warisan budaya adalah persoalan penting, namun rumit, pelik dan sensitif. Karena itu, kita perlu mempelajarinya dengan sungguh-sungguh. Agar lebih mengerti, apakah warisan budaya perlu dipatenkan atau tidak, baca secara cermat teks di atas dan buatkan ringkasannya. Tulisan sekitar 130-180 kata.

Fokuskan ringkasan Anda pada:
- Bagaimana melihat masalah warisan budaya secara keseluruhan? (tiga hal)
- Apakah dua hak terkait dengan HAKI yang sering disalahpahami? (dua hal)
- Sebutkan bentuk-bentuk hak cipta yang dari sisi hukum kita dan hukum internasional dilindungi. (5 contoh)

Bagian 2

1   Jawablah salah **satu dari** pertanyaan berikut ini dalam tulisan sepanjang 350-500 kata.

Narasi
a   Suasana di pasar itu sangat mencekam, semua pedagang terlihat gugup saat Sang Pemimpin memasuki daerah pedagang kaki lima yang......

b   Dani dan Dina saling memandang penuh arti karena papa dan mama mereka yang tadinya marah-marah sekarang sudah berbaikan kembali. Usaha si kembar yang duduk di kelas 10 itu tidak sia-sia. Kemarin.....

c   Sebuah cerita tentang anak yang ketinggalan semua mata pelajarannya karena kebanyakan bermain *game*

d   Sebuah cerita tentang seorang ibu yang tertipu saat melakukan transaksi lewat belanja online.

Model 3:

Berbicara dan Merespons

Anda diminta untuk melakukan presentasi lisan dengan ketentuan sebagai berikut:

a Anda diminta untuk menyiapkan topik presentasi Anda dengan memilih salah satu dari tiga topik berikut ini yaitu:

- **keluarga**
- **budaya tradisional**
- **budaya modern**

Topik yang Anda pilih harus berhubungan dengan budaya Indonesia. Waktu yang Anda butuhkan untuk menyiapkan topik presentasi Anda akan disepakati bersama guru Anda. Selama Anda mempersiapkan topik pilihan Anda, Anda diminta untuk menuliskan empat sampai enam sub topik yang dapat Anda diskusikan bersama guru Anda pada saat Anda melakukan diskusi.

b Anda diminta untuk mempresentasikan topik Anda selama dua hingga tiga menit di depan guru atau di depan kelas.

c Selanjutnya Anda akan berdiskusi dengan guru Anda untuk membahas lebih lanjut topik yang Anda pilih. Topik diskusi antara Anda dan guru Anda dapat diambil dari empat sampai enam sub topik yang sudah Anda persiapkan. Diskusi antara Anda dan guru Anda sekitar tujuh hingga delapan menit.

Bab 4

Pendidikan dan Pelatihan: Sekolah dan Universitas, Profesi, Pendidikan untuk Daerah Pedesaan dan Terpencil

Membaca (Sekolah dan Universitas)

Tujuan pembelajaran

Kegiatan membaca pada unit ini difokuskan untuk:

- melakukan kegiatan sumbang saran atas topik tertentu
- memilih dan mengorganisir bahan untuk menjawab pertanyaan bacaan
- menemukan informasi dan menjawab pertanyaan dari poster
- menuliskan kesimpulan dalam sebuah paragraf
- membaca teks pidato dan menjawab pertanyaan-pertanyaan yang diberikan
- membaca teks pidato dengan teknik *skimming*
- membedakan teks pidato yang dibacakan dan dibaca sendiri di dalam hati
- menjelaskan arti kata dan kutipan yang ada di dalam teks pidato
- menulis ringkasan atau rangkuman
- menemukan unsur "5W + 1H" suatu berita dan menjawab pertanyaan yang diberikan
- menjelaskan makna implisit
- menyusun pertanyaan dengan memperhatikan jawaban yang tersedia
- menjelaskan arti peribahasa
- menyusun sebuah paragraf dengan memperhatikan kata sambung (konjungsi)
- menulis kalimat dengan memperhatikan konjungsi antarkalimat yang tepat

1.1 Pernahkah Anda menyontek? Bagi sebagian orang pertanyaan ini mungkin hanyalah sebuah pertanyaan retorik, yang tidak perlu dijawab. Bagaimana dengan Anda? Lakukan sumbang saran bersama teman sekelas Anda dengan mengemukakan pengalaman tentang seseorang yang menyontek.

1.2 Setelah itu, bacalah cerpen dengan judul "Menyontek" di bawah ini dan selanjutnya Anda akan diminta untuk menjawab beberapa pertanyaan berdasarkan cerpen yang Anda baca.

Menyontek

Karya: Dedy Sussantho

Budi hanya bisa diam. Dilihatnya lagi soal itu satu persatu, namun tetap saja tidak ada jawaban yang tebersit di benaknya. Ruangan kelas mendadak terasa begitu panas, meski terdapat dua kipas angin besar di dalamnya.

Keringat dingin Budi keluar saat mengingat waktu ujian tinggal empat puluh menit lagi. Sementara saat itu ia baru mengisi setengah dari semua soal yang ada. Itu pun tidak tahu apakah yang ia jawab betul semua atau tidak. Budi jadi semakin cemas. Ini adalah ujian yang menentukan lulus tidaknya ia dari sekolah ini!

Dalam diamnya, tiba-tiba terbayang wajah ibunya tadi malam. "Budi, besok kamu ujian, *kan*?" tanya ibunya yang terbaring lemah. Sudah dua pekan ini ibunya sakit dan dijaga Budi. Kata dokter di puskesmas, ibunya terkena gelaja *thypus*. Mungkin ini efek dari tubuh yang tak sanggup lagi menahan lelah akibat bekerja sebagai pembantu rumah tangga guna membantu suaminya yang bekerja sebagai sopir, semata-mata untuk menghidupi Budi dan dua adiknya yang masih SD.

"Iya, Bu. Mohon doanya. Biar lancar." jawab Budi sembari memijit kaki ibunya.

Ibunya tersenyum, "Insya Allah. Ibu selalu doakan yang terbaik untuk kamu," sesaat ibunya menarik napas, lalu melanjutkan, "Sudah belajar belum?"

Glek! Budi menahan ludah. "Su… sudah, Bu." Terpaksa ia berbohong. Karena sebetulnya ia belum sempat belajar. Buku-bukunya rusak saat rumahnya banjir sepekan lalu.Saat sedang dijemur di belakang rumah, ternyata buku-buku itu hilang. Budi mengira buku-buku itu diambil <u>pemulung</u> yang kebetulan lewat, mungkin karena rusak jadi dianggapnya sampah. Hal ini sengaja tidak ceritakan kepada orangtuanya karena ia tidak ingin membuat mereka cemas. Tapi Budi beruntung, beberapa hari lalu ia sempat meminjam buku catatan teman-temannya dan merangkumnya menjadi secarik kertas yang kini telah ia selipkan di balik kaos kakinya.

Tapi… haruskah aku menyontek? batin Budi.

Budi bimbang. Kembali ia lihat kertas jawabannya yang masih kosong setengah. Kalau tidak ia isi, nilainya akan jelek dan bisa-bisa ia tidak lulus. Kalau tidak lulus, ia pasti mendapati orangtuanya sedih. Jelas ia tidak mau itu terjadi. Tapi kalau ia lulus dengan hasil menyontek, bukankah orangtuanya semakin sedih saat mengetahui kerja kerasnya selama ini ternyata sia-sia karena tidak mampu membuat anaknya cerdas di sekolah, karena anaknya lulus bukan dari kemampuannya sendiri, tapi hasil menyontek!

Budi semakin pusing. Apa pun yang ia pikirkan, selalu berakhir pada wajah ibu dan ayahnya yang ia cintai. Ibunya sedang sakit dan terbaring di rumah. Sementara ayahnya sedang giat bekerja untuknya. Sekali lagi ia beranikan diri untuk melihat jam dinding kelas. *Sial tinggal tiga puluh menit lagi!* gerutunya dalam hati.

Diliriknya teman-teman di sekelilingnya sembari memerhatikan bapak guru pengawas, yang ternyata terlihat asik terlelap di depan kelas. Sementara teman-temannya sudah dari tadi mengambil kesempatan ini untuk melakukan '<u>jurus-jurus</u>' rahasia mereka.Budi masih ragu. Dirinya tidak terbiasa menyontek. Selama ini kalau ujian ia bisa mengerjakannya sendiri karena Budi memang tidak senang menyontek. Baginya, menyontek itu sama saja dengan mencuri atau korupsi yang kerap diberitakan di televisi. Hanya saja untuk Ujian Nasional kali ini, tekanan psikis itu benar-benar terasa. Ditambah tuntutan untuk lulus begitu besar hingga

membuatnya semakin gamang. *Ah, coba kalau saya lebih rajin belajar,* keluhnya.

"Ssstt… ssstt…" tiba-tiba Budi dikagetkan dengan adanya colekan dari belakang, "Nomor tiga puluh apa, Bud? Buruan!" bisik Deril yang duduk persis di belakang Budi.

Dengan ragu, Budi perhatikan lagi guru pengawas di depan, khawatir kalau tiba-tiba ia bangun dan memerhatikan dirinya. Setelah dianggap aman, dengan cepat Budi memberi isyarat angka lima dengan jarinya. Entah mengapa Deril tidak lagi bertanya. Mungkin puas dengan jawaban Budi yang dianggapnya lima jari itu berarti jawabannya "E", karena memang pertanyaannya itu pilihan ganda. Padahal Budi saat itu memberi lima jari yang artinya ia tidak tahu. Karena ia sendiri juga belum mengisinya.

Karena merasa situasi cukup <u>kondusif</u>, maka Budi mencoba memberanikan diri. Pura-pura ia jatuhkan pensilnya untuk dapat menunduk dan mengambil catatannya yang ada di balik kaos kaki. Dada Budi berdebar keras sambil perlahan tubuhnya mulai membungkuk.

Ibu, ayah, maafkan Budi ya. Budi harus lulus. Budi tidak ingin mengecewakan ibu dan ayah.

"Hey, kamu yang di situ!" tiba-tiba terdengar bentakan dari arah depan kelas.

Glek! Budi tercekat. *Bukankah itu suara guru pengawas? Sejak kapan ia terjaga?*

Budi yang masih di bawah meja dengan posisi membungkuk semakin ketakutan. Apalagi dapat ia dengar ketukan langkah kaki guru pengawas yang semakin jelas mendekatinya. "Apa yang kamu lakukan tadi?" bentakan guru pengawas kembali terdengar.

Rasanya Budi begitu malu dan kehilangan tenaga untuk menatap guru pengawas itu. Tapi mau bagaimana lagi, bukankah ia sudah <u>tertangkap basah</u>? Ia pun menegakkan tubuhnya. Tapi heran, guru pengawas itu bukannya segera berhenti, tetapi terus melangkah. Hingga kemudian berhenti persis di belakang Budi, tepatnya di tempatnya Deril.

"Apa yang kamu sembunyikan itu? Cepat serahkan!" tukas guru itu masih dengan wajah yang galak.

Yang dibentak akhirnya ciut juga nyalinya. "Tidak ada apa-apa, Pak…," jawab Deril gemetar.

"Bohong! Sudah jangan mengelak lagi. Memangnya tadi saya tidak lihat apa yang kamu lakukan? Kemarikan kertasmu. Biar saya laporkan ke pihak sekolah kalau kamu hari ini menyontek!" kata guru itu tegas sambil mengambil kertas jawaban Deril.

"Yang lain cepat selesaikan ujian kalian! Waktu tinggal sedikit lagi! Jangan menyontek!" kata guru itu lagi.

Deril mendadak lemas , pasrah, tidak bisa berbuat apa-apa. Sementara Budi, ternyata lebih lemas daripada Deril. Ia menyaksikan Deril dan guru itu dengan perasaan campur aduk luar biasa. *Apa jadinya kalau ternyata itu aku*? batinnya. Mendadak Budi tersadar kesalahannya. *Astagfirullah…terima kasih ya Allah*!

***

Di saat yang sama, di sebuah rumah sederhana, terbaringlah perempuan paruh baya yang lemah. Bibirnya basah dengan doa, "Ya Allah, berkahilah ujian anakku hari ini. Berikanlah hasil yang terbaik baginya. Ampuni dosanya. Tunjukkan jalan kebaikan untuknya…."

1.3 Jawablah pertanyaan di bawah ini berdasarkan bacaan di atas.

a Dengan menggunakan kata-katamu sendiri, tuliskan arti kata yang digaris bawah pada bacaan di atas. Berikan arti sesuai dengan konteks bacaannya.
- terbersit
- pemulung
- "jurus-jurus"
- kondusif
- terjaga
- tertangkap basah

b Budi adalah tokoh utama cerpen ini, dengan menggunakan kata-kata Anda sendiri, deskripsikan tokoh Budi sesuai isi cerita pendek ini dalam sebuah paragraf.

c Apakah permasalahan yang dihadapi Budi sehingga dia memiliki rencana untuk menyontek saat ujian? Daftarlah permasalahan-permasalahan yang dihadapi Budi menjelang ujian.

d Jika Anda adalah Budi, apakah Anda akan melakukan persiapan menyontek seperti Budi? Jelaskan jawaban Anda.

e Manakah yang menjadi bagian klimaks cerpen ini? Mengapa Anda berpendapat bahwa bagian tersebut adalah klimaks?

f Budi bimbang (paragraf 7). Budi semakin pusing (paragraf 8). Konflik yang dialami Budi adalah konflik antara Budi dan dirinya sendiri. Apakah konflik tersebut?

g Jelaskan pendapatmu tentang efek penggunaan kata **bimbang** dan frasa **semakin pusing** terhadap pembaca dan hubungannya dengan alur cerita.

h Jelaskan bagian cerpen yang digunakan pengarang untuk menurunkan ketegangan setelah klimaks.

i "Sementara Budi, ternyata lebih lemas daripada Deril." Apakah maksud kalimat ini berdasarkan cerpen di atas?

j Paragraf terakhir cerpen ini mengambil latar yang berbeda dari bagian cerita sebelumnya. Di manakah letak perbedaan latarnya?

k Menurut Anda mengapa pengarang menggunakan paragraf tersebut sebagai penutup cerita? Apakah efeknya kepada Anda sebagai pembaca?

l Tuliskan dua amanat atau pesan yang dapat Anda simpulkan dari membaca cerpen ini.

m Jika Anda diminta untuk mengganti judul cerpen ini, judul apakah yang akan Anda berikan? Berikan alasan Anda.

1.4 Perhatikan poster A dan Poster B di bawah ini lalu jawablah pertanyaan berikut.

Poster A

Pengaruh Negatif Akibat Mencontek Saat Ujian

1. Menumbuhkan Sifat Malas Belajar
2. Hilangnya Rasa Percaya Diri
3. Tidak Bisa Menjadi Diri Sendiri
4. Tidak Bisa Menghargai Pendapat Diri Sendiri
5. Menumbuhkan Sikap Tidak Jujur
6. Ketergantungan terhadap Catatan atau Orang Lain
7. Tidak Terlatih untuk Menghadapi dan Menanggapi Masalah
8. Tidak Bisa mengembangkan Ide dan Menghancurkan Kreatifitas
9. Menimbulkan Perasaan Takut dan Cemas
10. Menimbulkan Sifat Tidak Bisa Berlaku Adil
11. Menimbulkan Sikap Menghalalkan Berbagai Cara Untuk Mencapai Tujuan
12. Menumbuhkan Sikap Memaksa Kehendak
13. Membohongi Diri Sendiri
14. Tidak Bisa Menghargai Diri Sendiri

Poster B

Jawablah pertanyaan berikut berdasarkan kedua poster di atas.

a Apakah persamaan antara poster A dan B?

b Manakah dari antara kedua poster tersebut menurut Anda yang lebih berhasil memersuasi pembaca untuk tidak menyontek? Berikan alasan Anda .

c Dari empat belas poin dalam poster A, temukan tujuh poin yang menurut Anda paling memberikan pengaruh akibat menyontek saat ujian dan jelaskan alasan Anda .

d Menurut Anda , manakah kalimat dalam poster B yang paling memengaruhi pembaca untuk tidak mencontek ? Berikan alasan Anda.

e Anda diminta berperan sebagai teman Budi (tokoh dalam cerpen) , pilih tiga kalimat dari poster A yang akan Anda sampaikan kepada Budi saat mengetahui Budi sedang mempersiapkan contekannya untuk ujian. Jelaskan mengapa Anda memilih ketiga kalimat tersebut.

f Anda diminta berperan sebagai Deril (tokoh dalam cerpen), pilih dua kalimat dari poster B yang akan Anda sampaikan pada Deril saat Deril sudah tertangkap basah menyontek. Jelaskan mengapa Anda memilih kedua kalimat tersebut.

1.5 Bagilah kelas Anda menjadi dua kelompok. Setiap kelompok diminta untuk menuliskan tujuh alasan mengapa seseorang menyontek. Salah satunya dapat diambil dari alasan yang dipilih Budi (tokoh cerpen) saat dia mempersiapkan sontekannya. Lalu tukarkan hasil tulisan Anda dengan kelompok lain dan minta mereka untuk berdikusi dan menyiapkan solusi atau jalan keluar agar ketujuh alasan untuk mencontek tadi tidak perlu dilakukan. Tabel di bawah ini dapat membantu kegiatan tersebut.

Diisi kelompok A	Diisi kelompok B
Tujuh alasan mengapa menyontek saat ujian	Solusi/jalan keluar
1	1
2	2
3	3
4	4
5	5
6	6
7	7

Diisi kelompok B	Diisi kelompok A
Tujuh alasan mengapa menyontek saat ujian	Solusi/jalan keluar
1	1
2	2
3	3
4	4
5	5
6	6
7	7

1.6 Setelah selesai mengisi tabel tersebut, bahaslah di depan kelas hasil diskusi kedua kelompok. Guru Anda akan membantu diskusi ini dan memberikan penilaian terhadap masing-masing kelompok atas solusi atau jalan keluar yang berhasil mereka diskusikan untuk setiap alasan mengapa seseorang menyontek. Anda diminta untuk menuliskan kesimpulan Anda atas topik menyontek ini dalam sebuah paragraf.

1.7 Bacalah dengan seksama pidato Menteri Pendidikan dan Kebudayaan Indonesia kabinet 2014-2019:

SAMBUTAN MENTERI PENDIDIKAN DAN KEBUDAYAAN MEMPERINGATI HARI PENDIDIKAN NASIONAL 2015

Assalamu'alaikum warahmatullahi wabarakatuh,

Di hari yang membahagiakan ini, kehadirat Allah SWT, Tuhan yang Maha pengasih, kita panjatkan puji dan syukur atas izin, rahmat, dan karunia-NYA, kita semua berkesempatan untuk merayakan Hari Pendidikan Nasional ini.

Di Hari Pendidikan Nasional ini, atas nama pemerintah, izinkan saya menyampaikan apresiasi pada semua pihak, pada semua pelaku pendidikan di mana pun berada, yang telah mengambil peran aktif untuk mencerdaskan saudara se-bangsa. Untuk para pendidik di semua jenjang, yang telah bekerja keras membangkitkan potensi peserta didik menjadi manusia berkarakter mulia, yang mampu meraih cita-cita dan pembelajar sepanjang hidup, terimalah salam hormat dan apresiasi dari kita untuk kita semua.

Bapak, Ibu, dan Hadirin yang mulia,

Republik tercinta ini digagas oleh anak-anak muda terdidik dan tercerahkan. Pendidikan telah membukakan mata dan kesadaran mereka untuk membangun sebuah negeri yang bhineka yang modern. Sebuah negara yang berakar pada adat dan budaya bangsa nusantara, beralaskan semangat gotong royong, tetapi tetap mengedepankan dan menumbuh-kembangkan prinsip kesejajaran dan kesatuan sebagai sebuah negara modern.

Pendidikan telah membukakan pintu wawasan, menyalakan cahaya pengetahuan, dan menguatkan pilar ketahanan moral. Persinggungan dengan pendidikanlah yang telah memungkinkan para perintis kemerdekaan untuk memiliki gagasan besar yang telah melampaui zamannya. Gagasan dan perjuangan yang membuat Indonesia dijadikan sebagai rujukan bangsa-bangsa di Asia dan Afrika. Dunia terpesona pada Indonesia, tidak saja karena keindahan alam-nya, atau keramahan penduduknya, atau keagungan budayanya, tapi juga karena deretan orang-orang terdidik yang berani mengusung ide-ide terobosan dengan ditopang pilar moral dan intelektual.

Indonesia adalah negeri penuh berkah. Di tanah ini, setancapan ranting bisa tumbuh menjadi pohon yang rindang. Alam subur, laut melimpah, apalagi bila melihat mineral, minyak, gas, hutan, dan semua deretan kekayaan alam. Indonesia adalah wajah cerah khatulistiwa. Namun, kita semua harus sadar bahwa aset terbesar Indonesia bukan tambang, bukan gas, bukan minyak, bukan hutan, ataupun segala hasil bumi; **aset terbesar bangsa ini adalah manusia Indonesia**. Tanggung jawab kita sekarang adalah mengembangkan kualitas manusia Indonesia.

Manusia yang terdidik dan tercerahkan adalah kunci kemajuan bangsa. Jangan sesekali kita mengikuti jalan pikir kaum kolonial di masa lalu. Fokus mereka, kaum kolonial itu adalah pada kekayaan alam saja dan tanpa peduli kualitas manusianya. Kaum kolonial memang datang untuk mengeruk dan menyedot isi bumi Nusantara, menguras hasil bumi Nusantara. Karena itu, mereka tidak peduli, mereka peduli dan tahu persis data kekayaan alam kita, tetapi mereka tidak pernah peduli dengan kualitas manusia di Nusantara.

Kini kita sudah 70 tahun merdeka. Kemerdekaan itu bukan hanya untuk menggulung kolonialisme, melainkan juga untuk menggelar kesejahteraan dan keadilan sosial bagi seluruh rakyat Indonesia. Jangan sampai kita hanya tahu tentang kekayaan alam, tetapi tidak tahu kualitas manusia di negeri kita. Kita harus berkonsentrasi pada peningkatan dan pengembangan kualitas manusia. Kita tidak boleh mengikuti jalan berpikir kaum kolonial yang fokus hanya pada kekayaan alam saja, tetapi -- sekali lagi saya tegaskan -- melupakan soal kualitas manusia.

Mari kita jawab, tahukah kita berapa jumlah sekolah, jumlah guru, jumlah siswa, jumlah perguruan tinggi di daerah kita? Tahukah kita berapa banyak anak-anak di wilayah kita yang terpaksa putus sekolah? Tahukah kita tentang kondisi guru-guru di sekolah yang mengajar anak-anak kita? Tahukah kita tentang tantangan yang dihadapi oleh kepala sekolah dan guru untuk memajukan sekolahnya?

Lebih jauh lagi, berjuta jumlahnya putra-putri Indonesia yang kini telah berhasil meraih kesejahteraan. Pada kita yang telah sejahtera itu, jelas terlihat bahwa pendidikan adalah hulunya. Karena pendidikanlah, maka terbuka peluang hidup lebih baik. **Pendidikan itu seperti tangga berjalan yang mengantarkan kita meraih kesejahteraan yang jauh lebih baik**. Pertanyaannya, sudahkah kita menengok sejenak pada dunia pendidikan yang telah mengantarkan kita sampai pada kesejahteraan yang lebih baik? Pernahkah kita mengunjungi sekolah kita dulu? Pernahkah kita menyapa, bertanya, kabar dan kondisi, serta berucap terima kasih pada guru-guru yang mendidik kita dulu? Bagi kita yang kini telah berkiprah di luar dunia pendidikan, mari kita luangkan perhatian. Mari ikut terlibat, memajukan pendidikan. Mari kita ikut iuran untuk membuat generasi anak-anak kita bisa meraih yang jauh lebih baik dari yang berhasil diraih oleh generasi kita ini. Dan iuran, paling mudah adalah kehadiran. Datangi sekolah, datangi guru, datangi anak-anak pelajar, lalu terlibat untuk berbagi, untuk menginspirasi, dan terlibat untuk ikut memajukan dunia pendidikan kita.

Bapak, Ibu, dan Hadirin yang mulia,

Wajah masa depan kita berada di ruang-ruang kelas, memang. Akan tetapi, hal itu bukan berarti bahwa tanggung jawab membentuk masa depan itu hanya berada di pundak pendidik dan tenaga kependidikan di Institusi. Secara konstitusional, mendidik adalah tanggung jawab negara. Namun, secara moral, mendidik adalah tanggung jawab setiap orang terdidik. Mengembangkan kualitas manusia Indonesia harus dikerjakan sebagai sebuah gerakan bersama. Semua harus ikut peduli, bahu-membahu, saling menyokong dan topang, untuk memajukan kualitas manusia Indonesia lewat pendidikan.

Oleh karena itu, Bapak, Ibu, dan hadirin sekalian, peringantan Hari Pendidikan Nasional tahun ini kita mengambil tema "Pendidikan dan Kebudayaan sebagai Gerakan Pencerdasan dan Penumbuhan Generasi Berkarakter Pancasila".

Kata kunci dari tema tersebut, adalah "Gerakan". **Pendidikan harus dipandang sebagai ikhtiar kolektif seluruh bangsa**. Karena itu, pendidikan tidak bisa dipandang sebagai sebuah program semata. Kita harus mengajak semua elemen masyarakat untuk terlibat. Kita mendorong pendidikan menjadi gerakan semesta, yaitu gerakan yang melibatkan seluruh elemen bangsa: masyarakat merasa memiliki, pemerintah memfasilitasi, dunia bisnis peduli, dan ormas/LSM mengorganisasi. Berbeda dengan sekedar "program" yang "perasaan memiliki atas kegiatan" hanya terbatas pada para pelaksana program, sebuah "gerakan" justru ingin menumbuhkan rasa memiliki pada semua kalangan. Mari kita ajak semua pihak untuk merasa peduli, untuk merasa memiliki atas problematika pendidikan agar semua bersedia menjadi bagian dari ikhtiar untuk menyelesaikan problematika itu.

Gerakan pencerdasan dan penumbuhan generasi berkarakter Pancasila adalah sebuah ikhtiar mengembalikan kesadaran tentang **pentingnya karakter Pancasila dalam pendidikan kita**. Sudah digariskan bahwa pendidikan bertujuan untuk mengembangkan potensi peserta didik agar menjadi manusia yang beriman, bertakwa kepada Tuhan Yang Maha Esa, berakhlak mulia, sehat, berilmu, cakap, kreatif, mandiri, dan menjadi warga negara yang demokratis, serta bertanggung jawab. Itulah karakter Pancasila, yang menjadi tujuan Pendidikan Nasional kita.

Menumbuhkembangkan potensi anak didik seperti itu memerlukan karakteristik pendidik dan suasana pendidikan

yang tepat. Di sinilah Bapak, Ibu, dan Hadirin sekalian, peringatan Hari Pendidikan Nasional, menjadi amat relevan untuk mengingatkan kembali tentang karakteristik pendidik dan suasana pendidikan. Peringatan Hari Pendidikan Nasional ini tidak bisa lepas dari sosok Ki Hajar Dewantara, yang pada tanggal 2 Mei merupakan hari kelahiran Bapak Pendidikan Indonesia itu.

Ki Hajar Dewantara menyebut sekolah dengan istilah "taman". Taman merupakan tempat belajar yang menyenangkan. Anak datang ke taman dengan senang hati, berada di taman juga dengan senang hati, dan pada saat harus meninggalkan taman anak-anak akan merasa berat hati. Pertanyaannya, sudahkah sekolah kita menjadi seperti taman? **Sudahkah sekolah kita menjadi tempat belajar yang menyenangkan?**

Sekolah menyenangkan memiliki berbagai karakater, di antaranya adalah sekolah yang melibatkan semua komponennya baik guru, orang tua, siswa dalam proses belajarnya; sekolah yang pembelajarannya memiliki ragam pilihan dan tantangan, di mana individu diberikan pilihan dan tantangan sesuai dengan tingkatannya; sekolah yang pembelajarannya memberikan makna jangka panjang bagi peserta didiknya. Pendidikan yang menumbuhkembangkan potensi peserta didik agar menjadi insan berkarakter Pancasila.

Ikhtiar besar kita untuk pendidikan ini hanya akan bisa terwujud apabila kita semua terus bekerja keras dan semakin membuka lebar-lebar partisipasi masyarakat untuk terlibat aktif dalam pendidikan. Mulai hari ini, kita harus mengubah perspektif bahwa pendidikan bukan hanya urusan kedinasan di pemerintahan, melainkan juga urusan kita dan ikhtiar memajukan pendidikan adalah tanggung jawab kita semua.

Mari kita teruskan kerja keras, kerja bersama ini. Semoga Allah SWT, Tuhan yang Mahakuasa, selalu membimbing kita agar dapat meraih dan melampaui cita-cita bangsa kita tercinta. Amin

Selamat Hari Pendidikan Nasional, Jayalah Indonesia!

Wassalamu'alaikum warahmatullahi wabarakatuh.

Jakarta 2 Mei 2015

Anies Baswedan

1.8 Bacalah teks pidato di atas dengan nada yang penuh semangat. Bacalah per paragraf. Setiap siswa bergantian membacanya dengan suara nyaring dan penuh semangat. Setiap siswa yang mendapat tugas membaca paragraf yang menjadi bagiannya diminta berdiri selama membacakan paragraf tersebut. Hal ini dilakukan agar semua siswa dalam kelas Anda dapat menikmati teks ini sebagai sebuah pidato yang dibacakan.

1.9 Jika sebelumnya Anda sudah mendengarkan teks pidato ini dibacakan, sekarang Anda diminta untuk melakukan metode membaca *skimming*, lalu tuliskan lima hal yang Anda dapatkan dari membaca pidato di atas dengan teknik *skimming*.

a .....
b .....
c .....
d .....
e .....

1.10 Diskusikan bersama partner Anda apakah perbedaan yang Anda rasakan saat mendengarkan teks pidato ini dibacakan dengan saat Anda membacanya sendiri di dalam hati.

1.11 Tuliskan arti kata-kata yang digarisbawahi pada teks di atas bersama partner Anda.

apresiasi	perintis kemerdekaan	menggulung kolonialisme	ormas/LSM
jenjang	pilar moral dan intelektual	hulu	problematika pendidikan
potensi peserta didik	setancap ranting	peluang	ikhtiar
negeri yang bhineka	khatulistiwa	iuran	berakhlak mulia
budaya bangsa nusantara	asset	secara konstitusional	relevan
semangat gotong royong	kaum kolonial	Pancasila	partisipasi
prinsip kesejajaran	menguras hasil bumi	elemen masyarakat	perspektif

1.12 Jawablah pertanyan-pertanyaan di bawah ini berdasarkan isi pidato di atas.

a Apakah faktor yang memungkinkan para perintis kemerdekaan memiliki gagasan besar yang melampaui zamannya?

b Hal-hal apa sajakah yang dikagumi oleh negara-negara Asia dan Afrika atas Indonesia? Sebutkan tiga hal.

c Di tanah ini, setancapan ranting bisa tumbuh menjadi pohon yang rindang. Kalimat ini adalah metafora yang digunakan Anies Baswedan untuk menggambarkan apa?

d Mengapa menurut Anda, Anies mengatakan bahwa kekayaan alam Indonesia bukanlah aset terbesar?

e Apakah yang menjadi fokus kaum kolonial di masa lalu berdasarkan pidato di atas? Sebutkan dua hal.

f Pada paragraf kesepuluh, Anies memberikan beberapa pertanyaan retorik. Menurut Anda apakah maksud Anies Baswedan menggunakan pertanyaan-pertanyaan retorik tersebut?

g Apakah efek penggunaan kalimat retorik pada pendengar atau pembaca pidato ini?

h Kembali di paragraf kesebelas, Anies menyampaikan beberapa kalimat retorik terkait guru dan sekolah. Apakah efek kalimat retorik ini pada Anda?

i "Secara moral, mendidik adalah tanggung jawab setiap orang terdidik. Apakah makna kata yang digaris bawah pada kalimat tersebut?

j Apakah gerakan semesta menurut Anies Baswedan melalui pidato ini?

k Sebutkan tujuan pendidikan berdasarkan karakter Pancasila menurut pidato ini. Sebutkan tiga di antaranya.

l Jelaskan mangapa tanggal 2 Mei diperingati sebagai hari pendidikan nasional!

m Mengapa Ki Hajar Dewantara menyebut sekolah dengan istilah taman?

n Setujukah Anda dengan istilah taman untuk sekolah seperti pendapat Ki Hajar Dewantara? Jelaskan jawaban Anda.

o "Sudahkah sekolah Anda menjadi tempat yang menyenangkan?" Apa jawaban Anda untuk pertanyaan ini? Jelaskan.

p Sebutkan dua karakter sekolah yang menyenangkan menurut Anies Baswedan.

q Menurut Anda, siapakah audiens pidato ini? Jelaskan jawaban Anda.

r Apakah tujuan yang ingin dicapai oleh Anies Baswedan melalui pidatonya? Tuliskan empat hal.

1.13 Banyak sekali kalimat yang sangat bermakna dalam pidato di atas. Di bawah ini ada tujuh kutipan penting yang diambil dari pidato tersebut. Menurut Anda, apakah maksud kutipan-kutipan ini? Diskusikan jawabannya bersama partner Anda. Baca kembali dengan lebih teliti teks pidato tersebut sehingga jawaban Anda tidak lepas dari konteksnya.

a Pendidikan telah membukakan pintu wawasan, menyalakan cahaya pengetahuan, dan menguatkan pilar ketahanan moral.

b Aset terbesar bangsa ini adalah manusia Indonesia.

c Manusia yang terdidik dan tercerahkan adalah kunci kemajuan bangsa.

d Pendidikan itu seperti tangga berjalan yang mengantarkan kita meraih kesejahteraan yang jauh lebih baik.

e Pendidikan harus dipandang sebagai ikhtiar kolektif seluruh bangsa.

f Pentingnya karakter Pancasila dalam pendidikan kita.

g Sudahkah sekolah kita menjadi tempat belajar yang menyenangkan?

1.14 Ringkaslah teks pidato di atas menjadi sebuah teks sepanjang 400 - 500 kata. Usahakan agar ketujuh kutipan pada 1.13 termasuk dalam ringkasan yang Anda tulis. Berikan ringkasan Anda kepada guru untuk dinilai.

1.15 Bacalah berita berjudul *Sekolah Alam Bekasi: Melintas Batas, Merayakan Kehidupan* yang ditulis oleh Saiful Rijal Yunus berikut.

Sekolah Alam Bekasi: Melintas Batas, Merayakan Kehidupan

Oleh Saiful Rijal Yunus

KOMPAS.com - Siang telah menjelang, Selasa (25/11/2014). Riuh suara anak-anak terdengar dari dua ruang kelas Sekolah Dasar Alam Anak Soleh di Desa Setia Asih, Tarumajaya, Kabupaten Bekasi, Jawa Barat.

Sekitar 90 siswa-siswi ditampung dalam dua ruangan yang masing-masing berukuran 4 x 6 meter persegi itu. Satu ruangan digunakan para murid kelas I, II, dan III, sementara satu ruangan lain untuk murid kelas IV, V, dan VI.

Ridwan (18) berada di salah satu ruangan tersebut. Ia yang telah bersekolah selama delapan tahun memang sedikit berbeda daripada siswa lainnya.

Tingkahnya berubah saat melihat sebuah kamera digital. Tangan kanannya dijulurkan. Bak fotografer profesional, siswa yang belum bisa membaca ini menyandangkan tali kamera ke bahu, lalu menghadapkan kamera ke teman-temannya.

Klik. Setelah mengambil foto dengan posisi diagonal, kamera lalu ditegakkan, mencoba teknik *portrait*. "Ridwan juga tahu bagaimana mengukur pencahayaan. Kapan foto itu bisa *backlight* atau tidak," ucap Agustian (41), salah satu pendiri sekolah alam ini. "Ia bahkan pernah memenangi lomba foto lubang jarum yang kami adakan."

Ridwan dan siswa lainnya memang mendapatkan pelajaran tematik berupa fotografi, khususnya memotret dengan kamera lubang jarum.

Kamera yang bisa dibuat dari kaleng bekas sebagai bodi kamera, lempengan aluminium sebagai rana, dan *plakban* yang menjadi penutup rana itu menjadi kegiatan paling disukai Ridwan dan kawan-kawannya.

Dari kamera lubang jarum itu, Nugraha (15), salah satu teman seangkatan Ridwan, telah didaulat menjadi instruktur termuda Komunitas Lubang Jarum Indonesia.

Nugraha adalah lulusan pertama sekolah alam itu yang kini duduk di kelas II SMP Terbuka, Tarumajaya. Remaja ini pernah mewakili teman-temannya dalam festival foto bertaraf internasional di Bali tahun 2013.

Selain kamera lubang jarum, siswa-siswa di sekolah gratis ini juga diajari bercocok tanam di halaman depan sekolah. Meski hanya di sebidang tanah, teknik yang digunakan telah modern, yaitu teknik fertigasi. Teknik ini singkatan dari fertilitas dan irigasi, bagian dari metode hidroponik yang menghemat tempat dan pupuk, tetapi hasilnya optimal.

Sekolah ini, kata Agustian, sengaja mengajarkan hal-hal itu agar siswa-siswa memiliki kemampuan yang bisa diandalkan. Dengan demikian, mereka kelak bisa mandiri dan keluar dari lingkaran kemiskinan. Pasalnya, orangtua para siswa ini sebagian besar hanya bekerja sebagai buruh, pembantu, atau pemulung.

Berkat relawan
Sekolah alam ini terletak sekitar 10 kilometer dari Kota Bekasi atau 27 km dari Jakarta, didirikan tahun 2006. Hingga saat ini, sekolah alam tersebut empat kali berpindah tempat.

"Awalnya kami menyewa sebuah rumah, lalu pindah ke rumah warga yang kosong karena kontraknya habis. Kami juga pernah bersekolah di mushala," kata Fitri Yanhi, satu dari tujuh guru di sekolah ini.

Para guru itu digaji sebesar Rp 300.000 per bulan dari sumbangan donatur. Gaji tersebut baru mulai mereka dapatkan tahun 2010, atau empat tahun sejak sekolah berdiri.

Sekolah gratis ini memang berbeda dengan sekolah lain. Di luar pendanaan yang mengandalkan donatur tak tetap, setiap akhir pekan sejumlah relawan datang mengajarkan hal baru.

Selain itu, sekolah ini terbuka bagi siapa saja. Setiap orang dengan beragam latar belakang agama, suku, dan ras bisa menjadi murid, guru, atau relawan.

Pada awal Desember mendatang, misalnya, sekolah ini akan kedatangan mahasiswa dari Universitas Katolik Daegu, Korea Selatan. "Perbedaan itu peleng-kap untuk memberikan perspektif yang luas terhadap kehidupan," kata Agustian.

Bima (24), relawan yang telah ikut sejak 2013, tak pernah merasa ada masalah dengan perbedaan tersebut.

Sekolah Raya

Keinginan untuk berbagi dan menularkan semangat yang ada dari sekolah alam ini mendapat sambutan dari sejumlah komunitas. Pada September lalu, 12 komunitas mengukuhkan diri dalam sebuah wadah yang mereka namakan Sekolah Raya.

Bersama komunitas yang tersebar mulai dari Bekasi, Jakarta, hingga Kota Malang di Jawa Timur, Sekolah Raya ingin memberi pengajaran kepada anak-anak jalanan, anak yatim, dan anak-anak tanpa materi berlebih lainnya.

Nana Zuri, Direktur Program Sekolah Raya, menyam-paikan, setiap komunitas yang tergabung dalam Sekolah Raya bukan komunitas baru. Mereka mem-punyai visi yang sama setelah melihat perkembangan kurikulum dari sekolah alam.

Hingga saat ini telah ada sekitar 400 relawan dari sejumlah komunitas yang tergabung dalam Sekolah Raya. Satu hal yang ditekankan dalam setiap program pengajaran, hal yang didapatkan harus dibagi dan diajarkan kepada orang lain.

Mereka tak ingin anak-anak itu hanya menerima tanpa berbuat sesuatu. Sebab, mereka menyadari, berbagi dan menerima adalah satu kesatuan yang utuh.

1.16 Dalam setiap tulisan berita, ada enam unsur berita yang dalam tradisi jurnalistik lazim dikenal dengan sebutan "5W + 1H". Dari berita di atas, sebutkan:

a   Apa (What): Apa yang terjadi?
b   Siapa (Who): Siapa yang terlibat?
c   Kapan (When): Kapan terjadi?
d   Di mana (Where): Di mana terjadi?
e   Mengapa (Why): Mengapa terjadi?
f   Bagaimana (How): Bagaimana kejadiannya?

1.17 Jawablah pertanyaan-pertanyaan berikut sesuai dengan informasi yang diberikan di dalam teks.

a   Sebutkan satu informasi yang kontras tentang sosok Ridwan (18).
b   Dengan melihat tingkahnya ketika melihat kamera, apakah kira-kira hobi Ridwan?
c   Apakah kamera lubang jarum itu?
d   Sebutkan dua macam keterampilan yang dipelajari siswa di Sekolah Alam Bekasi.
e   Apakah teknik fertigasi itu?
f   Mengapa Sekolah Alam Bekasi mengajarkan kedua keterampilan di atas?
g   Apa bukti bahwa Sekolah Alam Bekasi terbuka bagi siapa saja?
h   Bagaimana Agustian memandang perbedaan?
i   Apakah hal yang ditekankan dalam setiap program pengajaran dalam Sekolah Raya?

1.18 Bertolak dari informasi inti sebuah unsur berita ("5W + 1H"), selanjutnya buatlah sebuah rangkuman atas berita *Sekolah Alam Bekasi: Melintas Batas, Merayakan Kehidupan* sepanjang 130-180 kata.

1.19 Setiap ujaran bahasa pasti tidak pernah terlepas dari maksud atau tujuan penuturnya. Ada kalanya maksud atau tujuan itu disampaikan secara langsung, ada juga yang tersamar (implisit). Jelaskan, dengan tetap memperhatikan konteks, apa **sebenarnya makna implisit yang terkandung dalam pernyataan-pernyataannya berikut ini:**

a   Sekitar 90 siswa-siswi ditampung dalam dua ruangan yang masing-masing berukuran 4 x 6 meter persegi itu. Satu ruangan digunakan para murid kelas I, II, dan III, sementara satu ruangan lain untuk murid kelas IV, V, dan VI.
b   Ridwan (18) berada di salah satu ruangan tersebut. Ia yang telah bersekolah selama delapan tahun memang sedikit berbeda daripada siswa lainnya.
c   Sekolah alam ini terletak sekitar 10 kilometer dari Kota Bekasi atau 27 km dari Jakarta,

didirikan tahun 2006. Hingga saat ini, sekolah alam tersebut empat kali berpindah tempat.

d Para guru itu digaji sebesar Rp 300.000 per bulan dari sumbangan donatur. Gaji tersebut baru mulai mereka dapatkan tahun 2010, atau empat tahun sejak sekolah berdiri.

e "Perbedaan itu pelengkap untuk memberikan perspektif yang luas terhadap kehidupan," kata Agustian.

f Mereka tak ingin anak-anak itu hanya menerima tanpa berbuat sesuatu. Sebab, mereka menyadari, berbagi dan menerima adalah satu kesatuan yang utuh.

1.20 Jelaskan arti peribahasa-peribahasa berikut:

a Hangat-hangat tahi ayam.

b Kemauan ibarat sebilah kapak tajam, ia dapat membuat jalan melalui hutan rimba belantara.

c Berakit-rakit ke hulu, berenang-renang ke tepian.

d Tak kenal maka tak sayang.

e Guru juga manusia.

f Tiada gading yang tak retak.

g Buku adalah jendela dunia.

h Patah sayap bertongkat paruh.

i Kepala jadi kaki, kaki jadi kepala.

j Kalah jadi abu, menang jadi arang.

k Berjalan peliharakan kaki, berkata peliharakan lidah.

l Alah bisa karena biasa.

1.21 Kalimat-kalimat yang sudah diacak berikut berasal dari sebuah paragraf utuh. Dengan memperhatikan **kata sambung (konjungsi) antarkalimat** yang ada, susunlah kalimat-kalimat berikut menjadi sebuah paragraf yang padu. Kata sambung (konjungsi) dicetak tebal. Kalimat nomor 1 merupakan kalimat awal paragraf, jadi tidak perlu diubah.

No	KALIMAT
1	Saya sadar, banyak orang tua yang sibuk.
2	Sesungguhnya, yang dilakukan sekolah adalah membantu mewujudkan harapan mereka.
3	Akan tetapi, porsi tanggung jawab terbesar tetap ada pada orang tua.
4	Ada orang tua yang marah-marah ketika dipanggil pihak sekolah.
5	Bahkan, mereka mengancam akan melaporkannya ke pihak berwajib.
6	Orang tualah yang lebih berhak mengajukan desain atas masa depan anak-anak mereka.
7	Ayo kita pikir, bukankah yang pertama memiliki inisiatif punya anak itu orang tua?
8	Meskipun demikian, saya tidak setuju kalau mereka menganggap tanggung jawab pendidikan anak diserahkan sepenuhnya ke sekolah.
9	Sekolah memang mempunyai tanggung jawab.
10	Sesudah itu, pantaskah mereka menyerahkannya ke orang lain?

1.22 Di bagian berikut ditampilkan beberapa konjungsi antarkalimat. Konjungsi atau kata sambung antarkalimat adalah kata tugas yang menghubungkan satu kalimat dengan kalimat yang lain. Karena menjadi penghubung antarkalimat, maka konjungsi ini selalu berada di awal kalimat dan ditulis dengan huruf kapital. Pakailah konjungsi-konjungsi yang ada dalam kalimat. Perhatikan contoh.

Contoh:

Kami tidak setuju dengan ide dia. Kami tidak akan menghambatnya.

Kami tidak setuju dengan ide dia. *Meskipun begitu*, kami tidak akan menghambatnya.

Pakai konjungsi antarkalimat berikut dalam kalimat seperti yang ada di contoh.

- biarpun demikian/ biarpun begitu / sekalipun demikian / sekalipun begitu / sungguhpun demikian / sungguhpun begitu / walaupun demikian / walaupun begitu / meskipun demikian / meskipun begitu
- sesudah itu / setelah itu / selanjutnya
- tambahan pula / lagi pula / selain itu
- sebaliknya
- sesungguhnya
- malah / malahan / bahkan
- akan tetapi / tetapi / namun
- kecuali itu
- dengan demikian
- oleh karena itu / oleh sebab itu
- sebelum itu

143

Tujuan pembelajaran

Kegiatan menulis pada unit ini difokuskan untuk:

- melakukan kegiatan sumbang saran atas topik tertentu
- menerka makna kata dan frasa dalam iklan lowongan pekerjaan
- menulis surat lamaran pekerjaan
- memahami arti jenis-jenis profesi
- memberi alasan atas suatu pilihan
- menjelaskan makna implisit dari suatu pernyataan
- memahami pesan/ide sebuah karikatur/kartun

- menulis surat pribadi
- menerka kode etik suatu profesi dan menjelaskan kepentingannya
- surat undangan rapat
- menulis notula
- menulis surat resmi
- membuat poster
- menulis berita

2.1 Secara berkelompok, lakukan sumbang saran (brainstorming) atas topik "**Profesi favorit anak muda zaman sekarang**". Catat hasil sumbang saran Anda.

2.2 Masing-masing kelompok secara bergiliran diberikan kesempatan membacakan hasil sumbang sarannya. Ide yang sama yang sudah disebutkan kelompok lain harap ditandai sehingga tidak perlu dibaca ulang. Anda boleh bertanya arti kata atau frasa tertentu yang belum Anda pahami yang disebutkan oleh kelompok lain.

2.3 Baca dan perhatikan tiga contoh iklan lowongan pekerjaan dari berbagai profesi berikut. Setelah membaca, temukan persamaan dan perbedaan ketiga iklan lowongan pekerjaan tersebut dari segi bahasa yang dipakai (formal/informal, informatif, persuasif, deskriptif).

1 Lowongan Wartawan

Iklan Lowongan Kerja Oleh :

Nama / Perusahaan: PT Ora Et Labora Indonesia Utama

Kategori Loker : Wartawan/Jurnalis

Lokasi: Jakarta Barat

Level Pekerjaan: Baru lulus/pengalaman kerja kurang dari satu tahun

Syarat Pendidikan: Sarjana/S1

Gaji: Negosiasi

Tipe Pekerjaan: Paruh waktu

Industri: Penerbitan / Percetakan

Kirimkan lamaran lengkap dengan pasfoto terbaru melalui email ke:

HRD.PTOELIU@GMAIL.COM

---

2 Lowongan Kerja Artis 2016

Ingin menjadi artis top pujaan masa kini? PT GIAT PERKASA ABADI PICTURE merupakan salah satu production house ternama di Indonesia kembali membuka lowongan kerja sebagai artis. Lowongan kerja artis ini dibuka bukan sebagai artis itu sendiri tetapi untuk mengisi lowongan Artist Manager, sebuah peluang emas di tahun 2016.

PT GIAT PERKASA ABADI PICTURE sebagaimana dikenal luas, merupakan production house yang bertujuan menghasilkan program-program berkualitas baik film, sinetron (drama) dan nondrama. Untuk maksud itulah, PT GIAT PERKASA ABADI PICTURE membutuhkan sumber daya manusia dengan ide-ide baru, mumpuni, dan penuh dedikasi.

Sebagai sebuah grup media terbesar yang bermitra baik dengan beberapa stasiun TV, puluhan stasiun radio, beragam media cetak (majalah, harian, tabloid, dll.), PT GIAT PERKASA ABADI PICTURE memerlukan talenta-talenta berkemampuan tinggi guna membimbing semua artis yang ada di bawah naungan GIAT PERKASA ABADI PICTURE. Atas dasar itulah, PT GIAT PERKASA ABADI PICTURE membuka lowongan kerja artis 2016 dengan posisi sebagai Artist Manager.

Beberapa persyaratan yang harus dipenuhi para kandidat untuk mengisi lowongan pekerjaan selaku Artist Manager di antaranya adalah:

- Pria/wanita dengan usia antara 20-30 tahun.
- Pendidikan minimal D3 berbagai jurusan.
- Bisa berbahasa asing (Inggris diutamakan) dengan baik, lisan maupun tulisan.
- Mempunyai kemampuan bernegosiasi dengan baik.
- Mempunyai pengalaman minimal satu tahun di bidang terkait.
- Mempunyai pengalaman di perusahaan Event Organizer.
- Bersedia dikontrak paling sedikit dua tahun penuh.
- Diutamakan untuk ditempatkan dalam divisi Artist Management atau Talent Management.
- Bersedia ditempatkan di Surabaya.

Bagi yang tertarik mengisi lowongan kerja artis di GIAT PERKASA ABADI PICTURE, segera kirimkan berkas lamaran Anda lengkap dengan berbagai dokumen pendukung lainnya paling lambat tanggal 28 Maret 2016 ke alamat:

PT GIAT PERKASA ABADI PICTURE, Graha Kinasih Lt. 5, Jl. Ahmad Yani 74, Surabaya 60234.

Atau kirim melalui email ke:

HRD.PTGPAP@GMAIL.COM

Demikian lowongan pekerjaan artis 2016 sebagai manajer artis di GIAT PERKASA ABADI PICTURE yang dapat diinformasikan, kami berharap info ini mendapatkan respons yang positif dan dapat dimanfaatkan sebagaimana mestinya.

145

3 *Chef Executive dan Cook Helper Chef*

PT Lezat Indonesia Tiada Tara merupakan leader di bidang F&B dan Hospitality selama lebih dari 10 tahun. Saat ini usaha kami sedang berkembang dan membuka beberapa lowongan:

1. Chef Executive
2. Cook Helper Chef

Requirements: Chef Executive

- Pria/wanita, usia maksimal 45 tahun.
- Pendidikan minimal S1 (lebih diutamakan Jurusan Perhotelan / Kitchen)
- Minimal 5 tahun pengalaman sebagai Chef Executive
- Menguasai Chinese food / Indonesian food.
- Bersedia di rolling penempatan kerja di manapun di Jakarta.

Requirements: Cook Helper Chef

- Pendidikan minimal D3/S1 berbagai jurusan.
- Pria/wanita, usia maksimal 30 tahun.
- Pendidikan SMK / sederajat, diutamakan jurusan SMK Tataboga dan Diploma perhotelan.
- Pengalaman satu tahun sebagai cook helper, diutamakan pernah di Chinese food / Indonesian food.
- Diutamakan dapat membuat berbagai masakan Chinese / Indonesian food populer dengan kualitas yang baik.

Kirimkan lamaran lengkap dengan pasfoto terbaru melalui email ke:
HRD.PTLITT@GMAIL.COM

2.4 Kata-kata dan frasa berikut sering dipakai dalam iklan lowongan pekerjaan. Coba terka makna kata-kata dan frasa tersebut dengan memperhatikan konteks (kata-kata lain yang mengitarinya). Gunakan kamus untuk mengecek terkaan Anda.

a penyiar wanita dan pria berpengalaman
b karyawan kontrak
c karyawan tetap
d bahasa Inggris minimal pasif
e gaji negosiasi
f pekerjaan purnawaktu
g pekerjaan paruh waktu
h bonus
i dapat bekerja dalam tim
j rumah produksi (*production house*)
k sumber daya manusia
l manajer artis (*artist manager*)
m manajemen artis (*artist management*)
n manajemen bakat (*talent management*)
o berkas lamaran
p Diploma/D1/D2/D3/S1
q industri: manufaktur umum (*manufacturing umum*)
r industri: media

2.5 Carilah informasi di media, pilihlah satu lowongan pekerjaan yang Anda idamkan. Atau, Anda boleh memilih satu di antara ketiga lowongan pekerjaan di atas. Tulislah sebuah surat lamaran pekerjaan.

2.6 Berikut adalah beberapa profesi yang mungkin belum Anda kenal atau masih terdengar asing di telinga. Jika Anda tidak pernah mendengarnya, cobalah cek di kamus. Anda bisa menambahkan jenis profesi lain yang mungkin Anda temukan di daftar kosakata Anda.

a	penderes/penyadap	**n**	juru kunci
b	penenun	**o**	juru bahasa
c	pesinden	**p**	juru lelang
d	komentator	**q**	juru masak/koki
e	penelik/mata-mata	**r**	tukang sunat
f	notaris	**s**	tukang loak
g	hakim garis	**t**	tukang koran
h	penyair	**u**	tukang pijat sapi
i	perias	**v**	pawang hujan
j	kontraktor	**w**	pawang lebah
k	nahkoda	**x**	pawang jermal
l	mandor	**y**	pawang buaya
m	juru bicara	**z**	pawang ular

TIP BELAJAR – SURAT LAMARAN PEKERJAAN

Surat lamaran pekerjaan termasuk surat resmi. Surat ini ditulis oleh seseorang ditujukan ke suatu instansi yang berisi permohonan agar yang bersangkutan diterima bekerja dengan menempati posisi tertentu yang ditawarkan penyedia kerja atau yang diminta pihak pelamar. Bagian-bagian surat lamaran pekerjaan secara umum adalah sebagai berikut:

- Tempat dan tanggal pembuatan surat
- Lampiran

Dokumen yang biasa dilampirkan, antara lain:

1. foto *copy* ijazah dan transkrip nilai
2. daftar riwayat hidup
3. pas foto terbaru
4. foto *copy* sertifikat

- Hal atau perihal (tulis: Lamaran Pekerjaan)
- Alamat tujuan
- Salam pembuka
- Isi surat yang terbagi menjadi tiga bagian:

1. paragraf pembuka
2. isi surat
3. paragraf penutup

- Salam penutup
- Tanda tangan dan nama terang

2.7 Ada beberapa orang yang menggeluti profesi tertentu, mereka mengasuransikan bagian tubuhnya, semisal Taylor Swift. Penyanyi cantik pelantun lagu *"Shake It Off"* ini dikabarkan mengasuransikan kedua kakinya sebesar 40 juta dollar AS atau setara Rp 520 miliar. Pilihlah satu profesi. Bayangkan Anda sekarang merupakan salah satu figur yang juga sangat sukses. Dengan menyebutkan profesi yang Anda geluti, kira-kira bagian tubuh manakah yang akan Anda asuransikan? Pilih satu bagian tubuh Anda dan tulis tiga alasan mengapa Anda memilih mengasuransikannya dalam 70-100 kata. Presentasikan tulisan Anda di kelas.

2.8 Di bagian berikut ada nasihat-nasihat atau kata-kata mutiara yang diucapkan oleh orang-orang sukses. Nasihat-nasihat berikut sangat baik untuk direnungkan ketika kita memulai suatu bisnis. Jelaskan makna implisit atau yang tersirat dari setiap pernyataan atau nasihat berikut dalam 60-80 kata. Perhatikan contoh.

Nomor	Urusan	Opini
1	Awali saja, melangkah saja. Dalam bisnis, keberanian menjejakkan satu langkah lebih penting daripada seribu analisis tapi tanpa tindakan.	Nasihat ini sangat tepat ketika kita memulai suatu usaha karena dalam bisnis keberanian melangkah dan mengambil risiko memang dibutuhkan. Sering, bisnis tidak jalan karena kita terlalu banyak analisis, teori, dan pertimbangan. Analisis memang perlu, tapi kalau sudah terlalu mendominasi, jelas tidak sehat. Kita jadi takut melangkah dan akhirnya benar-benar tidak bergerak. Padahal, bisnis memerlukan kecepatan, kelenturan dan intuisi dalam menangkap setiap peluang. Bill Gates contohnya. Walaupun pada Januari 1975 ia bahkan belum membuat *software*, tapi karena melihat peluang, ia sudah terlebih dahulu menawarkannya.
2	Jika ada yang bilang kamu gila, anggaplah itu pujian. Einstein, Galieo, Thomas Edison juga dulu dianggap gila, padahal? (Bob Sadino, pemilik dari jaringan usaha *Kemfood* dan *Kemchick*)	
3	Pikiran besar tidak pernah ada tanpa sebuah sentuhan kegilaan. (Bob Sadino, pemilik dari jaringan usaha *Kemfood* dan *Kemchick*)	
4	Selain kerja keras, seorang pengusaha juga dituntut untuk bisa kerja cerdas. (Chairul Tanjung, pengusaha yang berhasil membesarkan Bank Mega, Trans Corp, dan Carrefour di Indonesia)	
5	Jujur, aman, dan rasional. (Irwan Hidayat, CEO Sidomuncul)	
6	Jika Anda terlahir sebagai orang miskin, itu bukan salah Anda. Tetapi jika Anda meninggal dalam keadaan miskin, maka itu sepenuhnya kesalahanmu. (Bill Gates)	
7	Tetaplah Lapar. Tetaplah Bodoh (*Stay Hungry, Stay Foolish*). (Steve Jobs)	

2.9 Di dalam kartun berikut, Anda akan melihat salah satu profesi, yakni artis. Berdasarkan gambar kartun yang ada, jawablah pertanyaan-pertanyaan yang tersedia. Karena kartun selalu berkait dengan isu nyata yang berkembang di masyarakat, selain bertolak dari gambar yang ada, jawaban bisa mengacu pada hal-hal umum yang Anda ketahui seputar profesi ini.

a Mengapa dalam kartun di atas, orang tua melarang anaknya menjadi seniman? Jelaskan.

b Sebaliknya, mengapa orang tua mendukung anaknya menjadi artis? Jelaskan.

c Sebagai sebuah komedi tingkah laku, jelaskan tingkah laku apa yang menjadi bahan tertawaan yang disindir si kartunis dalam kartunnya?

d Apakah sindiran yang ada dalam kartun ini tepat sasaran? Berikan pendapat Anda dalam 160-180 kata.

2.10 Dalam bagian berikut Anda akan melihat kartun yang menampilkan salah satu profesi yang semakin hari semakin banyak diminati dan dimimpikan anak muda, yakni profesi *Video Jockey* (VJ). Setelah memperhatikan kartun yang ada, jawablah pertanyaan-pertanyaan berikut.

a Siapa yang menjadi objek sindiran dari kartun di atas?

b Apakah isi sindirannya?

c Menurut Anda, apakah motif atau dorongon menjadi cepat terkenal pada anak muda merupakan motif yang bisa diterima? Berikan tanggapan Anda, setuju atau tidak setuju dan apa alasannya.

d Suatu ketika Anda menghadiri suatu konser musik. Tidak terduga, ternyata Anda mendapatkan hadiah (*doorprize*) berupa kursus DJ gratis. Sebagai anak muda, apakah kesempatan ini akan Anda ambil? Berikan tanggapan Anda, alasan mengambil atau tidak mengambil hadiah tersebut. Tulislah tanggapan Anda dalam 160-180 kata.

2.11 Anda ingin menjadi seorang koki (chef) terkenal. Masalahnya, orang tua Anda masih ragu dengan prospek profesi ini. Untuk meyakinkan mereka, tulislah sebuah surat pribadi kepada orang tua Anda. Diskusikan terlebih dahulu dengan partner Anda tentang prospek profesi ini sehingga Anda memiliki alasan-alasan yang kuat untuk lebih meyakinkan orang tua Anda. Tulislah dalam 200-250 kata.

2.12 Setiap profesi pasti memiliki kode etik. Kode etik profesi adalah norma dan asas yang disepakati oleh suatu kelompok tertentu sebagai pedoman atau landasan tingkah laku anggota dalam menjalankan profesinya. Di bagian berikut ada daftar kode etik dari berbagai profesi (nama profesi dihilangkan) dan Anda diminta menebaknya. Pilihan profesi yang bisa Anda masukkan:

- Kedokteran
- Jurnalistik
- Keguruan
- Akuntan
- Advokat/Penasihat Hukum
- Hakim
- Kepolisian
- Prajurit Tentara Nasional Indonesia (TNI)
- Pegawai Negeri Sipil (PNS)
- Pegawai Bank Indonesia
- Pilot

No	kode etik	Profesi
1	Harus menghormati hak-hak pasien, hak-hak sejawatnya, dan hak tenaga kesehatan lainnya, dan harus menjaga kepercayaan pasien.	kedokteran
2	Tidak menyiarkan berita, tulisan atau gambar yang menyesatkan, memutarbalikkan fakta, bersifat fitnah, cabul, sadis dan sensasi berlebihan.	
3	Kami patriot Indonesia pendukung serta pembela ideologi negara, yang bertanggung jawab dan tidak mengenal menyerah.	
4	Menciptakan suasana sekolah sebaik-baiknya yang menunjang berhasilnya proses belajar mengajar.	
5	Mengutamakan keperwiraan di dalam melaksanakan tugas serta senantiasa siap sedia berbakti kepada negara dan bangsa.	
6	Harus melakukan pencatatan yang benar mengenai segala transaksi yang dikerjakannya.	
7	Dalam melakukan pekerjaannya wajib untuk selalu menjunjung tinggi hukum, kebenaran dan keadilan.	
8	Putusan dijatuhkan secara objektif tanpa dicemari oleh kepentingan pribadi atau pihak lain (*no bias*) dengan menjunjung tinggi prinsip (*nemo judex in resud*).	
9	Tanggap, terbuka, jujur, dan akurat, serta tepat waktu dalam melaksanakan setiap kebijakan program pemerintah.	
10	Harus dapat menjaga kerahasiaan nasabah dan banknya.	
11	Berbakti membimbing peserta didik untuk membentuk manusia Indonesia seutuhnya berjiwa Pancasila.	
12	Menggunakan atau memanfaatkan semua sumber daya negara secara efisien dan efektif.	
13	Harus senantiasa mengingat akan kewajiban melindungi hidup makhluk insani.	
14	Menyatakan yang benar adalah benar dan yang salah adalah salah.	
15	Memegang peranan yang penting di masyarakat, yang terdiri dari klien, pemberi kredit, pemerintah, pemberi kerja, pegawai, investor, dunia bisnis dan keuangan, dan pihak lainnya bergantung kepada objektivitas dan integritas dalam memelihara berjalannya fungsi bisnis secara tertib.	
16	Menjunjung tinggi hak seseorang untuk mendapat putusan (*right to a decision*) di mana setiap orang berhak untuk mengajukan perkara dan dilarang menolak untuk mengadilinya kecuali ditentukan lain oleh undang-undang serta putusan harus dijatuhkan dalam waktu yang pantas dan tidak terlalu lama.	
17	Tidak memublikasikan nama terang tersangka dan saksi.	
18	Wajib memperjuangkan serta melindungi hak-hak azasi manusia dan kelestarian lingkungan hidup dalam Negara Hukum Republik Indonesia.	
19	Tidak boleh menunjukkan kepanikan meskipun situasi sedang dalam keadaan darurat karena kepanikan justru dapat mengakibatkan kesalahan fatal terjadi dan bukannya dihindari.	
20	Tidak menerima imbalan untuk menyiarkan atau tidak menyiarkan berita, tulisan atau gambar yang dapat menguntungkan atau merugikan seseorang atau sesuatu pihak.	

2.13 Ambil satu kode etik untuk setiap profesi kemudian jelaskan mengapa pernyataan tersebut penting untuk profesi yang bersangkutan. Perhatikan contoh.

Profesi	Kode etik	Penting karena kalau tidak ….
Kedokteran	Harus menghormati hak-hak pasien, hak-hak sejawatnya, dan hak tenaga kesehatan lainnya, dan harus menjaga kepercayaan pasien.	• Dokter bisa diskriminatif. • Sesama dokter bisa terlibat dalam persaingan tidak sehat, misal memberikan potongan (*discount*) kepada pasien yang berobat. • Seorang pasien bisa dikucilkan karena mengidap penyakit tertentu dan ini jelas melanggar HAM.
Jurnalistik		
Keguruan		
Akuntan		
Advokat/ Penasihat Hukum		
Hakim		
Kepolisian		
TNI		
PNS		
Pegawai Bank Indonesia		
Pilot		

2.14 Diskusikan dengan partner Anda, kesan-kesan apakah yang muncul ketika kita menyebut profesi-profesi berikut. Sebutkan minimal lima kesan atau impresi Anda dalam bentuk kata sifat.

No	Profesi	kode etik
1	Guru	• Sabar • Bijaksana • Lembut • Sopan • Berpengetahuan
2	Pramugari	
3	Presenter	
4	Desainer	
5	Bankir	
6	Pengacara	
7	Atlet	
8	Peneliti/Ilmuwan	
9	Koki (chef)	
10	Pengusaha	

TIP BELAJAR – SURAT UNDANGAN RAPAT

Surat undangan rapat/pertemuan termasuk surat resmi. Surat ini ditulis oleh suatu organisasi/instansi ditujukan kepada seseorang/anggota agar hadir pada hari, tanggal, waktu, dan tempat tertentu guna membahas agenda yang sudah atau akan disepakati bersama. Bagian-bagian surat undangan rapat secara umum adalah sebagai berikut:

- Tempat dan tanggal pembuatan surat
- Nomor
- Perihal
- Lampiran
- Tujuan
- Salam pembuka
- Isi surat yang terbagi menjadi tiga bagian:

1 paragraf pembuka
2 isi surat (di bagian isi agenda boleh disertakan boleh tidak)
3 paragraf penutup

- Salam penutup
- Pengundang: tanda tangan dan nama terang/jabatan

2.15 Pilih satu profesi yang disebutkan di aktivitas 2.16 atau Anda boleh menambahkan profesi yang lain sesuai minat Anda, lalu deskripsikan profesi yang Anda pilih dalam 80-130 kata.

TIP BELAJAR – SURAT UNDANGAN RAPAT

Notula adalah catatan yang berisi hasil persidangan (rapat) baik yang sudah maupun belum diputuskan. Bagian-bagian surat undangan rapat secara umum adalah sebagai berikut:

- Judul, misal: Notula Rapat OSIS SMA TERUNA NEGARA
- Hari/tanggal
- Waktu
- Daftar hadir
- Agenda
- Isi

Bagian ini biasanya dibuat tabel dengan pembagian:

- Nomor
- Pokok bahasan
- Penanggung jawab (person in charge)
- Tenggat (due date)

- Tempat dan tanggal pengesahan notula
- Yang mengesahkan: tanda tangan dan nama terang/ jabatan (biasanya diwakili ketua dan sekretaris)

2.16 Ada banyak pilihan bagaimana seseorang menjalankan profesi atau pekerjaannya. Secara garis besar, pilihan itu ada dua. Pertama, menjadi pegawai/karyawan orang lain. Kedua, membuka usaha sendiri. Diskusikan dengan partner Anda, apakah untung (sisi positif) dan kekurangan (sisi negatif) jika kita menjadi karyawan (kerja di tempat orang lain) dan apakah untung (sisi positif) dan kekurangan (sisi negatif) jika kita membuka usaha sendiri. Fokuskan diskusi Anda pada segi:

- Waktu
- Tanggung jawab/risiko
- Penghasilan

Tuliskan pendapat Anda dalam bentuk poin-poin dan jika telah selesai, bicarakan hasil diskusi Anda bersama teman sekelas.

2.17 Jawablah pertanyaan-pertanyaan berkait dengan profesi yang kelak Anda pilih berikut ini.

Nama : ....
Profesi : ....

No	Pertanyaan	Jawaban dan alasan
1	Mengapa Anda memilih profesi tersebut? Apakah profesi tersebut sesuai dengan bakat dan minat Anda?	
2	Apakah profesi tersebut cukup banyak saingannya?	
3	Apakah profesi tersebut menjanjikan dari segi finansial?	
4	Apakah profesi tersebut membuat Anda merasa bangga?	
5	Apakah orang tua Anda mendukung pilihan profesi tersebut?	
6	Apakah Anda akan selamanya menekuni profesi tersebut?	

2.18 Tulislah sebuah artikel argumentasi sepanjang 350-500 kata dengan tema "Tepat memilih profesi, jaminan masa depan cerah". Sebelum menulis artikel, buatlah terlebih dahulu kerangka (outline). Bagi kerangka tulisan Anda dalam tiga bagian:

- Introduksi
  Menjawab pertanyaan: Mengapa tema ini perlu dibicarakan?
- Tubuh tulisan
  Ide-ide Anda berkait bagaimana memilih profesi yang tepat
- Penutup

Berbicara dan Merespons (Pendidikan untuk Daerah Pedesaan dan Terpencil)

Tujuan pembelajaran

Kegiatan berbicara dan merespons pada unit ini difokuskan untuk:

- melakukan kegiatan sumbang saran atas topik tertentu
- melatih siswa dalam berdiskusi
- melatih siswa melakukan presentasi dengan *power point* dan poster
- memberikan komentar/opini secara lisan
- melakukan dialog imajinatif lewat telepon
- bermain peran dalam suatu wawancara atau talk show dan dialog
- membaca teks pidato dengan intonasi yang tepat
- melatih siswa berdebat
- memimpin rapat
- membaca puisi dengan nada dan ekspresi yang sesuai

3.1 Pernahkah Anda mendengar berita atau membaca artikel mengenai desa tertinggal atau daerah tertinggal? Apakah menurut Anda yang dimaksud dengan daerah tertinggal? Apakah makna kata *tertinggal* pada frasa tersebut? Tertinggal dalam hal apa sajakah daerah-daerah tersebut? Dapatkah Anda menyebutkan setidaknya tiga daerah di Indonesia yang dikategorikan sebagai daerah tertinggal? Mengapa Anda menyebutkan nama daerah-daerah tersebut? Diskusikan jawaban Anda dan bagikan jawaban Anda kepada siswa di kelas. Guru Anda akan memandu kelas Anda dalam sebuah kegiatan sumbang saran.

3.2 Buatlah catatan penting sebagai hasil diskusi kelas Anda. Seorang siswa membacakan hasil diskusi di depan kelas. Siswa yang lain akan memberikan tanggapan atas lengkap atau kurang lengkapnya isi catatan yang dibacakan oleh siswa tersebut.

3.3 Selanjutnya bagilah kelas Anda atas empat kelompok. Setiap kelompok melakukan riset di luar jam pelajaran mengenai salah satu dari organisasi atau gerakan di bawah ini.

- Yayasan Indonesia Mengajar : http://indonesiamengajar.org/tentang-indonesia-mengajar/visi-dan-misi/
- Sokola Rimba : http://www.sokola.org/
- Sekolah Mangunan : (http://dinamikaedukasidasar.org/sd-eksperimental-mangunan/)
- Taman siswa : cari dari berbagai sumber, salah satunya : http://www.sejarawan.com/197-berdirinya-taman-siswa.html

Hal-hal yang harus Anda temukan melalui riset Anda adalah:

- Sejarah singkat tentang organisasi/gerakan.
- Tokoh/pelopor kegiatan
- Tujuan yang ingin dicapai
- Contoh-contoh kegiatan.
- Foto-foto, alamat *website,* video yang menjelaskan tentang organisasi/gerakan.
- Hal-hal menarik yang Anda temukan saat melakukan riset.
- Pendapat kelompok Anda mengenai organisasi/ gerakan ini.

Setelah waktu yang ditentukan, Anda dan kelompok Anda diminta untuk melakukan presentasi menggunakan power point di depan kelas. Jika Anda memiliki video yang akan Anda sertakan dalam presentasi Anda, pastikan durasinya sesuai dengan kesepakatan bersama di kelas Anda.

3.4 Bacalah artikel yang diambil dari *website* Indonesia Mengajar yang berisi sebuah kisah berdasarkan pengalaman nyata sang penulis saat menjadi seorang guru di Pulau Kawio, Sangihe, Sulawesi Utara.

Penyihir Pensil Warna-Warni

Oleh Ertina Priska Erlayas Sebayang

Namanya Aldo. Kata guru sebelumnya, dia anak paling bandel dan malas di kelas.

"Siap-siap Aldo sering dibawa keluar sama de pe Oma dan Opa, Encik," katanya, "*kong* kalau sudah begitu, bisa sampai berbulan-bulan tidak sekolah."

Aldo mungkin hanya satu dari jutaan anak di Indonesia yang lahir ke bumi tanpa ikatan pernikahan resmi kedua orangtuanya. Marga yang ada di belakang namanya adalah marga dari keluarga sang Ibu. Ya, marga sang ayah tidak turun padanya karena tidak ada hukum yang mengesahkan hubungan cinta tersebut.

Sekarang Aldo tinggal dengan ibu dan kakeknya di Kawio. Beberapa bulan sekali jika ada kesempatan, opanya akan berangkat ke Tahuna untuk jual kopra atau hasil panen lemon. Barulah Aldo ikut. Kenapa? Ya, di Tahuna Aldo bisa bertemu dengan ayahnya.

Kemudian Aldo tumbuh di tengah masyarakat yang memandang rendah anak-anak yang lahir dari hubungan yang tidak sah. Sungguhpun begitu, tidak sekali pun pernah kutangkap ada perasaan kecil hati dan malu terpancar dari matanya.

Dia anak manusia, hak yang dia miliki sama dengan anak-anak di mana pun yang lahir dengan status dan kondisi apapun. Aldo tahu persis akan hal itu, dan keterbatasan hati nurani masyarakat tidak mengahalanginya untuk maju.

Aldo punya karakter seorang pemimpin. Ini juga yang membikin dia semangat sekali menanyakan padaku kapan ada pemilihan ketua kelas, dan semangat menjelaskan alasannya di depan teman-temannya saat pemilihan.

Coba lihat fotonya, bisa ditebak kalau jagoanku ini **gengsinya tinggi**! Aldo pantang pulang sebelum menyelesaikan apa yang dia kerjakan, dengan sempurna.

Ini juga yang membuat dia paling lambat kalau keluar istirahat atau pulang. Ketika kawan-kawannya sudah berhamburan keluar kelas, Aldo masih berkutat dengan apa pun itu, yang dikerjakan tangannya, gambar, tulisan, soal matematika, atau sekadar coret-coretan di halaman belakang salah satu bukunya.

Aldo suka pertanyaan konyol IPA dan memecahkan permainan labirin yang kubuat. Matematikanya lemah. Tapi setiap salah, dia tekun belajar terus.

Kecerdasan visual yang dimiliki Aldo tidak perlu diragukan. Bukan hanya penikmat seni, Aldo memiliki kemampuan merekam bentuk dan rangkaian warna yang dilihatnya, kemudian menggoreskannya ulang di atas kertas.

Menggambar kapal perintis, perahu *pamboat*, dan helikopter. Detil lekuk mesin-mesin raksasa itu digoreskan dengan baik dan khas di atas kertas. Mistar dan pensil menjadi magis di tangannya. Aku suka memanggilnya 'jagoan encik yang pintar menyihir pensil warna'. Senyum Aldo sungguh lebar setiap kali kubilang begitu.

Dongeng favorit Aldo adalah tentang seorang penyihir yang bisa mengubah kayu dan bambu menjadi mesin-mesin raksasa pembawa kopra dan hasil panen rakyat, untuk dibagikan ke pulau-pulau lain di Indonesia. Ternyata banyak dan berbeda-beda sekali hasil panen di tiap pulau. Semenjak ada penyihir ini, tidak ada yang kekurangan makan lagi.

"Kalau nanti sudah besar," mimpi itu diucap dari mulutnya, dibahasakan dengan mata binarnya, "saya mau ke Jakarta bawa keluarga saya, kong keliling Indonesia dengan perahu buatan saya. Encik mau ikut?" kata Aldo

Selain kemampuannya menggambar, yang spesial dari Aldo adalah sifat pedulinya: dia selalu menghampiri teman yang belum paham materi, lalu mengajarkannya.

Aldo punya adik bernama Ine di kelas III. Dia sayang sekali dengan adik perempuannya ini.

Sekali waktu, Aldo aku tahan pulang untuk menyelesaikan PR. Aku tertegun saat dia izin menghampiri adiknya,

"Tunggu abang di luar ya, dik," katanya kepada Ine.

Hari ini Aldo tidak masuk sekolah. Dia hanya titip PR kesenian: gambar burung nuri yang dia tambahkan bunga dan tulisan "terima kasih, encik".

Sungguhpun aku terharu melihat gambar dan pesan tulusnya, aku khawatir. Ada apakah sehingga Aldo mengucapkan terima kasih, kemudian tidak masuk sekolah pula.

Sore tadi Aldo datang ke rumah dan melapor, "Encik, maaf saya hari ini tidak sekolah. Adik saya sakit. Tadi pagi saya mau berangkat, begitu pegang *de pe* kening, panas. *Kong* saya pijat dorang sampai tertidur," katanya menjelaskan, "boleh saya sekolah besok?"

Namanya Aldo. Guru sebelumnya bilang dia paling bandel dan malas di kelas. Sekarang? Dia semangat jadi ketua di kelasku, paling kritis kalau bertanya, paling khatam makna "pantang menyerah", dan keras kepala.

Dia jagoannya encik! :)

Kawio, 2 Agustus 2012

PS: Aldo adalah hadiah ulang tahun untuk Bung Hatta dari masa depan!

Catatan:
de pe = dia punya (-nya)
oma dan opa = oma (nenek) dan opa (kakek)
Encik = Bu guru, panggilan pada ibu guru.
kong = lalu atau terus
dorang = dia, mereka

155

3.5 Anda dan partner Anda akan melakukan sebuah percakapan imajinatif dan berperan sebagai Aldo dan Ibu gurunya (Priska). Buatlah sebuah percakapan imajinatif sepanjang tiga hingga lima menit berdasarkan salah satu situasi berikut ini dan tampilkan di depan kelas.

- Aldo harus pindah ke desa yang lain dan tidak dapat melanjutkan sekolahnya.
- Aldo mendapat hadiah ulang tahun dari ibu guru Priska.
- Aldo menjadi siswa terbaik pada tahun ajaran tersebut.
- Situasi lainnya (ditentukan oleh kelompok).

3.6 Ertina Priska Erlayas Sebayang atau yang akrab dipanggil Priska adalah seorang guru muda yang mengikuti program Indonesia Mengajar yang digagas oleh Yayasan Indonesia Mengajar. Priska menjadi seorang guru di sebuah desa bernama Kawio. Berikut ini adalah penjelasan mengenai siapa Priska sebelum dia menjadi guru muda di daerah terpencil itu.

Ertina Priska Erlayas Sebayang (Priska)

Priska adalah alumni Fakultas Ilmu Komunikasi (Fikom) UNPAD, yang juga Mahasiswa Berprestasi II, Fikom UNPAD tahun 2008. Gadis Karo kelahiran Jakarta ini pernah dibina oleh Arswendo untuk menjadi sutradara pementasan teater "Salah Asuhan" di sekolahnya. Tahun 2005-2007, ia memimpin tim dekorasi/publikasi di kegiatan Himpunan Mahasiswa Manajemen Komunikasi, dan menyelenggarakan program kreatif Penyuluhan Cuci Tangan di desa sekitar kampus. Tahun 2007, bersama tim Delegasi UNPAD mengikuti *Harvard National Model United Nations* (HNMUN) di Boston, Amerika Serikat, untuk membahas *human trafficking, abortion, and malnutrition.*

Sebelum menjadi Pengajar Muda, ia bekerja di Bank Mandiri sebagai *Corporate Communications officer,* dan pernah bertanggung jawab dalam tim sosial media *campaign program* Wirausaha Mandiri. Tahun 2011 ia dikirim ke Los Angeles, Amerika Serikat, untuk mengikuti workshop *Humanext, Strategic Communications, Critical Communications, and Innovative Thinking.*

Priska jatuh cinta pada kesenian: gemar membuat prakarya, penikmat musik dan teater, dan tidak bisa menolak ajakan karaoke. Salah satu cita-citanya adalah membuat taman kanak-kanak.

Setelah membaca profil Priska dan mengetahui proses yang harus dilalui Priska untuk menjadi seorang guru di Kawio melalui presentasi kelompok yang menjelaskan tentang Yayasan Indonesia Mengajar, berikan pendapat Anda atas hal-hal berikut:

- Apa menurut Anda yang memotivasi seseorang seperti Priska menjadi salah satu guru dalam program Indonesia Mengajar? Jelaskan.
- Dengan latar belakang pendidikan dan pengalaman yang dimiliki Priska, hal-hal positif apa saja yang menurut Anda membedakan Priska dari guru lain? Sebutkan tiga hal dan jelaskan.
- Apa saja pengaruh positif yang dapat diberikan seorang guru seperti Priska pada murid-murid di daerah Kawio? Sebutkan lima hal.
- Jika Anda adalah Priska, maukah menjadi guru di daerah pedalaman melalui program seperti Indonesia Mengajar? Jelaskan jawaban Anda.

- Sampaikan jawaban-jawaban Anda atas pertanyaan-pertanyaan di atas secara lisan di depan kelas. Dengarkan bagaimana siswa yang lain memberikan jawaban mereka atas pertanyaan yang sama. Tambahkan hal-hal baru yang Anda dapatkan dari jawaban-jawaban teman sekelas pada kertas jawaban Anda.

3.7 Bagilah kelas Anda menjadi beberapa kelompok yang setiap keompoknya terdiri dari empat orang. Tiap orang dalam kelompok akan memerankan satu dari empat peran berikut ini:

a Sebagai tokoh yang diwawancarai
b Sebagai tokoh yang mewawancarai
c Sebagai pembawa acara
d Sebagai perwakilan masyarakat dari desa/daerah tertinggal

Kelompok Anda diminta untuk menuliskan sebuah naskah wawancara atau *talk show* imajinatif yang melibatkan keempat tokoh di atas. Perhatikan hal-hal berikut sebagai bagian dari wawancara Anda:

- Tokoh yang diwawancarai adalah tokoh imajinatif yang memiliki latar pendidikan dan pengalaman yang sangat bagus (seorang dokter, pilot, pengusaha, dan lain-lain) yang ingin menjadi guru selama satu tahun di sebuah desa tertinggal melalui sebuah yayasan sejenis dengan Yayasan Indonesia Mengajar.
- Tokoh yang mewawancarai adalah representasi dari yayasan yang akan merekrut orang-orang yang ingin mengajar di daerah tertinggal.
- Tokoh yang membawa acara adalah tokoh yang akan menjalankan wawancara atau talk show itu dalam sebuah acara di TV atau radio atau media yang lain.
- Tokoh D adalah anggota masyarakat yang diundang dalam wawancara atau *talk show* tersebut untuk mewakili masyarakat desanya.
- Ciptakanlah sebuah wawancara atau *talk show* imajinatif berdasarkan penjelasan di atas. Tuliskan naskah *talk show* Anda dan serahkan kepada guru. Setelah selesai menuliskan naskah *talkshow* dan latihan dalam beberapa waktu, tiap kelompok diminta untuk mempresentasikannya di depan kelas. Guru akan memberikan penilaian.

3.8 Tulislah sebuah pidato dengan tema-tema di bawah ini:

a Pendidikan adalah tanggung jawab orang terdidik.

b Pendidikan mengantar seseorang pada kesejahteraan yang lebih baik.

c Sekolah adalah "taman" yang menyenangkan.

Perhatikan teknik menuliskan sebuah pidato berdasarkan hal-hal yang sudah kita pelajari sebelumnya. Setelah waktu yang ditentukan oleh guru Anda, bacakan pidato Anda di depan kelas dengan intonasi dan ekspresi yang sesuai dengan isi pidato. Guru Anda akan memberikan penilaian.

3.9 Bacalah cerpen dengan judul *Bila Jumin Tersenyum* karya Zelfeni Wimra di bawah ini.

Bila Jumin Tersenyum

Karya: Zelfeni Wimra

DULU, kalau sedang tertawa, Jumin bin Kahwaini tidak pandai menyembunyikan air matanya, sehingga tak seorang pun tahu apakah ia sedang menangis atau tertawa.

Sekarang tidak begitu lagi.

Bibirnya yang selalu tampak berminyak itu kini mirip kulit pisang *sarai*, coklat dan basah. Bila sedang berhati gembira, ia hanya mengulum senyum. Seolah kedua sudut bibirnya ditarik ke kiri dan ke kanan. Amat jarang ia tertawa dengan membuka mulut dan mengeluarkan suara bahak yang berderai dengan mata berair-air.

Apalagi ketika ia sedang memberikan khotbah atau ceramah di masjid dan surau. Jumin tampak sangat hati-hati sekali mengeluarkan kata-kata dan menjaga garis bibirnya sedemikian rupa. Sekalipun jamaah terpingkal-pingkal mendengar ceramahnya yang lucu, ia tetap tersenyum simpul.

Di hadapan jamaah, ia pernah mengaku kalau ia kini sudah tidak benar lagi dalam melafazkan ayat-ayat Tuhan atau sabda Nabi. Ia minta maaf. Sama sekali tidak ada niatnya untuk salah-salah dalam pembacaan tersebut. Lagi pula, tidak ada maksudnya untuk memajang wajah penuh wibawa yang cuma tersenyum simpul.

Singkat kata, Jumin kini kurang bahagia dengan air mukanya. Semua itu karena gigi-giginya sudah tanggal.

Jamaah sepertinya mengerti keadaan Jumin ini. Salah seorang jamaah yang bersimpati diam-diam mengajak jamaah yang lain beriuran. Uang yang terkumpul akan disumbangkan pada Jumin agar ia dapat membeli gigi palsu. Kalau Jumin sudah bergigi lagi, pengucapannya tentu tidak akan bermasalah. Penyampaian ceramah atau khotbahnya tentu pula akan jernih dan mudah dipahami sebagaimana sedia kala.

Jamaah yang seorang itu tidak mau disebutkan nama-nya. Berbuat baik dengan menyebut-nyebut diri sendiri dalam pengajian yang sering disampaikan Jumin disebut *ria*, dan ibadah orang *ria* tidak diterima. Bahkan mereka akan ditempatkan pula di neraka. Ini tertanam dalam sanubari jamaah.

Uang sumbangan untuk Jumin pun terkumpul. Jamaah sepakat memberikan uang itu langsung kepadanya. Terserah dia mau membeli gigi palsu yang mahal, yang sedang, atau yang murah. Harga gigi palsu yang mahal, kalau membeli ke tukang gigi yang sampai berjualan ke kampung mereka, sekitar satu juta dua ratus ribu rupiah. Yang sedang delapan ratus ribu, dan yang termurah lima ratus ribu.

Jamaah berhasil mengumpulkan uang sumbangan se-banyak empat ratus lima puluh ribu rupiah. Jumlah yang lumayan besar. Bahwa jamaah yang rata-rata petani, mampu mengumpulkan uang sebanyak itu, sungguh luar biasa. Sumbangan untuk gotong royong perbaikan jalan ke masjid saja jarang yang dapat sebesar itu.

Wibawa Jumin bin Kahwaini di kampung kecil itu me-mang sangat besar. Suatu kali, misalnya, Jumin akan memanen padinya. Jalan ke sawahnya mesti melewati beberapa rumah penduduk. Sepanjang jalan, orang yang dijumpainya akan bertanya, akan kemana ia dan istrinya. Tentu saja Jumin menjawab, ia akan memanen padi. Tan-pa Jumin sangka, orang-orang yang dijumpainya di jalan tersebut memberitahu kepada warga masyarakat yang lain kalau guru mengaji mereka akan memanen padi. Langsung saja, orang-orang berdatangan membantunya. Sedianya Jumin akan menghabiskan waktu paling tidak dua hari untuk memanen padi. Dengan bantuan itu, tidak sampai setengah hari padinya sudah selesai dipanen bahkan sudah diangkut pula sampai ke rumahnya.

Wibawa itu pula barangkali yang menggerakkan hati ma-syarakat untuk membantunya membelikannya gigi palsu. Mengapa tidak, anak-anak kampung rata-rata belajar mengaji pada Jumin.

Maka malam itu beberapa orang jamaah mendatangi rumah Jumin. Uang sejumlah empat ratus lima puluh ribu rupiah pun mereka serahkan padanya.

Akan tetapi, siapa bisa mengira, keesokan harinya, Jumin nyaris tidak bisa lagi tersenyum. Nurni, anak gadisnya pulang dari kota tempat ia kuliah. Kepulangan itu terkait dengan jatuh tempo pembayaran uang kuliahnya.

Untuk membayar uang semester Nurni tahun lalu, Jumin menjual kambing. Rencananya, untuk semester sekarang Jumin memperkirakan cabai rawit yang ia tanam ber-sama istrinya sudah panen. Tetapi, cuaca yang belaka-ngan ini tak menentu (tak jelas lagi apa musim panas atau musim hujan) membuat tanaman cabai rawitnya ru-sak. Daun-daunnya keriting dan buahnya mudah rontok.

Memang ada uang pemberian jamaah sebanyak empat ratus lima puluh ribu lagi. Tapi, itu pemberian jamaah untuk membeli gigi palsu.

Jumin memanggil Mina, istrinya.

"Mina, apa sebaiknya aku tidak usah membeli gigi palsu dulu. Uang pemberian jamaah ini kita berikan saja pada Nurni."

"Terserah Tuan saja. Tapi apa kata jamaah nanti?"

Tidak ada pendapat yang jelas dari istrinya. Jumin makin tertunduk mencoba memutar otaknya untuk mencapai putusan. Teringat lagi betapa setiap kali cemah di surau-surau selalu ia tegaskan kepada jamaah kalau menuntut ilmu itu wajib hukumnya baik laki-laki atau perempuan. Menuntut ilmu itu tidak mengenal waktu, dari buaian sampai ke liang lahat. Menuntut ilmu itu tidak mengenal ruang. Tuntutlah ia sekalipun ke negeri China.

Jumin tiba-tiba tersenyum. Bibir coklat dan basahnya kembali seperti ditarik ke kiri dan ke kanan. Ia dapat keputusan. Kebutuhan kuliah Nurni lebih penting dari kebutuhannya akan gigi palsu.

Berminggu-minggu kemudian, Jumin bin Kahwaini tetap mengisi ceramah di surau-surau. Namun ketika memberi-kan cermah di surau jamaah yang menyumbangkan uang pembeli gigi palsu untuknya, Jumin sangat gentar. Sebisa mungkin, ia berusaha tetap tersenyum dan tampil seperti biasanya. Tapi, sungguh, ia tidak bisa menatap mata jamaah yang memberinya sumbangan itu. Berpasang-pasang mata tersebut jelas menyimpan tanya, kenapa ia masih belum juga membeli gigi palsu.

3.10 Jawablah pertanyaan di bawah ini berdasarkan cerpen "Bila Jumin Tersenyum" lalu beberapa siswa akan diminta oleh guru untuk membacakan jawabannya di depan kelas dan mendiskusikan jawaban tersebut bersama.

a Bagaimana pengarang menggambarkan Jumin yang giginya sudah tanggal kepada pembaca berdasarkan paragraf ketiga cerpen ini? Sebutkan tiga hal.

b Sekalipun jamaahnya terpingkal-pingkal mendengar ceramahnya yang lucu, ia tetap tersenyum simpul. Apa yang menyebabkan Jumin bersikap seperti ini?

c Seorang jamaah mengajak jamaah yang lain untuk menyumbangkan uang pada Jumin untuk membeli gigi palsu agar Jumin bergigi lagi supaya ……… dan …….Sebutkan dua hal yang ada dalam pikiran jamaah yang bersimpati ini.

d Perhatikan dua kalimat di bawah ini:

- Semua ini karena gigi-giginya sudah **tanggal**.
- **Tanggal** 15 Desember Nurni harus membayar uang kuliah.

Apakah perbedaan makna kata tanggal pada kedua kalimat tersebut?

e Apakah nasihat Jumin tentang hal berbuat baik kepada jamaahnya berdasarkan apa yang diingat oleh jamaah yang bersimpati itu?

f Pengarang menggambarkan kewibawaan Jumin di desanya. Jelaskan dengan menggunakan kalimat Anda sendiri peristiwa yang menggambarkan Jumin dihormati dan dihargai warga desanya.

g Apakah persoalan yang dialami Jumin yang menyebabkan Jumin ragu untuk membeli gigi palsu?

h Dalam kebingungannya akan membeli gigi palsu atau tidak, Jumin teringat ceramahnya tentang pentingnya menuntut ilmu yang disampaikannya berulang-ulang kepada jamaah. Tuliskan tiga hal sebagai intisari ceramah Jumin.

i Perhatikan paragraf terakhir cerpen ini. Apakah kesimpulan yang dapat diambil pembaca melalui paragraf ini tentang jadi tidaknya Jumin membeli gigi palsu? Bagian mana dari paragraf itu yang mendukung jawaban Anda?

j Cerpen ini adalah salah satu cerpen Indonesia terbaik yang mendapat penghargaan dari Pena Kencana. Menurut Anda, mengapa cerpen ini bisa mendapat penghargaan? Sampaikan pendapat Anda.

3.11 Bayangkan Anda dan partner Anda mewakili masyarakat desa yang sudah dengan tulus ingin membantu Jumin memiliki gigi palsu, namun Anda melihat Jumin belum juga membeli gigi palsunya. Setelah berdiskusi untuk waktu yang ditentukan bersama guru Anda, lakukan dialog sepanjang tiga menit dan peragakan di depan kelas. Percakapan yang Anda dan partner Anda ciptakan adalah percakapan yang sesuai dengan situasi dalam cerpen. Setiap kelompok bergantian menampilkan dialognya di depan kelas.

3.12 Sekarang *gantian* Anda dan partner Anda berperan sebagai Jumin dan istrinya, kira-kira setelah mendengar dialog yag pertama (3.12), dialog seperti apakah yang terjadi antara Jumin dan istrinya? Anda dan partner diminta untuk kembali memerankan dialog itu selama tiga menit setelah terlebih dahulu mendiskusikan isi dialog Anda.

TIP BELAJAR – MAKNA

Sinonim ialah dua kata atau lebih yang memiliki makna yang sama atau hampir sama.

Contoh: adalah – merupakan

sangat -- sekali

sudah -- telah

Antonim ialah kata-kata yang memiliki makna yang berlawanan.

Contoh: berat -- ringan

besar -- kecil

siang -- malam

Homonim ialah dua kata atau lebih yang memiliki ejaan dan atau lafal yang sama tetapi maknanya berbeda.

Contoh: **Bisa** ular kobra sangat mematikan. (bisa = racun)

Saya **bisa** bahasa Jerman. (bisa = dapat)

Polisemi ialah kata yang memiliki arti yang lebih dari satu.

Contoh: **bekas** luka ('tanda pernah ada luka')

pakaian **bekas** ('pakaian yang pernah dipakai', 'pakaian yang tidak baru lagi')

bekas lurah ('pernah menjadi lurah', 'mantan')

159

TIP BELAJAR – FUNGSI KARYA SASTRA

Sastra sebagai sebuah karya seni yang merupakan hasil kreasi, memiliki banyak fungsi, antara lain:

1 Fungsi hiburan (rekreatif). Perhatikan pengalaman Anda sendiri, saat membaca karya sastra kita bisa tersenyum, tertawa sendiri, atau betul-betul merasa puas, ikut bersyukur saat si tokoh jahat kena batunya.

2 Fungsi pendidikan (didaktif). Sastra berasal dari bahasa Sanskerta, "sas" (memberi petunjuk, mengarahkan) "tra" (sarana). Sementara awalan su- biasanya ada pada kata "susastra" (su = baik atau indah). Jadi, dari etimologi (ilmu asal usul kata), memang dari awalnya, sastra dimaksudkan untuk memberi arahan atau pendidikan kepada pembacanya.

3 Fungsi keindahan (estetis). Di atas sudah disebutkan tentang etimologi kata susastra. "Su" berarti baik atau indah. Perhatikan karya-karya puisi, cerpen, novel atau karya sastra lainnya, semua dikreasi dengan sepenuh dan sesadar-sadarnya untuk menghadirkan karya yang memenuhi ukuran atau standar estetis tertentu.

4 Fungsi moralitas. Sekali lagi, dari pengertian susastra, selain indah, kata "su" juga berarti baik. Bicara soal baik, berarti bicara soal moral. Benar, karya sastra yang baik tentu memuat pengajaran moral yang tinggi.

3.13 Temukan fungsi karya sastra berdasarkan informasi pada tip belajar di atas melalui cerpen "Bila Jumin Tersenyum". Sertakan bagian dari cerpen yang akan menguatkan jawaban Anda. Sampaikan jawaban Anda di depan kelas.

3.14 Carilah dua cerpen dari sebuah buku kumpulan cerpen, majalah *Hai* atau *Kawanku*, atau dari blog kumpulan cerpen *Kompas* (https://cerpenkompas.wordpress.com/) lalu buatlah sebuah presentasi *power point* yang memuat hal-hal berikut:

- Judul dan penulis cerpen
- Tema cerpen, tokoh, alur, dan latar
- Fungsi sastra melalui cerpen tersebut
- Pendapat Anda tentang cerpen tersebut
- Bagilah kertas poster Anda menjadi dua bagian untuk dua cerpen yang berbeda.
- Presentasikan poster Anda di depan kelas

3.15 Bagilah kelas Anda menjadi dua kelompok. Anda akan melakukan debat di dalam kelas. Satu kelompok akan menjadi kelompok yang setuju dengan tindakan Jumin dalam cerpen "Bila Jumin Tersenyum" yang lebih mengutamakan uang sumbangan yang diterimanya untuk membeli gigi palsu digunakan untuk membayar uang kuliah anaknya dan kelompok lainnya menjadi kelompok yang tidak setuju/kontra dengan tindakan Jumin. Guru Anda akan memberikan waktu yang cukup bagi tiap kelompok untuk mempersiapkan bahan debatnya.

3.16 Perhatikan beberapa poster di bawah ini. Setiap siswa di kelas Ada akan diminta untuk mengambil nomor gambar yang akan dijadikan bahan untuk ujian berbicara dan merespons. Anda diminta untuk menyampaikan komentar Anda secara individu atas gambar yang sesuai dengan nomor yang Anda dapatkan. Anda diberi waktu yang cukup untuk mempersiapkan komentar Anda dan merespon pertanyaan guru Anda pada saat ujian. Hal-hal di bawah ini menjadi topik yang akan Anda komentari:

- Jelaskan pesan yang ingin dicapai melalui gambar tersebut (tiga hal)
- Jelaskan hal yang sangat persuasif dari gambar (tiga hal)
- Satu topik bebas yang akan Anda komentari sesuai dengan minat Anda (satu hal)
- Efek gambar ini kepada Anda secara pribadi (dua hal)

Gambar 1

Gambar 2

Gambar 3

Gambar 4

3.17 Bersama dengan kelompok Anda, buatlah sebuah poster persuasif mengenai ajakan untuk membantu pendidikan di daerah tertinggal. Lakukan riset di luar jam pelajaran sehingga data yang Anda butuhkan cukup untuk membuat poster. Poster Anda harus memuat hal-hal berikut :

- Imaji atau gambar-gambar yang mendukung.
- Kalimat persuasif untuk membantu pendidikan di daerah tertinggal. Usahakan memilih satu daerah tertinggal di Indonesia (berdasarkan riset kelompok Anda)
- Bentuk kegiatan/sumbangan yang dapat diberikan oleh orang-orang yang ingin membantu dan cara memberikan bantuan.
- Jumlah gambar, kalimat-kalimat persuasif, dan informasi lainnya dalam poster harus seimbang.
- Presentasikan poster Anda di depan kelas dan jelaskan dengan baik dan promosikan mengapa poster Anda cukup persuasif. Guru Anda akan memberikan penilaian.

3.18 Anda dan seluruh teman Anda dalam kelas diminta untuk mengadakan sebuah rapat dengan agenda mengadakan kegatan bazar di sekolah dengan tujuan menggalang dana untuk disumbangkan kepada yayasan atau organisasi yang membantu pendidikan di daerah tertinggal. Rapat ini harus melibatkan seluruh anggota kelas. Pilihlah seorang siswa sebagai pemimpin rapat dan seorang lagi sebagai notulis yang mencatat berlangsungnya rapat. Setelah selesai, hasil rapat diketik dan dibagikan kepada seluruh peserta rapat. Keterlibatan setiap siswa adalah kunci kesuksesan rapat. Guru akan membantu terselenggaranya rapat dengan menjelaskan peraturan dalam sebuah rapat dan juga membantu jika rapat mengalami kebuntuan.

3.19 Bersama dengan partner Anda carilah di internet puisi dengan judul "Renungan Bapak Guru" karya Eka Budianta. Puisi ini berisi renungan seorang bapak guru tentang pentingnya pendidikan. Setelah waktu yang ditentukan, Anda dan partner Anda diminta untuk membaca puisi tersebut di depan kelas dengan nada dan ekspresi yang sesuai dengan isi puisi dan menjelaskan hal-hal di bawah ini secara lisan di depan kelas:

- Bait yang paling berkesan bagi Anda berdua dan alasannya.
- Pendapat Anda tentang puisi itu.
- Pesan puisi itu bagi Anda berdua.

Model Soal Bab 4

TIP BELAJAR – RAPAT YANG BAIK

Sebagai sebuah media komunikasi yang bersifat tatap muka dan dirancang untuk menjelaskan atau membahas suatu persoalan tertentu, rapat berdasarkan sifatnya dapat dibedakan menjadi: rapat formal, informal, terbuka, dan tertutup. Jika berdasarkan jangka waktu, kita mengenal ada rapat mingguan, bulanan, triwulan, semester, dan seterusnya. Rapat dikatakan berlangsung dengan baik jika tujuan rapat yang telah ditetapkan tercapai. Berikut kriteria sebuah rapat yang baik:

1. Ada agenda yang ditetapkan dengan jelas.
2. Peserta terlibat aktif.
3. Ada keterbukaan di antara seluruh peserta rapat.
4. Unsur rapat seperti pimpinan, sekretaris, peserta harus lengkap atau kuorum (memenuhi jumlah minimal anggota yang harus hadir).
5. Ada notula (catatan mengenai jalannya rapat serta hal yang dibicarakan dan diputuskan).
6. Rapat berlangsung tertib.
7. Peserta bisa mengemukakan pandangan/pendapat secara terbuka sesuai dengan hak dan kewajibannya tanpa ada ancaman/ketakutan.
8. Tidak ada pihak yang mendominasi persidangan.

Model 1:

Membaca dan Memahami Bacaan

Lembar bacaan

Teks A
Bacalah teks ini untuk menjawab soal nomor 1-10 di lembar pertanyaan.

Sepuluh Trik Sukses Belajar

JAKARTA, KOMPAS.com - Ada yang percaya bahwa kesuksesan adalah takdir. Ada pula yang meyakini bahwa kesuksesan akan datang dengan usaha keras.

Kebanyakan, kesuksesan hadir karena adanya usaha pengembangan diri dan disiplin dalam menerapkan kebiasaan belajar yang efektif. Nah, berikut ini adalah 10 tip yang bisa Anda gunakan untuk mencapai kesuksesan belajar!

1. Jangan pernah menumpuk pelajaran dalam satu sesi
Siswa yang berhasil dalam belajar biasanya memiliki periode waktu atau jadwal belajar yang lebih singkat dan efektif. Mereka tidak pernah mencoba belajar dengan "sistem kebut semalam. "Jika Anda ingin menjadi siswa yang sukses, maka Anda perlu belajar dengan konsisten. Anda juga harus memiliki waktu yang teratur, meski pun dengan sesi belajar yang lebih pendek.

2. Rencanakan waktu belajar
Siswa yang sukses memiliki jadwal belajar yang spesifik. Mereka akan menyelesaikan tugas studi mereka dan tetap konsisten dengan jadwal yang mereka tulis. Siswa yang belajar dengan cara sporadis dan main-main tidak akan mudah berhasil dibandingkan siswa yang memiliki jadwal belajar.

3. Belajar di waktu yang sama
Selain perencanaan, belajar dengan rutin juga dapat memberikan efek positif dalam diri Anda. Ketika Anda belajar pada saat yang sama setiap hari, hal itu akan menjadi kebiasaan dalam hidup Anda, sehingga secara mental dan emosional lebih siap untuk belajar dan setiap sesi belajar akan menjadi lebih produktif.

4. Belajar dengan memiliki tujuan
Belajar tanpa arah dan tujuan tidak akan pernah efektif. Anda harus tahu persis apa yang menjadi tujuan Anda dalam belajar. Sebelum belajar, tentukanlah target apa yang harus Anda capai dalam sesi tersebut. Misalnya, menghapal 30 kosakata bahasa Spanyol dalam satu sesi belajar.

5. Jangan pernah menunda waktu belajar yang sudah direncanakan
Sangat mudah bagi Anda untuk menunda sesi belajar yang sudah ditentukan. Apalagi jika Anda kurang berminat pada pelajaran tersebut. Siswa yang ingin berhasil tidak boleh menunda waktu belajar. Jika Anda menunda jadwal

belajar, seterusnya Anda akan menjadi kurang efektif dalam menerima materi pelajaran.

6. Mulailah dengan subjek yang paling sulit terlebih dahulu

Carilah subjek pelajaran tersulit dan lebih membutuhkan upaya serta energi yang besar dalam menyelesaikannya. Setelah Anda menyelesaikan tugas tersebut, Anda akan lebih mudah untuk menyelesaikan sisa tugas. Percaya atau tidak, dimulai dengan pekerjaan yang paling sulit akan sangat meningkatkan efektivitas sesi belajar dan prestasi akademis Anda.

7. Tinjaulah kembali catatan Anda

Tinjaulah segala catatan Anda di kelas terlebih dahulu. Sebelum Anda menulis segala catatan yang baru, tinjaulah hasil catatan Anda secara menyeluruh untuk memastikan bagaimana menyelesaikan tugas dengan benar.

8. Pastikan tidak ada gangguan dalam belajar

Ketika Anda terganggu saat belajar, konsentrasi Anda bisa hilang dan terpecah. Untuk itu, sebelum Anda mulai belajar, temukanlah tempat yang membuat Anda tidak akan terganggu.

9. Gunakan kelompok belajar efektif

Pernahkah Anda mendengar kalimat "Dua kepala lebih baik daripada satu?". Pernyataan tersebut dapat dibenarkan dalam situasi belajar. Bekerja dalam kelompok memungkinkan Anda untuk mendapatkan bantuan dari siswa lain ketika Anda kesulitan memahami konsep, menyelesaikan tugas lebih cepat, dan membantu siswa lain dan diri Anda sendiri dalam menginternalisasi subjek materi. Namun, kelompok belajar bisa menjadi sangat tidak efektif jika mereka tidak terstruktur.

10. Tinjau kembali catatan sekolah dan bahan-bahan kelas Anda selama akhir pekan

Siswa yang berhasil meninjau kembali apa yang telah mereka kerjakan selama seminggu pada akhir pekan, akan membantu mereka untuk merumuskan jadwal selanjutnya secara lebih efektif.

Teks B
Bacalah teks ini untuk menjawab soal nomor 11 – 20 di lembar pertanyaan.

Bijak Memilih Jurusan

Cepat atau lambat, setiap anak yang melanjutkan pendidikannya ke tingkat perguruan tinggi pasti harus memilih jurusan. Masalahnya, banyak murid yang bingung ketika harus memilih jurusan. Ada yang memilih jurusan karena pertimbangan ikut teman. "Yah, ikut saja, sebab teman-teman yang lain sebagian besar memilih jurusan tersebut," katanya. Ada juga yang memilih jurusan karena untuk menyenangkan hati orang tua. Misal, mengambil jurusan ekonomi, karena orang tua *businessman* sukses, padahal ia sendiri tidak memiliki minat di bisnis dan dagang. Yang lebih konyol, ada murid yang memilih jurusan karena ikut pacar. Apesnya, di tengah kuliah, hubungan mereka putus. Akibatnya, urusan studi pun jadi kacau, ikut terkena imbas.

Pada intinya, ketika memilih jurusan, ada dua hal pokok yang perlu dipertimbangkan, yakni minat dan kemampuan. Apakah minat itu? Minat adalah ketertarikan seseorang terhadap bidang tertentu. Seseorang yang memiliki minat terhadap bidang tertentu, pasti ia akan melakukannya dengan gembira dan sikap-sikap positif lainnya. Mengapa urusan minat ini penting dalam pemilihan jurusan? Yah, bisa dibayangkan, kalau Anda tidak berminat menjadi dokter hewan, tapi karena orang tua dokter hewan, maka ketika Anda memutuskan memilih Jurusan Kedokteran Hewan pun, hasilnya bisa diprediksi. Karena jurusan itu bukan minat Anda, maka saat belajar mungkin Anda kurang motivasi. Akibatnya, Anda bisa di-DO *(drop out)* alias dikeluarkan dari kuliah. Atau, kalau toh lulus, hasilnya ala kadarnya. Setelah jadi dokter, kasihan hewannya.

Jika hal seperti di atas terjadi, sayang bukan? Padahal mungkin minat Anda di bidang masak memasak. Andai saja Anda menekuni bidang yang sesuai minat, sangat mungkin Anda bisa menjadi koki *(chef)* terkenal, seperti Chef Juna atau Chef Farah Quinn. Atau, bahkan *chef* bertaraf internasional, Gordon Ramsay, misalnya.

Ada sebuah kisah nyata. Ini tentang seorang murid dari sekolah ternama mendapatkan tawaran beasiswa studi di luar negeri. Jurusannya akuntansi. Karena dianggap sayang kalau dilewatkan, sang ayah mendesak agar tawaran tersebut diterima. Si anak sendiri sebenarnya tidak mau. Tapi karena sang ayah sudah memutuskan, ia ikut saja. Program S1 selesai, si anak yang cerdas ini, karena nilainya sangat memuaskan, kembali mendapat tawaran beasiswa S2 di jurusan yang sama. Kembali, sang ayah memutuskan, beasiswa harus diambil. "Sayang, kesempatan langka. Tidak banyak orang yang mendapat tawaran istimewa seperti ini," tegasnya. Singkat cerita, sang anak memang pintar, S2-nya tamat juga, sesuai dengan tenggat yang dipersyaratkan plus hasil yang memuaskan. Yang membuat orang tua ini sedih, menyesal seumur hidup, setelah lulus anak ini menyerahkan ijazah S2-nya kepadanya. Katanya, "Sejauh ini, aku sudah menuruti kemauan ayah. Sekarang, aku mau mengambil jurusan yang aku idamkan. Aku mau kuliah desain." Anak ini sekarang sudah lulus kuliah desainnya dan bekerja sebagai desainer. Ayahnya menyesal. Katanya, "Dulu seandainya dia saya izinkan untuk kuliah desain, ia pasti menjadi desainer hebat. Sebab, minat dan bakatnya ada di situ." Kisah tragis ini jelas jangan sampai terulang. Caranya? Jika memang ada perbedaan antara Anda dan orang tua, komunikasikan. Tujuannya jelas, bukan untuk memang-menangan. Memilih jurusan ibarat orang yang mau menikah, maka pasangan (baca: jurusan) yang hendak Anda "nikahi" pun, harus benar-benar sesuai dengan minat Anda. Kalau tidak, bisa-bisa masalah serius akan muncul di tengah jalan.

Setelah minat, hal berikutnya yang perlu diperhatikan adalah kemampuan. Anda berminat di bidang bangunan, ingin mengambil teknik sipil misalnya, maka fisika, matematika dan statistik harus kuat. Demikian juga saat Anda ingin kuliah di Jurusan Teknologi Informasi, tidak cukup Anda hanya berbekal suka main game. Tapi, lebih dari itu, Anda harus suka matematika, logika, memiliki rasa keingintahuan yang besar pada proses pembuatan aplikasi komputer, memiliki dorongan yang kuat menjadi seorang *programmer*, dan lain-lain.

Akhirnya, jika Anda belum tahu jurusan apa yang akan Anda ambil, lakukan eksplorasi. Jangan takut mencoba, bertanya pada orang yang berpengalaman, diskusi dengan konselor sekolah, bahkan kalau perlu ikutlah tes bakat dan minat. Jika informasi, masukan, pertimbangan sudah Anda dapatkan, memang keputusan final pada akhirnya ada pada Anda sendiri. Andalah yang paling tahu minat dan kemampuan Anda. Karena itu, putuskan dengan bijak. Tuhan memberi bakat kepada setiap kita secara unik bukan untuk disia-siakan, tapi sebaliknya untuk dikembangkan seoptimal mungkin.

Teks C
Bacalah teks ini untuk menjawab soal nomor 21 di lembar pertanyaan.

Mengakselerasi Kemandirian Daerah Tertinggal

Pendidikan adalah cara paling efektif untuk membangun masyarakat.

Kehadiran para pengajar muda dari Program Indonesia Mengajar (PIM) dan Program Sarjana Mendidik di Daerah Terdalam, Tertinggal dan Terluar (SM-3T) seolah menjadi secercah cahaya bagi anak-anak di pelosok negeri. Kehadiran mereka tidak hanya memantik semangat anak-anak untuk kembali bersekolah, namun juga keberanian membangun mimpi untuk menyongsong masa depan yang lebih baik.

Kedua program tersebut secara khusus memang didedikasikan untuk pembangunan pendidikan di daerah terutama daerah 3T yang pada umumnya mengalami ketertinggalan cukup senjang dengan daerah lain. Papua misalnya. Ketertinggalan SD di Papua mencapai 12 tahun di belakang daerah lain. Untuk SMP, Papua sudah tertinggal 15 tahun. Ketertinggalan tingkat SMA bahkan lebih parah lagi yakni mencapai 24 tahun. Sungguh memperihatinkan, padahal ini baru Papua. Sejumlah daerah lain yang masuk kategori 3T juga mengalami kesenjangan akses pendidikan yang tidak jauh berbeda.

Daerah 3T umumnya menghadapi sejumlah masalah klasik dalam bidang pendidikan seperti kekurangan jumlah (*shortage*), distribusi tidak seimbang (*unbalanced distribution*), kualifikasi di bawah standar (*under qualification*), kurang kompeten (*low competencies*), serta ketidaksesuaian antara kualifikasi pendidikan dengan bidang yang diampu (*mismatched*). Masalah lain yang juga dihadapi adalah angka putus sekolah yang relatif masih tinggi sementara angka partisipasi sekolah relatif rendah.

Jumlah guru di Indonesia sebenarnya cukup memadai. Perbandingannya bahkan jauh lebih ideal dibanding rata-rata perbandingan jumlah guru dan murid di sejumlah negara maju. Menurut data tahun 2009/2010, perbandingan jumlah guru dan murid di Indonesia untuk jenjang TK dan sederajat adalah 1:9,7, SD dan sederajat 1:15,9, SMP dan sederajat 1:12,8, SMA dan sederajat 1:11,2, sedang untuk SLB 1:3,9. Jumlah ini jauh lebih besar dibanding Malaysia yang rata-rata 1:25, Korea Selatan 1:30, Jepang 1:20 dan Jerman yang juga 1:20. Fakta ini mendorong pemerintah dan pihak terkait berupaya membangun komitmen bersama agar guru lebih terdistribusi secara merata ke pelosok negeri terutama daerah 3T agar mereka dapat segera maju sejajar dengan daerah lain.

Mengakselerasi Kemandirian

Kesenjangan pendidikan yang cukup signifikan berdampak serius bagi daya saing Indonesia di kancah global. Salah satunya ditunjukkan oleh Indeks Pembangunan Manusia (IPM) Indonesia yang relatif stagnan dalam beberapa tahun terakhir bahkan mengalami penurunan peringkat pada tahun 2011 lalu, dari peringkat 108 pada tahun 2010 menjadi peringkat 124 pada tahun 2011. Dari tiga sektor yang menjadi indikator penghitungan IPM (ekonomi, kesehatan dan pendidikan), IPM Indonesia melorot justru di bidang pendidikan. Padahal, bidang ini yang mendapatkan kucuran dana paling banyak dari APBN (20% dari total belanja negara). Penurunan peringkat juga terjadi pada indeks Pendidikan Untuk Semua (PUS) Indonesia,yakni dari peringkat 65 pada tahun 2010 menjadi peringkat 69 pada tahun 2011.

Peringkat-peringkat di atas membuat Indonesia, negara yang sangat kaya dengan pertumbuhan ekonomi sangat mengesankan dalam beberapa tahun terakhir, memiliki posisi yang tidak jauh berbeda dengan negara berkembang kebanyakan yang identik dengan kualitas SDM yang pas-pasan bahkan cenderung tertinggal. Meski secara ekonomi makro, *World Economic Forum* (WEF) di Davos, Swiss, Februari lalu menempatkan Indonesia dalam *Trillion Dollar Club* yakni negara dengan PDB di atas US$1 triliun bersama sejumlah negara kuat lainnya seperti China, India, Rusia, Brasil, Korea, Meksiko, dan Turki, namun secara umum kualitas SDM Indonesia tidak jauh berbeda dari negara berkembang kebanyakan. Kondisi ini tentu sangat memprihatinkansekaligus menakutkan. Tanpa SDM yang handal, kita bisa menjadi tamu di negara sendiri. Kekayaan Indonesia yang sangat melimpah akan dikelola oleh SDM-SDM handal dari negara lain. Sementara kita, dengan kualitas SDM seadanya, akan menjadi pengekspor tenaga kerja murah spesialisasi buruh dan pekerja rumah tangga.

Kekuatan Bhinneka Tunggal Ika

Pendidikan adalah cara paling efektif untuk membangun masyarakat dan bangsa yang maju sejahtera. Pendidikan juga diyakini sebagai kendaraan terbaik bagi mereka yang tertinggal dan tak terjangkau untuk memiliki akses dan berkembang sejajar bersama yang lain. Kehadiran para pengajar muda melalui PIM dan program SM-3T di berbagai pelosok negeri diharapkan bisa menjadi solusi bagi sejumlah persoalan pendidikan di daerah. Dalam jangka panjang, program tersebut diharapkan dapat mengakselerasi kemandirian daerah untuk secara mandiri menghasilkan SDM berkualitas yang mampu memberi kontribusi positif agar daerah yang sebelumnya masuk kategori tertinggal bisa berkembang sejajar dengan daerah-daerah lain.

Selain program di atas, pemerintah sejak lama juga telah menggulirkan sejumlah program yang ditujukan agar setiap warga negara berkesempatan mengenyam pendidikan yang layak dan berkelanjutan. Di antaranya melalui program Kejar Paket A, B, dan C untuk jenjang pendidikan SD, SLTP dan SLTA. Sedangkan untuk tingkat perguruan tinggi, ada program pembelajaran jarak jauh yakni melalui Universitas Terbuka (UT). Melalui program-program ini diharapkan mereka yang mengalami sejumlah hambatan (gender, ekonomi, usia, maupun greografis) dapat tetap memiliki akses terhadap pendidikan dan berkesempatan melanjutkan pendidikan ke jenjang yang lebih tinggi. Program-program ini perlu lebih digalakkan agar masyarakat menemukan banyak cara dan jalan untuk memajukan dirinya. Dibutuhkan sinergi semua pihak mulai pemerintah pusat, pemerintah daerah, lembaga pendidikan, sektor swasta, masyarakat sendiri hingga generasi muda bangsa, untuk mewujudkannya menjadi nyata.

Teks D
Bacalah teks ini untuk menjawab soal nomor 22-32 di lembar pertanyaan.

SUMBANGAN

Cerpen Karya I Putu Supartika

Pagi-pagi sekali di balai desa sudah ramai oleh orang yang akan ikut rapat, mereka semua mengenakan pakaian adat sederhana. Diantara peserta rapat, juga terlihat Pak Komang yang mengenakan baju batik ditambah menggunakan *kamben* berwarna coklat tua dengan motif bunga. Dan ada juga seorang peserta yang berpakaian kumal dengan *kamben* berwarna hitam yang lusuh dan warnanya sudah hampir pudar serta menggunakan baju berwarna putih agak kecoklatan karena kotor, yang ikut berpartisipasi dalam rapat.

Rapat kali ini katanya akan membahas agenda tentang perbaikan gedung Sekolah Dasar di desa itu yang sudah bocor dan hampir ambruk. Semua peserta kelihatannya sudah mempersiapkan mental mereka masing-masing untuk berdebat di rapat nanti. Dan mereka semua tampak sudah siap dengan jawaban yang jitu.

Sekitar sepuluh menit kemudian, datang seseorang yang mengenakan pakaian dinas. Dan tentunya orang itu bukan warga biasa yang jadi peserta rapat. Ya memang benar orang itu adalah Pak Kades, kepala desa di sana.

Bergegas Pak Kades turun dari motornya, dan segera menempati tempat yang telah disediakan. Langsung saja tanpa basa-basi, Pak Kades membuka rapat, dan semua peserta rapat terlihat serius mengikuti rapat itu.

"Selamat pagi saudara-saudara semua!" Pak Kades menyapa peserta rapat dengan berwibawa.

"Selamat pagi Pak!" semua warga desa menjawab dengan kompak.

"Baiklah, para peserta rapat sekalian. Agenda rapat kita hari ini tiada lain, tiada bukan, adalah mengenai satu-

satunya Sekolah Dasar di desa kita yang sudah bocor dan hampir roboh. Di sini saya harapkan, semua yang hadir ikut berpartisipasi untuk menyumbangkan pemikirannya, demi kebaikan generasi penerus bangsa di desa kita. Apabila saudara memiliki pendapat yang sifatnya membangun, langsung acungkan tangan saja dan silakan paparkan apa pendapat saudara. Tapi ingat, kita berhadapan di sini bukan untuk saling menatap penuh emosi, melainkan untuk saling mengadu argumen guna menyelesaikan masalah yang kita bahas, karena negara kita menganut azas musyawarah mufakat. Bukan begitu saudara-saudara sekalian?"

"Ya, benar!"

Baru saja Pak Kades selesai berkata dan dijawab oleh peserta rapat secara kompak, langsung saja Pak Komang menyambar seperti tak ingin didahului oleh yang lainnya.

"Ya, benar apa yang dikatakan oleh pemimpin rapat tadi. Kita di sini berkumpul bukan untuk saling bermusuhan, namun untuk memecahkan sebuah masalah. Dan di sini kita hanya perlu menjawab setuju atau tidak dan menanggapi apa yang kurang dan mengayomi yang benar. Desa kita punya satu sekolah yang bisa membawa anak-anak kita kelak menjadi orang yang hebat, tapi sayang keadaannya memprihatinkan. Atap bocor ditambah gedungnya mau ambruk, dan anak-anak kita jadi was-was saat belajar. Begitu pula saat hujan mereka terpaksa harus dipulangkan. Itu akan mempengaruhi sekali tingkat kecerdasan anak-anak kita yang sekolah di sana. Mereka akan sulit konsentrasi dan hasilnya pun kurang memuaskan. Apa kata tetangga nanti bila generasi bangsa kita tak bisa apa-apa? Sehingga ini mesti kita tanggulangi secepatnya dan kita harus merehab gedung sekolah itu saudara-saudara. Bagaimana caranya? Ya kita pikirkan sama-sama hari ini."

"Tentunya kita harus mengumpulkan uang dulu untuk memperbaikinya. Kita tak mungkin hanya mengandalkan otot untuk memperbaikinya," kata seorang warga yang bernama Pak Tunas.

"Ya, kita harus menyumbangkan uang kita untuk itu!" seorang warga berseru melanjutkan kata Pak Tunas.

Salah seorang warga yang terbilang miskin di desa itu merasa kurang setuju apabila harus menyumbangkan uangnya untuk perbaikan sekolah. Dan ia pun berpendapat.

"Maaf saudara-saudara kalau saya menyela sedikit. Saya kurang setuju apabila kita harus menyumbangkan uang. Ya mereka yang kaya, tentu saja bisa menyumbangkan uangnya berapa pun yang mereka mau, tapi kalau orang seperti saya yang serba kekurangan, di mana saya harus mencari uang? Sementara untuk makan saja saya masih kurang, apalagi untuk sumbangan. Kalau saya *pinjem* uang, masak untuk sumbangan saya berani meminjam uang, sementara untuk makan saya harus bekerja keras!"

Pak Komang berkata pada orang itu, "Kita kan bisa menyumbang seikhlasnya, tak perlu ada paksaan!"

"Tetap saja saya tidak setuju, karena zaman sekarang sulit mencari uang. Apalagi dengan maraknya korupsi di negeri kita belakangan ini," katanya dengan nada kesal.

"Apa yang saudara katakan itu merusak penerus bangsa. Karena ego saudara sendiri, anak-anak di desa kita bisa putus sekolah! Saudara seharusnya berfikir ke depan. Bukannya langsung berkata tak setuju," sahut seorang warga kepada warga miskin itu.

"Saudara jangan berkata seenaknya kepada saya. Saya *tau* saudara orang mampu, dan saudara bisa menyumbangkan uang saudara berapa pun yang saudara mau untuk merehab sekolah itu. Kalau saudara merasa mampu untuk merehab sekolah itu sendiri, silakan saja saudara sendiri yang melakukannya. Toh saya juga tidak perlu sekolah itu. Buktinya anak-anak saya tidak ada yang sekolah. Makan saja susah apalagi menyekolahkan anak saya."

Ketegangan pun terjadi di antara peserta rapat. Sementara orang miskin itu tetap mempertahankan pendapatnya tidak setuju apabila harus menyumbangkan uang untuk merehab sekolah di desanya. Segala cara ia lakukan untuk membatalkan rencana itu. Akan tetapi peserta rapat yang lainnya tetap bersikukuh dengan pendapat mereka masing-masing untuk menyumbang uang guna merehab sekolah itu. Dan tetap saja warga miskin itu menjawab tidak setuju. Bahkan kini ia mulai emosi dengan warga yang ingin memberikan masukan padanya. Melihat hal itu Pak Kades tidak tinggal diam. Ia segera menenangkan peserta rapat agar tidak sampai terjadi keributan.

"Saudara-saudara sekalian mohon tenang! Ini rapat bukan pasar malam, dan bukan juga pasar hewan.

Mohon dijaga etikanya.Kalau memang beliau tidak setuju mohon jangan dipaksa. Tidak baik jika memaksakan kehendak pada orang lain. Lebih baik kita cari jalan lain untuk menyelesaikan masalah ini!"

"Maaf Pak, kalau saya sedikit lancang. Saya sudah tidak

setuju dengan pendapat warga semua apabila harus menyumbangkan uang untuk merehab sekolah yang ada di desa kita. Saya tidak punya uang, dan mencari sekeping uang bagi saya itu sangat sulit Pak. Mohon bapak bisa membantu saya dengan keadaan ekonomi saya yang seperti sekarang ini," warga miskin itu berkata pada Pak Kades.

"Ya saya mengerti Pak! Sadara-saudara yang lain mohon hargai orang yang memiliki pendapat berbeda. Apabila beliau tidak setuju untuk menyumbangkan uangnya, mungkin beliau bisa menyumbangkan yang lain untuk merehab sekolah itu."

Pak Komang yang memang peduli dengan desanya langsung saja mengacungkan tangannya untuk berpendapat.

"Pak, saya punya usul untuk menanggulangi masalah ini. Bagaimana kalau bapak ini kita minta untuk menyumbangkan apa saja yang beliau mampu. Karena dalam merehab sekolah ini, bukan uang saja yang dibutuhkan, melainkan ada hal lainnya yang juga dapat mendukung *perehaban* sekolah ini".

"Bagaimana kalau Beliau menyumbangkan makanan, kalau Beliau punya. Misalnya pisang, apabila Beliau punya pisang yang matang, atau kacang rebus juga boleh," seorang warga menambahkan saran dari Pak Komang.

"Ya kalau saya boleh-boleh saja, tetapi kita harus bertanya dulu pada yang bersangkutan, apakah Beliau mau atau tidak", Pak Kades menjawab dengan bijaksana.

"Sudah saya bilang dari tadi saya tidak bisa menyumbangkan uang untuk merehab sekolah itu!" warga misikin menjawab dengan suara keras.

"Siapa yang mengatakan Bapak harus menyumbangkan uang? Kan tadi dikatakan bagaimana kalau Bapak menyumbangkan makanan seperti pisang atau kacang rebus," Pak Komang menegaskan lagi pada warga miskin itu.

"Saudara semua ini tidak *tau* ya? Kalu saya menyumbangkan makanan sama saja dengan menyumbangkan uang. Pisang itu bisa dijual dan nanti dapat uang, dan uangnya saya gunakan untuk makan dengan keluarga saya. Begitu juga dengan kacang yang saya hasilkan dari kebun. Kalau pisang atau kacangnya saya sumbangkan, nanti Anak Istri saya makan apa?"

"Kan tidak harus semua yang Bapak sumbangkan. Mungkin Bapak bisa menyumbangkannya sedikit saja. Dan sisanya dijual untuk keperluan Bapak makan bersama keluarga," sambung Pak Komang.

"Saudara ini terlalu cerewet! Saya itu kalau panen pisang tidak bisa banyak-banyak. Dan tak mungkin juga saya memanen kacang setiap hari. Itu artinya saya harus menunggu lama, dan itu juga butuh biaya perawatan. Selain itu, hasilnya harus dibagi dua dengan pemilik tanah. Kalau saya sumbangkan sedikit saja saya akan kekurangan biaya penghidupan untuk keluarga saya. Tolong Saudara bisa mengerti!"

Mendengar kata dari warga miskin itu, semua peserta rapat terdiam. Sejenak suasana menjadi sepi. Sambil menghela nafas, Pak Kades memberikan sebuah jalan tengah untuk pemecahan masalah ini.

"Saudara-saudara semua, saya punya sebuah solusi yang saya anggap sangat baik untuk memecahkan masalah ini. Bagaimana kalau Bapak ini jangan kita paksa untuk menyumbangkan uang ataupun makanan, melainkan hanya cukup menyumbangkan tenaga untuk perehaban sekolah itu. Bagaimana Pak, apakah Bapak setuju?"

"Wah, itu ide bagus Pak!" Pak Komang segera menyambar pertanyaan yang ditujukan kepada warga miskin.

"Pak Komang, jangan seenaknya Saudara bicara! Yang ditanya Saudara atau saya? Kalau memang Saudara yang ditanya, maka Saudara berhak untuk menjawab. Akan tetapi saat ini saya yang harus menjawab pertanyaan itu, bukan Saudara," warga miskin berkata dengan nada marah.

"Mohon tenang Pak, jangan terpancing emosi. Kita di sini bukan untuk mencari musuh, mohon Bapak tenang," Pak Kades mencoba menenangkan suasana.

"Pak, saya tetap saja tidak bisa menyumbang apa-apa. Baik itu uang, makanan, tenaga, ataupun yang lainnya."

"Mengapa bisa begitu Pak?" Pak Kades mencoba mencari tau yang sebenarnya.

"Ya! Kalau saya sumbangkan tenaga saya untuk merehab sekolah, saya tidak akan bisa menggarap tanah yang saya kontrak. Kalau saya tidak bisa mengolah tanah, ya sudah barang tentu saya tidak bisa panen pisang atau kacang."

Semua warga tak bisa berkata apa-apa, termasuk Pak Kades mendengar kata warga miskin itu. Namun dalam hatinya, Pak Komang berbisik kecil.

"Sungguh ironis orang-orang di negeri kita ini. Ia akan melakukan segala daya upaya untuk dapat memenuhi hasrat pribadinya."

Model Soal Bab 4

Model 1:

Membaca dan Memahami Bacaan
Lembar Pertanyaan

Bagian 1

Sepuluh Trik Sukses Belajar

Lengkapilah kalimat di bawah ini dengan kata/frasa atau kalimat singkat sesuai informasi yang diberikan pada teks A.

1 Pandangan orang terhadap kesuksesan ada beragam. Namun demikian, jika dipilah, pandangan itu terbagi menjadi dua, yaitu .... dan .... (2)

2 Jika Anda ingin menjadi siswa yang sukses, maka Anda perlu belajar dengan .... dan .... (2)

3 Siswa yang belajar dengan cara sporadis dan main-main tidak akan .... (1)

4 4. Belajar dengan rutin juga dapat memberikan .... (1)

5 Mereka yang belajar dengan rutin atau belajar pada saat yang sama setiap hari akan memperoleh dua manfaat yaitu mereka .... dan.................... (2)

6 Jika kita memulai dari pekerjaan yang .... maka akan sangat meningkatkan efektivitas sesi belajar dan prestasi akademis kita. (1)

7 Ketika Anda terganggu saat belajar, konsentrasi Anda bisa hilang dan terpecah. Untuk itu, sebelum Anda mulai belajar, Anda harus menemukan tempat yang.................(1)

8 Pernyataan.................... dapat dibenarkan dalam situasi belajar. (1)

9 Kelompok belajar bisa menjadi sangat tidak efektif jika .... (1)

10 Siswa yang berhasil .... akan membantu mereka untuk merumuskan jadwal selanjutnya secara lebih efektif. (1)

Jumlah nilai (13)

Bagian 2

Bijak Memilih Jurusan

Jawablah pertanyaan di bawah ini dengan merujuk pada teks B

11 Apa saja pertimbangan memilih jurusan yang biasa dipakai oleh murid yang bingung? Berikan tiga pertimbangan.................... (3)

12 Dua hal pokok apa saja yang perlu dipertimbangkan ketika memilih jurusan? Sebutkan dua hal.................... dan .... (2)

13 Apakah minat itu? .... (2)

14 Sebutkan dua akibat jika seseorang kurang motivasi dalam belajar. .... (2)

15 Mengapa sang ayah dalam kisah nyata di atas mendesak anaknya untuk menerima tawaran beasiswa yang diterimanya? .... (1)

16 Apa yang dilakukan sang anak dengan ijazahnya setelah tamat S-2? ....(1)

17 Setelah tamat S2-nya, sang anak kuliah di jurusan apa? ....(1)

18 Apa yang disarankan dalam tulisan ini, jika memang ada perbedaan, antara anak dan orang tua tentang jurusan yang diambil? .... (1)

169

19 Pelajaran apa yang Anda harus kuat bila ingin mengambil teknik sipil? ....**(1)**

20 Berikan dua contoh eksplorasi yang bisa dilakukan bila seseorang belum tahu jurusan apa yang hendak diambilnya. .... **(2)**

Jumlah nilai (15)

Bagian 3
Mengakselerasi Kemandirian Daerah Tertinggal

Jawablah pertanyaan di bawah ini dengan merujuk pada teks C

21 Berdasarkan informasi yang ada di teks C, Anda diminta untuk menyampaikan presentasi kepada teman-teman di sekolah tentang situasi pendidikan di di Daerah Terdalam, Tertinggal dan Terluar (SM-3T). Sebelum melakukan presentasi, Anda diminta membuat catatan pendek. Gunakan poin-poin berikut untuk mencatat hal-hal yang akan Anda sampaikan:

- Masalah klasik yang umumnya dihadapi daerah 3T (enam masalah).
- Dampak serius akibat terjadinya kesenjangan pendidikan yang cukup signifikan bagi daya saing Indonesia di kancah global (tiga dampak).
- Program-program yang bisa menjadi solusi bagi persoalan pendidikan (tiga program).

Jumlah nilai (12)

Bagian 4
Sumbangan

Jawablah pertanyaan di bawah ini dengan merujuk pada teks D

22 Di paragraf pertama pengarang memperkenalkan dua tokoh. Salah satunya adalah Pak Komang dan seorang tokoh lain tanpa nama, hanya dengan sebutan peserta. Bagaimanakah pengarang mendeskripsikan tokoh seorang peserta ini? Sebutkan dual hal ....**(2)**

23 Apakah agenda rapat di balai desa? .... **(1)**

24 Apa yang membedakan penampilan Pak Kades dengan peserta rapat lainnya? .... **(1)**

25 Tuliskanlah harapan-harapan Pak Kades kepada peserta rapat. Sebutkan dua hal ....**(2)**

26 Pak Komang menyampaikan efek yang ditimbulkan akibat gedung sekolah yang sudah memprihatinkan tersebut.
a .... **(1)**
b .... **(1)**
c .... **(1)**

27 Seorang peserta rapat yang terbilang miskin menolak ide untuk menyumbangkan uang untuk perbaikan gedung sekolah. Apakah alasan yang digunakan peserta rapat ini? Sebutkan dua hal.........................**(2)**

28 Tuliskanlah dua bentuk sumbangan selain sumbangan uang yang dibahas dalam rapat tersebut.
a .... **(1)**
b .... **(1)**

29. Selain menolak sumbangan dalam bentuk uang, peserta yang tergolong miskin itu juga menolak dua bentuk sumbangan lainnya. Jelaskan alasan yang diberikan peserta tersebut untuk menolak melakukan dua sumbangan lainnya.
a .... **(1)**
b .... **(1)**

30 Apakah solusi yang ditawarkan Pak Komang saat peserta rapat yang tergolong miskin itu tidak mau menyumbang makanan? .... **(1)**

31 Namun dalam hatinya, Pak Komang berbisik kecil. "Sungguh ironis orang-orang di negeri kita ini. Ia akan melakukan segala daya upaya untuk memenuhi hasrat pribadinya." Siapakah yang dimaksud dengan ia dalam kalimat Pak Komang ini? .... **(1)**

32 Jelaskan arti kosakata/frasa yang digaris bawah pada kalimat di bawah ini:
a. "Dan di sini kita hanya perlu menjawab setuju atau tidak dan menanggapi apa yang kurang dan mengayomi yang benar." .... **(1)**
b. "Kita tak mungkin hanya mengandalkan otot untuk memperbaikinya, " kata seorang warga yang bernama Pak Tunas..................... **(1)**
c Akan tetapi peserta rapat yang lainnya tetap bersikukuh dengan pendapat mereka masing-masing. .... **(1)**

Jumlah nilai (20)

Model 2:

Membaca dan Menulis

Text A
Bacalah teks ini untuk menjawab soal nomor 1.

Lima Manfaat Ikut Kegiatan Ekstrakurikuler

Setiap sekolah umumnya memiliki kegiatan ekstrakurikuler. Di beberapa sekolah, ada yang menyebut ekstrakurikuler dengan nama CCA (*Co-Curricular Activity*) atau ekskul saja. Sesuai dengan namanya, kegiatan ekstrakurikuler dilakukan oleh murid-murid atau para mahasiswa di luar jam belajar kurikulum standar. Lantaran ekstrakurikuler dilakukan di luar jam belajar, biasanya respons murid pun beragam. Ada sebagian murid yang total, mau terlibat aktif dan serius mengikuti setiap program ekstrakurikuler yang dirancang. Ada juga sebagian yang ogah-ogahan. Mereka asal ikut, asal terdaftar, dan acap mangkir saat kegiatan dilaksanakan. Mereka mungkin belum paham bahwa kegiatan ekstrakurikuler memiliki banyak sekali manfaat. Apa saja?

1. Melatih sosialisasi

Di dalam kegiatan ekstrakurikuler, murid biasanya dikumpulkan sesuai dengan bidang minat. Di sinilah mereka bertemu dengan teman lain, beda kelas, beda level, yang mungkin belum dikenal. Tentu, kesempatan ini perlu dimanfaatkan sebaik-baiknya untuk belajar sosialisasi. Kemampuan dasar ini banyak manfaatnya sebab dengan memiliki kemampuan sosialisasi yang baik, kita lebih gampang beradaptasi dengan lingkungan baru. Jika kita mampu menyesuaikan diri dengan baik, ancaman stres kemungkinan dapat dikurangi. Selain itu, dengan tambahan teman, kita akan lebih mudah berjejaring. Bila kita tidak bisa mengerjakan tugas tertentu misalnya, kita bisa minta bantuan teman lain tanpa malu atau canggung. Atau sebaliknya, kita pun bisa menawarkan bantuan kepada kawan lain saat melihat mereka mengalami kesulitan.

2. Melatih kerja sama tim

Dengan ikut ekstrakurikuler *band, koor*, orkestra, bola basket, sepak bola, futsal, atau CCA beregu lainnya, jelas akan menambah kemampuan kita dalam bekerja sama. Bagi seorang murid, bahkan nanti jika kita sudah bekerja, menjalin kerja sama tim sangatlah mutlak diperlukan. Pada dasarnya setiap manusia, siapa pun mereka, pasti memiliki keterbatasan. Kita tidak bisa melakukan semua hal seorang sendiri. Karena tahu terbatas, maka kita memerlukan orang lain. Untuk apa? Untuk saling melengkapi. Inilah pelajaran kehidupan yang sangat penting, yakni dalam hidup ini kita perlu saling melengkapi, saling mendukung, dan saling membantu. Impian apa pun, dengan kerja sama tim, pasti lebih mudah untuk digapai daripada dikerjakan sendiri.

3. Meningkatkan rasa percaya diri

Perhatikan teman-teman Anda, atau bahkan Anda sendiri yang aktif di kegiatan ekstrakurikuler. Pada saat awal bergabung, mungkin ada perasaan canggung. Tapi ketika keterampilan semakin dikuasai, seiring dengan berjalannya waktu, perasaan takut segera lengser digantikan dengan rasa percaya diri yang makin bertengger. Anda yang ikut ekstrakurikuler debat atau drama misalnya, saat berdiri di depan umum terasa nyaman dan tidak lagi grogi. Bicara yang dulunya baru sepatah dua patah kata sudah habis, sekarang bisa lebih panjang dengan bahasa yang tertata rapi. Demikian juga mereka yang masuk dalam tim basket, futsal, tari, *koor, band*, pasti ada dampak positifnya, khususnya dalam hal meningkatnya kepercayaan diri.

4. Badan lebih sehat

Tidak hanya masalah kepercayaan diri, dengan ikut tari, bola basket, futsal, beladiri, dan lain-lain, badan menjadi lebih sehat karena raga rutin diolah. Menggerakkan badan secara teratur membuat sirkulasi darah makin lancar dan meningkatkan metabolisme. Metabolisme yang baik membuat kita lebit fit, stamina lebih terjaga, dan ancaman obesitas pun akan sirna. Yang jelas, aktif berkegiatan membuat kondisi tubuh lebih sehat, dan tubuh yang sehat membuat kita lebih produktif dan kreatif.

5. Latihan mengatur waktu

Ikut ekstrakurikuler berarti menambah waktu berkegiatan. Kita tentu sepakat, beban murid untuk belajar saja sebenarnya sudah cukup padat. Bila ditambah dengan gabung ekstrakurikuler, berarti kegiatan kita menjadi lebih padat. Pada sisi lain, kita bisa melihat bertambahnya kegiatan ini dari kacamata yang positif, yakni supaya kita lebih pandai mengatur waktu. Jika kita ingin bermain basket misalnya, tentu kita tahu risikonya. Tidak hanya waktu belajar makin berkurang, tapi juga tubuh menjadi lelah setelah berkegiatan. Di sinilah kecerdasan kita dalam membagi waktu benar-benar diasah. Jika kita tahu, bahwa hari tertentu ada latihan, maka kita harus bisa memanfaatkan waktu seefektif mungkin. Misal, menggunakan jam kosong untuk mengerjakan PR atau tugas yang diberikan guru daripada menghabiskan waktu dengan main *game* atau *handphone*.

1   Anda diminta presentasi oleh guru di hadapan para siswa lain untuk menjelaskan tentang manfaat ikut kegiatan ekstrakurikuler. Sebelum presentasi, sebagai salah satu bahan yang bisa dijadikan referensi, terlebih dahulu ringkaslah kelima manfaat ikut kegiatan ekstrakurikuler di atas. Tulisan sekitar 130-180 kata.

Fokuskan ringkasan Anda pada:
* Dua tipe murid dalam menanggapi kegiatan ekstrakurikuler (dua tipe)
* Manfaat bersosialisasi (tiga hal)
* Manfaat mengikuti kegiatan ekstrakurikuler (5 manfaat)

Bagian 2

Jawablah salah satu dari pertanyaan berikut ini dalam tulisan sepanjang 350-500 kata.

Diskusi dan argumentasi

1   **a** Pendidikan adalah tanggung jawab seluruh rakyat Indonesia, bukan tanggung jawab pemerintah saja.

ATAU

b Manusia yang terdidik adalah kunci kemajuan bangsa.

Deskripsi

2   **a** Deskripsikan kehidupan masyarakat Suku Rimba di Jambi setelah terkenal karena film Sokola Rimba.

ATAU

b Deskripsikan tokoh yang Anda kenal yang berjuang demi pendidikan di daerah tertinggal.

Narasi

3   **a** Pagi itu Kak Butet, guru yang kemarin mengajar kami membaca, membawa sebuah buku besar yang belum bisa aku baca judulnya, tetapi menarik sekali gambar yang …..
Masukkan kalimat ini dalam sebuah cerita pendek.

ATAU

b Anda berkesempatan pergi ke sebuah desa di Papua dan melihat bagaimana anak-anak di desa tersebut buta huruf dan tidak pernah berkesempatan untuk sekolah.
Tulislah sebuah cerita pendek tentang seorang anak yang Anda temui di desa itu.

Model 3:

Berbicara dan Merespons

Anda diminta untuk melakukan presentasi lisan dengan ketentuan sebagai berikut:

a Anda diminta untuk menyiapkan topik presentasi Anda dengan memilih salah satu dari tiga topik berikut ini yaitu:

- Sekolah
- Profesi
- Pendidikan di Daerah Tertinggal

Topik yang Anda pilih harus berhubungan dengan budaya Indonesia. Waktu yang Anda butuhkan untuk menyiapkan topik presentasi Anda akan disepakati bersama guru Anda. Selama Anda mempersiapkan topik pilihan Anda, Anda diminta untuk menuliskan empat sampai enam sub topik yang dapat Anda diskusikan bersama guru Anda pada saat Anda melakukan presentasi lisan.

b Anda diminta untuk mempresentasikan topik Anda selama dua hingga tiga menit di depan guru atau di depan kelas.

c Selanjutnya Anda akan berdiskusi dengan guru Anda untuk membahas lebih lanjut topik yang Anda pilih. Topik diskusi antara Anda dan guru Anda dapat diambil dari empat sampai enam sub topik yang sudah Anda persiapkan. Diskusi antara Anda dan guru Anda sekitar tujuh hingga delapan menit.

173

Bab 5
Dunia Tempat Kita Tinggal: Media, Lingkungan, Pariwisata

Membaca (Media)

Tujuan pembelajaran

Kegiatan membaca pada unit ini difokuskan untuk:

- melakukan kegiatan sumbang saran atas topik tertentu
- menyeleksi informasi-informasi penting lewat teknik *scanning* dan *skimming*
- membedakan fakta dan opini
- menyampaikan opini atau solusi
- memahami suatu teks/gambar/tabel, mendiskusikannya, dan menjawab pertanyaan yang tersedia
- memahami arti kata
- menulis paragraf argumentatif

1.1 Bersama dengan teman sekelas lakukan kegiatan sumbang saran dengan mencoba menjelaskan makna dan atau fungsi kosakata di bawah ini sebagai alat komunikasi:

- **a** Media
- **b** Online
- **c** Jejaring sosial
- **d** Facebook
- **e** Line
- **f** Twitter
- **g** Hashtag
- **h** LinkedIn
- **i** Instagram
- **j** WhatsApp
- **k** BBM
- **l** Hangouts
- **m** Kakaotalk
- **n** Skype
- **o** Selfie
- **p** Swag
- **q** Yolo
- **r** 2fab4u
- **s** Path
- **t** Like4like
- **u** RT/retweet

1.2 Carilah satu teks yang membahas tentang salah satu dari daftar kosakata di atas. Teks yang Anda pilih dapat berupa artikel, *blog*, wawancara, instruksi/petunjuk penggunaan, atau bentuk teks lainnya. Guru Anda akan memberikan waktu yang disepakati bersama untuk Anda menemukan teks yang dimaksud dan melakukan kegiatan ini setelah teks berhasil Anda dapatkan.

a Bacalah teks yang sudah Anda temukan dengan teknik *skimming* dan *scanning*.

b Tulislah informasi yang Anda dapatkan dari membaca teks tersebut, gunakan panduan pertanyaan Apa, Mengapa, Di mana, Kapan, dan Bagaimana.

c Daftarlah kalimat-kalimat yang merupakan fakta atau sebuah opini dalam artikel yang Anda pilih.

1.3 Sekarang, perhatikan tabel berikut ini. Poster ini merupakan hasil sebuah survei mengenai demografi pengguna internet di Indonesia sampai semester 1 tahun 2015. Berdasarkan informasi yang terdapat pada tabel ini, tuliskan dengan menggunakan kata-kata Anda sendiri 10 kalimat di mana masing-masing kalimat terdiri dari **sebuah fakta** berdasarkan informasi yang ada dan **sebuah opini** atas informasi yang Anda tuliskan.

Contoh :

- Sebanyak 85% pengguna internet di Indonesia mengakses internet melalui telepon seluler (**fakta**) dan hal ini disebabkan karena mengakses internet melalui telepon seluler lebih menyenangkan dibanding mengakses lewat PC/*desktop* sebab telepon seluler ukurannya lebih kecil sehingga gampang dibawa ke mana-mana. (**opini**)

No	Data Tentang	Opini Anda
1	Demografi pengguna internet berdasarkan lima kepulauan terbesar Indonesia	
2	Peningkatan pengguna internet dari tahun 2013 ke tahun 2014	
3	Demografi pengguna internet berdasarkan profesi	
4	Lima hal yang paling sering diakses pengguna internet di Indonesia	
5	Demografi pengguna internet berdasarkan usia	

Dampak Positif Internet

- Sumber informasi
- Media komunikasi
- Media pendidikan
- Media hiburan
- Memudahkan transaksi
- …
- …
- …
- …

Dampak Negatif

- Kecanduan
- Pornografi
- Penipuan
- Kurang bergaul
- Perjudian
- …
- …
- …

1.4 Anda dan partner Anda diminta untuk memberikan opini Anda atas data yang disampaikan melalui poster ini. Tuliskan opini Anda pada tabel yang sudah disediakan.

1.5 Remaja dan Internet: Dampak Positif atau Negatif? Internet yang merupakan singkatan dari *interconnection networking* adalah sebuah jaringan yang menghubungkan dan melayani milyaran pengguna di seluruh dunia. Sebagai sebuah alat komunikasi yang sangat canggih, internet tentu memberikan dampak pada kehidupan remaja. Berikut adalah beberapa dampak positif dan negatif dari penggunaan internet. Anda diminta untuk melengkapi daftar ini.

1.6 Bersama dengan partner Anda, masukkan daftar dampak negatif terhadap penggunaan internet pada tabel berikutnya lalu diskusikan solusi yang dapat Anda berikan untuk mengatasi dampak negatif tersebut.

	Dampak negatif penngunaan internet	Solusi
1		
2		
3		
4		
5		
6		
7		
8		

1.7 Bacalah surat pembaca di bawah ini yang mengeluhkan tentang penggunaan gadget.

Berbagi waktu dengan cucu

Saya seorang nenek yang berusia 65 tahun dan memiliki lima cucu yang sangat saya sayangi. Rentang usia mereka dari usia balita sampai 15 tahun. Memiliki cucu adalah kebanggan tersendiri bagi saya, namun ada satu hal yang sangat menyusahkan hati saya sebagai nenek mereka. Jika mereka datang berkunjung ke rumah saya atau jika saya yang berkunjung ke rumah mereka, cucu-cucu saya selalu asyik dengan gadgetnya masing-masing. Saya merasa sedih karena saya ingin berbagi waktu dengan mereka, bercerita tentang kisah-kisah keluarga yang lucu maupun terharu. Saya merasa cucu-cucu saya tidak tertarik untuk berbicara dengan saya. Setelah menyapa dengan manis biasanya mereka akan sibuk sendiri. Sebagai nenek saya merasa sangat kesepian dan merindukan cucu-cucu saya bisa dekat dan mau berbagi waktu dengan saya.

Nenek yang kesepian.

Jakarta

Gadget dan stres

Memliki *gadget* yang bagus dan canggih tentu impian semua remaja seperti saya. Karena orang tua saya memiliki keuangan yang baik saya bisa mendapatkan *gadget* yang terbaik setiap kali saya minta. Dengan *gadget* ini saya menghabiskan banyak waktu saya sepulang sekolah. Orang tua saya sibuk dan tidak memiliki waktu dengan saya. Karena saya anak tunggal, saya menjadikan *gadget* ini menjadi sahabat terbaik saya. Namun akhir-akhir ini saya sering *stress* karena saya lelah dengan status *update* teman-teman saya dan hal-hal menarik yang mereka lakukan. Perasaan iri dan tidak puas menguasai saya dan membuat saya membanding-bandingkan kehidupan saya dengan mereka. Saya juga akan merasa marah dan kecewa jika tidak ada yang merespons *update* saya. Saya merasa hidup saya hampa.

Ratri,

Bandung

177

1.8 Anda diminta untuk melakukan kegiatan berikut ini berdasarkan dua surat pembaca tersebut:

a Tuliskan kembali intisari isi surat pembaca itu masing-masing hanya dalam sebuah kalimat.

b Daftarlah perasaan-perasaan yang digambarkan Nenek dan Ratri.

c Sebagai remaja, pernahkah Anda merasakan apa yang dirasakan Ratri? Jelaskan jawaban Anda.

d Tuliskan pendapat Anda atas sikap cucu-cucu Nenek.

e Bayangkan Anda adalah orang yang bertugas untuk membalas surat pembaca di atas. Tulislah surat balasan untuk salah satu dari surat pembaca tersebut.

1.9 Bersama dengan partner Anda, bicarakanlah hal-hal di bawah ini lalu tuliskan jawaban Anda atas pertanyaan-pertanyaan yang diberikan. Kemudian diskusikan jawaban-jawaban tersebut bersama teman sekelas.

a Apa yang Anda ketahui mengenai toko *online*?

b Pernahkan Anda melakukan transaksi belanja melalui toko *online*?

c Barang-barang apa saja yang Anda beli di toko online jika jawaban b adalah pernah.

d Sebutkan nama-nama toko *online* yang Anda ketahui.

e Tuliskan opini Anda mengenai kelebihan berbelanja di toko *online*. Tuliskan empat hal.

f Tuliskan opini Anda mengenai kelemahan jika berbelanja di toko *online*. Tuliskan empat hal.

1.10 Bacalah artikel mengenai pendiri toko online Amazon di bawah ini.

Biografi Singkat Jeff Bezos

Bagaimanakah kisah hidup dan perjalanan karir mendirikan Amazon dan mengembangkan hingga sebesar ini. Berikut biografi singkat dari Jeff Benzos yang pastinya menarik untuk Anda simak.

Kisah Hidup Jeff Bezos

Lahir dengan nama lengkap Jeffrey Preston Bezos, pendiri Amazon.com ini dilahirkan pada tanggal 12 Januari 1964 di daerah Albuquerque, Kota New Mexico. Ketika Jeff masih berusia 2 tahun, ke dua orang tuanya tidak lagi bisa mempertahankan rumah tangga nya dan memutuskan untuk bercerai. Namun setelah berselang 3 tahun, ibunya yang bernama Jackie Bezos kembali menikah dengan seorang insinyur bernama Miguel Bezos. Setelah itu ia dan keluarga nya pindah ke Houston, Texas mengikuti ayah tirinya bekerja.

- Nama Lengkap : Jeffrey Preston Bezos
- Nama Tenar : Jeff Bezos
- Tempat, Tanggal Lahir : Albuquerque, 12 Januari 1964
- Kebangsaan : Amerika
- Pendidikan : Jurusan Computer Science and Electrical Engineering, Princeton University
- Karir Saat ini : CEO Amazon Inc.
- Website : http://www.amazon.com/ , http://www.bezosexpeditions.com/

Jeff Bezos adalah seorang pengusaha dan pendiri website toko *online* terbesar di dunia Amazon.com. Saat ini siapa yang tidak kenal dengan Amazon.com, website yang mengawali usaha dengan berjualan buku secara *online* tersebut kini sudah berkembang menjadi toko *online* aneka rupa dengan penghasilan miliaran dolar.

Tidak hanya itu, Amazon kini telah memiliki jaringan hingga hampir ke seluruh penjuru dunia. Dan kesuksesan besar tersebut nyatanya kini membawa sang pendirinya, Jeff Bezos selalu menduduki jajaran orang terkaya yang ada di dunia.

Kehidupan masa kecil Jeff terbilang cukup menarik. Di usianya yang masih sangat kecil, ia sudah menunjukkan ketertarikan yang besar pada dunia teknik, hal itu nampak ketika pada suatu hari dirinya membedah tempat tidurnya sendiri dengan obeng. Seiring waktu dan ketika dirinya sudah mempunyai adik-adik, ketertarikannya pun berkembang dalam bidang sains dan elektro. Ketika dirinya masih duduk di sekolah dasar, ia pernah membuat alarm listrik sederhana yang dipasang di rumahnya sendiri. Dengan alarm tersebut ia bisa mengawasi adik-adiknya agar tidak keluar rumah.

Bakat dan minatnya berlanjut hingga ia memasuki bangku sekolah menengah atas. Pada waktu itu ia pernah mengikuti sebuah pelatihan sains yang diadakan di Universitas Florida, dan berkat prestasinya ia mendapatkan sebuah penghargaan yaitu Silver Knight Award. Melanjutkan studinya, akhirnya ia memutuskan untuk mengambil jurusan Computer Science and Electrical Engineering di Princeton University. Ia pun menunjukkan prestasi yang luas biasa semasa di bangku kuliah. Hal ini membuat ia cukup mudah mendapatkan pekerjaan selepas kuliah.

Karir pertamanya ia mulai dengan masuk ke dunia kerja Wall Street. Dengan berbagai capaian yang ia lakukan, ia tercatat pernah masuk ke beberapa perusahaan ternama seperti perusahaan jaringan perdagangan internasional Fitel, perusahaan jasa keuangan Banker Trust dan yang terakhir perusahaan finansial DE Shaw Company. Di perusahaan terakhir tersebutlah keinginan nya untuk mendirikan usaha sendiri semakin besar dan tak terbendung lagi.

Jeff Bezos Mendirikan Amazon.com

Jeff mulai mengembangkan usaha nya sendiri pada tahun 1994. Pada waktu itu dirinya melihat potensi pada usaha ritel buku di Amerika Serikat. Meskipun telah cukup banyak perusahaan percetakan dan ritel buku, namun kekurangannya adalah mereka tidak bisa memberikan katalog lengkap dari semua buku-buku yang mereka punyai. Promosi lewat email yang cukup populer pada masa itu pun belum bisa mengakomodir kebutuhan promosi produk-produk buku para pengusaha ritel.

Dari situ tercetuslah ide untuk membuat website dimana ia bisa memperkenalkan semua produk buku dengan mudah dan praktis. Hal ini tentunya dibarengi dengan perkembangan dunia internet yang sudah mulai besar pada waktu itu. Jadilah ia mulai melakukan riset pasar dan banyak menemui produsen serta pengusaha ritel buku yang ada di AS. Tidak hanya itu dirinya juga mengamati keperluan konsumen serta langkah startegis bagaimana websitenya nanti bisa dengan cepat dikenal masyarakat luas.

Setelah masa pengembangan dan telah mendapat cukup banyak pasokan buku, akhirnya ia resmi membuka website yang ia daftarkan dengan nama Amazon.com pada tahun 1999. Tidak tanggung-tanggung orang tua Jeff pun ikut mendukung usaha anaknya tersebut dengan memberikan dana pensiunya sebesar US$ 300 ribu sebagai modal usaha.

Dari sini ia mulai merintis penjualan buku lewat Amazon. Dan benar saja, Amazon bisa dengan mudah dikenal oleh banyak konsumen karena dipasarkan lewat jaringan internet. Hanya dalam beberapa tahun Amazon yang dulunya bermarkas di bekas garasi rumah Jeff kini telah berkembang menjadi beberapa gudang penyimpanan super besar plus kantor pusatnya yang berada di Seattle Washington.

Setelah beberapa waktu, Jeff pun mengembangkan produk jualan Amazon agar lebih variatif. Kini Amazon menjual berbagai macam barang, seperti produk elektronik, kebutuhan rumah tangga, dan juga jasa aplikasi penyimpanan data online. Meskipun begitu produk buku dan ilmu pengetahuan masih mendominasi lokel Amazon.

Dengan pencapaian Amazon yang luar biasa tersebut, kini Jeff yang merupakan CEO dari Amazon Inc. berhasil meraup kekayaan hingga lebih dari US$ 10 miliyar pada tahu 2009. Bahkan dirinya pernah masuk ke jajaran orang terkaya di dunia dengan rekor tertinggi yaitu peringkat 19 pada tahun 1999.

179

1.11 Jawablah pertanyaan-pertanyaan di bawah ini berdasarkan artikel di atas.

  a Pernahkah Anda mendengar nama toko online Amazon.com? Jika jawabannya adalah ya, tuliskan beberapa hal yang Anda ketahui mengenai toko *online* ini.

  b Tuliskan lima fakta mengenai kehidupan masa kecil Jeff Bezos pendiri toko *online* Amazon.com.

  c Artikel di atas mencatat empat nama perusahaan tempat Jeff Bezos bekerja sebelum menjadi seorang pengusaha toko *online*. Sebutkan nama keempat perusahaan tersebut.

  d Dengan menggunakan kata-katamu sendiri, tulislah dalam sebuah paragraf awal berdirinya toko online Amazon.com.

  e Menurut Anda, mengapa Jeff Bezos memilih nama Amazon.com?

  f Apakah yang menyebabkan Jeff Bezos yakin bahwa menjual buku secara *online* akan sukses pada masa itu?

  g Selain memberikan pendidikan yang bagus pada Jeff, orangtuanya juga mendukung Jeff mendirikan Amazon.com. Jelaskan bentuk dukungan orang tuanya.

1.12 Perhatikan dua gambar berikut ini. Diskusikan hal-hal di bawah ini bersama partner Anda.

a Apakah kesamaan pesan yang ingin disampaikan oleh kedua gambar tersebut?

b Apakah perbedaan antara gambar 5.3 dan 5.4? Tuliskan tiga hal.

c Kenalkah Anda dengan kesepuluh situs yang ada pada gambar 5.4?

d Jika ada situs yang belum Anda kenal, carilah informasi mengenai situs tersebut.

e Pikirkan apa yang menjadi alasan orang untuk membuka sepuluh situs terbanyak berdasarkan gambar 5.4. Tuliskan secara berurutan mulailah dari situs yang paling banyak dikunjungi.

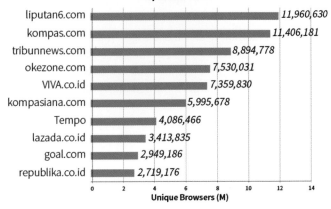

Indonesia- Top Ten Mobile Website by Unique Browsers September 2014

Website	Unique Browsers
liputan6.com	11,960,630
kompas.com	11,406,181
tribunnews.com	8,894,778
okezone.com	7,530,031
VIVA.co.id	7,359,830
kompasiana.com	5,995,678
Tempo	4,086,466
lazada.co.id	3,413,835
goal.com	2,949,186
republika.co.id	2,719,176

Unique Browsers (M)

Gambar 5.4: Sumber: http://api.dailysocial.net

1.13 Bagilah kelas Anda menjadi empat kelompok, lalu kerjakan hal di bawah ini:

- Tiap kelompok diminta untuk menuliskan 10 situs yang paling banyak dikunjungi oleh kelompok tersebut melalui internet.
- Buatlah tabel seperti pada gambar 5.4. pada sebuah kertas.
- Keempat kelompok saling menukarkan hasil tabel.
- Pikirkan apa yang menjadi alasan tiap kelompok untuk membuka sepuluh situs terbanyak berdasarkan tabel yang mereka buat

1.14 Bacalah artikel mengenai salah satu toko online di Indonesia berikut ini.

Gambar 5.3

Dua puluh lima Fakta Menarik Tentang Tokopedia

Pesatnya perkembangan internet terus mempengaruhi berbagai aspek kehidupan. Mulai dari bersosialisasi, mencari informasi, hingga berbisnis! Ya, saat ini kita bisa menemukan berbagai macam cara berbisnis melalui internet. Strategi-strategi pemasaran baru pun ditemukan untuk menyesuaikannya dengan pemasaran bisnis melalui internet.

Munculnya internet sebagai media baru untuk berbisnis, tentu menimbulkan wujud-wujud baru dalam dunia internet. Salah satunya adalah website-website yang menyediakan lahan bisnis, baik untuk menawarkan hingga menjual suatu produk kepada para pembeli.

Salah satu website bisnis untuk melakukan transaksi jual beli online, antara lain adalah Tokopedia. Tokopedia merupakan perusahaan internet yang memungkinkan setiap individu dan pemilik bisnis di Indonesia untuk membuka serta mengelola bisnis online mereka secara mudah dan gratis, sekaligus memungkinkan pengalaman belanja online yang lebih aman dan nyaman.

Salah satu dari anda, tentu pernah mengunjungi bahkan melakukan transaksi jual beli melalui Tokopedia. Namun, tahukah anda bahwa Tokopedia memiliki berbagai fakta menarik di dalamnya? Kali ini, bisnishack.com akan sedikit memaparkannya. Yuk, kita simak bersama – sama.

1 Tokopedia adalah marketplace yang didirikan oleh William Tanuwijaya (CEO Tokopedia) dan Leontinus Alpha Edison (COO Tokopedia)

2 Visi utama Tokopedia adalah membangun Indonesia yang lebih baik lewat intenet

3 Tokopedia percaya bahwa *marketplace* adalah model bisnis paling indah di dunia karena kesuksesan sebuah *marketplace* hanya bisa diraih dengan membantu orang lain menjadi lebih sukses

4 Tokopedia menyediakan banyak fitur untuk memudahkan penjual maupun pembeli. Di antaranya dukungan ke beberapa agen logistik besar di Indonesia, menyediakan beragam metode pembayaran, review dua arah, fitur harga grosir, wishlist, statistik toko, Gold Merchant, TopAds, Pusat Resolusi, dan masih banyak lagi.

5 Tokopedia menyediakan tempat untuk berjualan online secara gratis, tanpa komisi

6 Selama 2 tahun (2007-2009) William Tanuwijaya (CEO Tokopedia) dan Leontinus Alpha Edison (COO Tokopedia) berusaha mencari pendanaan tapi ditolak dimana-dimana karena minimnya kisah sukses perusahaan internet di Indonesia

7 Invenstor pertama Tokopedia adalah PT Indonusa Dwitama, kantor lama dari William Tanuwijaya (CEO Tokopedia) dan Leontinus Alpha Edison (COO Tokopedia)

8 Bertepatan dengan Hari Kemerdekaan Indonesia ke-64, yakni 17 Agustus 2009, Tokopedia resmi hadir sebagai perusahaan internet yang menghubungkan penjual dan pembeli online di seluruh Indonesia

9 Di menit ke-12 setelah Tokopedia diluncurkan ke publik, kaos berwarna merah dengan tulisan *"Kami tidak Takut"* seharga Rp 40 ribu menjadi produk yang berhasil terjual di Tokopedia untuk pertama kali

10 Pada enam bulan pertama diluncurkan, Tokopedia langsung menjaring 23 ribu lebih anggota aktif, dengan 2500 toko di dalamnya, dan menawarkan 42 ribu produk baik barang ataupun jasa.

11 Dalam kurun waktu enam bulan pertama, produk yang paling banyak terjual ialah gunting kuku untuk souvenir pengantin, sebanyak 250 buah

12 Barang mahal pertama yang terjual di Tokopedia, adalah Onyx Boox 60 dengan harga Rp. 3.700.000,-.

13 Enam bulan pertama Tokopedia hadir, total transaksi yang terjadi melalui Tokopedia telah mencapai nilai diatas 1 Milyar rupiah. Terbukti sebagai website bisnis yang dipercaya dan menjanjikan, bukan?

14 Nama Tokopedia tercetus saat pemilik Tokopedia berada dalam perjalanan pulang naik ojek. Guys, ide memang bisa muncul dimana saja, tanpa mengenal ruang dan waktu.

15 Pemilik Tokopedia pernah ingin menamakan website Tokopedia dengan kopaja.com, dengan filosofi kepanjangan dari Kopaja adalah toko apa saja. Namun, nama ini sudah teregistrasi, dan memiliki arti resmi yaitu koperasi angkutan Jakarta.

16 Dulu para pengguna Tokopedia dipanggil dengan sebutan "Tokopediawan/Tokopediawati", namun sejak tahun 2009 sebutan tersebut diubah menjadi "Toppers"

17 Brainstorming pertama kali mengenai ide membuat online *marketplace* yang akhirnya diwujudkan dalam Tokopedia ini, dilakukan di sebuah warteg. Super sekali!

18 Tantangan pertama Tokopedia dalam menjadi online *marketplace* adalah membangun kepercayaan masyarakat untuk berbelanja dan melakukan transaksi jual beli online di dalamnya. Maklum, sejak awal kemunculan tren website jual beli, penipuan seringkali terjadi

19 Pada Tahun 2014, Tokopedia menjadi perusahaan internet pertama di Asia Tenggara yang menerima pendanaan sebesar US$ 100 juta dari Softbank dan Sequoia Capital. SoftBank sendiri merupakan investor di balik kesuksesan Alibaba, sementara Sequoia Capital merupakan investor di balik kesuksesan Apple & Google

20 Nakama merupakan panggilan untuk semua Tim Tokopedia yang berasal dari bahasa Jepang dan memiliki arti "Lebih dari teman/hubungan yang sudah seperti keluarga". Jadi bukan hanya sebagai teman kerja, para Nakama Tokopedia juga sudah menganggap Nakama lain seperti keluarga sendiri

21 Pada awal berdiri, Nakama hanya terdiri dari 4 orang. Namun hingga bulan November 2015 jumlah Nakama yang ada di Tokopedia sudah lebih dari 400 orang

22 Filosofi nama Tokopedia adalah gabungan kata dan arti dari toko dan ensiklopedia. Diharapkan, toko-toko online yang berada di dalam website bisnis yang dikelolanya bisa menjadi ensiklopedia bagi siapapun yang mengunjungi website tersebut.

23 Toped adalah maskot Tokopedia yang berbentuk burung hantu. Kenapa burung hantu? Karena burung hantu itu seringkali dijadikan sebagai simbol kecer-

dasan dan kebijaksanaan, serta burung hantu juga memiliki kemampuan untuk melihat ke semua arah. Begitu pula dengan Tokopedia yang selalu berusaha untuk melihat dari berbagai sudut, baik pembeli maupun penjual

24 Di tahun 2012, Tokopedia mencatat prestasi sebagai mitra Bank Mandiri dengan frekuensi transaksi online tertinggi sepanjang tahun 2012

25 Tokopedia memiliki sistem pembayaran rekening escrow (rekening bersama). Dana yang ditransfer oleh pembeli akan disimpan di rekening bersama dan baru diteruskan ke penjual setelah pembeli menerima pesanan dan melakukan konfirmasi penerimaan barang

1.15 Jawablah pertanyaan di bawah ini berdasarkan artikel di atas.

a Jelaskan proses transaksi jual beli di tokopedia.

b Tokopedia memiliki tiga fitur andalan yang membuatnya sagat dekat dengan konsumen dan membedakannya dengan website bisnis yang lain. Jelaskan ketiga fitur andalan tersebut.

c Berikan tiga informasi terkait perkembangan tokopedia setelah enam bulan berdiri.

d Dengan menggunakan kata-kata Anda sendiri, jelaskan awal berdirinya tokopedia.

e Sebutkan hal-hal yang menjadi tantangan tokopedia di awal pendiriannya.

f Jelaskan kesamaan antara website tokopedia dengan amazon.com.

g Jelaskan filosofi dan makna nama Tokopedia dan pendapat Anda mengenai nama tersebut.

h Jelaskan apa yang dimaksud dengan toppers dan toped.

i Jelaskan apa yang dimaksud dengan pembayaran rekening escrow di tokopedia

1.16 Tanpa menggunakan kamus, diskusikan arti kosakata di bawah ini.

- Melek huruf
- Melek teknologi
- Melek media
- Melek aksara
- Melek ekonomi
- Melek hukum
- Melek politik

1.17 Gunakan kosakata di atas untuk menulis sebuah paragraf singkat yang bersifat argumentatif. Berikan alasan singkat namun kuat agar pembaca dapat menerima pernyataan Anda.

1.18 Perhatikan tiga gambar tentang media berikut ini lalu kerjakan hal berikut:

a Tuliskan persamaan pesan yang disampaikan melalui ketiga gambar ini. Tuliskan tiga hal.

b Apa opini Anda mengenai ketiga gambar tersebut?

c Bagaimana perasaan Anda saat melihat dan membaca kalimat yang ada pada ketiga gambar?

d Komentari penggunaan imaji kuda pada gambar satu. Apa makna kuda tersebut? Apa efeknya kepada pembaca?

e Tuliskan peristiwa yang terdapat dalam gambar dua dalam sebuah paragraf dengan menggunakan kata-kata Anda sendiri.

f Apa pendapat Anda mengenai gambar dua secara keseluruhan?

g Pesan apa yang ingin disampaikan pengarang melalui bagian akhir dialog gambar dua?

h Apa yang dimaksud Einstein dengan generasi idiot pada gambar tiga?

i Setujukah Anda dengan pendapat Einstein tersebut? Jelaskan.

j Apakah hubungan antara teknologi dan interaksi manusia menurut Einstein?

Gambar 2

Gambar 1

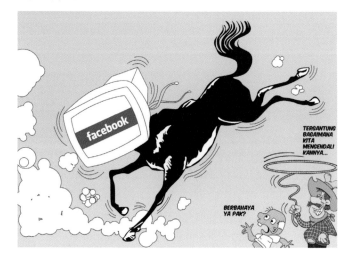

Gambar 3

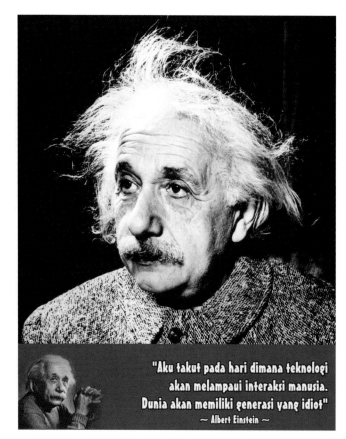

Menulis (Lingkungan)

Tujuan pembelajaran

Kegiatan menulis pada unit ini difokuskan untuk:

- melakukan kegiatan sumbang saran atas topik tertentu
- menulis pantun
- diskusi dan memberikan opini/solusi
- menulis deskripsi
- menulis argumentasi
- menulis narasi
- membuat poster
- menulis notula
- menulis teks pidato
- membaca cerpen dan menjawab pertanyaan yang tersedia

- menulis wawancara
- menulis buku harian
- membuat *flyer*
- menjelaskan makna kata dan frasa
- merangkum paragraf ke dalam sebuah frasa pendek atau kalimat sederhana
- meringkas profil
- menulis surat pribadi
- menulis surat formal
- menulis laporan

2.1 Secara berkelompok, lakukan sumbang saran (*brainstorming*) atas topik "**Menyelamatkan lingkungan yang makin tercemar**". Catat hasil sumbang saran Anda.

2.2 Masing-masing kelompok secara bergiliran diberikan kesempatan membacakan hasil sumbang sarannya. Ide yang sama yang sudah disebutkan kelompok lain harap ditandai sehingga tidak perlu dibaca ulang. Anda boleh bertanya arti kata atau frasa tertentu yang belum Anda pahami yang disebutkan oleh kelompok lain.

2.3 Temukan arti imbuhan pada kosakata bertema lingkungan berikut ini;

- penghijauan =
- pelestarian =
- didaur ulang =
- kebersihan =
- pemulung =
- kesejukan=
- alamiah =
- kehutanan =
- pencemaran =
- pengomposan =

Temukan empat kata berimbuhan lainnya dan tuliskan arti imbuhan pada kosakata tersebut.

2.4 Anda dan partner Anda diminta untuk mendiskusikan tentang lingkungan di bawah ini. Tuliskan jawaban Anda atas topik-topik yang Anda bahas.

a Bagaimana pendapat Anda tentang kebersihan lingkungan di sekolah Anda, lingkungan rumah Anda dan lingkungan sekitar Anda? Jika diberikan angka antara 1-10, nilai berapakah yang akan Anda berikan pada
- Lingkungan sekolah
- Lingkungan rumah/komplek perumahan Anda
- Jalan-jalan utama di kota Anda
- Daerah wisata yang pernah Anda kunjungi, sebutkan masing-masing lima dan berikan nilainya.

b Sebutkan setidaknya empat faktor yang menurut Anda penting diperhatikan untuk mendapatkan lingkungan yang bersih.

c Jelaskan ide Anda untuk meningkatkan kesadaran akan lingkungan yang bersih. Pikirkan tiga ide dan jelaskan.

d Serahkan hasil diskusi Anda kepada guru dan guru akan memandu jawaban setiap kelompok di dalam kelas.

2.5 Tahukah Anda tentang Hari Bumi? Carilah informasi tentang Hari Bumi. Setelah Anda menemukan informasi tentang Hari Bumi, perhatikan sebuah poster di bawah ini yang mengajak pembaca untuk mengikuti sebuah kegiatan memperingati Hari Bumi.

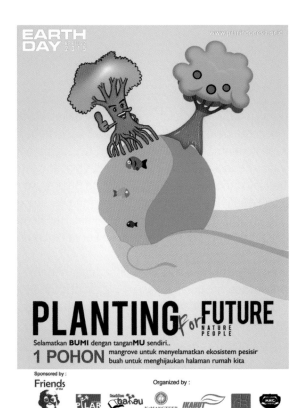

Perhatikan poster Hari Bumi 2015 di atas lalu jawablah salah satu pertanyaan di bawah ini:

a Deskripsikan isi poster tersebut dalam sebuah paragraf yang terdiri dari 80-100 kata.

b Berikan pendapatmu atas keberhasilan poster ini sebagai poster yang baik untuk mengajak pembacanya melakukan penanaman pohon dalam rangka Hari Bumi. Tuliskan pendapatmu dalam sebuah paragraf argumentatif yang terdiri dari 80-100 kata.

c Bayangkan Anda adalah salah satu peserta yang akan mengikuti kegiatan menanam pohon sesuai isi poster di atas, namun pada hari pelaksanaan kegiatan Anda tidak bisa hadir karena sakit. Tuliskan sebuah paragraf narasi berdasarkan ilustrasi tersebut yang terdiri dari 100-120 kata.

2.6 Sekolah Anda akan mengadakan sebuah kegiatan besar untuk memperingati Hari Bumi yang secara internasional diperingati setiap tanggal 22 April. Bersama dengan partner Anda, tuliskan tiga pilihan tema yang dapat digunakan sebagai tema perayaan Hari Bumi tersebut. Setiap kelompok diminta untuk menuliskan ketiga tema yang dipilih dan alasan singkat mengapa memilih tema tersebut. Setelah selesai, setiap kelompok dapat membacakan hasil kerja kelompoknya. Perhatikan contoh di bawah ini.

Tema : Buktikan Pedulimu, Mari Hijaukan Bumi. Alasan : Tema ini mengajak semua orang yang terlibat dalam perayaan Hari Bumi untuk lebih peduli menghijaukan bumi. Kepedulian terhadap bumi dapat dibuktikan dengan kegiatan menghijaukan bumi. Kata buktikan pada tema di atas adalah sebuah ajakan yang sangat menantang peserta yang mengikuti kegiatan untuk melakukan sesuatu bagi bumi yaitu menghijaukan bumi.

2.7 Bayangkan sekolah Anda akan mengirimkan kandidat untuk mengikuti lomba pidato dalam rangka merayakan Hari Lingkungan Hidup Sedunia. Untuk menjaring calon kandidat terbaik yang mewakili sekolah, setiap kelas diminta untuk secara berkelompok menyiapkan sebuah naskah pidato yang sesuai dengan tema yang ditentukan. Lakukanlah hal-hal berikut sebagai bagian dari proses penyaringan kandidat terbaik mewakili sekolah:

- Bagilah kelas Anda menjadi empat kelompok.
- Setiap kelompok diharapkan untuk menyerahkan sebuah naskah pidato sepanjang 400-500 kata.
- Lakukan riset untuk menghasilkan pidato yang baik.
- Pilih seorang menjadi pembaca pidato kelompok Anda.
- Gunakan Tema Hari Lingkungan Hidup sedunia tahun 2015 berikut ini atau gunakan tema-tema pada tahun yag berbeda (informasi tentang tema-tema dapat diakses melalui internet).
- Serahkan hasil pekerjaan kelompok Anda untuk dinilai.

Hari Lingkungan Hidup Sedunia atau World Environment Day merupakan perayaan lingkungan hidup terakbar di seluruh dunia. Puncak acaranya diperingati pada tanggal 5 Juni setiap tahunnya. Sejak digelar pertama kali pada tahun 1972

telah menjadi media bagi PBB (melalui UNEP) untuk mengampanyekan pentingnya kelestarian lingkungan hidup. Menyadarkan semua pihak untuk ikut bertanggung jawab merawat bumi sekaligus menjadi pelopor perubahan dan penyelamat bumi dan lingkungan hidup.
Pada tahun 2015, perayaan Hari Lingkungan Hidup Sedunia atau World Environment Day mengangkat

*tema "***Seven Billion Dreams.One Planet. Consume with Care***". Tujuh miliar manusia dengan berbagai keinginannya, menghuni satu bumi. Bumi yang menjadi satu-satunya planet yang bisa dihuni oleh manusia.Pertumbuhan penduduk dan pembangunan ekonomi yang terus berlangsung membuat ekosistem bumi mendekati titik kritis.*

2.8 Bacalah cerpen berjudul "Alun-alun Suryakencana" karya F. Rahardi berikut ini.

Alun-alun Suryakencana

Karya : F. Rahardi

Seperti biasa, pagi itu Alun-alun Suryakencana di Taman Nasional Gede Pangrango sangat cerah.Langit begitu biru dan bersih. Tak ada awan, tak ada kabut, tak ada angin. Matahari putih dan silau, tetapi udara masih juga dingin. Semua sepi. Hanya sekali-sekali dipecah tawa, teriakan dan suara *misting* beradu dari arah tenda. Pagi itu, beberapa tenda pecinta alam tampak bertebaran di sekitar mata air, di tengah alun-alun. Selebihnya kosong sampai jauh.

Alam yang senyap itu tiba-tiba digusur bunyi heli yang gemuruh memekakkan telinga. Heli itu besar, dan tahu-tahu menyembul begitu saja dari gerumbulan santigi. Setelah berputar beberapa kali, ia mendarat di tempat yang lapang dan datar. Rumput, edelweis, dan deretan rododendron, semua meliuk-liuk mengikuti pusaran baling-baling heli. Semua seakan ingin roboh dan tiarap rata dengan tanah. Tetapi setelah baling-baling itu makin pelan dan berhenti, semua jadi biasa lagi.

Kemudian pintu heli dibuka dari dalam, lalu empat orang yang gagah-gagah dan gemuk-gemuk melompat turun. Mereka berbaju dan bercelana sangat rapi. Sepatu mereka mengkilap. Beda dengan penampilan pecinta alam, yang bergeletakan di sekitar tenda itu. Salah satu di antara empat penumpang heli itu kelihatan sebagai boss. Dia sangat mengagumi keindahan alun-alun di pagi yang cerah ini.

"Ini sungguh hebat John! Luar biasa! Mengapa baru sekarang saya diberitahu kalau ada alun-alun yang namanya apa ini tadi?" tanya si *Boss* itu pada si John.

"Suryakencana Pak! Inilah tempat yang paling eksotis untuk pesta pengantin. Bukan sekadar pesta kebun, tapi pesta alam. Tidak akan pernah ada yang punya gagasan seorisinil Bapak. Orang mantu biasanya kan di Balai Kartini, Hillton, Manggala Wana Bhakti, paling banter Istana dan Kebun Raya Bogor. Atau ke Singapura, Hongkong dan Mekah. Tapi bapak lain. Bapak mendatangkan tamu-tamu pilihan itu ke Suryakencana!"

"Sudahlah John, aku sudah melihat dengan mata kepalaku sendiri. Inilah lokasi paling eksotis untuk resepsi pernikahan anakku! Ayo kita pulang dan segera membentuk panitia!"

….

Rapat panitia itu berlangsung di sebuah ruang perkantoran di Jalan Sudirman, Jakarta Pusat. Beberapa mahasiswa pecinta alam diikutkan. Ada seksi perijinan, perlengkapan, dekorasi, transportasi, dokumentasi, protokoler, menu, dan seksi-seksi lainnya. Rencananya di alun-alun itu akan didirikan tenda raksasa seperti tenda sirkus keliling. Hanya tempat duduknya tidak dibuat *bertrap-trap*, melainkan datar saja, dengan meja-meja untuk menaruh hidangan.

Semua peralatan akan diangkut dengan belasan heli carteran. Belasan toilet mobil juga akan dipasang. Rapat panitia sore ini mendapat kehormatan dihadiri Menteri Kehutanan, Menteri Lingkungan Hidup dan beberapa dirjen. Semua manggut-manggut dan sepakat, bahwa perhelatan *Boss* Besar ini harus didukung secara politis dan ekonomis. Wartawan yang mengendus berita kontroversial ini segera mem-*blowup*-nya di media masing-masing.

"Ini sudah sangat keterlaluan. Tidak bisa dibiarkan. Kita harus gerak!" teriak seorang aktivis lingkungan di depan para mahasiswa pecinta alam di Kancut UI.

"Gila memang, beberapa *temen* kita, ternyata ada yang membelot ikut jadi panitia," kata seorang seniman di Warung Alex di TIM.

"Mereka harus kita sikat. Minggu depan kita harus menggelar demo. Menteri-menteri *bego* itu harus kita beri pelajaran.Kita mesti menggelar *happening art*."

"Tetapi yang mau mantu itu kan *bokap*-nya si Bayu. Bayu kan baik sekali sama kita!"

"Emangnya yang *pengantenan* kakaknya Bayu ya? Ah nggak enak *dong* mendemo *bokap*-nya Bayu. Dia kan *ngegèng* sama *kité-kité*."

"Ya kita tanya *ajé diényé*. Apa masih mau *ngegèng amé kité*, atau mau *ngebelain bokap*-nya. Pokoknya minggu depan kita demo. *Gué* udah ada sumber dana yang gampang diaturnya."

Demo menentang resepsi pernikahan di Alun-alun Suryakencana itu berlangsung seru. Koran dan *tivi* gencar mengekspos. Tokoh demonstran tampil dalam wawancara eksklusif. Pengantin laki-laki dan perempuan juga diuber infotaiment. Tetapi keduanya menghilang. Konon mereka berdua dipingit. Wartawan kecewa tetapi mereka tidak kehilangan akal. Menteri Kehutanan dicecar dengan pertanyaan gencar.

"Jadi Pak Menteri memang mengijinkan Taman Nasio -nal kita diacak-acak untuk hura-hura?" tanya wartawan.

"Yang mau hura-hura siapa? Itu lokasi saya ijinkan untuk resepsi pernikahan. Bukan untuk hura-hura seperti kalian kira," jawab menteri keras.

"Saya dengar Pak Menteri telah terima amplop, hingga ijin keluar dengan lancar?"

"Ya memang saya sudah terima amplop. Isinya permohonan ijin dan proposal acara yang kalian ributken ini."

"Berapa *èm* Pak yang Bapak terima?"

"Banyak sekali. Namanya juga surat. Ada a, ada b, ada c. Tentu juga ada *èm*nya.Tapi saya ya hanya membaca. Tidak perlu menghitung huruf *èm*nya."

"Maksud saya, Bapak telah terima uang berapa *èm* dari pengusaha yang akan mantu itu?"

"Lo, pasti beberapa èm. Dia memang harus menyewa, dan saya mematok harga tinggi. Kalian cèk saja ke Sekjen."

"Untuk Bapak sendiri?"

"Saya juga pernah mau dikasih, tetapi saya tolak. Cukup begitu?"

"Anu Pak, katanya…….!"

"Sudahlah, nanti diselesaikan saja dengan Pak Dirjen!"

…

Pro dan kontra resepsi pernikahan di Alun-alun Suryakencana makin hari makin ramai. September seharusnya sudah mulai hujan. Tetapi langit masih tetap tak berawan. Di mana-mana kering kerontang. Kebakaran hutan terjadi di mana-mana, dan asapnya terbang sampai ke negeri jiran. Menteri Kehutanan diprotes, didemo, dikejar-kejar wartawan. Isu kebakaran hutan juga digunakan untuk memojokkan Menteri ini. "Kalau nanti sampai terjadi kebakaran di Taman Nasional bagaimana Pak?"

"Kalau sampai terjadi kebakaran, ya dipadamkan. Kebakaran di lokasi sulit seperti di Sumatera dan Kalimantan pun saya urus. Apalagi kebakaran di situ. Apa kalian ingin kalau ada kebakaran saya *diem* saja?"

"Bukan begitu Pak. Ini kan musim kemarau. Kalau nanti ada yang membuang puntung, lalu hutannya terbakar, kita kan makin jadi sorotan internasional. Modal asing akan sulit masuk *lo* Pak!"

"Semua sudah disiapkan. Semua sudah diurus sampai ke detilnya. Saya sudah konsultasi ke Bapak Presiden dan beliau mengatakan bahwa saya harus jalan terus!"

"Jadi Presiden juga mengijinkan Taman Nasional itu untuk mantu?"

"Beliau malah ingin hadir dalam resepsi itu. Beliau mengatakan bahwa gagasan memanfaatkan Taman Nasional untuk resepsi pernikahan, merupakan sebuah terobosan yang brilian. Diharapkan para wisatawan asing maupun lokal akan makin mengenal Taman Nasional kita, lalu mengunjunginya. Itu berarti devisa akan masuk."

188

Meskipun ditentang pecinta alam dan aktivis lingkungan, meskipun demo-demo jalan terus, rencana resepsi tetap jalan terus. "Kalau presiden sudah merestui, mau apa lagi?" Itulah celetukan yang terdengar di kalangan elite politik. Beberapa LSM lingkungan lalu sepakat menggugat Boss Besar itu secara perdata.

Mereka juga mengajukan Menteri Kehutanan ke Pengadilan Tata Usaha Negara. Beberapa anggota Dewan di Senayan memanfaatkan isu ini untuk menggalang kekuatan. Mereka berencana menggunakan hak angket.

Wartawan cetak dan terutama wartawan tivi, senang dengan isu seperti ini. Mereka patungan menyewa heli untuk meliput langsung ke alun-alun yang dihebohkan. Sebab hampir semua stasiun tivi tidak punya stock shot Suryakencana. Bahkan stock shot bunga edelweis pun tidak ada. Tetapi niat mereka ditentang Menteri Kehutanan. "Kalau mereka mau naik, saya sediakan heli gratis. Tetapi bukan selonang-selonong begitu. Coba telepon pemred tivi dan koran-koran itu!"

Hari itu langit Jakarta tetap panas, berdebu dan berasap. Matahari kelihatan redup. Padahal tak ada awan. Tetapi ketika heli itu membubung makin tinggi, terkuaklah selubung yang meredupkan langit Jakarta. Nun di atas sana, langit ternyata tetap biru dan bersih. Matahari juga berkilau dan tajam. Para pemimpin redaksi beberapa media di Jakarta diangkut dengan heli dari Halim, langsung ke Suryakencana. Fotografer, kameraman, semua lengkap. Mereka dipandu langsung Menteri Kehutanan. Hanya dalam waktu beberapa menit, rombongan itu sudah sampai di Suryakencana.

"Bagaimana? Apakah Bapak-bapak dan Ibu-ibu masih ragu-ragu?" tanya menteri itu dengan senyum kemenangan. Para pemred masih mencoba mencari-cari titik lemah.

"Bukankah suasananya nanti akan berisik Pak? Padahal salah satu ketentuan di Taman Nasional adalah tidak boleh ada suara gaduh. Sebab akan mengganggu satwa yang ada di sini?"

"Justru pemrakarsa ide ini, beliau yang akan punya gawe, telah memutuskan bahwa tidak akan ada musik. Jadi nantinya para undangan akan bisa seratus persen menikmati bunyi angin, suara elang, dengung lebah dan lain-lain. Prakarsa itu justru datang dari beliau."

"Tetapi kalau ada sekian banyak manusia, kan berisik Pak. Belum lagi bunyi genset yang pasti akan memekakkan telinga."

"Nanti dulu, kalau soal ada orang banyak, tiap harinya Taman Nasional ini juga dikunjungi ratusan orang. Kalau soal genset, beliau akan mendatangkan genset fuel cell berbahan bakar hidrogen cair. Suaranya tidak ada, yang keluar dari knalpotnya hanya uap air. Jadi mau apa lagi? Sudahlah, sekarang mari kita nikmati saja suasana siang yang nyaman ini. Apakah Anda-anda ini ada yang sudah pernah kemari?"

"Ya hampir semuanya belum pernah Pak. Kecuali itu Pemred National Geographic."

"Nah, makanya sekarang kita santai saja. Sekarang waktu akan saya serahkan ke Kepala Taman Nasional, silahken Bapak-bapak dan Ibu-ibu Pemred ini dipandu."

…

Seminggu sebelum hajatan besar berlangsung, kesibukan sudah mulai tampak. Heli besar kecil hilir mudik. Kepala taman nasional telah menutup Gunung Gede Pangrango bagi pendakian umum. Paspampres mulai menyisir tempat-tempat yang mencurigakan. Semua pintu masuk pendakian dijaga ketat. Jalur-jalur yang biasa digunakan pencari kayu bakar, pencari paku-pakuan, semuanya dijaga tentara, polisi, mahasiswa pecinta alam dan warga setempat.

Sebuah stasiun tivi telah memenangkan tender hak siaran langsung, dengan sponsor perusahaan rokok. Pers yang akan meliput acara ini diseleksi dengan cermat. Media yang selama ini minir terhadap pemerintah, tidak diberi ijin meliput. Jumlah wartawan, fotografer, kameraman dan presenter tivi juga dibatasi. "Ini demi kenyamanan kita bersama, dan juga demi kelestarian Taman Nasional kita," jawab Menteri Kehutanan, ketika ada wartawan yang iseng mempertanyakan pembatasan ini.

Tenda, toilet portable, meja-meja, kursi, semuanya diangkut dengan heli. Sebuah tower reservoir darurat dipasang. Tangki-tangki yang akan menampung limbah toilet didatangkan. Stasiun tivi yang memenangkan tender tayangan langsung telah memasang antena darurat di Puncak Gede. Pas hari H, semua penonton tivi di tanah air akan bisa menyaksikan event langka ini secara langsung. Seorang ustad kondang dan artis kenamaan akan hadir sebagai saksi akad nikah.

Hari H itu pun tiba. Cuaca sangat cerah. Tak ada secuil awan pun tampak di langit. Heli demi heli berdengung dari Jakarta menuju Suryakencana. Semua membawa tamu VVIP. Suasana Alun-alun itu sendiri sudah berubah dari hari-hari biasa. Meskipun santigi, rododendron, edelweis dan rumput liar, semua masih tegak menjadi hiasan alami di antara tenda-tenda. Dan nun

di tengah tenda-tenda kecil warna-warni itu, berdirilah

sebuah tenda raksasa yang megah. Di tenda besar

itulah para tamu agung akan duduk menyaksikan

hajatan.

Presiden dan wapres diharapkan hadir tepat pukul 11.00 WIB. Mereka berdua hanya akan datang, mem-

beri selamat kepada mempelai, foto bersama lalu pulang, sebab kesibukan beliau berdua hari ini memang luarbiasa. Pukul 09.00 pagi, tamu-tamu sudah mulai datang. Mereka tidak langsung masuk tenda, melainkan berkeliling menikmati pemandangan yang belum pernah mereka saksikan sebelumnya. Pukul 09.30 tamu yang datang makin banyak, sebab pukul 10.00 akad nikah akan dimulai.

Pukul 09.45, mendadak kabut datang. Cuaca yang semula cerah tiba-tiba berubah gelap. Angin juga bertiup sangat kencang. Kabut makin tebal. Angin makin menggila. Hujan turun dengan lebat. Para tamu berlari -an. Tenda-tenda kecil roboh dan terbang dibawa angin. Cuaca makin tak karuan. Tenda besar terguncang-guncang keras. Tiba-tiba sebuah tenda kecil terbang menghantam tenda besar itu. Tenda besar itu pun roboh. Sebagian terpalnya melambai-lambai dimainkan angin. Kain tenda itu terus berkibaran, bagai layar kapal yang tiangnya patah diterjang badai.

Lakukan kegiatan berikut ini berdasarkan cerpen di atas.

a Temukan arti kosakata atau frasa berikut ini berdasarkan konteks cerita.

alun-alun	toilet mobil	membelot	pemred
edelweis	dirjen	*infotainment*	prakarsa
rododendron	perhelatan	devisa	genset
eksotis	kontroversial	hak angket	paspampres
heli carteran	aktivis lingkungan	stock shot	tender

b Analisalah unsur-unsur intrinsik berikut ini berdasarkan cerpen "Alun-Alun Suryakencana" karya F. Rahardi.
- Alur cerpen
- Narator atau pencerita
- Tokoh utama dan tokoh bawahan
- Latar tempat, waktu dan suasana
- Tema cerpen
- Tiga amanat yang Anda dapatkan dari membaca cerpen ini.

c Berikan interpretasi Anda atas beberapa kutipan cerpen di bawah ini.
- "Tidak akan pernah ada yang punya gagasan seorisinil Bapak."
- Wartawan yang mengendus berita kontroversial ini segera mem-*blowup*-nya di media masing-masing.
- "Gila memang, beberapa teman kita ternyata ada yang membelot jadi panitia, " kata seorang seniman di Warung Alex di TIM.
- "Saya dengar Pak Menteri telah terima amplop, hingga ijin keluar dengan lancar?"
- "Berapa *em* yang Bapak terima?"
- "Jadi presiden juga mengijinkan Taman Nasional ini untuk mantu?"
- Paspampres mulai menyisir tempat-tempat yang mencurigakan.
- Media yang selama ini *minir* terhadap pemerintah, tidak diberi ijin meliput.
- Kain tenda it uterus berkibaran, bagai layar kapal yang tiangnya patah diterjang badai.

TIP BELAJAR - UNSUR INTRINSIK SASTRA

- Tema adalah gagasan, ide, pikiran utama yang mendasari cerita.
- Tokoh adalah individu rekaan yang mengalami peristiwa dalam berbagai peristiwa cerita.

Penokohan adalah penciptaan watak tokoh atau penyajian bagaimana watak tokoh dalam cerita, misalnya sifat-sifat tokoh, hasrat, pikiran dan perasaan tokoh.

- Alur adalah peristiwa-peristiwa dalam cerita dan menjadi tulang punggung cerita. Peristiwa-peristiwa dengan susunan yang kronologis disebut dengan alur linear atau alur kronologis.
- Latar adalah segala keterangan atau petunjuk yang berkaitan dengan waktu, tempat, dan suasana terjadinya peristiwa dalam cerita.
- Pencerita adalah seseorang yang menceritakan peristiwa-peristiwa dalam cerpen. Pencerita yang menceritakan tentang dirinya dan tokoh-tokoh lain disebut sebagai pencerita akuan, sementara pencerita diaan adalah pencerita yang bukan merupakan tokoh dalam cerita, pencerita ini berada di luar cerita.

2.9 Anda diminta untuk melakukan kegiatan menulis berikut ini berdasarkan isi cerpen di atas.

a Bayangkan Anda adalah seorang wartawan dari sebuah koran di kota Anda. Anda diminta untuk mewawancarai salah satu panitia pesta pernikahan dan menyiapkan lima pertanyaan yang akan Anda ajukan seputar penyelengaraan pesta di Taman Nasional yang banyak didemo berbagai pihak. Berikan jawaban imajiner Anda atas pertanyaan yang Anda tulis. Serahkan naskah wawancara tersebut kepada guru untuk dinilai.

b Bayangkan kisah dalam cerpen tersebut akan menjadi sebuah berita di sebuah koran nasional. Anda diminta memberikan tiga pilihan judul untuk berita tersebut. Tuliskan tiga pilihan judul Anda, dan jelaskan secara singkat mengapa Anda memilih ketiga judul tersebut.

c Bayangkan Anda adalah seorang penduduk yang tinggal di daerah Taman Nasional tempat akan diselenggarakannya pesta pernikahan tersebut. Anda sangat mencintai Taman Nasional ini dan tidak setuju atas rencana pesta di Taman Nasional itu. Seorang awak media mewawancarai Anda dan meminta pendapat Anda atas peristiwa yang terjadi. Berikan pendapat Anda dalam sebuah paragraf sepanjang 100-130 kata.

2.10 Tulislah sebuah buku harian dengan menggunakan tiga entri yang berbeda berdasarkan cerita dalam cerpen di atas. Anda dapat menuliskan buku harian Anda dari salah satu pilihan sudut pandang berikut ini:

- Buku harian seorang pekerja di Taman Nasional yang tidak menyetujui rencana pesta pernikahan di Taman itu.
- Buku harian seorang panitia yang sangat ambisius agar pesta berjalan meriah dan dia akan mendapatkan untung yang besar.
- Buku harian dari salah seorang wartawan yang meliput berita tentang kegiatan pesta besar di Taman Nasional.
- Buku harian dari sudut pandang pilihan Anda sendiri.

TIP BELAJAR - MENULIS JUDUL

Untuk tulisan di media, jenis teks apa pun, maka judul paling sedikit harus memenuhi tiga kriteria:

- Menarik

  Sebuah tulisan, ketika diputuskan untuk dipublikasikan pasti tujuannya ialah agar ia dibaca khalayak. Dengan judul yang menarik (*eye-catching*), maka harapan untuk dilirik pembaca akan lebih besar.

- Singkat

  Sebuah judul yang singkat jelas akan lebih mudah diingat. Apalagi jika pilihan katanya tepat, judul yang demikian lebih bervitalitas dan mengundang rasa penasaran pembaca.

- Informatif dan mencerminkan isi

  Informatif artinya judul mengarahkan pembaca pada topik yang dibahas. Mencerminkan isi, maksudnya judul harus sesuai dengan isi yang dibicarakan.

2.11 Anda dan partner Anda diminta untuk membuat *flyer* tentang pentingnya menjaga lingkungan di Taman Nasional, museum, taman kota, atau tempat-tempat bersejarah di kota Anda. Pilih satu tempat yang Anda sepakati lalu buatlah *flyer* tentang tempat tersebut. Informasi ini harus ada pada flyer Anda:

- Peraturan yang harus ditaati pengunjung
- Himbauan untuk menaati peraturan
- Kalimat-kalimat yang membangun rasa kepedulian untuk menjaga lingkungan di tempat tersebut.

2.12 Bacalah artikel "Gaya Hidup Ramah Lingkungan" berikut ini.

Gaya Hidup Ramah Lingkungan

Problem lingkungan semakin hari semakin bertambah besar. Wilayah yang beberapa tahun lalu mungkin tidak termasuk daerah terdampak banjir, kini sebaliknya. Kecenderungan kerusakan lingkungan hidup, baik di pedesaan maupun perkotaan semakin masif. Pembalakan liar *(illegal logging)* berlangsung seolah tanpa kendali. Hutan-hutan di berbagai tempat hancur. Akibatnya, bencana alam terjadi di mana-mana. Banyak wilayah semakin kesulitan memperoleh air bersih. Kalau toh ada, air dan tanah sudah tercemar. Kualitas udara juga semakin buruk. Persoalan raksasa ini jelas tidak bisa hanya ditangani oleh sekelompok orang. Kita semua, termasuk remaja di dalamnya, harus berperan aktif. Ada banyak hal sederhana yang bisa dilakukan remaja untuk mencegah dan memperbaiki kerusakan lingkungan hidup. Salah satunya ialah dengan menerapkan gaya hidup ramah lingkungan. Berikut contoh sederhana gaya hidup ramah lingkungan yang bisa dipraktikkan remaja.

1.Mulai giatkan jalan atau bersepeda

Jika jarak tidak terlalu jauh, biasakan menempuhnya dengan berjalan atau naik sepeda. Aktivitas ini selain menyehatkan juga mengurangi polusi udara yang dihasilkan oleh kendaraan bermotor. Untuk mewujudkan gaya hidup ini, kuncinya hanya satu, buang rasa malas. Saat rasa malas datang, pikirkan, betapa besarnya manfaat berjalan dan bersepeda bagi tubuh Anda. Hal-hal kecil yang Anda lakukan sekarang, bisa menjadi investasi yang sangat berharga dalam jangka panjang. Tidak hanya bermanfaat secara pribadi, aksi kecil Anda ini ternyata juga berkontribusi menyehatkan banyak orang.

2. Pakailah botol isi ulang

Minum dengan botol plastik kemasan memang tidak *ribet*. Ketika haus tinggal beli, habis tinggal buang. Beres. Namun, urusannya ternyata tidak sesederhana ini. Kita tentu tahu, botol kemasan air minum diproses di pabrik menggunakan bensin atau solar. Setelah air dikemas, botol-botol plastik ini dipasarkan menggunakan kendaraan yang memerlukan energi yang cukup besar. Karena itu, memilih botol isi dan bukan membeli air di botol kemasan berarti telah membantu program hemat energi sekaligus mengurangi pencemaran udara.

3. Mulai tanam pohon

Jika Anda memiliki halaman atau kebun yang bisa ditanami, pakailah lahan yang ada dengan menanam pohon. Menanam pohon banyak manfaatnya. Selain untuk keindahan, menghadirkan kesejukan di saat udara panas dan fungsi penghijauan, pohon yang kita tanam bisa mengurangi emisi gas rumah kaca. Pohon yang kita tanam bisa menyerap gas karbon. Gerakan menanam satu orang satu pohon ini perlu terus digaungkan. Bayangkan, berapa pohon yang akan tertanam dan berapa jumlah emisi gas rumah kaca yang bisa terkurangi, jika setiap remaja ikut berpartisipasi menanam satu pohon saja.

4. Copot kabel peralatan listrik yang tidak digunakan

Tidak mencabut kabel *charger sehabis mencharge handphone*, komputer, *laptop, pc-tablet*, kamera, *iPod* dan *gadget* lain, merupakan tindakan pemborosan. Kabel *charger* yang masih terhubung dengan aliran listrik tetap akan menyedot energi jika tidak dicabut.

5. Bawa tas sendiri

Jika Anda belanja, biasakan membawa tas sendiri dari rumah untuk membawa barang belanjaan. Membawa tas sendiri berarti mengurangi pemakaian plastik, tidak menambah sampah dan tidak membuang energi untuk proses daur ulang plastik. Tas kain atau keranjang jauh lebih baik karena bisa dipakai berulang-ulang.

6. Hemat kertas

Gunakan kertas secara hemat dengan memanfaatkan kedua sisi kertas. Dokumen-dokumen yang tidak terlalu penting, khususnya yang dipakai di lingkungan internal, sebaiknya dicetak menggunakan kertas bekas. Demikian juga dengan amplop yang masih bisa dipakai, sebaiknya tidak langsung dibuang tapi dipakai ulang *(reuse)*. Walaupun di sekolah atau rumah disediakan tisu, gunakan tisu secukupnya. Kurangi *(reduce)* bahan-bahan yang bisa merusak lingkungan. Berikutnya, jangan buang barang-barang yang bisa didaur ulang *(recycle)*. Dengan mendaur ulang, berarti mengurangi sampah, mengurangi pencemaran lingkungan, menghemat anggaran, dan bahkan kalau kita kreatif bisa menambah pendapatan.

2.13 Kata-kata atau frasa berikut semua berkait dengan masalah lingkungan. Jelaskan arti masing-masingnya dengan melihat kamus atau mencarinya di internet.

a daerah terdampak banjir
b pembalakan liar (*illegal logging*)
c polusi udara
d hemat energi
e penghijauan
f emisi gas rumah kaca
g memakai ulang (*reuse*)
h mengurangi penggunaan (*reduce*)
i mendaur ulang (*recycle*)
j sampah organik
k sampah nonorganik
l sampah B3
m kompos
n pemanasan global (*global warming*)
o konservasi

2.14 Rangkumlah keenam contoh gaya hidup ramah lingkungan yang ditulis di atas masing-masing ke dalam sebuah frasa pendek atau kalimat sederhana. Diskusikan rangkuman Anda dengan partner Anda.

2.15 Bentuk-bentuk masalah lingkungan ada yang disebabkan karena proses alam, ada juga yang terjadi karena ulah manusia. Diskusikan dengan partner Anda tentang masalah lingkungan yang terjadi karena ulah manusia. Daftarlah minimal lima masalah lingkungan yang ada, apa dampaknya, dan berikan solusinya. Perhatikan contoh.

No	PROBLEM	DAMPAK	SOLUSI
1	Sampah	Sampah bisa menimbulkan bau yang tidak sedap, mengganggu kenyamanan lingkungan dan menyebabkan penyakit. Selain itu, sampah yang dibuang sembarang bisa menyebabkan banjir.	Kita tidak boleh membuang sampah sembarangan. Membuang sampah sembarangan bisa menyumbat saluran air dan ini sangat berbahaya karena bisa menyebabkan banjir. Selain itu, sebelum dibuang, sampah perlu dipilah, misal: (1) mana sampah plastik/kertas atau sampah yang bisa didaur ulang atau diubah menjadi barang bernilai ekonomis, (2) mana sampah organik yang bisa dijadikan kompos, dan (3) mana sampah yang sudah tidak bisa diolah lagi. Dengan memilah sampah terlebih dahulu, berarti kita telah membantu mengurangi sampah yang diangkut ke Tempat Pembuangan Akhir (TPA).
2			
3			
4			
5			
6			

2.16 Remaja atau pemuda jangan pernah diremehkan. Presiden pertama RI Soekarno pernah mengatakan: **Seribu orang tua hanya dapat bermimpi, satu orang pemuda bisa mengubah dunia.**

Kata-kata yang pernah diucapkan Bung Karno ini ternyata terbukti benar jika melihat apa yang dilakukan seorang remaja aktivis lingkungan bernama Adeline Tiffani Suwana. Guru akan memberikan waktu yang disepakati bersama untuk menemukan artikel berjudul "Adeline Suwana Meraih Diana Award 2013" dari http://www.kehati.or.id/id/site_content/27-artikel/118-adeline-suwana-meraih-diana-award-2013.html. Setelah itu, bacalah artikel tersebut dengan teknik skimming. Berikutnya, ringkaslah artikel sepanjang 468 kata tersebut menjadi 130-180 kata. Fokuskan ringkasan Anda pada:

- Aksi dan pengalaman Adeline di bidang lingkungan.
- Bukti bahwa selepas memenangi penghargaan dari Yayasan KEHATI, kontribusi Adeline kepada lingkungan semakin meningkat.

- Alasan Direktur Eksekutif Yayasan KEHATI, MS Sembiring sangat bangga dengan prestasi Adeline.

> **! TIP BELAJAR - PROFIL**
>
> Profil adalah kisah mendalam tentang pribadi seseorang dan puncak-puncak prestasi serta pencapaiannya yang inspiratif yang ditulis dalam bentuk prosa. Langkah-langkah menulis profil:
>
> - Tuangkan data/informasi secara cermat
> - Sajikan tulisan secara variatif
> - Pilih diksi yang tepat
> - Pakai bentuk orang ketiga
> - Pilih judul yang menarik

2.17 Carilah foto atau gambar pohon-pohon langka. Beberapa pohon yang dikategorikan langka, misalnya: waru gunung, keben, pulai, nyamplung, menteng, bintaro, beringin sabre, saraca, meranti, flamboyan, dan pohon-pohon lain yang Anda kenal. Guru akan memberikan waktu yang disepakati bersama untuk menemukan foto atau gambar pohon-pohon langka ini. Pilih 4 pohon. Deskripsikan setiap pohon yang Anda pilih dalam 50-60 kata.

2.18 Anda dan partner Anda diminta untuk menulis dialog yang berisi tentang seorang murid yang berbicara dengan seorang pegawai di Kementerian Lingkungan Hidup dan Kehutanan. Dalam percakapan ini, murid berusaha memersuasi pegawai di Kementerian Lingkungan Hidup dan Kehutanan tersebut agar bersedia menyumbangkan bibit pohon langka yang akan ditanam di lingkungan sekolah Anda. Susun dialog Anda dalam urutan sebagai berikut:

- pembukaan
- inti masalah
- negosiasi
- persetujuan
- penutup.

2.19 Pemerintah telah membuat kebijakan bahwa sekolah harus menjadi tempat ramah lingkungan. Lakukan wawancara dengan kepala sekolah/guru seputar kebijakan ini dengan berpedoman pada pertanyaan-pertanyaan berikut. Tulis hasil wawancara Anda.

No	PERTANYAAN	JAWABAN
1	Apakah yang Anda pahami dengan kebijakan pemerintah bahwa sekolah harus menjadi tempat yang ramah lingkungan?	
2	Untuk mewujudkan sekolah yang ramah lingkungan, apa yang sudah dan akan dilakukan oleh pihak sekolah?	
3	Apakah cukup dukungan untuk mewujudkan kebijakan ini?	
4	Apakah ada hambatan atau kesulitan dalam mengimplemetasikan kebijakan ini?	
5	Bagaimana sekolah mengatasi hambatan yang ada?	
6	Apakah sekolah membangun kerja sama dengan instansi lain?	
7	Jika ada, bentuknya seperti apa?	
8	Apakah manfaat program ini untuk para murid?	

2.20 Buatlah poster "*go green*" yang akan disebarkan di sekolah. "*Go green*" merupakan istilah dalam bahasa Inggris yang mengacu pada gerakan atau cara-cara untuk mencintai dan menjaga lingkungan sekitar, misal: menyediakan peralatan daur ulang, menggalakkan aksi jalan dan bersepeda, menanam pohon, dan lain-lain. Adapun keterangan selengkapnya mengenai tugas membuat poster ini adalah sebagai berikut:

- Tema: Go Green
- Format: Kertas A3 tanpa garis tepi
- Unsur yang dinilai:
  - Kualitas ide/gagasan
  - Kesesuaian karya dengan tema
  - Keberhasilan membangun komunikasi, informasi, edukasi, dan persuasi (ingat, poster yang baik harus komunikatif, informatif, edukatif, dan persuasif)
  - Keunikan karya
  - Komposisi gambar/warna

2.21 Kembangkan setiap kalimat topik berikut menjadi sebuah paragraf deduksi (paragraf dengan kalimat topik di bagian awal). Topang setiap kalimat topik dengan empat atau lima kalimat penjelas. Perhatikan contoh. Kalimat topik:

Menanam pohon banyak manfaatnya. Pohon terutama akarnya bisa menjadi tandon air alami. Pohon juga berfungsi menyerap karbon dioksida dan menghasilkan oksigen. Dengan demikian pohon bisa mengurangi polusi dan pencemaran udara. Selain itu, pohon juga bisa untuk keindahan dan bernilai ekonomis.

Kalimat topik:

1 Sampah yang dikelola dengan baik bisa mendatangkan nilai ekonomis yang tinggi.
2 Pembalakan liar (*illegal logging*) membawa dampak negatif yang besar bagi lingkungan.

2.21 Tulislah sebuah artikel argumentatif dengan tema "Bumiku hijau, bumiku nyaman". Tulisan sepanjang 350-500 kata. Sebelum menulis, ingat 3 struktur sebuah artikel argumentasi:

- Bagian introduksi
  Kehadiran paragraf-paragraf di bagian introduksi bertujuan untuk membangun kesamaan pandangan terhadap masalah yang diangkat. Karena itu, di bagian ini masukkan latar belakang mengapa urusan menjaga bumi tetap hijau atau membuatnya lebih hijau menjadi urusan penting. Jelaskan juga kaitan menjaga bumi tetap hijau dan bumi yang nyaman ditinggali.

- Bagian isi
  Buka paragraf-paragraf di bagian isi dengan kalimat topik yang jelas. Setiap kalimat topik ini berisi ide-ide bagaimana menjaga atau membuat bumi semakin hijau. Setiap kalimat topik ini perlu ditopang 4-5 kalimat penjelas.

- Bagian kesimpulan
  Paragraf di bagian ini berisi kesimpulan singkat argumen yang sudah diuraikan. Tulis paragraf dengan positif, menarik dan kuat.

Berbicara dan Merespons (Pariwisata)

Tujuan pembelajaran

Kegiatan berbicara dan merespons pada unit ini difokuskan untuk:

- melakukan kegiatan sumbang saran atas topik tertentu
- berdiskusi, memberikan opini dan melakukan presentasi
- melatih siswa berdebat
- melatih siswa melakukan wawancara
- berbicara secara langsung tanpa persiapan (*impromptu*)

3.1 Secara berkelompok, lakukan sumbang saran (*brainstorming*) atas topik "**Ekowisata atau ecotourism**". Catat hasil sumbang saran Anda.

3.2 Masing-masing kelompok secara bergiliran diberi kesempatan membacakan hasil sumbang sarannya. Ide yang sama yang sudah disebutkan kelompok lain harap ditandai sehingga tidak perlu dibaca ulang. Anda boleh bertanya arti kata atau frasa tertentu yang belum Anda pahami yang disebutkan oleh kelompok lain.

3.3 Bacalah puisi "Sajak Pulau Bali" karya W.S. Rendra dengan suara lantang.

Sajak Pulau Bali

Sebab percaya akan keampuhan industri
dan yakin bisa memupuk modal nasional
dari kesenian dan keindahan alam,
maka Bali menjadi obyek pariwisata.
Betapapun:
tanpa basa-basi keyakinan seperti itu,
Bali harus dibuka untuk pariwisata.
Sebab:

pesawat-pesawat terbang jet sudah dibikin,
dan maskapai penerbangan harus berjalan.
Harus ada orang-orang untuk diangkut.
Harus diciptakan tempat tujuan untuk dijual.

Dan waktu senggang manusia,
serta masa berlibur untuk keluarga,
harus bisa direbut oleh maskapai
untuk diindustrikan.

Dan Bali,
dengan segenap kesenian,
kebudayaan, dan alamnya,
harus bisa diringkaskan,
untuk dibungkus dalam kertas kado,
dan disuguhkan pada pelancong.

di sisi mana pun yang tak terduga,
lebih mendadak dari mimpi,
merupakan kejutan kebudayaan.

Inilah satu kekuasaan baru.

Begitu cepat hingga kita terkesiap.

Begitu lihai sehingga kita terkesima.

Dan sementara kita *bengong*,

pesawat terbang jet yang muncul dari mimpi,

membawa bentuk kekuatan modalnya :

lapangan terbang. "hotel – bistik – dan – coca cola",

jalan raya, dan para pelancong.

"Oh, *look*, honey – dear!

Lihat orang-orang pribumi itu!

Mereka memanjat pohon kelapa seperti kera.

Fantastic ! Kita harus memotretnya!

Awas! Jangan dijabat tangannya!

senyum saja and *say hello*.

You see, tangannya kotor

Siapa tahu ada telor cacing di situ.

My God, alangkah murninya mereka.

Ia tidak menutupi teteknya!

Look, John, ini benar-benar tetek.

Lihat yang ini! O, sempurna!

Mereka bebas dan spontan.

Aku ingin seperti mereka…..

Eh, maksudku…..

Okey! Okey!….Ini hanya pengandaian saja.

Aku tahu kamu melarang aku tanpa beha.

Look, now, John, jangan cemberut!

Berdirilah di sampingnya,

aku potret di sini.

Ah! *Fabolous!*"

Dan Bank Dunia

selalu tertarik membantu negara miskin

untuk membuat proyek raksasa.

Artinya : yang 90 % dari bahannya harus diimpor.

Dan kemajuan kita

adalah kemajuan budak

atau kemajuan penyalur dan pemakai.

Maka di Bali

hotel-hotel pribumi bangkrut

digencet oleh *packaged tour*.

Kebudayaan rakyat ternoda

digencet standar dagang internasional.

Tari-tarian bukan lagi satu mantra,

tetapi hanya sekedar tontonan hiburan.

Pahatan dan ukiran bukan lagi ungkapan jiwa,

tetapi hanya sekedar kerajinan tangan.

Hidup dikuasai kehendak manusia,

tanpa menyimak jalannya alam.

Kekuasaan kemauan manusia,

yang dilembagakan dengan kuat,

tidak mengacuhkan naluri ginjal,

hati, empedu, sungai, dan hutan.

Di Bali : pantai, gunung, tempat tidur dan pura,

telah dicemarkan. **(W.S. Rendra)**

Pejambon, 23 Juni 1977.

3.4 Dengan memperhatikan puisi di atas, diskusikan pertanyaan-pertanyaan berikut dengan partner Anda. Setelah itu, bandingkan jawaban Anda dengan yang lain.

a Apa yang menyebabkan Bali dijadikan objek wisata?

b Apa yang terjadi dengan kesenian, kebudayaan, dan alam Bali setelah Bali dijadikan industri?

c Kata "hotel", "bistik", dan "coca cola" dalam puisi di atas menurut Anda menyimbolkan apa?

d Bagaimana turis luar negeri melihat orang pribumi dalam puisi di atas?

e Apa pendapat penyair tentang Bank Dunia? Positif atau negatifkah? Jelaskan.

f Menurut penyair, bagaimana pariwisata seharusnya dikembangkan?

3.5 Dalam puisinya, penyair dengan sangat jelas menunjukkan sikapnya terhadap kebudayaan/ kesenian Bali yang kehilangan roh karena dikomersialkan lewat pariwisata. Bersama partner Anda, berikan tanggapan mengapa Anda setuju/ tidak setuju atas pernyataan penyair yang sebagian ditampilkan dalam bentuk parafrasa berikut ini. Setelah itu sampaikan pendapat Anda di kelas. Bersiaplah menjawab pertanyaan-pertanyaan yang diajukan teman Anda.

No	PERYATAAN PENYAIR	PENDAPAT ANDA
1	Kemajuan (yang) kita (peroleh lewat pari-wisata) adalah (hanya) kemajuan budak atau kemajuan penyalur dan pemakai.	
2	Di Bali hotel-hotel pribumi bangkrut (karena) digencet oleh packaged tour.	
3	Tari-tarian bukan lagi satu mantra tetapi hanya sekedar tontonan hiburan. Pahatan dan ukiran bukan lagi ungkapan jiwa tetapi hanya sekedar kerajinan tangan.	
4	(Akibat komersialisasi pariwisata yang tidak terkendali) Di Bali: pantai, gunung, tempat tidur dan pura, telah dicemarkan.	

3.6 Bagilah kelas dalam kelompok-kelompok, tiga orang/kelompok untuk melakukan debat. Adapun keterangan selengkapnya mengenai kegiatan debat kali ini adalah sebagai berikut:

- Tema: **Pertunjukan kesenian tradisional untuk konsumsi turis harus dilarang karena merusak keasliannya.**
- Guru memanggil dua tim yang akan berhadapan
- Mengundi koin untuk menentukan mana kelompok pro dan kontra. Grup yang menang dalam undian otomatis berposisi sebagai tim pro.
- Kedua tim melakukan sumbang saran (*brainstorming*). Mereka mendiskusikan topik yang didapat dalam grup masing-masing kemudian menyusun argumen yang akan disampaikan.
- Masing-masing grup diberikan waktu untuk memaparkan argumennya dimulai dari grup pro.
- Setelah kedua grup selesai menyampaikan argumennya, masuk ke tahap sanggahan (refutation).
- Terakhir, masing-masing grup menyampaikan kesimpulannya.

3.7 Buatlah sebuah skrip yang membicarakan tentang pengembangan pariwisata di Indonesia. Tokoh dalam skrip adalah Anda (A) dan partner Anda (B). Dalam skrip ini Anda hanya menggunakan fakta-fakta, sementara partner Anda hanya menggunakan opini-opini. Panjang skrip 200-300 kata. Setelah selesai, skrip dibaca di depan kelas. Anda dan partner bersiap menjawab pertanyaan yang diajukan teman-teman Anda. Lanjutkan contoh skrip yang sudah dibuat.

a Jumlah wisatawan asing yang berkunjung ke Indonesia jauh lebih rendah dibandingkan wisatawan asing yang berkunjung ke Malaysia. Tahun 2013, turis asing yang datang ke Indonesia sekitar 8,8 juta, sementara Malaysia mencatatkan kunjungan wisatawan lebih dari 25 juta jiwa.

b Menurut saya, jumlah wisatawan asing yang kalah jauh dari Malaysia ini karena kita masih mengelola pariwisata dengan gaya lama. Saya yakin, kalau biaya visa dihapus, pasti turis asing akan membanjir ke Indonesia.

3.8 Bacalah teks berita "Mempromosikan Budaya Indonesia sambil Menuntut Ilmu di Belgia" yang ditulis oleh Made Agus Wardana berikut ini.

Mempromosikan Budaya Indonesia sambil Menuntut Ilmu di Belgia

KOMPAS.com - Melanjutkan pendidikan di luar negeri bukan sekadar mempelajari bidang studi di kampus saja, akan tetapi perlu juga mempelajari kehidupan budaya setempat dan berinteraksi sosial dengan lingkungan sekitarnya. Perbedaan budaya, pola pikir serta tingkah laku keseharian di negara mana kita melanjutkan pendidikan memiliki ciri khas masing-masing.

Ciri khas ini menjadi objek perbandingan dan daya tarik untuk dipelajari. Dengan demikian mempelajari ciri khas tersebut akan memudahkan kita memperluas wawasan dalam menimba pengalaman baru di negara tempat kita belajar.

Sebuah acara menarik yang dikemas dalam *event* multikultur berjudul "Open House OBSG" diselenggarakan oleh OBSG (*Ontmoeting Buitenlandse Studenten Ghent*) pada tanggal 9 Mei 2015 di kota Ghent, Belgia.

OBSG adalah sebuah asosiasi *non-government* yang menyediakan tempat tinggal "*home-away-from-home*" dan tempat bertemu/berinteraksi antar mahasiswa dari berbagai negara terutama negara-negara

berkembang baik yang menempuh studi doktor, master ataupun peneliti yang sedang menempuh studi di Universitas Ghent.

Kegiatan "*Open House* OBSG" multikultur ini dimeriahkan berbagai penampilan seni tradisional, musik modern, musik etnis, *band* dan hidangan kuliner khas beberapa negara di antaranya Vietnam, India, Indonesia, Filipina, Etiopia dan beberapa negara Afrika lainnya.

Dalam kesempatan tersebut mahasiswa Indonesia diwakili oleh Perkumpulan Pelajar Indonesia yang sedang menempuh pendidikan di Belgia. Penampilan Indonesia tersebut adalah tari Sriwijaya oleh Dian Wulandari, grup *band* PPI dan penampilan gamelan dan tari Bali di bawah pimpinan Made Agus Wardana, seniman Bali yang tinggal di Belgia.

Hadir dalam kesempatan tersebut, seorang mahasiswa dari Bali. Dalam kesempatan tersebut mahasiswa Indonesia diwakili oleh Perkumpulan Pelajar Indonesia yang sedang menempuh pendidikan di Belgia. Pande Gde Sasmita, Dosen Fakultas Kelautan dan Perikanan Universitas Udayana Bali yang sedang menempuh studi S3 bidang aquakultur menggunakan beasiswa Dikti di Lab *Aquaculture* and *Artemia Reference Centre* (ARC), Ghent University.

Bli Pande, sapaan akrab Pande Gde Sasmita, setiap tahun berpartisipasi aktif dalam kegiatan ini beserta para pelajar Indonesia lainnya dengan menampilkan tari dan musik tradisional Indonesia. Kali ini sungguh berbeda, Pande bergeliat memainkan gamelan Bali mengiringi penari Legong Keraton.Gamelan Bali ini hanya dimainkan dalam jumlah kecil " gamelan mini" terdiri dari tiga orang penabuh.

Dengan kelincahannya, Pande memainkan teknik-teknik gamelan Bali seperti *kotekan, norot, ngoncag, nguncab, ngisep* dengan tempo cepat maupun lambat. Sementara itu bunyi kendang menghentak keras mempercepat dan memperlambat tempo secara tegas. Lalu secara beruntun bunyi kendang memberikan aksen kuat/*angsel* kepada gerak tingkah penari legong yang ditarikan oleh penari cantik Ni Wayan Yuadiani.

Pertunjukan ini menjadi pusat perhatian yang mendapat sambutan hangat para penonton. Lebih unik lagi, pada awal pertunjukan dijelaskan tentang pengertian gamelan Bali. Bagaimana cara memainkan, apa laras yang digunakan hingga pesan promosi Indonesia dengan humor segar untuk mengakrabkan suasana pertunjukan.

Di samping itu juga para penonton sangat terpesona dengan penjelasan tari legong di mana penonton diajak mempraktikkan ekspresi seledet mata dengan ucapan singkat "*det pong*" yang menjadi ciri khas tarian Bali tersebut.

Annemie Derbaix, OBSG *social service officer* (Kepala Bidang Pelayanan Sosial OBSG) yang mengundang khusus penampilan grup gamelan Bali ini mengatakan, "Saya sangat kagum dengan penampilan gamelan dan tari Bali ini, sangat menarik."

Lebih lanjut disampaikan, adanya unsur edukasi dalam penjelasan singkat tentang gamelan dan tari Bali memberi kesan berbeda dengan penampilan grup lainnya. Hal-hal berbau kreatif inilah yang sangat diharapkan sehingga acara yang dilakukan tidak monoton setiap tahunnya. Saking senangnya, Annemie menyempatkan diri berfoto bersama penari dan penabuh gamelan Bali ini.

Bagi Pande sebagai seorang penabuh dan seorang mahasiswa, berpartisipasi aktif dalam kegiatan ini membawa kesan yang sangat positif. Kita bertemu, berbicara, bertukar pengalaman, mengeksplorasi budaya, mencicipi hidangan negara lain dan mempertunjukan budaya kita. Itu semua memperluas cakrawala cara berpikir, cara pandang terhadap sebuah lingkungan agar menghargai perbedaan budaya orang lain.

Perbedaan budaya itu bukanlah sebuah hal yang perlu ditakuti, justru harus dipahami dan dimengerti. Dengan pemahaman itu akan tumbuh sikap toleransi dan empati terhadap kebudayaan itu sendiri. Hal positif yang lain yang dapat diambil dari kegiatan ini adalah sebagai seorang mahasiswa, Pande juga termotivasi dan mendapat suntikan semangat baru untuk mengiringi harapannya menyelesaikan studi S3 di Universitas Ghent dalam waktu yang tidak terlalu lama. Semoga!

3.9 Apakah menurut Anda yang dilakukan para mahasiswa Indonesia yang sedang menempuh pendidikan di Belgia merupakan langkah cerdas dalam mempromosikan budaya Indonesia? Mengapa? Jelaskan.

3.10 Bayangkan Anda adalah salah seorang calon penerima beasiswa pemerintah, semisal beasiswa Dikti seperti Pande Gde Sasmita. Anda diminta menjelaskan rencana yang akan Anda lakukan untuk mempromosikan kesenian Indonesia di luar negeri. Sampaikan penjelasan Anda dalam tujuh hingga delapan menit. Pokok-pokok yang perlu dimasukkan:

- Nama kesenian Indonesia yang akan Anda promosikan
- Mengapa Anda memilih kesenian tersebut untuk dipromosikan
- Syarat-syarat apa saja yang diperlukan untuk mempelajari kesenian yang Anda promosikan
- Jika pendengar tertarik, di mana mereka bisa belajar

3.11 Sekarang Anda sudah sekolah di luar negeri. Bersama teman-teman yang tergabung dalam Perkumpulan Pelajar Indonesia, Anda diminta mempresentasikan busana tradisional dari berbagai daerah di Indonesia. Lakukan riset di luar jam pelajaran, carilah informasi tentang jenis-jenis busana tradisional Indonesia. Diskusikan hasil riset Anda di kelompok dan pilih lima busana tradisional yang akan dipresentasikan. Fokuskan presentasi Anda pada:

- Nama busana daerah (untuk pria dan wanita)
- Asal (provinsi)
- Nama bagian-bagian busana dan maknanya Misal, pada pakaian Bundo Kanduang (Sumatera Barat), ada bagian busana yang disebut "tengkuluk tanduk". Bagian ini dianggap melambangkan kebijaksanaan Bundo Kanduang (Bunda Kandung) yang menyebar untuk masyarakat, selain melambangkan rumah adat Minangkabau.
- Kapan busana dipakai

3.12 Lakukan presentasi menggunakan power point. Setiap anggota kelompok mendapatkan bagian presentasi minimal satu jenis busana tradisional. Durasi presentasi setiap kelompok antara tujuh hingga delapan menit. Bersiaplah juga untuk menjawab pertanyaan yang diajukan kelompok lain.

3.13 Bawalah satu buah foto pribadi Anda saat berlibur. Berdasarkan foto yang Anda bawa, ceritakan liburan Anda dalam tiga hingga lima menit. Bersiaplah juga untuk menjawab pertanyaan yang diajukan teman lain. Fokuskan cerita Anda pada:

- Tempat
- Alasan pemilihan tempat/destinasi
- Dengan siapa berlibur?
- Kapan?
- Apakah kesan yang Anda dapatkan?
- Apakah tempat tersebut memenuhi atau bahkan melebihi harapan Anda?
- Apakah Anda merekomendasikan tempat tersebut untuk dikunjungi? Mengapa?

3.14 Setiap daerah/kota biasanya memiliki ikon wisata masing-masing. Pilihlah satu kota dan anggaplah Anda adalah duta wisata dari kota tersebut. Pilihlah maksimal tiga ikon wisata yang ada di kota Anda untuk dijelaskan kepada teman-teman sekelas. Waktu penjelasan lima hingga delapan menit. Fokuskan penjelasan Anda pada:

- Nama ikon
- Letak
- Bagaimana menuju ke sana
- Sejarah singkat
- Keunikan
- Mengapa ikon tersebut wajib dikunjungi

3.15 Siswa diminta untuk berbicara antara dua hingga tiga menit. Setelah siswa selesai menyampaikan paparan sesuai dengan topik yang dipilihnya, guru melanjutkan dengan diskusi. Berikut topik-topik yang bisa dipilih:

a Meningkatkan kesejahteraan masyarakat lewat pariwisata

b Mengenalkan budaya Indonesia lewat pariwisata

c Mencegah komersialisasi alam dan budaya Indonesia dalam pariwisata

d Mempromosikan destinasi-destinasi wisata yang belum banyak dikenal

3.16 Museum adalah gedung yang digunakan sebagai tempat untuk pameran tetap benda-benda peninggalan sejarah, benda-benda kuno, seni, dan ilmu. Museum ternyata tidak saja mampu menjadi sarana wisata yang menarik dan menghibur, tapi juga mencerdaskan. Guru memberi waktu yang disepakati untuk melakukan riset tentang wisata museum. Setelah riset, Anda diminta untuk presentasi. Fokuskan presentasi Anda pada:

- Nama objek wisata
- Sejarah singkat museum
- Apa yang dipamerkan
- Keunikan
- Manfaat/pelajaran yang didapat
- Saran (berkait dengan upaya memajukan objek wisata tersebut)

3.17 Anda dan partner Anda berperan sesuai dengan skenario berikut ini, Anda terpilih sebagai remaja berprestasi di bidang pariwisata. Anda mendapat kesempatan melakukan wawancara jarak jauh menggunakan video conference dengan menteri pariwisata. Partner Anda berperan sebagai menteri pariwisata dan Anda sebagai remaja berprestasi yang terpilih untuk melakukan wawancara. Anda diberi waktu maksimal lima menit untuk melakukan wawancara. Anda berdua diminta untuk menyiapkan lima pertanyaan dan juga jawabannya. Perankan wawancara yang sudah Anda siapkan di depan kelas sesuai waktu yang diberikan. Jangan lupa perkenalkan diri Anda sebelum masuk ke pertanyaan dan tutup dengan ucapan terima kasih di akhir wawancara. Contoh pertanyaan berikut boleh Anda pakai:

- Mengapa Anda menambahkan tagline "Pesona Indonesia" padahal kita sudah punya tagline "*Wonderful* Indonesia"?
- Apakah *tagline* yang dobel ini tidak membingungkan?

Sebagai pewawancara Anda harus mampu memaksimalkan waktu yang tersedia. Guru akan memberikan evaluasi di akhir sesi tanya-jawab.

3.18 Di bagian berikut ditampilkan fakta-fakta tentang pariwisata di Indonesia. Anda dan partner diminta memberikan opini secara tertulis fakta-fakta yang tersaji berikut ini. Perhatikan contoh.

No	FAKTA	OPINI
1	Kedatangan turis asing ke Bali selama 2014 melebihi target yang ditetap- kan, yakni 3,5 juta orang.	• Bali ternyata tetap menjadi pilihan utama wisatawan yang ingin berlibur di Indonesia. • Bisa jadi promosi tentang Bali yang dilakukan ke mancanegara berhasil. • Mungkin karena Thailand yang menjadi kompetitor regional pada sektor pariwisata sedang diguncang badai politik sehingga wisatawan mengalihkan pilihannya ke Bali.
2	Film terbukti menjadi media promosi pariwisata yang sangat efektif. Pariwisata Selandia Baru melonjak drastis, begitu film *Lord of the Rings* yang mengambil latar di negara itu diputar.	
3	Sebagai negara kepulauan, Indonesia memiliki garis pantai sekitar 81.000 kilometer.	
4	Dari jumlah kunjungan turis asing ke Bali selama 2014, dipastikan ma- syarakat Australia sebagai pengunjung terbanyak, yakni 893.873 orang atau 26,15 persen.	
5	Data dari *The World Tourism Organization* (UNWTO) menunjukkan, pengeluaran wisatawan China saat bepergian ke luar negeri, terus naik dengan rata-rata peningkatan per tahun 30%.	
6	Semakin banyak wisatawan Eropa yang tidak lagi hanya mengejar matahari dan pantai. Sebuah survei menyebutkan sekitar 3%-4% dari wisatawan dunia melakukan wisata medis.	
7	Wisatawan semakin mengandalkan teknologi modern untuk membeli produk perjalanan dan jasa. Mereka juga sangat bergantung pada reko- mendasi pribadi yang bisa diperoleh lewat media sosial seperti blog, youtube, twitter, facebook, dan lain-lain.	
8	Di Yogyakarta sudah ada lebih dari 1.100 hotel, dengan 60 di antaranya hotel berbintang dan sisanya adalah hotel kelas melati. Sementara, proses pembangunan hotel baru tetap berlangsung, padahal tingkat keterisian hotel semakin menurun, sekitar 40% saja.	

3.19 Opini yang sudah berhasil dirumuskan secara tertulis bersama partner, selanjutnya didiskusikan di kelas. Guru bertindak sebagai moderator.

3.20 Anda dan partner diminta untuk melakukan riset di luar jam pelajaran tentang ekowisata atau *ecotourism*. Ekowisata merupakan kegiatan wisata yang berwawasan lingkungan. Di sini lingkungan tidak dipandang sebagai objek eksploitasi, tapi sebaliknya subjek yang perlu dijaga kelestariannya. Di kalangan wisatawan peduli lingkungan atau eco-friendly traveler berlaku pepatah, "Jangan meninggalkan apa pun selain jejak kaki Anda dan jangan mengambil apa pun selain mengambil foto." Fokuskan riset pada:

- bagaimana cara melakukan konservasi alam (konservasi alam adalah suatu manajemen terhadap alam dan lingkungan secara bijaksana untuk melindungi flora dan fauna)
- bagaimana memberdayakan sosial budaya ekonomi masyarakat lokal
- bagaimana meningkatkan aspek pembelajaran dan pendidikan

3.21 Guru akan memanggil siswa untuk berbicara secara langsung tanpa persiapan (*impromptu*). Durasi berbicara per siswa kurang lebih 5 menit. Dalam waktu ini, guru harus bertanya minimal dua atau tiga topik. Topik-topik yang akan diajukan, antara lain:

- wisata alam
- wisata religi
- wisata belanja
- wisata kuliner
- wisata sosial/konservasi/edukasi
- wisata budaya/sejarah
- wisata penelitian

Model Soal Bab 5

Model 1:

Membaca dan Memahami Bacaan

Lembar bacaan

Teks A

Bacalah teks ini untuk menjawab soal nomor 1 – 10 di lembar pertanyaan.

Cerdas Membaca Media

Adagium mengatakan, "Siapa bisa menguasai media, ia akan menguasai dunia." Mungkin diinspirasi pepatah ini, begitu banyak orang berduit di dunia ini yang berlomba-lomba untuk memiliki media. Berbagai cara mereka lakukan. Ada yang membeli media (koran, majalah, radio, televisi , media *online*, dan lain-lain) yang sudah ada atau rela menggelontorkan uang yang tak sedikit untuk membuat media baru.

Mengapa banyak orang begitu bernafsu memiliki media? Jawabnya, karena mereka ingin menguasai sesuatu. Menguasai di sini tentu dalam pengertian yang luas. Bisa positif atau negatif. Seorang pemimpin otoriter begitu berhasrat menguasai media tertentu mungkin karena ia ingin mengontrolnya. Ia tidak mau ada suara yang berbeda. Setiap kritik atas diri atau pemerintahannya ditanggapi secara represif. Media yang mengkritik diberedel (dilarang terbit) karena dianggap mengganggu stabilitas keamanan negara.

Di negara-negara yang otoriter, kebebasan pers dianggap sebagai ancaman. Sebaliknya, di negara-negara demokratis, media atau pers dianggap sebagai pilar keempat setelah eksekutif, legislatif, dan yudikatif. Media memang tidak memiliki kekuasaan formal, tapi keberadaannya sangat diperhitungkan. Itulah sebabnya, dalam negara demokratis, media dijadikan salah satu tolok ukur kualitas demokrasi. Media juga sangat dihormati. Buktinya, di mana-mana para calon pemimpin, sebelum pemilihan, hampir selalu menyempatkan diri berkunjung ke kantor-kantor media ternama.

Mereka tahu, media atau pers adalah panggung strategis. Pers dengan segala fungsinya, baik sebagai alat komunikasi, pendidikan, hiburan, bisnis, perlu direbut. Mereka juga sadar, pers memiliki fungsi yang mulia: menegakkan nilai dasar demokrasi, mendorong terwujudnya supremasi hukum dan HAM, menghormati kebhinekaan, melakukan pengawasaan, kritik, koreksi, dan saran terhadap hal-hal yang berkaitan dengan kepentingan umum.

Media atau pers yang baik idealnya menjalankan fungsi dan perannya secara seimbang. Namun sayang, dalam realitasnya, tidak sedikit media yang gagal menjalankan fungsinya. Mereka tidak berani bersuara kritis terhadap penguasa lalim. Mereka diam melihat ketidakadilan. Bahkan, ada media yang rasis, memecah belah bangsa, partisan, menyebar kebencian, dan hanya peduli dengan uang!

Menimbang bahwa tidak sedikit media yang melupakan fungsi dan perannya ini, maka kita perlu cerdas dalam membaca media. Langkah yang bisa kita ambil menghadapi media yang tidak sehat ialah dengan mengasah pikiran kritis. Jangan telan mentah-mentah setiap informasi yang tersaji. Tidak ada informasi yang bebas nilai.Setiap teks ditulis pasti dengan suatu maksud tertentu. Jika maksud itu baik, mengembangkan pengetahuan, persahabatan, kepedulian, kesetaraan, ambil dan sebarkan. Sebaliknya, jika informasi itu bohong (*hoax*), rasis, palsu, fitnah, mendegradasi moral, tinggalkan dan jangan sambangi lagi. Media butuh dukungan. Jika makin sedikit pembacanya, cepat atau lambat, sekuat apa pun modalnya, media itu pasti akan bangkrut.

Berikutnya perluas pengetahuan tentang media dan siapa pemilik modalnya. Dengan mengetahui pemilik modal -- apakah dia pendukung atau pengurus partai tertentu, misalnya -- kita bisa semakin kritis dalam membaca sebuah informasi. Kita bisa mengerti alasannya, mengapa unjuk rasa kasus Lapindo sedikit atau tidak pernah ditayangkan saluran televisi tertentu, tapi sebaliknya di saluran televisi lain, gencar diberitakan. Atau mengapa anggota dewan dari partai tertentu begitu ganas memusuhi KPK, ngotot mengusulkan remisi bagi koruptor, tapi lembek dalam urusan penegakan hukum, itu pun akan mudah dibaca bila kita tahu lebih banyak tentang penulis, narasumber, atau latar belakang pemilik modal.

Saya percaya satu-satunya cara paling efektif melawan media yang tidak bermutu, yang mempromosikan kebencian, bias, partisan ialah dengan meningkatkan kecerdasan pembacanya. Dengan semakin banyak pembaca cerdas, makin tipislah peluang media tidak bermutu untuk bertahan hidup. ***

Teks B
Bacalah teks ini untuk menjawab soal nomor 11 – 20 di lembar pertanyaan.

Mangrove Hilang Makanan Laut Melayang

Sepuluh tahun lalu, nelayan dari Cirebon bisa merambah sampai teluk Jakarta untuk mencari rajungan. Hasilnya bisa berkali lipat ketimbang lima tahun setelahnya. Kini mereka harus gigit jari, karena hampir tak pernah ada lagi rajungan di teluk Jakarta.

Bagi para penikmat makanan laut, rajungan mungkin merupakan salah satu menu favorit yang dipilih. Bentuk dan rasanya yang unik, serta cara makan yang tidak mudah, membuat para pecinta kuliner kerap mencari-cari kembali satwa laut itu. Tapi jangan harap kita masih bisa merasakan nikmat rajungan, bila kondisi kerusakan lingkungan pesisir terus terjadi. Terutama hilangnya rumpun bakau atau *mangrove* di pesisir.

"*Mangrove* merupakan tempat pemijahan, *nursery* dan tempat perkembangbiakan ikan. Jadi bila lahan *mangrove* terus menipis seperti sekarang, kemungkinan keberlanjutan hidup ikan di lautan juga makin terancam," urai Arif Satria, mantan Direktur Pusat Kajian Sumber Daya Pesisir dan Lautan Institut Pertanian Bogor (IPB).

"Seperti rajungan di Jakarta, sekarang sudah terbilang sulit dicari. Padahal kalau *mangrove* bisa dipertahankan, komoditi tersebut bisa menjadi andalan produksi nasional," tambah Arif, yang kini menjadi Dekan Fakultas Ekologi Manusia IPB.

Keberadaan hutan *mangrove* Indonesia sendiri sebenarnya tergolong besar. Di mana 75 persen hutan *mangrove* Asia berada di Indonesia. Namun sayangnya angka penipisannya juga teramat besar. Setidaknya kini, dari 3,7 juta hektar lahan *mangrove* yang ada, sebanyak 1,8 juta hektar telah mengalami kepunahan. Seperti kasus di Jakarta, hampir keseluruhan lahan mangrove telah mengalami pembabatan. Hal tersebut kemudian mengakibatkan banyak ekosistem kelautan yang turut mengalami penurunan.

Penipisan mangrove tampaknya tak hanya terjadi di Jakarta. Pada penelusuran di daerah Wakatobi, Sulawesi Tenggara tahun 2004 lalu, banyak *mangrove* justru hilang karena digunakan sebagai kayu bakar. Jadi bisa dibilang mangrove hilang bukan hanya karena untuk daerah hunian, tapi memang ditebang untuk kebutuhan manusia juga.

Menahan Badai

Pada penelusuran di daerah *mangrove* Brebes yang merupakan bagian pantai utara Jawa, tahun 2010 lalu mangrove terlihat mulai ditanam kembali. Kebanyakan masyarakat nelayan di sana mulai menyadari kalau justru mereka akan makin rugi bila *mangrove* terus ditebangi. Mulai dari satwa laut yang menghilang hingga tidak adanya penahan gelombang laut.

Urusan menahan gelombang laut, *mangrove* memang sudah terbukti sebagai ahlinya. Pada kejadian tsunami di Aceh akhir tahun 2004 lalu, banyak daerah justru tidak terlalu rusak karena *mangrove* mampu memecah terjangan ombak tsunami yang maha dahsyat.

Bahkan tak hanya tsunami, *mangrove* dipercaya juga mampu melindungi dari terjangan badai atau cuaca ekstrem. Terbukti pada penelitian yang dilakukan *The Nature Conservancy* (TNC) dan *Wetlands International*, Desember 2012 silam. Menurut penjelasan Mark Spalding dari TNC, *mangrove* ternyata dapat mengurangi ketinggian air sampai dengan setengah meter, pada setiap kilometer *mangrove* yang dilalui oleh gelombang badai.

"Hal ini menunjukkan bahwa *mangrove* yang relatif tebal akan dibutuhkan untuk menahan seluruh atau sebagian besar kekuatan gelombang badai," paparnya.

Konservasi Mangrove

Sayangnya, di berbagai tempat *mangrove* banyak mengalami kerusakan. *Mangrove* di Bali misalnya, sampai saat ini mengalami gerusan kerusakan terus-menerus. Seperti penjelasan Ketua Wahana Lingkungan Hidup (Walhi) Bali, Wayan Suardana. Menurutnya area *mangrove* di dekat Bandara Ngurah Rai terus terbebani oleh sampah plastik.

Dalam pantauan, ucapan yang disebutkan Wayan memang terbukti. Banyak sampah plastik memenuhi kawasan yang disebut Pusat Informasi *Mangrove* Bali tersebut. Bahkan salah seorang petugas kebersihan di sana menyebutkan, sebanyak dua ton sampah harus diangkat tiap hari dari area tersebut.

Beda lagi saat melihat lokasi *mangrove* di kawasan Karimun Jawa. Banyak *mangrove* di daerah pesisir juga diklaim hilang saat ini. Hal tersebut seiring dengan makin tingginya pemukiman dan perkembangan wisata. Banyak penginapan kini menjamur di pinggir-pinggir pantai, mengorbankan rumpun *mangrove* yang semula ada di sana.

Salah satu kawasan *mangrove* yang bisa diselamatkan merupakan bagian dari Balai Taman Nasional Karimun Jawa (TNKJ). Di dalamnya terdapat jalur *tracking* sejauh 1.377 meter. Jalur jalan yang mirip jembatan kayu panjang tersebut akan mengantarkan pada sekitar 45 jenis *mangrove* yang masih bisa diselamatkan.

Kepala Balai TNKJ, F. Kurung menyatakan hilangnya *mangrove* di Karimun Jawa merupakan konsekuensi dari perkembangan wisata saat ini. "Ke depannya akan diterapkan konsep ekowisata agar pengembangan pariwisata dan kelestarian lingkungan dapat berjalan secara beriringan," urai F. Kurung, 29 Mei 2013 di Semarang.

Begitu banyaknya manfaat mangrove, namun begitu rentan tumbuhan tersebut hilang. Padahal saat kita kehilangan, teramat banyak juga kerugian yang harus diderita manusia. Termasuk hilangnya sumber makanan bagi anak cucu di masa mendatang. (Sulung Prasetyo)

Oleh Sulung Prasetyo

Teks C
Bacalah teks ini untuk menjawab soal nomor 21 di lembar pertanyaan.

Indonesia Menuju Pariwisata Dunia

Tidak berlebihan kalau ada yang mengatakan bahwa Indonesia merupakan "supermarket" pariwisata dunia. Bayangkan, di pasar swalayan pariwisata yang bernama Indonesia, wisatawan benar-benar dimanjakan. Hanya dengan mengunjungi satu tempat (Indonesia) mereka sudah mendapatkan beragam destinasi wisata yang bisa dinikmati. Mau memilih jenis wisata apa pun semua ada. Dari wisata alam, wisata budaya, wisata bahari, wisata kuliner, semua tersedia.

Hanya, segenap pemangku kepentingan (stakeholder) di bidang pariwisata, yakni masyarakat dan pemerintah perlu terus bekerja keras, mempertahankan dan meningkatkan kualitas pariwisata Indonesia sehingga semakin menarik minat wisatawan. Berdasarkan laporan terbaru Travel & Tourism Competitiveness Index 2015 yang dirilis oleh World Economic Forum (WEF), menunjukkan bahwa peringkat daya saing bidang pariwisata Indonesia telah naik dari peringkat 70 pada tahun 2013, ke peringkat 50 pada tahun 2015. Ini jelas prestasi bagus, sekalipun harus diakui, peringkat kita masih di bawah negara tetangga seperti Singapura, Malaysia, dan Thailand.

Guna mengejar ketertinggalan dari negara lain, maka masyarakat dan pemerintah Indonesia perlu melakukan langkah-langkah konkret. Berikut antara lain gagasan-gagasan yang bisa dipertimbangkan:

1. Benahi Infrastruktur

Infrastruktur atau prasarana dalam industri pariwisata memegang peranan yang sangat penting. Tersedianya jalan, air bersih, bandara, dan telekomunikasi yang memadai, jelas merupakan hal primer yang perlu dipikirkan pemerintah. Jangan sampai wisatawan enggan berkunjung hanya lantaran jalan belum tersedia, plus tiadanya rambu-rambu jalan yang dapat dipertanggungjawabkan. Kita harus sadar, bahwa tidak semua wisatawan (terutama wisatawan luar daerah atau bahkan wisatawan asing) mengenal dengan baik tempat yang dikunjungi. Kurangnya rambu-rambu jalan bisa membuat mereka tersesat.

2. Ketersediaan Transportasi Umum yang Memadai

Jika prasarana jalan sudah disediakan, berikutnya pemerintah perlu menyediakan transportasi publik yang memadai. Kereta api, bus atau kendaraan angkutan umum yang aman dan nyaman harus tersedia. Kita memiliki begitu banyak wisata gunung dan pantai, namun karena kurang atau minimnya akses, tempat-tempat yang mewah tersebut akhirnya dilewatkan begitu saja oleh para turis. Keengganan para pelancong ini bisa dimaklumi. Mengapa? Dengan akses yang minim, akan berpengaruh pada membengkaknya biaya. Karena jalanan yang layak belum tersedia, angkutan umum pun sangat terbatas atau bahkan belum ada. Akhirnya, wisatawan terpaksa memakai mobil pribadi atau menyewa kendaraan, dan ini tentu menjadi pertimbangan tersendiri, utamanya bagi pengunjung yang berkocek cekak.

3. Sediakan Toilet

Hal sepele lain namun sering diabaikan ialah soal toilet. Ada banyak destinasi wisata yang aduhai, namun sayang pemerintah kurang memikirkannya. Toilet dibangun seadanya, dan kotor lagi. Karena toilet terbatas, bahkan jorok, ditambah kurangnya air bersih, tempat wisata yang indah pun akhirnya berubah menjadi tempat kumuh. Pernah suatu ketika penulis mengunjungi sebuah destinasi wisata tersohor di Jawa Timur, tapi sayang di tempat wisata ini toiletnya sangat tidak memadai. Bahkan, untuk sekadar membersihkan diri setelah buang air kecil, banyak pengunjung harus membeli sendiri air botol kemasan karena air yang ada sangat kotor. Jelas, tempat wisata yang demikian, sulit rasanya membuat pengunjung kangen untuk kembali.

4. Atur Pedagang

Peribahasa mengatakan "ada gula ada semut". Tepat sekali. Tempat wisata yang ramai, secara otomatis akan menarik banyak pedagang atau penjual jasa. Para pedagang ini jelas kehadirannya sangat menolong. Namun, kalau pemerintah tidak mengatur, mereka bisa menjadi bumerang. Mereka bukan menjadi orang yang dinantikan, tapi sebaliknya dianggap sebagai pengganggu.

5. Ciptakan Rasa Aman

Tempat wisata yang baik mestinya bebas dari tindak premanisme. Kita harus sadar, bahwa wisatawan berkunjung ke suatu tempat sekurang-kurangnya mereka ingin mendapatkan perasaan nyaman dan tenang. Karena itu, menjadi tanggung jawab pemerintah atau pihak keamanan untuk menjamin rasa aman para turis.

6. Buat Peraturan dan Taati

Sebagai tempat berkumpul orang banyak, sebuah destinasi wisata perlu memiliki peraturan yang jelas. Pemerintah bisa membuat peraturan dengan memperhatikan kebutuhan yang ada. Misalnya, seluruh pengunjung harus menjaga kebersihan, maka jika ada yang membuang sampah sembarangan hukuman/denda harus diterapkan. Dalam konteks ini, pemerintah harus konsekuen. Jika memang ada larangan membuaang sampah sembarangan, maka ketersediaan tempat sampah dalam jumlah yang memadai harus juga dipenuhi.

7. Gencar Berpromosi

Ada banyak negara dengan destinasi-destinasi wisata yang biasa saja, mampu menyedot wisatawan secara luar biasa lantaran mereka berhasil dari sisi promosi. Promosi memegang peranan yang sangat penting. Promosi yang efektif adalah promosi yang tidak hanya dikerjakan oleh pemerintah tapi juga disokong oleh masyarakat luas. Jika pemerintah mempromosikan objek wisata tertentu lewat TV, radio, atau media cetak, sebaliknya masyarakat bisa membantu lewat media sosial.

8. Bangun Sanggar dan Kriya Kreatif

Masyarakat juga bisa membantu membangun pariwisata di daerah mereka masing-masing menjadi pariwisata tingkat dunia dengan membangun sanggar-sanggar seni. Sanggar-sanggar seni atau kantong-kantong budaya ini bisa menjadi sarana melestarikan sekaligus memperkenalkan budaya daerah setempat kepada para wisatawan. Selain itu, masyarakat bisa membantu lewat kreativitas mereka dalam menciptakan produk-produk kriya khas daerah yang bisa dipasarkan kepada para pengunjung. ***

Teks D
Bacalah teks ini untuk menjawab soal nomor 22-32 di lembar pertanyaan.

Nostalgia Banjir

Oleh Nursalam AR

Banjir adalah peristiwa yang meriah.

"Banjir! Banjir!"

Orang-orang berlarian hilir-mudik. Barisan sepeda motor juga berparade menuju tempat yang lebih tinggi. Tak lupa klakson saling bersahut-sahutan bercampur teriakan-teriakan tak sabaran. Ramai bukan?

Mas Parino menggedor-gedor pintu kamar.

"Bu, cepetan!"

"Sebentar, Pak. Sedikit lagi!" sahut Mbak Min, istrinya.

"Barang jangan dibawa semua, Bu. Yang penting-penting aja!"

"Ih, siapa yang buntelin barang. Bapak ini sok tahu ah!"

Mas Parino mangkel. "Lha lantas ngapain lama-lama?! Ayo, lekas keluar. Air sudah tinggi. Kita harus *ngungsi*!"

Mbak Min menjawab santai, "Sebentar to, Pak. Riasanku belum beres. Malu aku kalo tampil jelek. Di pengungsian kan banyak orang!"

Tensi darah Mas Parino naik lagi.

Di sebuah kampung di bilangan Jakarta Selatan ini banjir adalah rutinitas tahunan. Warga pun terlatih mengantisipasi tanda-tanda alam dan mengevakuasi barang. Namun tak urung kedatangan banjir yang malam itu berarus deras dan cepat menimbulkan kepanikan. Seperti Hamdi, lajang duapuluhan, yang tergopoh-gopoh mencari neneknya yang sedang asyik nonton TV. Neneknya yang sudah pikun dan agak tuli itu penggemar berat sinetron religi yang tayang pada saat *prime-time*.

"Nyak! Banjir *dateng*!"

Neneknya diam. Terpukau dengan kesaktian sang ustadz sakti nan ganteng.

"Nyak! Nyak!"

"Hah?!" Neneknya menjawab tanpa menoleh.

"Banjir *dateng*!"

"Ya udah suruh masuk *aje. Sediain aer.* Namenye juga tamu."

"Bukan tamu, Nyak. Tapi yang *dateng aer*!"

"Ade-ade aje lu, Tong," sahut neneknya kesal merasa terganggu. "Masak tamu *dateng* bawa *aer* kendiri!"

Hamdi dengan segala hormat segera menarik tangan

neneknya.

***

Banjir adalah peristiwa yang menyatukan banyak orang.

"Lama juga ya kita *enggak* ketemu," ujar Yanto.

Ia bertemu Amir, kawan sebangku semasa SMP. Yanto bersama keluarganya mengungsi di tenda pengungsian di halaman kantor kecamatan. Meski sama-sama korban banjir, posisi Amir dalam pengungsian lebih tinggi. Ya, karena dia beserta keluarganya tidur di lantai dua kantor kecamatan.

"Sudah dua puluh tahun, *kalo nggak* salah," sahut Amir.

Mereka sedang duduk-duduk di depan posko bantuan korban banjir. Sambil asyik menikmati nasi bungkus berlauk telur rebus dan tempe goreng yang dibagi-bagikan para relawan posko.

"Tapi aku heran, Mir. Kok kamu *ngungsi* juga? Kan rumahmu *nggak* kebanjiran. Tempatnya tinggi dekat tanjakan." tanya Yanto.

"Aku *nggak* enak, To."

"*Nggak* enak?"

"Iya, sama tetangga. *Entar* dibilang tidak solider. Sekarang kan *trend*nya *ngungsi*. Ya, aku ikut *ngungsi*lah!"

Yanto *bengong*.

"Nah, kamu sendiri *nggak* niat pindah rumah? Kan *nggak* enak kebanjiran melulu," Amir balik bertanya tak peduli ekspresi wajah temannya.

"*Pengen sih*," ujar Yanto. "Tapi kemana ya? Di Jakarta *kan* susah cari kontrakan murah dan bebas banjir!"

"Di daerah Lenteng Agung *aja*. Itu *kan* dataran tinggi. Perbatasan dengan Depok. Aku juga niat pindah ke situ." Amir menyeruput air mineral dalam botol kecil.

"Kapan pindahnya?

"*Nggak tau.* Kan baru niat!"

Yanto keki. Skor 2-0 untuk Amir.

Yanto meremas bungkus nasinya yang tandas. "Aku juga mau

pindah. Capek kebanjiran terus. Harga kontrakan naik terus pula!"

"Nah, *gitu* dong. Pindah ke Lenteng Agung *aja* bareng aku."

"Ide bagus tuh. Nanti kita *sebelahan* ya. Biar *tetanggaan*."

Amir tersenyum, "Iya *dong*. Kita kan teman akrab dari SMP. Nanti *kalo* kita *tetanggaan* kan jadi gampang *pinjem-pinjeman* barang. Ya, *nggak*?"

Wajah Yanto berubah masam. "*Pinjem* barang? Nanti kamu masih kayak waktu SMP lagi!"

"Maksudmu?"

"Iya, barang-barangku *nggak* ada yang balik *kalo* kamu yang pinjam!"

"Itu dulu. Nanti nggak deh. *Swear*!"

"Bohong! Kalo nanti aku *tetanggaan* sama kamu dan punya mobil, *gimana*? Kamu pasti *pinjem*. Dan enggak bakal *balikin*!"

"Lha, To, aku pasti *balikin kok* mobilmu. Percaya *deh*!"

"Ah, tukang bohong kamu. Pasti mobilku kamu jual. Kurang ajar kamu!"

Amir geram. Ia berdiri sambil menuding dada Yanto, "Heh! Aku *nggak* takut sama kumismu tahu. Enak *aja nuduh* aku jual mobilmu. *Nggak* percaya banget jadi orang!"

"Bohong! Kamu pasti jual mobilku!" Yanto mendorong dada Amir. Amir membalas. Mereka saling baku hantam.

Ah, banjir memang bisa membikin orang *stress* mental.

Itulah kenapa berbagai pihak yang berduyun-duyun turun ke lapangan seperti parpol, LSM atau yayasan sosial juga menyertakan para psikolog dalam program bakti sosial untuk para korban banjir.

"Nah, Pak Toto, apa yang Bapak rasakan?" tanya sang psikolog muda dan cantik.

"Macam-macam. Pusing, sedih. Campur aduk," jawab si pasien tua. Sang psikolog tersenyum. Lantas mengeluarkan selembar kertas dan menuliskan kata STRESS dengan huruf besar-besar. "Pak, coba baca ini. Inilah yang Bapak rasakan. Coba sebutkan!"

Pak Toto menatap tajam kertas itu. Mulutnya menganga. Istrinya juga tampak tegang.

Ya, Tuhan, betapa stressnya mereka! batin sang psikolog.

"Saya tidak bisa baca, Bu," ujar pak Toto."Pusing saya!"

Sang psikolog mengangguk-angguk. Ia coba berempati. *Memang ketegangan dan tekanan mental dapat menghilangkan sebagian kecerdasan orang, pikirnya menganalisis.*

"Santai saja, Pak," senyum sang psikolog menenangkan. "Saya paham tekanan mental Bapak sangat besar. Tapi saya yakin jika Bapak dapat lebih rileks Bapak pasti bisa membaca tulisan ini."

"Masak *sih*, Bu?" Kali ini sang istri pasiennya yang bertanya.

"Betul, Bu. Asal Bapak Toto lebih rileks pasti Bapak bisa. Ibu tenang saja."

"Tenang bagaimana, Bu? *Wong* suami saya ini memang tidak bisa baca dari kecil. Alias buta huruf. Disuruh ikut Kejar Paket A *mabur* terus!" sungut istrinya.

Wajah sang psikolog memerah.

"Tapi *kalo* Ibu bisa tolong *ajarin* suami saya membaca ya, Bu. Caranya gimana tadi? Rileks ya?" tanya sang istri Pak Toto penasaran.

***

Banjir adalah peristiwa politik.

Para kandidat gubernur tak malu-malu berkampanye melalui bantuan sembako. Foto mereka tercetak pada karung beras atau plastik pembungkus selimut tipis. Dengan senyum semanis mungkin.

"Bu, berasnya merek apa?" tanya seorang gadis kecil dalam antrian kepada seorang ibu yang menenteng sekarung kecil beras.

"Ya, *nggak* ada mereknya. Namanya beras ransum. Gratisan."

"Mereknya Bang Adang bukan?" tanya si gadis kecil menyebut nama salah satu kandidat gubernur.

"Bang Adang? Ini sih gambarnya Bang Foke!" Ia mengangsurkan gambar seorang lelaki berkumis tebal dengan senyum lebar.

"Yaa…bukan Bang Adang ya? Ya *udah deh*, nggak jadi!" si gadis kecil keluar dari antrian.

"*Lho* kenapa?"

"Emak saya *nyuruh ngantri* beras yang gambarnya Bang Adang. Katanya Bang Adang lebih ganteng," jawab si gadis kecil. "Katanya *kalo* bukan merk Bang Adang mending *enggak usah* aja."

Si ibu kemudian memerhatikan foto pada karung berasnya sambil *manggut-manggut*. "Iya, ya. Si bapak ini terlalu tebal kumisnya. Bisa kerepotan *ngurus* kumisnya *aja* nanti *kalo mimpin*!"

*mengenang banjir bandang Jakarta 2007

Model Soal Bab 5

Model 1:

Membaca dan Memahami Bacaan
Lembar Pertanyaan

Bagian 1

Cerdas Membaca Media

Lengkapilah kalimat di bawah ini dengan kata/frasa atau kalimat singkat sesuai informasi yang diberikan pada teks A.

1 Menurut adagium, yang akan menguasai dunia adalah .... (1)

2 Untuk memiliki media, orang-orang berduit menempuh dua cara, yaitu .... dan .... (2)

3 Banyak orang bernafsu memiliki media karena mereka .... (1)

4 Pemimpin yang otoriter akan .... media yang mengkritiknya karena ....(1)

5 Di negara otoriter pers dianggap sebagai ancaman, sementara di negara demokratis pers dianggap sebagai .... (1)

6 Bukti bahwa media di negara demokratis sangat dihormati adalah .... (1)

7 Pers memiliki fungsi yang cukup banyak. Satu di antaranya adalah...............(1)

8 Dua ciri media yang gagal menjalankan fungsinya adalah .... dan .... (1)

9 Langkah yang bisa kita ambil menghadapi media yang tidak sehat ialah .... (1)

10 Penulis berkeyakinan, semakin banyak pembaca cerdas maka .... (1)

Jumlah nilai (13)

Bagian 2

Mangrove Hilang Makanan Laut Melayang

Jawablah pertanyaan di bawah ini dengan merujuk pada teks B.

11 Sepuluh tahun lalu, apa yang biasa dicari nelayan dari Cirebon saat melaut sampai ke teluk Jakarta?............... (1)

12 Ada dua alasan mengapa para penikmat makanan laut menjadikan rajungan sebagai salah satu menu favorit yang dipilih. Dua alasan tersebut adalah .... (2)

13 Sebutkan mengapa *mangrove* di Indonesia dianggap besar. .... (2)

14 Penebangan *mangrove* terjadi karena dua sebab. Sebutkan dua sebab yang dimaksud................... (2)

15 *Mangrove* yang terus ditebangi paling sedikit membawa dua kerugian. Sebutkan dua kerugian yang dimaksud .... (2)

16 Ada dua bukti yang disebutkan tentang kehebatan *mangrove* dalam menahan gelombang laut. Sebutkan dua bukti yang dimaksud. ....(2)

17 Apa yang terjadi dengan area *mangrove* di dekat Bandara Ngurah Rai?................... (2)

18 Berapa banyak sampah yang harus diangkat tiap hari dari *mangrove* di dekat Bandara Ngurah Rai?............... (2)

19 Ada dua penyebab hilangnya *mangrove* di kawasan Karimun Jawa. Sebutkan dua sebab yang dimaksud. .... (2)

20 Ada sekitar berapa jumlah jenis *mangrove* yang bisa diselamatkan di Balai Taman Nasional Karimun Jawa (TNKJ)? ....(2)

Jumlah nilai (15)

Bagian 3

Indonesia Menuju Pariwisata Dunia

21 Berdasarkan informasi yang ada di teks C, Anda diminta untuk menyampaikan presentasi kepada teman-teman di sekolah tentang bagaimana mengangkat pariwisata Indonesia menjadi pariwisata kelas dunia. Sebelum melakukan presentasi, Anda diminta membuat catatan pendek. Gunakan poin-poin berikut untuk mencatat hal-hal yang akan Anda sampaikan:

- Jika jalanan yang layak belum tersedia, biasanya wisatawan terpaksa pergi menggunakan mobil apa? (dua hal)
- Sebutkan gagasan-gagasan yang bisa dipertimbangkan untuk membuat pariwisata Indonesia menjadi pariwisata tingkat dunia. (delapan gagasan)

Jumlah nilai (10)

Bagian 4

Nostalgia Banjir

Jawablah pertanyaan di bawah ini dengan merujuk pada teks D.

22 Tulislah dua peristiwa yang digunakan pengarang untuk menggambarkan banjir adalah peristiwa yang meriah. ....(2)

23 Apa yang menyebabkan tensi Pak Parino naik dan apa pula yang dilakukan istrinya, Mbak Min, saat banjir datang? .... (2)

24 Tulislah deskripsi pengarang mengenai nenek Hamdi. Sebutkan dua hal .... (2)

25 Mengapa Hamdi harus dengan segala hormat menarik tangan neneknya agar bisa selamat dari banjir?.................... (1)

26 Banjir adalah peristiwa yang menyatukan banyak orang. Tulislah dua hal yang menunjukkan bahwa banjir menyebabkan banyak orang bertemu di pengungsian. ....(2)

27 Jelaskan arti kosa kata di bawah ini;
a relawan posko, artinya :.................... (1)
b beras ransum, artinya:.................... (1)

28 Jelaskan alasan tokoh Amir ikut mengungsi pada saat banjir dan mengapa Yanto menganggap posisi Amir di pengungsian lebih tinggi?..........................(2)

29. Jelaskan arti kosakata yang digaris bawah pada kalimat berikut ini;
a "Ih, siapa yang buntelin barang. Bapak ini sok tahu ah!".................... (1)
b Di sebuah kampung di bilangan Jakarta Selatan ini banjir adalah rutinitas tahunan..................... (1)
c Neneknya yang sudah pikun dan tuli itu penggemar berat sinetron religi yang tayang pada saat ***prime-time***. .... (1)
c "Disuruh ikut Paket A mabur terus!" sungut istrinya. .... (1)

30 Apakah informasi yang didapatkan oleh tokoh psikolog dari istri Pak Toto yang membuat wajahnya memerah ? .... (1)

31 Banjir adalah peristiwa politik. Tulislah sebuah peristiwa yang mendukung pernyataan pengarang tersebut. .... (1)

32 Mengapa tokoh si gadis kecil yang sedang mengantri beras tidak jadi mengambil berasnya?.................... (1)

Jumlah nilai (20)

Model 2:

Membaca dan Menulis

Bagian 1

Text A

Bacalah teks ini untuk menjawab soal nomor 1.

Perhatikan Manusianya

Berbicara tentang tempat atau objek wisata terbaik, Indonesia adalah gudangnya. Untuk wisata alam, nama-nama seperti Raja Ampat, Gunung Bromo, Danau Toba, Pantai Kuta, Pantai Senggigi, Bunaken, Pantai Pangandaran, Tangkuban Perahu, Pulau Komodo, Wakatobi, Nusa Penida, Karimunjawa, Derawan, dan Kepulauan Seribu, rasanya sudah tidak asing di telinga kita. Demikian juga dengan wisata religi, kita memiliki destinasi yang sudah mendunia, seperti Candi Borobudur dan Prambanan. Di bidang wisata budaya, kita memiliki pagelaran-pagelaran tari yang sudah dikenal luas di dunia internasional, seperti: Sendratari Ramayana yang biasa dipentaskan di kompleks Candi Prambanan, Gandrung Sewu yang merupakan sebuah pertunjukan kolosal ribuan penari gandrung di atas lautan pasir di Kabupaten Banyuwangi, lalu ada pentas Tari Barong, Tari Kecak dan Tari Legong di Gianyar, Bali, dan masih seabrek yang lain.

Sekali lagi, bicara soal objek wisata, boleh dibilang Indonesia memiliki segalanya. Namun, dalam pengembangan pariwisata, faktor destinasi, bahkan transportasi dan akomodasi saja ternyata tidak cukup. Ada faktor lain yang harus diperhatikan, yakni manusianya. Kualitas manusia seperti apakah yang diharapkan bisa menjadi pilar suatu

daerah wisata? Yang pertama adalah manusia yang melayani. Setiap orang yang pernah berwisata ke Jepang dapat dipastikan memiliki kesan positif terhadap ketulusan masyarakat Negeri Matahari Terbit itu dalam membantu orang lain. Mereka bahkan seolah merasa bersalah jika lantaran kendala bahasa yang dimilikinya membuat orang asing menjadi bingung. Mereka biasanya akan berusaha menjelaskan dengan bantuan gerak-gerik tubuh, dengan harapan, orang yang ditolong benar-benar keluar dari masalahnya. Mental melayani, menjadikan wisatawan yang datang ke daerah atau negerinya sebagai tamu, jelas akan membuat wisatawan merasa kerasan. Jika wisatawan merasa senang dan nyaman, maka yang akan diuntungkan sebenarnya masyarakat itu sendiri. Sebab, sangat mungkin, kelak sang wisatawan yang merasa puas akan kembali lagi mengunjungi daerah atau negerinya, bahkan dengan waktu yang lebih lama.

Selain tulus dalam memberikan bantuan, berbicara tentang manusia pelayan, berarti juga berbicara tentang manusia yang bisa membuat orang lain merasa dihormati. Hal ini tidak ada maksud sedikit pun menjadikan kita budak dari industri pariwisata. Sebaliknya, dengan menghormati orang lain, menghargai hak-haknya, menerima perbedaan, baik ras, bangsa, bahasa, membuat kita berdiri sebagai manusia bermartabat. Inilah jati diri Indonesia yang harus kita perkenalkan. Orang Indonesia adalah orang yang ramah, toleran, dan bisa menghargai aneka perbedaan. Manusia Indonesia sejati jelas bukan mereka yang tidak bisa hidup berdampingan dengan yang berbeda. Sebaliknya, manusia Indonesia sejati adalah mereka yang dalam darahnya mengalir denyut semangat Bhineka Tunggal Ika, berbeda-beda tapi tetap satu juga.

Karena itu, jika di suatu daerah masih bercokol premanisme -- dengan menjadikan turis atau wisatawan target pemerasan -- sikap intoleransi, atau bahkan ekstremisme, maka jangan harap program pariwisata bisa menjulang. Ada daerah-daerah tertentu yang memiliki destinasi wisata yang super, tapi dari segi kunjungan jumlahnya sangat menyedihkan. Mengapa hal ini bisa terjadi? Mungkin jawabnya, ada pada kualitas manusianya yang memang perlu ditingkatkan.

Berikutnya, sangat masuk akal sebuah daerah yang menjadikan pariwisata sebagai program unggulan membekali masyarakatnya dengan pendidikan yang baik. Pendidikan di sini mencakup hal yang luas, di dalamnya termasuk pelajaran tentang tata krama dan bahasa asing. Dalam konteks inilah, apa yang dilakukan oleh Pemerintah Kabupaten Banyuwangi, Jawa Timur dengan menyelenggarakan kursus bahasa asing (Inggris, Arab, dan Mandarin) secara gratis bagi warganya, merupakan langkah yang jenius. Tidak lama lagi, pemerintah yang visioner, berani bayar harga, pasti akan memetik buahnya.

1   Anda diminta presentasi oleh guru di hadapan para siswa lain untuk menjelaskan tentang bagaimana menyiapkan sumber daya manusia (SDM) yang handal di bidang pariwisata. Sebelum presentasi, sebagai salah satu bahan yang bisa dijadikan referensi, Anda terlebih dahulu diminta untuk membaca dan meringkas artikel di atas. Tulisan sekitar 130-180 kata.

Fokuskan ringkasan Anda pada:

- Kehebatan Indonesia dalam hal wisata alam, teligi, dan budaya (tiga jenis wisata)
- Faktor apa saja yang perlu dipersiapkan untuk mengembangkan pariwisata kelas dunia? (tiga faktor)
- Dua ciri kualitas manusia pelayanan (dua ciri)
- Satu ciri jati diri manusia Indonesia (satu ciri)
- Satu contoh langkah cerdas mempersiapkan SDM (satu contoh)

Bagian 2

Jawablah salah satu dari pertanyaan berikut ini dalam tulisan sepanjang 350-500 kata.

Diskusi dan argumentasi

1   **a** Teknologi dalam bidang komunikasi semakin membuat pemakainya suka menyendiri.

ATAU

b Keramahan penduduk dan tingkat keamanan yang tinggi sangat penting untuk meningkatkan jumlah pengunjung di daerah wisata.

Deskripsi

2   **a** Deskripsikan kehidupan seorang remaja yang banyak menghabiskan waktunya dengan media sosial sehingga kurang peduli dengan lingkungan sekitarnya.

ATAU

b Deskripsikan sebuah posko banjir yang didirikan pemerintah daerah di kota Anda untuk menampung penduduk yang rumahnya kebanjiran.

Banyak penduduk yang harus berada di posko ini untuk mendapat bantuan pangan, sandang, dan penginapan.

Narasi

2   **a** Hatiku berdebar tidak karuan, akankah dia membalas emailku segera? Aku sangat gelisah. Jawaban email yang kutunggu-tunggu ini akan mengubah banyak hal dalam hidupku…. Masukkan frasa ini dalam sebuah cerita pendek.

ATAU

b Anda berkesempatan untuk bertemu dan berbincang-bincang dengan duta wisata Indonesia yang terkenal cantik dan pintar. Tulislah sebuah cerita pendek tentang pertemuan Anda dengan tokoh tersebut.

Model 3:

Berbicara dan Merespons

Anda diminta untuk melakukan presentasi lisan dengan ketentuan sebagai berikut:

a   Anda diminta untuk menyiapkan topik presentasi Anda dengan melilih salah satu dari tiga topik berikut ini yaitu:

- Media
- Lingkungan
- Pariwisata

Topik yang Anda pilih harus berhubungan dengan budaya Indonesia. Waktu yang Anda butuhkan untuk menyiapkan topik presentasi Anda akan disepakati bersama guru Anda. Selama Anda mempersiapkan topik pilihan Anda, Anda diminta untuk menuliskan empat sampai enam sub topik yang dapat Anda diskusikan bersama guru Anda pada saat Anda melakukan presentasi lisan.

b   Anda diminta untuk mempresentasikan topik Anda selama dua hingga tiga menit di depan guru atau di depan kelas.

c   Selanjutnya Anda akan berdiskusi dengan guru Anda untuk membahas lebih lanjut topik yang Anda pilih. Topik diskusi antara Anda dan guru Anda dapat diambil dari empat sampai enam sub topik yang sudah Anda persiapkan. Diskusi antara Anda dan guru Anda sekitar tujuh hingga delapan menit.

Index

Acknowledgements

The authors and publishers acknowledge the following sources of copyright material and are grateful for the permissions granted. While every effort has been made, it has not always been possible to identify the sources of all the material used, or to trace all copyright holders. If any omissions are brought to our notice, we will be happy to include the appropriate acknowledgements on reprinting.

'Melancong ke Raja Ampat Jangan Modal Nekat' by Agnes Swetta Pandia by permission of Kompas.com; 'Gunung Bromo, Lukisan Alam Terindah di Jatim' by Barry Kusuma by permission of Kompas.com; 'Wahyu Aditya, Animasi Tanpa Batas' by Sita Dewi, Tabloid NOVA (www.tabloidnova.com); Extract from Laskar Pelangi by Andrea Hirata, used by kind permission of the author; 'Abu itu Terapi Musik?' from TerapiMusik.com; 'Si Lugu dan Si Malin Kundang' by Hamsat Rangkuti, used with kind permission of the author; 'Sabang, Pesona Keindahan Pulau Paling Barat Indonesia' used by permission of Kompas.com; 'Ternate dan Tidore, Pusat Rempah Dunia' used by permission of Kompas.com; 'Langit menangis' with permission of the author Nina Rahayu, published in Majalah Hai, 2014; 'Kue Gemblong Mak ah' used with permission of Aba Mardjani, published on Kompas.com 4 April 2010; Poster from Jadwal Event; 'Gudeg Yu Djum, Aromanya Sangat Khas' by Fira Abdurachman used by permission of Kompas.com; 'Hai remaja, ini cara diet yang benar dan tepat' by Vera Farah Bararah used by permission of detik.com (www.detik.com); Excerpts from Rajawali dengan Jurus Padi are used by kind permission of Professor Alois A. Nugroho; Sambutan Menteri Kesehatan Republik Indonesia pada Peringatan Hari Kesehatan Nasional "Emas", by Dr. dr. Nila Farid Moeloek, Sp.M (K) with permission from the Public Communication Centre for the Ministry of Health, Jakarta, Indonesia; 'Hidup Sehat Dimulai Sejak Kanak-Kanak' by Diana Y Sari by permission of Kompas.com; 'Ibu Pendidik Utama' with permission of Suara Pembaruan http://sp.beritasatu.com/tajukrencana/ibu-pendidik-utama/15161; 'Surat Dani Ibu' used with kind permission of Yayasan Asrul Sani; 'Pergi ke Toko Wayang' by Gunawan Maryanto, used by kind permission of the author; 'Salah Asuhan' by Abdoel Moeis, 2013 Penerbit Balai Pustaka; Graphic '5 tips membuat desain brosur makanan' used by permission of Simple Studio Online; 'Menangkal Serbuan Globalisasi' by Fedli Azis published by Riau Pos; 'Kain Sasirangan: Keindahan Motif Khas Kalimantan Selatan' from www.indonesia.travel; 'Bagaimana Bila Ibu dan Anak Berteman di Media Sosial?' by Intan Y. Septiani, Tabloid NOVA (www.tabloidnova.com); 'Rasa (buat sahabatku Iskan)' by permission of Putu Wijaya; 'Perlukah Mematenkan Warisan Budaya' by Arif Havas Oegroseno from Tabloid Diplomasi, issue 63, 2009 www.tabloiddiplomasi.org; 'Mencontek' by Deddy Sussantho https://deddysussantho.wordpress.com/2012/04/18/cerpen-menyontek/; 'Sambutan menteri pendidikan dan kebudayaan memperingati hari pendidikan nasional 2015' by Anies Baswedan from kebudayaan.kemdikbud.go.id; 'Sekolah Alam Bekasi: Melintas Batas, Merayakan Kehidupan' by Saiful Rijal Yunus by permission of Kompas.com; For all Benny & Mice cartoons permission is granted by Benny Rachmadi and Mice Misrad for the use of Benny & Mice comic strip images; 'Penyihir Pensil Warna-Warni' and profile with photo © Ertina Priska Erlayas Sebayang from https://indonesiamengajar.org/cerita-pm/ertina-erlayas-sebayang/penyihir-pensil-warna-warni please also refer to Ertina's blog The Furthest Traveling Objects https://priskapriska.wordpress.com/; 'Bila Jumin Tersenyum' by Zelfeni Wimra from 20 Cerpen Indonesia Terbaik 2009, Penerbit PT Gramedia Pustaka Utama; '10 trik sukses belajar' by Inggried Dwi Wedhaswary by permission of Kompas.com; 'Mengakselerasi Kemandirian Daerah Tertinggal' by permission of Ririn Hand and Analisa Daily; 'Sumbangan' by Putu Supartika on www.lokerseni.web.id; Infographic by students @hicais, @mavechan, @sugerine and @trixiayong at Singapore Management Univresity, used with permission; Poster used with permission of PILAR INDONESIA (www.pilarindonesia.or.id); 'Alun-alun Suryakencana' by F. Rahardi used by kind permission of the author; 'Sajak Pulau Bali' by W.S. Rendra used with kind permission of the author; 'Mempromosikan Budaya Indonesia sambil Menuntut Ilmu di Belgia' by Made Agus Wardana, by permission of Kompas.com; 'Mangrove Hilang Makanan Laut Melayang' by Sulung Prasetyo, by permission of the author; 'Nostalgia Banjir' by Nursalam AR, by permission of the author

Thanks to the following for permission to reproduce images:

(Cover) 24BY36/Alamy Stock Photo; (inside in the order in which they appear):

drmakkoy/DigivalVision Vectors/Getty Images; anril/Fotolia.com; Cover of Travel Writer Diaries 1.0 by Teguh Sudarisman used with permission of Noura Books; Ikunl/Fotolia.com; TaraPatta/Shutterstock; Wahyu Aditya photo is supplied and used with permission of Wahyu Aditya; Mila Supinskaya/Shutterstock; Miles Films/Mizan Productions/The Kobal Collection; Keystone-France/Gamma-Keystone via Getty Images; Flirt/Alamy Stock Photo; Syda Productions/Fotolia.com; pablitoos/Fotolia.com; GooDween123/Shutterstock; Marcio Jose Bastos Silva/Shutterstock; 'Crocodile Kroncong Brisbane' photo © Synergy of Indonesia Australia; Andy Roberts/OJO Images/Getty Images; Om Yos/Fotolia.com; erwinova/Shutterstock; asab974/ Fotolia.com; Om Yos/Shuttertsock; jpldesigns/Fotolia.com; Surya Tjahya/ Shutterstock; 33333/Shutterstock; Kalpana Kartik/Alamy Stock Photo; Rostislav_Sedlacek /Shutterstock; ffolas/Shutterstock; Shebeko/Shutterstock; Karramba Production/Shutterstock; AP/TopFoto; EMPICS/TopFoto; stockcreations/Shutterstock; RAYphotographer/Shutterstock; Sarawut Chamsaeng/ Shutterstock; Jacek Chabraszewski/Shutterstock; Zephyr_p/Shuttrstock; Falcona/ Shutterstock; '9 Summers 10 Autumns' Courtesy of Angka Fortuna Sinema, photo by Eriek Juragan; panyajampatong/Shutterstock; Juriaan Wossink/Shutterstock; aastock/ Shutterstock; bikeriderlondon/Shutterstock; Zurijeta/Shutterstock; Muellek Josef/ Shutterstock; KPG Ivary/Shutterstock; toonman/Shutterstock; epa european pressphoto agency b.v./Alamy Stock Photo; wong sze yuen/Shutterstock;1000 Words/ Shutterstock; Jeannette Lambert/Shutterstock; Basuki; Creativa Images/Shutterstock; maradonna 8888/Shutterstock; Title: Students in Mware village, Mimika, Papua © LPMAK, Timika, Papua/Onny Wiranda; dbimages/Alamy Stock Photo; Philippe Body/Robert Harding World Imagery; Hemis/Alamy Stock Photo; Lorelyn Medina/ Shutterstock; Galyna Andrushko/Shutterstock; ZUMA Press, Inc./Alamy Stock Photo; STANCA SANDA/Alamy Stock Photo; MARKA/Alamy Stock Photo; saiko3p/Shutterstock; Ko Backpacko/Shutterstock; Milkovasa /Shutterstock; f9photos/Shutterstock; Fedor Selivanov/Shutterstock;

215